21世纪法学系列教材

经济法系列

财政法学

刘剑文 主编　　**熊 伟** 副主编

撰稿人（按姓氏笔画排列）
朱大旗　华国庆　刘剑文　周刚志
徐阳光　熊　伟　翟继光　魏建国

图书在版编目(CIP)数据

财政法学/刘剑文主编. —北京:北京大学出版社,2009.12
(21 世纪法学系列教材)
ISBN 978-7-301-16091-6

Ⅰ.财… Ⅱ.刘… Ⅲ.财政法-法的理论-中国-高等学校-教材
Ⅳ.D922.201

中国版本图书馆 CIP 数据核字(2009)第 197578 号

书　　　名:	财政法学
著作责任者:	刘剑文　主编　熊　伟　副主编
责 任 编 辑:	王　晶
标 准 书 号:	ISBN 978-7-301-16091-6/D·2470
出 版 发 行:	北京大学出版社
地　　　址:	北京市海淀区成府路 205 号　100871
网　　　址:	http://www.pup.cn
电　　　话:	邮购部 62752015　发行部 62750672　编辑部 62752027
	出版部 62754962
电 子 邮 箱:	law@pup.pku.edu.cn
印　刷　者:	北京飞达印刷有限责任公司
经　销　者:	新华书店
	730 毫米×980 毫米　16 开本　22.25 印张　426 千字
	2009 年 12 月第 1 版　2009 年 12 月第 1 次印刷
定　　　价:	36.00 元

未经许可,不得以任何方式复制或抄袭本书之部分或全部内容。
版权所有,侵权必究
举报电话:010-62752024　电子邮箱:fd@pup.pku.edu.cn

作者简介

刘剑文 男。法学博士、法学博士后。北京大学法学院教授、博士生导师，北京大学财经法研究中心主任。《财税法论丛》主编、《月旦财经法杂志》主编、"税法学研究文库"总主编、"财税法学研究文丛"总主编，创建中国财税法网（www.cftl.cn）。研究领域：财税法、经济法、知识产权法、国际经济法。代表性的学术著作有：《走向财税法治——信念与追求》（独著）、《财税法专题研究》（独著）、《国际所得税法研究》（独著）、《税法基础理论》（合著）、《WTO体制下的税收政策合法化问题研究》（主编）、《民主视野下的财政法治》（主编）、《私有财产法律保护》（主编）、《知识经济与法律变革》（主编）、《Trips框架下的中国知识产权法律制度研究》（主编）等。在《中国法学》、《法学研究》等期刊上发表学术论文一百三十余篇。

主持国家社会科学基金项目、国家自然科学基金项目等三十余项国家级和部级课题。

社会兼职：中国法学会财税法研究会会长，中国财税法学教育研究会会长，世界税法协会（ITLA）主席，中国法学会理事，中国国际经济贸易仲裁委员会仲裁员。

熊伟 男。法学博士、经济学博士后。武汉大学法学院教授、博士生导师，武汉大学税法研究中心主任。研究领域：财税法、经济法。代表性的学术著作有：《美国联邦税收程序》（独著）、《税法基础理论》（合著）、《国际法视角下的跨国征税》（译著）等。在《中国法学》、《法学评论》等期刊上发表学术论文五十余篇。

主持国家社会科学基金项目、教育部博士点基金项目等多项国家级和部级课题。

社会兼职：中国法学会财税法学研究会常务理事兼副秘书长，中国财税法学教育研究会常务理事兼秘书长，《月旦财经法杂志》执行主编。

朱大旗 男。法学博士。中国人民大学法学院教授、博士生导师，中国人民大学财税法研究所副所长兼执行所长，《法学家》杂志副主编。研究领域：经济法、金融法、财税法。代表性的学术著作有:《金融法》(独著)、《税法》(独著)等。在《中国法学》、《法学家》等期刊上发表论文七十多篇。

主持国家社科基金项目等多项国家级和部级课题。

社会兼职:中国法学会法学期刊研究会副会长,中国法学会财税法学研究会常务理事兼副秘书长,中国法学会银行法学研究会常务理事,北京市人大常委会立法咨询专家等。

魏建国 男。法学博士、公共管理博士后。北京大学中国教育财政科学研究所讲师。研究领域:财税法、教育财政学。参加《财税法学》、《税法学》、《WTO体制下的中国税收法治》等多部著作的撰写。在《法制与社会发展》、《北京大学教育评论》、《比较教育研究》等期刊上发表学术论文二十余篇。

主持国家社会科学基金青年项目、全国教育科学规划教育部青年项目等课题。

社会兼职:中国法学会财税法学研究会秘书。

华国庆 男。安徽大学法学院副院长,教授、博士生导师,安徽大学经济法制研究中心主任,安徽省重点学科——经济法学负责人,《安徽大学法律评论》副主编。研究领域:经济法、财税法、金融法。代表性的学术著作有:《经济效率与社会正义——经济法专题研究》(合著)。在《政法论坛》、《法学家》、《中外法学》、《税务研究》等期刊上发表学术论文五十余篇。

主持国家社会科学基金等多项国家级和部级课题。

社会兼职:中国法学会经济法学研究会理事,中国法学会财税法学研究会理事,中国财税法教育研究会常务理事,安徽省法学会经济法研究会总干事。

翟继光 男。法学博士。中国政法大学民商经济法学院副教授。研究领域:财税法、经济法。代表性的学术著作有:《财税法原论》(独著)、《诺曼征服时期的国王与领主》(译著)。在《税务研究》、《西南政法大学学报》、《法学杂志》等期刊上发表学术论文一百余篇,其中,核心期刊类论文二十余篇。

参与国家自然科学基金、国家社会科学基金等多项国家级和部级课题研究工作。

社会兼职:北京大学财经法研究中心民营企业税法研究室主任、中国法学会财税法学研究会秘书。

徐阳光 男。法学博士、法学博士后。中国人民大学法学院讲师。研究领域:财税法、经济法。代表性学术著作有:《财政转移支付制度的法学解析》(独著)、《财税法律制度改革与完善》(合著)。在《环球法律评论》、《法学家》、《政治与法律》、《涉外税务》等期刊上发表学术论文五十余篇。

主持国家社会科学基金中青年项目、司法部中青年项目、中国博士后科学基金特别资助项目和面上资助项目等4项课题,参加多项国家级或部级课题研究工作。

社会兼职:北京大学财经法研究中心预算法研究室主任、中国法学会财税法学研究会理事和研究会秘书。

周刚志 男。法学博士、法学博士后。厦门大学法学院副教授。研究领域:宪法、财政法、行政法。代表性学术著作有:《论公共财政与宪政国家》(独著)、《现代财政法学要论》(合著)。在《厦门大学学报》、《现代法学》、《法商研究》等期刊上发表学术论文三十余篇。

主持福建省社科规划项目等4项省部级课题,参与多项国家级或省部级课题研究工作。

社会兼职:中国财税法学教育研究会理事,福建师范大学宪政研究中心兼职研究员。

目　　录

导论：财政法学的立场、观点与方法 ··· 1

第一章　财政法基础理论 ··· 14
　　第一节　财政法的概念与调整对象 ····································· 14
　　第二节　财政法的地位与功能 ··· 20
　　第三节　财政法的体系与渊源 ··· 30
　　第四节　财政法的基本原则 ··· 42

第二章　政府间财政关系法 ··· 57
　　第一节　政府间财政关系法概述 ······································· 57
　　第二节　政府间财政权限配置 ··· 62
　　第三节　政府间财政转移支付 ··· 82
　　第四节　政府间财政协调与争议解决 ··································· 92

第三章　财政预算法 ··· 99
　　第一节　预算法概述 ··· 99
　　第二节　政府公共预算 ··· 103
　　第三节　国有资本经营预算 ··· 125
　　第四节　社会保障预算 ··· 130
　　第五节　财政决算 ··· 141

第四章　财政收入法 ··· 147
　　第一节　财政收入法概述 ··· 147
　　第二节　税法 ··· 151
　　第三节　费用征收法 ··· 162
　　第四节　公债法 ··· 179
　　第五节　国有资产收益法 ··· 204
　　第六节　彩票法 ··· 209

第五章　财政支出法 ··· 227
　　第一节　财政支出法概述 ··· 227
　　第二节　财政采购法 ··· 233

第三节　财政投资法 …………………………………… 248
　　第四节　财政拨款法 …………………………………… 252
　　第五节　财政贷款法 …………………………………… 259
第六章　财政管理法 ………………………………………… 271
　　第一节　国有资产管理法 ……………………………… 271
　　第二节　国库管理法 …………………………………… 291
　　第三节　预算会计法 …………………………………… 304
第七章　财政监督法 ………………………………………… 314
　　第一节　财政监督法概述 ……………………………… 314
　　第二节　代议机关的财政监督权 ……………………… 317
　　第三节　财政机关的财政监督权 ……………………… 328
　　第四节　审计机关的财政监督权 ……………………… 338

导论:财政法学的立场、观点与方法

第一次接触财政法学的人往往对其抱有一些神秘感,甚至产生一些畏难和抵触情绪,这些都是可以理解的。毕竟,在传统的法学视野中,合同与侵权、犯罪与刑罚、诉讼与仲裁等,总是占据主导和优势地位,而税收、预算、公债、审计、转移支付等,不太容易引起人们的关注。不过,这些问题事关财政、政治、法律,与公民生活息息相关,与个人的利益紧密相连。因此,在系统地掌握和领会民法、刑法、行政法、诉讼法等法律知识的基础上,投入一定的精力研习财政法,对即将踏入社会的在校学生而言确有必要。其实,财政法学就是有关财政法立场、观点和方法的学科。

为了说明研习财政法的必要性,我先列举一些新闻和生活中的事例,让财政法学褪去其不食人间烟火的表象,成为人们理性思考和观察社会的必备工具。之后,我将引导大家进入一个相对宏观的视野,即不再限于从技术层面关注财政的运作规则,而是从民主政治和法治国家的高度分析财政法的重要性。正因为如此,对于研习财政法学的人而言,必须自始至终坚持自己的立场和观点,而不是满足于事实的罗列或资料的堆砌。

由于财政法学既具有技术性,又必须上升到宪政与法治的层面,与其他法律学科相比有一定的特殊性。因此,本学科的研习应掌握一些必要方法。借助这些方法的训练和熏陶,有助于提炼出观察问题的独特视角。最后是有关本书编写目的与体系安排的介绍。相信这些信息对读者阅读本书会有所帮助。

一、新闻和生活中的财政法问题

财政法会和我们的生活相关吗?答案当然是肯定的。如果你是一个企业家,你一定会关注2008年1月1日生效的《企业所得税法》。企业的税率是升高了还是降低了?税收优惠政策能不能继续享受?有没有新的减免税措施?收入的确认方法有没有改变?费用、损失的扣除办法是不是和原来一样?特别纳税调整规则对自己有没有影响?没有一个企业家不关心这些话题。

如果你不是企业家,而是一个普通的个人呢?这时,你需要关注的税收话题仍然很多。作为雇员,你需要考虑自己的工资是不是被合理地扣缴了个人所得税;作为银行存款人,你需要了解利息是不是免缴个人所得税;作为房屋出租人,你需要关注自己是不是需要缴纳营业税、房产税。到了年终,你还要留心自己当年的总收入是不是超过12万元人民币,如果超过就要向税务局履行年度汇总申报义务。

其实,税法只是财政法的一个方面,财政法的范围远远超过税法。简单来说,与政府有关的收入和支出活动,都可以归入财政的范畴,而税收只是财政收入中的一类。除了依法纳税之外,我们还会经常面对政府收费。例如,办房产证、驾驶证等需要缴纳工本费,使用高速公路需要缴纳车辆通行费,坐飞机要缴纳机场建设费,在宾馆饭店住宿需要缴纳治安费,等等。这些收费合理吗?有没有法律依据?如果遇到乱收费,应该如何申请救济?财政法关注的就是这类问题。2009年1月1日起燃油税开征后,用于替代六项公路收费。哪些收费被替代?地方政府的利益如何得到保障?车主的负担是否因此而加重?无需使用公路的农业机械用油如何获得财政补贴?这些问题随时可能与我们发生关联。

不仅如此,政府还可能发行公债。虽然其收益率不如股票投资,但是风险极低。例如,2009年,国务院同意地方政府发行2000亿元地方债。你愿意将你存在银行的钱拿来购买地方政府债券吗?从个人的角度而言,你会考虑谁是偿还本息的债务人,利息是不是还需要纳税,债券的偿还是不是存在风险。如果上升到社会整体,则还需考虑地方政府为什么要借债,借债应该履行什么手续,债务本息偿还的资金来源,债务资金的使用限制,等等。除地方债之外,对中央债也要考虑其合法性与经济性,考虑还本付息的保障。这些都是与财政法有关的问题。

也许你还会留意到,近年来,在国内各大新闻网站中,有关国有企业上缴利润的话题甚多。国有企业为什么长期不向政府上缴利润?现在要求国有企业上缴利润的法律依据何在?上缴的方法及标准是不是合理?上缴的利润可以用于何种用途?如果你关心这些问题,可以去查阅1994年《国务院关于实行分税制财税管理体制的决定》、2007年《国务院关于试行国有资本经营预算的意见》、2009年《企业国有资产法》,然后结合财税法学提供的视角,参与对上述问题的讨论。

由于政府收入来自于公民财产,因此,我们对税费等多少会有些关注。但对于政府的财政支出,法律应该如何去规范和约束,似乎跟我们没有多大关联,法科学生有必要为此投入精力吗?其实,政府所花的钱是我们所缴的税款,政府乱花钱就是在侵害我们的利益。不仅如此,关注财政支出,其实也是一种公民意识。湖南省常宁县农民蒋石林起诉财政局,指控后者超标购买小汽车,难道不是一个非常有意义的财政法案例？① 政府花钱应该具备合法性，这是法治国家的第一要义。任何一个法科学生，都不应忽视其重要性。

现在，我们可以把话题转移到政府预算。每年三月，"全国人大"、"全国政协"召开期间，国家预算数据往往成为全国人大代表、全国政协委员以及社会各阶层关注的热点。不过，有几个事实我可以告诉大家：第一，到目前为止，国家预算的有关数据，不能完全向社会公开。我们能看到的只是财政部长所披露的部分信息；第二，有大量的资金在预算外循环，尚未接受立法机关的监督，只是政府内部管理的对象；第三，违反预算法的行为大量存在，但很难被追究法律责任。国家预算蕴含着宪法、行政法的深刻内容，与民主政治、法治国家联系紧密。预算的直接作用在于管好政府的钱袋子，但在中国，其作用并没有充分发挥出来。对于如此意义重大的现实话题，难道我们不愿意去做一些了解？②

最后，我们来看看政府间财政关系。听起来这是一个很抽象的话题，其实不然。2009 年，财政部代地方发行的 2000 亿元债券，并由财政部统一代为偿还本息。为什么地方债需要由财政部代借代还？2009 年，重庆市推出购房退税的政策，遭到中央的批评，其中的道理又是什么？我们认为，其核心就是政府间财政关系。虽然中国实行单一制国家结构形式，但地方政府的利益已经相对独立。如果财政收支范围不合理，或者划分规则不稳定，或者中央拒绝地方参与决策，就可能遭到地方政府的抵制。尽管这是一个高度政治化的题目，但我们还是可以从法律角度切入。例如，研究政府间收支划分法、财政转移支付法等，通过立法平衡中央与地方的财政关系。

综上所述，财政法学与我们的生活的确息息相关。上至国家权力的配置，下至纳税人利益的保护，都是财政法学密切关心的问题。如果我们具备了一定的知识基础，将来无论是维护自身合法权益，还是参与社会公共问题的讨论，都很容易凸显自己的专业优势。

二、财・政・法：学科意义上的大视野

如上所述，财政法可以从"财"、"政"、"法"三个层面理解，财政法学也因此具备了学科意义上的大视野。

---

① 洪克非、徐亮：《财政局超预算购豪车，一普通纳税人提起公益诉讼》，载《中国青年报》2006 年 4 月 5 日。另见 http://news.xinhuanet.com/newscenter/2006-04/05/content_4384849.htm, 2009 年 5 月 12 日访问。

② 在《预算法》先天不足的情况下，自 2008 年 5 月《政府信息公开条例》实施以来，深圳市民吴君亮和他的几个同事利用业余时间向多个政府部门申请公开部门年度财政预算报告。在不懈的努力下，他们不但获得了深圳市 2008 年度市级部门预算草案，还获得了卫生部、民政部、教育部、环保总局等中央部委的部门预算资料，并公布在自己创办的中国预算网上，网址为：http://www.budgetofchina.com/。参见邢少文：《2008 为了公共利益年度人物：吴君亮》，载《南风窗》2008 年 12 月 19 日。

所谓"财",是指政府的财政收支及其管理,也可以理解为政府理财。在现代社会中,政府是一个服务性机构,为所有纳税人提供公共服务。例如,为了保障领土安全,政府必须建立军队;为了维持秩序,必须设立警察、法庭、监狱等;为了提高国民素质,必须兴办各类学校。凡此种种,不一而足。所有的这些活动,从另外一个角度来看,其实也是一种财政支出。为了筹措财政支出的经费,政府不得不开征税收、行政费用,收取国有资产收益,甚至有时不惜举债,或者采取其他一些能被公众接受的手段,如博彩等。政府理财是财政法的基础。财政法所关注的所有问题,都与政府的收钱和花钱息息相关。从某种意义上说,财政法也是一种财产法,是关于政府如何获得财产、管理财产、使用财产的法律,是平衡政府与纳税人的纵向财产关系的法律,是对公有财产与私有财产一体保护的法律,通过强调财政法定主义,进而限制政府的征税权,以实现消极的保护私有财产的目的。

正是因为如此,我们关注财政补贴,如政府对农民的直接补贴,对国有企业政策性亏损的补贴;关注政府开支中的浪费,如公务车私用的问题、超标准配车问题,以及居高不下的公款招待问题;关注区域经济一体化中的财政协调与合作,关注发达地区对不发达地区的援助,以及汶川地震之后的地区间对口支援。与此同时,我们也关注高速公路收费权的转让,关注机场建设费应否取消,关注个人所得税中的工薪费用扣除标准是否应该继续提高,以及为了刺激车市,是否应该继续下调车辆购置税,等等。初看起来上述问题好像互不相干,但是,概言之,要么与政府"花钱"有关,要么与政府"收钱"有关,或者与纳税人的财产减少、增加有关。故都属于财政法调整和规范的对象。

作为法科学生,我们首先要认识到,财政法就在我们身边。学习财政法不能满足于抽象的概念、原理和规则,而应该关心社会、关心时事、关心民情,关心生活中与财政法有关的点点滴滴。只有深入财政现象本身,才能体察其中的是非曲直,也才能理解规则是如何"炼"成的。确实,财政本身有一定的规律性,财政还与人们的经验有关。只有掌握这些规律,认真对待这些经验,才有可能从法律角度作出合理判断,包括制定公平且有效率的规则,也包括合情合理地适用这些规则。因此,学习财政法必须掌握大量的信息,除了随时关注相关新闻报道之外,实地调查、文献检索等,都是不可或缺的手段。

所谓"政",是指财政法与国家政治休戚与共。财政法如何安排其制度和规则,只能基于特定的政治背景。例如,在单一制国家和联邦制国家,政府间的财政关系不可能完全相同。单一制国家强调中央集权,地方只相当于中央的派出机构。而在联邦制国家,地方是相对独立的法律主体,行使宪法赋予的权限。这些内容无疑对政府间收支划分、财政转移支付有着直接影响。另一方面,财政制度本身就体现着政治,是政治的制度化表达形式。例如,《香港基本法》和《澳门基本法》中有关"财政高度自治"的内容,就体现了"一国两制"的重大政治方针。《民族区域自治法》中有关"财政自治"的安排,也是民族区域自治的具体表现。

财政法中的政治是一种法制化的政治,或者说,是以法律语言表达出来的政治。就此而言,财政法与宪法有密切的交集。① 举例来说,我国《宪法》第 57 条规定,中华人民共和国全国人民代表大会是最高国家权力机关,它的常设机关是全国人民代表大会常务委员会。这条规定对财政会产生什么影响?首先,财政基本制度必须由最高权力机关通过制定法律的形式建立起来,《立法法》第 8 条已经对此予以确认。其次,中央重大财政活动必须由最高权力机关批准,《预算法》第 12 条已经对此予以确认。此外,政府财政活动必须接受最高立法机关的监督,《各级人民代表大会常务委员会监督法》已经对此予以确认。这些确实是法律问题,但同时也是涉及权力配置的政治问题。

在现代法治国家中,一个引人注目的现象是,以法律途径解决政治问题。但是中国在这方面还很不擅长,以政治途径解决法律问题的事例时有发生。一方面,这是长期的惯性思维使然;另一方面,也是因为财政规则不健全,现行法律无法提供答案。例如,1995 年之前,财政部曾长期向人民银行借款,以解决当年的财政赤字问题。1998 年之后,受积极财政政策的影响,财政部无力偿还这些借款,最后不得不由国务院提请全国人大常委会解决。②

所以,我们一方面应该善于从政治的视角观察财政法,体会财政法中的政治动向,另一方面,更应该反思如何将政治纳入法律的框架,使政治在法律的平台上良性运转。就此而言,预算法为我们提供了一个良好的范本。预算虽然只是数字汇编,但反映了财政资金使用的方向,其本身就是政治的一种体现。与此同时,预算的编制、审批、执行和监督,又必须遵守预算法的规定。这样,借助于法律的规范,预算成为政治博弈的平台。而财政与政治的关系,也由此在法律的层面得到统一。

所谓"法",是指财政法本身是法律,对财政法的研究也属于法学,而法律和法学所关注的首先是实体标准和法律程序,然后是基于实体和程序所进行的合法性判断,以及由此所引发的法律责任承担。无论是何种财政行为,无论其与政治结合如何紧密,我们都应该善于从法律的视角进行观察。例如,对于汶川地震之后中央所组织的对口支援,我们可以考虑的是,参与对口支援的地方政府是不是负有法律义务?如果其不愿意执行对口支援方案,是不是要承担相应的法律责任?经过对相关法律文件的梳理,也许你会发现,对口支援所借用的并非设置

---

① 在我国台湾地区,有学者甚至直接使用"财政宪法"一词,指代财政法中涉及国家宪政的内容,或者实质宪法中涉及国家财政的内容。参见黄俊杰:《财政宪法》,台湾翰芦图书出版有限公司 2005 年版。
② 参见刘剑文主编:《财税法案例与法理研究》,高等教育出版社 2004 年版,第 90 页。

法律义务,而更多的只是一种提倡或鼓励,或者说是一种政治动员。现实中对口支援之所以成效显著,更多地是有赖于执政党的政治影响。[①]

2007年国务院发布的《关于试行国有资本经营预算的意见》(国发[2007]26号文)规定,试行期间,各级财政部门商国资监管、发展改革等部门编制国有资本经营预算草案,报经本级人民政府批准后下达各预算单位。你是否曾经考虑过,既然《预算法》要求政府预算报送本级人大批准,而国有资本经营预算只需要本级政府批准,那么,国有资本经营预算还是《预算法》意义上的预算吗?国有资本经营预算在《预算法》之外运行,这是一种正常的法律现象吗?对此,财政法学已经进行过系统的反思,认为这种做法违反了《预算法》。[②] 2009年5月1日《企业国有资产法》生效后,国有资本经营预算重新被纳入法律的框架。[③] 这说明,财政法的独特视角并非虚妄,它确实具有现实意义。

不过,财政主体和财政行为有一些特殊性,沿用传统的法律思维解决问题时,有时会面临一些困难和阻力。例如,鉴于国家行为不具有可诉性,当中央政府无力偿还国债时,债权人无法通过法律途径申请救济。再如,当地方政府无力偿还债务时,能否在法律上允许其破产?虽然国外有地方政府破产的先例,例如美国加州橘县就曾经破产[④],但中国地方政府并不具备破产的条件,因为其无法做到财政独立。所以,当国务院决定由财政部代借代还2009年地方债时,虽然事实上相当于中央为地方债担保,但其实中央并没有因此而加重负担。即便不这样做,在现行的财政体制下,无力偿还的地方债也得由中央兜底。[⑤] 因此,在设计财政法律制度时,必须充分考虑这些特殊性,而不能完全套用民商法的做法。

将财政法的上述三个层面结合起来,就构成了财政法学一个完整的图景。财政现象是财政法的基础,是财政法调整和规范的对象。财政活动蕴含着政治内容,是实现政治的一种手段。因此,财政法必须嵌入政治视角。不过,财政法的核心还是"法"。所有的财政现象,所有的政治动机,最终都统一于财政法律规则。法律是判别财政现象合法性的基准,也是财政政治活动不能逾越的边界。只有遵循这一准则,法治社会才有可能变为现实。

---

① 参见熊伟:《地区间对口支援的财政宪法问题——以汶川震后重建的对口支援为例》,中国政法大学第一届"公共财政与法律"研讨会,2008年11月22日至23日。
② 参见熊伟:《国有经营资本预算的法律问题——兼评中央财政补贴石油垄断企业》,"公共财政与宪政建设"专题研讨会,广东商学院,2007年5月24日。
③ 该法第60条规定,国有资本经营预算纳入本级人民政府预算,报本级人民代表大会批准。
④ 参见李春满:《美国经济的三大危机及启示》,http://www.chinamoney.com.cn/content/zongheng/guoji/200211/60TC1323020824.htm,2009年4月17日访问。
⑤ 参见熊伟:《中央代借代还地方债的信用、风险与责任》,第六届青年经济法博士论坛,南京大学法学院,2009年4月25日至26日。

三、立场与观点:财政法学的生命力

财政法学是一门与规则有关的学问,但它最有魅力的地方不在于平铺直叙地介绍规则,而在于秉持自己的立场和观点,发现规则之间的逻辑联系,以及规则背后的事理情由。从这个意义上说,只有提炼出自己的立场和观点,才能凸显中国财政法学的生命力。

面对同一个问题,每个人都会有自己的立场和观点,这是宪法赋予公民的自由和权利。就此而言,财政法学似乎是一门很主观的学问。面对同样的财政现象,不同的人会设计不同的规则。面对同样的财政问题,不同的人会提供不同的答案。事实上,财政法学并不排斥这种结果。存在不同的学术观点,对学科发展绝对有利无害。

不过,学术观点能否促进社会进步,取决于其能否反映社会发展规律。因此,学术观点虽然可以百家争鸣,但学科本身必须坚持一定的价值观,否则就不足以成立为一个学科了。或者说,学科发展必须遵循一些基本前提,并就基本立场和观点达成共识。从这个角度而言,财政法学也就具有十足的客观基础了。

基于现代社会的发展需要以及中国的具体情况,我们认为,财政法学应当坚持以下基本立场和观点:

(一) 公共财政

如同国家的存在价值一样,财政存在的目的也在于服务公众,而不是为了追求自身的利益。这是公共财政的第一要义,也是财政法学必须坚持的基本立场。这里所谓的公众,是指不特定的主体,也可以说包括所有的人。因此,在财政法的视野里,虽然在获取财政收入的过程中,如税收要贯彻量能原则,费用的征收要贯彻受益原则,但是,财政支出必须体现"需要"原则,不考虑受体的种族、身份、等级、性别等差异。公共财政还意味着财政应当摆脱营利性,以非市场主体的身份获得收入,并公平分配财政资金。如果财政直接参与经营,凭借权力获取利益,必然会影响市场的效率,破坏市场经济的基本准则。

另外,公共财政必须有一定的边界,尊重市场主体的选择自由,而不能包办代替。凡是能够通过市场实现的目标,财政尽量不要参与。只有市场无法实现的事项,才有必要由财政出面处理。如果财政无所不包,必然会扼制人的自由,过度侵蚀公民的财产权。由于财政的公共性具有层级性,地方公共产品确有存在的必要。因此,无论是联邦制国家还是单一制国家,都应该尊重地方政府的财政职能,最大限度地满足地方居民的公共需要。

当然,以上主要是从经济方面揭示公共财政的要求。事实上,公共财政本身还蕴含着民主、法治、宪政的含义,单纯从市场角度观察公共财政过于片面。

(二) 民主政治

民主作为一种政治生态,通俗地说,是人民自己决定自己的事情。也可以表述为,重大事情由人民直接决定,其他一般性实务则委托政府处理。我国《宪法》第2条规定,中华人民共和国的一切权力属于人民。人民行使国家权力的机关是全国人民代表大会和地方各级人民代表大会。人民依照法律规定,通过各种途径和形式,管理国家事务,管理经济和文化事业,管理社会事务。这就是民主政治的基本要求。民主政治的对立面是独裁政治或寡头政治,是官为民做主的政治。

民主政治是现代财政法的基础,财政法因此也成为实现民主政治的途径。例如,财政活动的重大事项应由人民决定。现代社会的民主主要是间接民主,即代议制民主,而不是直接民主。人民选举代表组成议会,议会审议批准财政预算,以及其他重大事项,本身就是人民当家做主的体现。议会制定财政法律,对政府的财政行为提出要求,也是在代表人民的意志行事。与此相关,政府必须公布财政信息,提高财政透明度,便利人民行使监督权,便利人民行使决定权,也是民主财政的基本要求。如果财政法不以民主为基础,而是以政府独裁为前提,就无法成为维护人民利益的武器,而只是沦为政府统治人民的工具。

(三) 法治社会

民主若失去法治控制,容易走向多数人的暴政。法治是民主的制度保障,使民主不至于走向反面。法治意味着有规则可循,法治意味着稳定的预期,法治还意味着秩序,这些都是现代社会不可或缺的条件。法治不是把法律作为统治人民的工具,而是将其视为人民治理政府的手段,以及处理人与人之间关系的准绳。法治有两个重要的判断标准,一是法律规则健全、有效,能够为社会提供解决问题的方案;二是法律规则良性、合理,顺应了人民的意志,反映了客观的规律。综合起来,法治的核心就是良法之治。

在法治社会中,财政活动应被纳入法律调整的范围,一切财政收支行为都应该有法可依。如果财政在法律之外存在空白地带,则意味着法律对财政的控制有缺口。这里所谓的法律可以从广义上理解,但是,法律形式之间应该具有逻辑联系。比如,最重要的事情由法律直接决定。如果一国的法律资源不足,授权立法虽然可以合理存在,但也只能处理一些次重要的事情,规章只能解释法律、法规,不能从事创造性立法。依靠政策治理财政的做法,不是法治社会的体现。

另一方面,法治意义上的财政法不是简单的规则总和,而本身需要坚持一定的标准,履行一定的程序。例如,财政收入行为必须有度,不能毫无节制,否则就变成了巧取豪夺。财政支出行为必须公平合理,不能随心所欲,否则就变成了坐地分赃。再如,财政必须坚持一些底线,不得侵犯纳税人人权和宪法规定的基本权利。为了实现这些目标,财政立法的过程必须体现公众参与,预算审批的过程必须公开透明。另外,财政法本身的合法性也应该接受审查。由此,话题就过渡到财政与宪政的关系了。

(四) 宪政国家

如果将国家视为一个组织,宪法就是这个组织的总章程。宪法的订立人是全体人民,它规定国家的性质、目的、组织结构,规定公民的基本权利,也规定国家要履行的义务,以及积极努力的方向。宪法是人民的权利宣言,是国家的义务条款。宪法也是民主和法治的综合载体,对财政如何实现公共性也有基本的要求。因此,以宪为本,依宪治国,自然成为财政法的最高境界。

法律人忽视宪法是不明智的,除非宪法本身就是彻底反动的。只要宪法承认人类活动的一些基本准则,就可以成为规范法律、约束政府、保护人民的武器。中国虽然还不是一个宪政国家,宪法不能成为司法活动的评判依据,但是,宪法仍然应该是法律的起点,是推动法律前进的动力。违宪审查虽然不体现在司法,但随时都会体现在人心和舆论。财政法必须对此有充分的认识。

事实上,许多财政法问题必须追溯到宪法。例如,在讨论税收法定主义时,必须对《宪法》第56条进行解释。在讨论中央和地方的财政关系时,必须考察《宪法》第89条关于国务院职权的内容。在讨论国有资本经营预算的收支范围时,还必须结合《宪法》第6条关于社会主义基本经济制度的规定,以及第7条关于国有经济地位的要求。另外,宪法中有关保护人权、财产权以及其他基本权利和自由的规定,对财政法的制度建设也具有直接的约束力。所以,财政法以宪政国家为基础,这并不是空谈,而是现实的要求。

四、学习和研究财政法的基本方法

研习财政法重在发现问题,而发现问题有赖于一定的方法。方法是达到目的的基本路径,科学的研究方法对于丰富一个学科的理论体系,提升该学科的整体研究水平具有十分重要的促进作用。财政法学是一个综合性学科,它与其他学科的交叉与融合十分明显。因此,在研究方法方面,其选择具有开放性和发散性。财政法学常用的研究方法主要有规范分析法、价值分析法、经济分析法、历史分析法、比较分析法和调查研究法。这些研究方法与其他法学学科所采纳的方法既有共性,又有独特的一面,具体表现如下:

(一) 规范分析法

规范分析是法学研究中的基本方法,它以分析法学派为代表。根据《不列颠百科全书》的解释,分析法学派的主要意义和基本特征是,"如何将法自身和法应当怎样二者区分开来;着重分析法概念;根据逻辑推理来寻求可行的法;并否认道德判断有可能建立在观察和理性证明的基础之上"。规范分析主要研究法的"法定",即规范,而不是法的"应然"。"分析法学试图把明确性、稳定性、一致性和非冗性等逻辑限制置于权威性法律资料之上,企望发现基本法律概念,基本法律范畴以及基本法律定理"①。

尽管分析法学派的基本观点存在诸多偏颇之处,但规范分析作为一种法学研究方法的意义是十分重大的。西方的法学之所以能够表现出精巧细致的一面,与分析法学派在一定的历史阶段引领风骚是分不开的。我国法学的发展没有经历过这个阶段,这是一个无可选择的事实。但是,从法学发展的进程来看,重视规范分析应该是一个难以逾越的阶段。特别是针对目前我国立法过于粗糙,执法和司法过于机械的弊端,学习和借鉴分析法学派在方法论上的优点更显得意义重大。

财政法学属于应用法学,其所研究的对象涉及庞大的法规群,它们都与人民财产权保障息息相关。因此,财政法学研究的起点应该建立在对法律规范的实证分析上,如界定法律概念的内涵外延,解析法律规范的逻辑结构,审查法律文件的效力衔接,等等。从这个角度看,规范分析的方法主要是对现行法律进行解释或类推,以填补法律漏洞,或使法律更加具体化,以适应时代发展的需要。

(二) 价值分析法

价值分析也是法学研究中的基本方法,它以自然法学派为代表。价值问题虽然是一个困难的问题,但它是法律科学所不能回避的,在法律史的各个经典时期,无论在古代和近代世界里,对价值准则的论证、批判或合乎逻辑的适用,都曾是法学家们的主要活动。

在一定程度上,价值分析是对规范分析的反动。规范分析方法关注的是法律的"实然",但价值分析方法关注却是法律的"应然",即"法律应该是什么"。这种思路有助于我们从另外一个角度反思法律的真谛,从道义和理念的层面破除"恶法亦法"观念的消极影响,促进现实的法律在正义目标的指引下不断进步。

在财政法学领域,价值分析的方法可以引导研究人员对各种形式上合法的财政制度进行合理性审查,挖掘财政法在道德、社会、人权方面的含义和要求,提升财政法的理性色彩。应然的价值追求尽管不具有直接的法律效力,但它在立法、执法和司法方面的指导作用是无可替代的,因此应该在财政法学研究中受到广泛的重视。

(三) 经济分析法

财政既是一种法律现象,也是一种重要的经济现象。任何一项财税措施的出台,总是伴随相关的经济后果,如对劳动、投资、出口、消费等产生抑制或刺激

---

① *International Encyclopedia of the Social Sciences*, The Macmillan Publishing Company & The Free Press, 1967, Vol. 8, p. 333.

的作用。因此,财政法律的立、改、废或是执行,除了考虑形式上的合法性以及正义、公平、秩序等价值追求之外,还必须考虑其经济效果。如果能对经济发展或优化带来积极的效果,则说明具备实施的可行性。当效果相反时,不妨将此种结果与法律所追求的其他目标进行比较,假若损益相抵后仍然呈现负值,则不妨考虑暂缓实施或者干脆放弃。

经济分析方法关注的核心在于财政制度的效率,而其基本的分析工具就是成本效益比较。和其他部门法学不同的是,财政现象早在法学介入之前就已经积累了丰富的经济学研究成果,甚至形成了财政学这一专门的学科。法学当然可以在很大程度上借鉴这些成果,但是,由于经济学内部流派纷呈,如果财政法学者不具备很高的鉴别能力,就可能陷入盲从和迷信。所以,财政法学在运用经济分析方法时也应该有自己的独特视角。

(四) 历史分析法

财政现象是历史的产物,其存在有特定的历史背景。在研究财政法时,除了考察当前有效的法律制度之外,还应该嵌入历史的视角,注意观察法律在发展变化过程中的动态规律。在财政法学中,可以分离出专门的财政法制史学。研究具体制度的人也切切不能忘记,制度本身不是天外来物,历史的追溯可以帮助我们总结成败得失的经验和教训。

历史的分析不仅要进行显性的制度对比,发现其相同或殊异的地方,更重要的是,必须总结显性制度与当时的政治经济及社会文化背景的联系,寻找其之所以存在和之所以变异的客观规律性。其中,既要重视社会发展的一般必然性,也不能忽视制度生存期间的各种偶然因素。在很大程度上,正是这些偶然的因素造就和体现着制度发展的历史必然。

(五) 比较分析法

随着世界经济一体化进程的加快,各国在财政方面的联系也会越来越多。在技术性较强的税法规则方面,甚至可能出现一种趋同化。正因为如此,必须随时关注财政法发展的国际动态,在学科研究中嵌入比较法的视角。

财政税收法学可以选择不同的坐标点进行比较,既可以是法系之间的比较,也可以是国家之间的比较,还可以是一个国家内不同法域之间的比较;既可以是法律制度的比较,也可以是法律文化的比较,还可以是不同经济背景的比较。从某种意义上看,历史的分析本身也是一种比较,是现在与过去的比较。

财政法学的比较研究不是为了简单复制域外的制度或文化。域外的制度有的具有共性,可以移植,但也有很多与当地特定的法律文化难以分割,很难为他国所用。因此,比较研究只有建立在对本国的历史文化和制度发展深入了解的基础上,才能为我国财政法治建设作出独创性的贡献。

(六) 调查研究法

研习财政法需要掌握大量的信息,因此,财政法学不能满足于书斋里的学问,而应该将视野投向广阔的实践,通过实地调查获取丰富的第一手资料。需要通过调查掌握的信息大致有:第一,财政制度运行的现状、效果和问题。这些信息虽然不影响对行为的合法性判断,但对于及时修改法律或更正解释立场,具有重要的意义。第二,现实中各地推行的财政改革是如何运作的,它们是为了解决什么问题,是否存在合法性瑕疵。第三,对于财政法未来的走向,不同阶层的人有何种不同的认识,共识是否可能达成,分歧的焦点在什么地方,等等。

以上这些信息也许还有其他渠道可以获得。毕竟,网络、报刊、电话等现代技术为我们提供了极大的信息便利。但是,等待其他人发现新闻本身需要时间,更何况每个人关心的视角不一样,对题材所做的裁剪也不一样,其提供的信息不一定完整全面,不一定能满足自己的学习需要。从这个角度而言,深入细致的调查研究确有必要。当然,调查研究本身也要注意方法。无论是采用问卷调查法还是访谈法,受访目标的选择、资料的分析、结论的得出等,都要遵循一定的规则。否则,功夫虽然足额付出了,未必有等比例的收获。

五、本书的编写目的与体系安排

以往财税法学方面的专著和教材都是以税法为主要研究对象,本书则是我国第一部以财政法为研究对象的专著性教材。本书既可以作为本科生教材,又可以作为研究生读物。和以往大部分的法学教材不一样,本书不希望采用刻板的说教形式,强迫读者接受我们的立场和观点。相反,我们更愿意将问题摆出来,引导读者自己去探索和思考。我们不求一定要有标准答案。事实上,社会问题本身就没有标准答案。当我们将思维过程呈现出来后,如果能够引起读者的深切共鸣,这当然是我们的最大乐趣。如果做不到这一点也不要紧。任何批评意见或者反对声音,同样也是推动学科前进的动力。

本书除导论外共分七章。

第一章由武汉大学法学院熊伟教授撰写,其中涉及一些财政法基础理论问题。如,财政的职能及其演变,财政法的宗旨与功能,财政法的基本原则,财政法的体系与渊源,财政法与相关法律领域的关系,等等。这一章的内容有助于我们了解财政法的全貌,并大致厘清其与相邻法律领域的关系,特别是可以掌握一些学习财政法的思维工具,有助于课程的后续渐次展开。

第二章由北京大学中国教育财政科学研究所魏建国博士撰写,主题是政府间财政关系的法律调整,包括中央与地方之间、上级地方政府与下级地方政府之间的纵向财政关系。政府间财政关系的核心是财政收支划分以及财政转移支付,因此,本章主要介绍与这两个方面有关的法律制度。与此同时,对政府间的财政协调与争议解决,本章也会做专门探讨。

第三章由中国人民大学法学院朱大旗教授撰写,主题是财政预算法。本章除介绍一些预算法基本原理外,遵循《预算法》中所规定的复式预算结构,分别对公共预算、国有资本经营预算、社会保障预算进行阐述,同时将财政决算制度单列,作为与预算相对应的一项制度。对于预算外收入和非税收入的管理,本章也做了简单介绍。

第四章由安徽大学法学院华国庆教授撰写,主题是财政收入法。本章除对财政收入进行概括介绍外,其余篇幅按照收入种类逐一列举相对应的法律规定,如税法、规费征收法、公债法、国有资产收益法、彩票法等。考虑到本书定位在财政法,而税法还可以单独开课,本章税法部分并没有深入到具体细节,而只是简单介绍了税法的体系、原则,以及税法研究方面的一些最新观念。

第五章由中国政法大学翟继光副教授撰写,主题是财政支出法。本章除对财政支出法进行概括介绍外,主要按财政支出行为的种类排列。财政采购法针对的是政府有偿采购物资、工程和劳务的行为。财政投资法针对的是政府设立企业,从事营利性经营的行为。财政拨款法针对的是政府内部的资金划拨,以及对企业事业单位、其他组织、公民的转移支付。财政贷款法针对的是政府出借周转资金,收取利息的行为。

第六章由中国人民大学法学院徐阳光博士撰写,主题是财政管理法。其实,财政收支的过程也涉及财政管理,财政预算本身就是一种财政管理。但总体来说,本章所谓的财政管理独立于财政收支领域,也就是收入入库之后、出库之前的管理,以及财政支出完成后,对所形成的国有资产的管理,主要包括国有资产管理、国库管理、预算会计等领域。预算法单独成章,不在本部分介绍。

第七章由厦门大学法学院周刚志副教授撰写,主题是财政监督法。本章除介绍财政监督的一般原理外,主要按照财政监督的主体排列,其内容则侧重于监督权的来源、行使方式、法律救济等,具体包括立法机关的财政监督权、财政行政机关的监督权、审计机关的财政监督权,等等。事实上,财政公开、舆论监督、检举举报等,也是财政监督的可能途径,但是与本章的关注点有所偏移,所以未予列入。

由于财政法学本身还不成熟,加之我们的研究水平有限,本书难免会存在错漏或偏颇之处,敬请广大读者不吝指正!

刘剑文

北京大学财经法研究中心

2009年7月30日

第一章　财政法基础理论

本章涉及财政法的一些基本理论问题。其中，除了澄清财政法的概念、调整对象，以及财政法的体系和渊源之外，最重要的内容是有关财政法基本原则的论述。通过对本章的学习，既可以让同学们对财政法的概貌有所了解，又可以树立独特的观察和分析视角，为思考和解决现实的财政法律问题提供帮助。从教材安排的角度看，本章并不涉及财政法的具体制度或规则，但是，如何理性看待财政现象，应当为财政法树立何种理念，这是财政法的基础和根本。掌握好这些知识，对后续章节的学习会带来很大的启发。

第一节　财政法的概念与调整对象

一、财政法的概念

从词源和语词形式方面来看，据前苏联学者考证，财政一词来源于拉丁语中的 fintio 一词。13—14世纪时意大利使用这个词表示按期义务缴款，16世纪时法国把义务缴纳国税称为财政，以后逐步被各国使用，成了国家为完成其职能而动员起来的一切基金的总称。① 中国古代的财政被称为"国计"，意为国家财赋的计算和收支。英文中的财政一词即 public finance。日本学者采用汉语财与政的词义，将其译为财政，20世纪初传入中国。

财政概念常常被人们在不同的上下文中使用，因而被赋予多种意义。首先，财政可以是指一种行为，即国家为了满足公共需要而参与国民收入分配的活动。为了维持财政的正常运转，国家必须源源不断地获取财政收入、进行财政管理和安排财政支出，从而使得财政收入、财政管理和财政支出成为财政领域的三种主要活动。财政必须服务于经济建设，服务于民生福利，就是从这个意义上说的。其次，财政可以是指一种制度，即财政活动据以运行的机制和规则体系。它既可能是法律规定的显性制度，也可能是财政活动中自发形成的、有待法律确认的隐性制度。显性制度如预算的编制、审批、执行，它们必须遵守《预算法》的相关规

---

① 引自李建英编译：《苏联财政法》，中国财政经济出版社1985年版，第43页。

定。隐性制度如区域经济一体化过程中的财政协作,目前只是各地通过协议、宣言、备忘录等形式加以确认,还没有上升到正式法律的层面。最后,财政还可以指一种社会关系。它既可能是指国家机关相互之间,或者它们与财政行政相对人之间,在财政活动过程中发生的具有管理性质的社会关系,即财政行政关系,也可能是指从财政分配结果而言的各种主体之间的经济利益分配关系,即财政经济关系,还可能两者兼而有之。财政关系的形成、变化或消灭,需要符合社会基本的公平观念,也不能无视效率的因素。财政法需要在二者之间维持平衡。

从形式层面看,财政法就是调整财政关系之法。按传统的部门法划分标准,这种界定方式因为凸现了财政法独特的调整对象,可以使财政法与其他部门法相区分。由于这种定义方式颇具中性色彩,既不涉及意识形态之争,也不涉及法律的价值追求,它可以适应各个历史阶段不同国家的所有情况。无论是奴隶社会时期,还是封建社会时期;无论是资本主义时期,还是社会主义时期,财政法的形式共性都可以从其调整财政关系这一点找到。也正是基于这个共性,财政法学才可能将自己的研究视角延伸到各个历史时期的不同政治经济背景的国家,从而形成财政法制史或比较财政法等研究分支。

然而,概念的广泛适用性必定是以高度抽象作为前提的。当事物的共性被作为唯一的追求对象时,其诸多的特性就不得不被舍弃。对于身处特定历史阶段特定国家的个人或团体来说,抽象的共性固然重要,但各种与自身发生密切关系的特殊性同样不可忽视。在很大程度上,正是事物的特殊性在决定其发展方向方面发挥着重要的作用。

众所周知,自从国家产生、法律创制以来,人类共经历了奴隶社会、封建社会、资本主义社会和社会主义社会等四种不同的历史类型,不同历史时期财政法的职能定位和价值追求也是不一样的。一般而言,奴隶社会和封建社会时期的财政法是建立在君主专制的基础上,君王或皇帝是国家权力的源泉和中心,财政权力只是君权的一个组成部分。在理论上财政权力并非来自于人民,相反,它们是压制人民权利、维护统治秩序的武器。在这种情况下,财政法仅仅是专制政权利用法律形式推行财政政策的一个工具而已,缺乏独立的与民众利益声气相求的价值取向。财政法的主要功能在于保障财政收入的征收和管理,而财政支出方面则仅仅停留在技术性层面,满足于统治阶级内部从上到下的管理和监督。例如,中国的西周时期就有了政府会计制度,这和现代预算制度虽然在技术上有共性,但在价值追求上不能同日而语。现代预算的核心是人民对政府的财政控制。

封建社会末期,新兴资产阶级与君权的矛盾集中体现在财政问题上。封建君主的横征暴敛激起了资产阶级和普通民众的强烈不满,市民革命由此爆发。如英国的历次革命均因国王滥施税负而起,最终人民通过议会争得"课税同意权";美国的革命则发端于北美十三州殖民地人民抗缴茶叶税,最终推翻了英国的殖民统治,建立了独立的新国家。资产阶级国家建立之后,至少在形式上开始确认国家权力来源于人民,并在此基础上进行各项制度的设计和建设。基于这个前提,财政法的宗旨和原则都较以前发生了质变。首先,财政被定义为一种服务于大众的公共物品,它源自于人民的公共需要,因此必须受到人民的制约;其次,财政权力不再是一种单纯用于统治的工具和手段,它来源于人民的授权,同时也在此范围内受人民的监督;再次,财政的民主基础备受重视,人民通过议会行使对财政的决定和控制权成为财政法的基本原则;最后,财政法的功能开始转向保障财政的民主统制,财政权力的失范成为关注的重点,人民的基本权利开始凸现。因此,这一历史时期的财政法明显不同于君主专制时期的财政法,尽管它们都符合在调整对象方面的共性。

社会主义革命在部分国家胜利后,尽管消灭了私有制,在最根本的层面上为人民主权奠定了基础,但是,由于传统和认识方面的原因,公有制的实施并没有为人民如何授权、如何规范和监督的权力提供太多的机会。受意识形态的影响,建立在公有制基础上的国家被定性为人民利益的当然代表,人民只需对此给予充分的信任即可。由于缺乏民主和法治,权力在造福于人民的同时,也曾因为不受限制和监督而酿成大错,中国的"文化大革命"就是一个典型的例子。可想而知,在这种氛围下,财政法虽然理论上代表着人民的意志,但在现实生活中仍旧会变成国家行使财政权力的手段或工具。具体的表现是,大量的财政法规由政府执法部门制定,财政的民主统制被视为毫无必要的妄谈;财政法的核心主要不在于规范财政权力,而更多地在于推行国家政策;人民不仅难以实现对财政的决定和控制,在具体的财政执法中也难以得到程序的保障。这种理论和实践的背离使得财政法未能走出权力的阴影,其先进性自然受到了很大的限制。

所以,就财政法而言,揭示出其调整财政关系的形式共性当然必要,因为这有助于界定与其他法律部门的关系,同时通过对调整对象的解构,可以构建财政法的活动范围与内部体系。但是,对于新世纪的财政法学来说,仅仅满足于此是十分不够的,因为它无法揭示出财政法更深层次的价值追求,对我国目前的财政法制建设也没有太大的现实意义。故此,财政法的概念还有待于从时代特性方面进行深入挖掘。

从实质的层面出发,我们认为,现代财政法是建立在民主、法治和宪政基础上、以增进全民福利和社会发展为目标、调整财政关系的法律规范的总称。其具体内涵包括:

(1)民主、法治和宪政是财政法的制度基础。如果财政法不以民主、法治和宪政作为基础,就可能偏离现代社会的主流价值观,沦落为暴力统治的工具,在政治上失去合法性。财政法的民主性体现为,财政权力来源于人民,人民可以通过选举组成代议制机构,行使财政立法权,决定和监督重大财政事项,也可以直接通过全民公决行使财政权力。财政法的目标是法律之治,即人民通过法律对财政的治理,而不是财政通过法律对人民的统治。政府的一切财政活动都必须纳入法律的框架,不能在法律之外脱轨运行。财政法与宪政的关系表现为,财政法涉及公权力的分配,因此必须在宪法的框架下运行。宪法所规定的国家结构形式、政权组织形式、公民的基本权利等都是财政法有效施行的前提。由于财政法与宪法的关系如此密切,因此,各国宪法大都花费较多的篇幅规定基本财政事项。只有坚持这些前提,财政法才能嵌入先进的价值观,真正体现"人民性"。

(2)财政法的目标在于增进全民福利,促进社会发展。尽管广义的财政法包括税法、费用征收法等,这些是会导致公民向国家让渡财产的领域,但从整体上看,财政法应该是以维护和保障基本人权,促进人权保护水平不断提高为基本宗旨的。无论是财政收入法还是财政管理或运营法,其除了保证行政过程的公开、公正、公平,防范行政权力侵犯人民基本权利外,最主要的目的还在于通过规范管理,提高财政资金使用的效益,增进全民福利,促进经济发展。即便是财政收入法,其合法性依据除了相关法律规定外,还在于通过调整资源分配、收入差距、景气周期以及保证合理财政支出等职能,消除社会发展过程中的不公平现象,并最大可能地促进经济总量的增长。因此,财政法的目标不仅在于体现宪法基本权利的质的规定性,同时也在于从量上扩大权利的覆盖范围及实现程度。违背人权的财政法不是我们所追求的财政法。

(3)财政法以财政关系为调整对象。财政关系其实只是一种学理上的拟制,它指的是财政行为未经法律调整以前所引发的经济关系。通过对财政关系的分析,可以划定财政法的内部体系框架,厘清财政法与其他相关部门法的关系,从而确定财政法在法律体系中的地位。其实,财政关系本来就非常复杂,下文对此会专门展开论述。在不同的历史时期,财政关系的内涵和外延不一样。另外,按照法律的分类,财政关系也许并不具备单一性。如税收关系具有强制性,国债关系具有自愿性;政府间财政关系极具政治性,财政行政处罚则更具法律色彩;国债交易体现了平等主体之间的关系,税收强制执行体现了行政主体与相对人之间的关系,贪污和挪用公款则可能涉及犯罪与刑罚;预算关系体现了政府与立法机关、政府部门相互之间、政府与预算单位之间的关系,财政补贴、费用征收则体现了政府与人民之间的关系。正因为如此,我们才主张,财政法是一个综合性法律部门。

二、财政法的调整对象

通常情况下,财政法的调整对象既可以表述为一种财政行为,也可以表述为一种财政制度,还可以表述为一种财政关系。财政行为着眼于财政主体的动态过程,财政制度着眼于财政运转的外在环境,财政关系则着眼于财政现象的内在联系。动态过程受制于外在环境,但也是外在环境的推动力,而内在联系则是对动态过程和外在环境更高层次的概括,其内容更为丰富和兼容,因此,在表述财政法的调整对象时以财政关系为最优。

在历史上,由于人们对财政职能的理解不同,财政关系的范围也随着变化。自然经济条件下财政的主要职能,是替君王筹集行政管理、国防安全与扩张以及皇室开支的经费。自由竞争资本主义时期的财政也仅限于筹集收入满足国家日常经费开支的需要,很少通过再分配的形式调节社会收入不公平,也不需要大规模地干预资源配置。

进入垄断资本主义时期以后,因为市场失灵所带来的种种恶果集中爆发。为了应对危机,财政的职能开始不断扩展。首先,财政应当在市场和国家之间有效配置资源,然后保证财政内部资源的合理分配。如界定财政活动范围,优化财政支出结构,安排财政投融资的规模、结构,并通过税收、补贴等方式,引导社会投资方向等。其次,财政开始通过自身活动进行社会范围内的收入再分配,以缓和两极分化现象,实现社会分配的相对公平。如个人所得税累进征收,开征遗产税、赠与税,实施社会保障等。最后,为解决市场自发运行中所产生的经济周期问题,"反周期"的财政政策开始实施,如在经济过热时提高财政收入水平、压缩财政支出,而在经济萧条时则通过减税等方式培育消费和投资能力,同时加大财政支出以增加社会需求,以此刺激经济的发展。

在社会主义计划经济体制下,国家是分配主体,财政的主要职能是进行以国家为主体的、对包括生产资料和生活资料在内的一切社会资源的分配。由于生产和生活都通过财政进行控制,不会出现收入分配不公或生产周期波动,因此财政资源配置职能也就将收入分配和经济调节完全包容在内。另外,由于财政活动无所不包的禀性,财政与企业财务、财政与金融都呈现难舍难分的关系。例如,国家从全民所有制企业和集体所有制企业中不仅可以取走企业扩大再生产所需的积累,而且还可以取走包括折旧基金在内的维持简单再生产的物质资料,甚至企业职工的工资标准和工资款的拨付也都是通过财政直接进行的。这样,企业财务的独立性就会完全丧失,从而依附于国家财政。又如,银行不能自主从事贷款业务,必须按照财政的意图为相关项目提供建设资金,银行存款成为财政建设资金的重要来源,银行也被称为"第二财政"。

跟计划经济时期相比,中国在改革开放以后对财政职能的探索出现了显著的进步。第一,国有企业和集体企业都被视为独立经营的商业主体,其财务关系与财政关系完全分开,财政只是在投资和利润分配时与企业发生联系。第二,财政与金融的关系也已经理顺,财政可以通过经济杠杆引导银行发放贷款,但是不能进行强迫。财政关系的范围至少将商业性货币资金关系排除在外。第三,在向市场经济推进的过程中,由于收入分配两极分化的现象日益明显,财政的收入分配调节职能开始显现,开征个人所得税、实施社会保障等都是其中之例。第四,受市场失灵的影响,我国经济发展也开始出现周期性波动。为保持经济的稳定性,财政开始主动寻找反周期的对策。如 2008 年全球性金融危机之后,为了消除经济疲软,我国开始实施积极的财政政策,其核心内容就在于通过扩大财政支出规模,刺激消费,扩大内需,从而促进经济的发展。1998 年至 2004 年,为了应对亚洲金融危机,我国也曾实施积极的财政政策。

最值得一提的是,进入新世纪以后,我国财政改革的实践开始接受公共财政观念,财政的活动范围及未来发展方向都据此作了大幅度调整。例如,对设计院、工程局等完全能够进入市场的单位,财政不再对其提供资金,对这些事业单位采用企业化方式管理;对高等院校、文化艺术团体等介于市场性和公共性之间的单位,财政不再全额承担其费用,差额部分由其通过收费加以解决;对于社会保障等关系到人民生命健康权的领域则不断增加投入,社会保障的范围从城镇下岗失业人员扩展到最低生活保障线以下人员,现在又在逐渐向广大农村地区推进;在财政投资方面,对于竞争性产业,财政不再作重点投入,财政资金开始明显地向基础产业、幼稚产业、高新技术产业倾斜。是否具有公共性以及公共性的大小已经成为中国财政活动范围的一条准则,公共财政已经成为中国财政改革的一个基本目标。

由此可见,作为财政法调整对象的财政关系在历史上并不是等同划一的。受财政职能不断变化的影响,财政关系的质和量实际上都在随之变化。从形式上看,财政关系一般包括财政收入关系、财政管理关系和财政支出关系三种,但每一种财政关系的内容在不同的历史时期都不一样。因此,我们认为,不能简单地将财政关系界定为以财政为主体所发生的关系。从质的属性看,财政关系是一种具有公共性、必须通过国家筹集资金加以实现的社会关系。所谓公共性,是指某种物品(包括制度、服务)可以用来满足人们的一般需要,但却不能经由市场交换而实现的特性。如果某类物品完全不能通过市场交换而获得,必须由财政全额负担,则可称之为具有完全公共性。如果某类物品部分可以通过市场交换而获得,财政只需负担其差额,则可称之为具有部分公共性。如果某类物品完全可以通过市场交换而获得,不需要财政负担,则可称之为不具有公共性。即便财政已经参与其中,也应该激流勇退,终止这种财政关系。由此可知,公共性是判断财政关系内涵和外延的一条基本准则。

从形式上看,财政关系可以分为财政收入关系、财政支出关系和财政管理关系三类。财政收入关系的范围主要包括税收征收关系、资产收益关系、国债发行关系、费用征收关系等;财政管理关系主要包括财政预算关系、国库经理关系和审计监督关系等;财政支出关系主要包括财政采购关系、财政贷款关系、财政投资关系、财政拨款关系等。由于财政收入关系和财政管理关系主要服务于财政支出关系,因此,一般而言,财政支出关系的公共性可以奠定财政收入及管理关系的公共性基础。例如,财政采购的对象如果确属公共物品,为政府公务所必需,预算安排支出计划就同时具有公共性。不过,在具体的适用上,三者之间的公共性也可能并非完全对应。例如,尽管财政转移支付关系一般都是因为极具有公共性的财政行为而引起,但这类关系不具有对等回报的特征,因此,除非出现战争、社会动乱、自然灾害等紧急状况,否则不应以债务收入为财源依据。如果通过举债应付行政管理费用,这类债务的公共性就很值得怀疑。

第二节 财政法的地位与功能

一、财政法的地位

伴随着国家和财政的产生,也就同时产生了以法律调整财政关系的客观需要。然而,在中国和外国的古代法上,虽有大量的调整财政关系的法律规范,但由于当时财政所依附的国家的专制性质,以及法律体系自身演化的历史局限性,诸法合体的古代法不可能赋予财政法独立的地位。

近代的资产阶级革命掀开了财政关系变革的新篇章。资产阶级革命的结果,是新型的资本主义式的财政关系的确立。然而,在自由竞争资本主义时代,财政活动的范围被严格限制在"夜警国家"所要求的狭小范围,财政对行政的附属作用难以突破,所以,确立这种新型财政关系的法律规范主要是集中在宪法和行政法之中。从部门法的定位来看,这一时期的财政法主要属于行政法的范畴。

进入垄断资本主义阶段以后,随着国家职能的扩张,财政的活动范围也越来越广,财政在资源配置、收入分配和经济景气调整方面的作用也逐渐显现出来。由于财政对社会经济生活的影响日益增强,财政逐渐摆脱对行政的依附,开始具备自己独立的品格,财政的权力性由此凸现。[1] 财政法的性质和职能也随之而发生变化,财政法的行政法色彩逐渐淡化,而经济法的色彩逐渐增强。

关于财政法地位的理解,苏联的情况较为特殊。由于当时的经济集中程度非常之高,所有的货币资金往来关系基本上都被纳入财政管理的范围。除了财政部本身的活动外,经济单位、银行和保险机关之间的经济往来也具有国家财务活动的性质。针对这种情况,有些学者认为,社会主义财政关系与资本主义时期相比已经发生质的飞跃,财政法应当被视为一个独立的法律部门,以调整统一的资金货币往来关系。也有的学者认为财政法是"相对独立的部门法"、"行政法

---

[1] 参见蔡茂寅:《财政作用之权力性与公共性》,载《台大法学论丛》第25卷第4期,第53—76页。

的一部分"或者"综合部门法"的观点。争论的焦点主要集中于财政法与行政法的关系、法律体系的结构中是否包括综合部门法等问题上。从发展过程来看，苏联在列宁领导下制定了第一部宪法，其第五章就是预算法。从那时起，苏联就开始了社会主义国家预算法的研究。1926年，库特利亚列夫斯基教授的《财政法》一书问世，走出了财政法独立的第一步。1928年，佐格拉科夫教授的《行政财政法》一书出版，仍认为财政法是行政法的一部分。不过，经过1938—1940年的大讨论，苏联科学院法学研究所公布了《苏联社会主义法制体系研究提纲》，指出应按所调整的社会关系的性质划分不同法律部门，财政法作为一个独立部门法的地位才正式得以确立。[①]

1949年新中国建立之后，财政法学研究未能得到充分发展，有关我国法律体系的结构以及财政法在法律体系中的地位问题，尚未得到认真的讨论。改革开放以后，在我国学者自行编撰的第一部《中国大百科全书》法学卷之中，专列了比较详尽的"财政法"词条，并且在体例编排上独立于行政法和经济法[②]，反映了当时我国法学界占主导地位的观点，说明其依然受到苏联法学界的影响。然而，随着经济法学的发展和日益成熟，自20世纪80年代中期以来，在几乎所有的经济法学教科书中，财政法都被列为专门的一章；专门的财税法教材也主动将自己归入经济法体系之下。[③] 可见，把财政法作为经济法的一个组成部分，是我国法学界目前的主流观点。

其实，不论是将财政法视为一个独立部门法的前苏联时期，还是将财政法视为经济法体系构成的现代中国，学者们都注意到了财政领域两类不同性质的法律规范。如，前苏联学者认为，"苏联财政部系统中所包括的各种财政信贷机关间的关系，如果不直接与这些机关执行其职能——动员和分配货币资金，拨款，贷款，监督各单位遵守专款专用和节约国家资金的制度——相联系，则建立在国家管理的一般原则上，受行政法的调整……如果财政信贷机关作为一种进行财政活动的机关，作为一种受国家委托征集货币资金，对有关权力机关所批准的发展国民经济、教育和保健事业等措施进行拨款和贷款的机关，那么它们的活动以及因其活动而发生的各种关系，都由财政法调整。"[④] 这说明，行政法在调整财政关系方面还是可以发挥一定作用的。

无独有偶，我国学者在论述财政法的属性时也实事求是地承认它与行政法

[①] 参见李建英编译：《苏联财政法》，中国财政经济出版社1985年版，第19—39页。
[②] 《中国大百科全书·法学卷》，中国大百科全书出版社1984年版，第33页。
[③] 参见漆多俊主编：《经济法学》，高等教育出版社2007年版；杨紫烜、徐杰主编：《经济法学》（第五版），北京大学出版社2009年版；李昌麒主编：《经济法学》，法律出版社2007年版；张守文主编：《财税法教程》，中国政法大学出版社1996年版，第27—29页。
[④] 〔苏〕M.A.古尔维奇：《苏维埃财政法》，刘家辉译，中国人民大学出版社1956年版，第36—37页。

的联系。如,有学者认为,财政活动可以区分为两个不同的层次:第一层次是作为行政范畴的财政活动,其目的在于满足国家机关活动经费的需要;第二层次是作为经济范畴的财政活动,其目的在于调节社会经济。两者虽然都涉及经济领域,但后者涉及经济领域的更深层次。反映到立法上,前者主要是关于国家财政管理机关的设置与职权、财政管理活动的原则、程序和制度,以及财政管理机关与社会组织或公民在一般性收支活动中的权利义务等,而后者所规定的主要是有关国家调节经济的一些财政政策方面的规定。前者是国家进行一般行政管理的法律,属于行政法的范畴,后者是国家调节社会经济的法律,属于经济法的范畴。在现实生活中,这两类法律一般都由国家财政机关负责执行,很难区分哪些规范是经济法性质,哪些规范是行政法性质,也没有必要区分。①

的确,随着政府职能的扩展,财政法的形式和内容都在发生变化,原先属于行政法的财政法现在开始具有经济法的色彩。然而这种转变不可能十分彻底,财政法与行政法的联系仍然难以割断。我们认为,行政法在财政法中发挥着基础性的作用,有关财政职权的分配、财政行为的作出、财政救济的实施等,都必须遵守行政法的一般性规定。从分类的标准来看,财政法的经济法属性往往不是体现在法律规范的外在形式,而是着眼于其内涵的价值取向和政策意图。这种宏观的政策目标必须借助现有的行政组织、行政行为、行政程序、行政争议处理机制等才能实现其功效。正因为如此,在财政法领域常常可以发现,有些法律规范从形式上看是一种典型的行政法律规范,但它在价值取向上又是服务于某种经济政策目的的。这些财政法律规范既可以称为经济法律规范,又可以称为行政法律规范,其"一体两面"的特征十分明显。正因为如此,我们认为,在法律体系中无论将财政法归入经济法或行政法都不是一个妥当的结论。事实上,不能简单的说财政法属于经济法或者行政法,而应认为其是经济法和行政法交叉综合的产物。

按传统的法律部门标准分析,财政法的构成是一种综合性的体系,因为它包容了宪法、行政法、经济法、社会法、私法等各种不同类型的法律规范,很难说是一个独立的部门法。但当这些法律规范融合在一起时,却形成一个有机统一的调整财政关系的法律整体,缺乏其中任何部分都难以达到预期的功效。综合性法律部门的定位丝毫不会减损财政法存在的价值,相反,在一定程度上它反映了现代法律调整社会生活方式的革新。

法律部门划分标准建立在社会关系的界限相对明晰基础上,各个部门法分别以单一的法律规范调整某种相对单纯的社会关系。如民法调整平等主体之间的财产关系和人身关系,行政法调整行政主体与行政相对人之间的行政管理和服务关系,刑法调整罪刑关系,等等。然而,社会生活在不断发展,在现实的法律

---

① 参见漆多俊:《经济法基础理论》,武汉大学出版社2000年版,第123—126页。

实践中,这种划分永远只有理论认识上的意义。某些错综复杂的社会现象必须由多种法律规范同时调整,这就有了产生综合性法律部门的必要性。因此,正如金融法、保险法、证券法包容了不同性质的法律规范一样,财政法区别于传统的单一法律部门的地方,也正是它的生命力之所在。

拓展阅读

财政法与相关法律领域的交融

从法律规范属性的角度分析财政法体系,有助于廓清不同领域财政法的价值取向和形式要求。如宪法性规范关注公民基本权利的保障,行政法规范强调行政秩序,经济法规范强调经济效率,社会法规范强调社会安全,民法规范强调平等协商,等等。在这些领域中,财政法与其他法律部门出现交集和融合,不再是非此即彼的关系。也正是因为这种交融,财政宪法、财政行政法、财政经济法、财政社会法和财政私法应运而生,凸现了财政法在不同角度所折射出的不同特性。

1. 财政法与宪法的交融

财政法与宪法相交融的领域涉及财政税收的一些根本性事项,如财政法的基本原则、财政权力的分配、中央与地方的财政关系,等等,它们关注的是国家权力的分配与限制,以及对人民基本权利的法律保障。很多国家的宪法都花费较大的篇幅规范财政行为,如德国 1949 年《联邦基本法》专辟第十章规定财政,对联邦和州的公共开支、税收立法权、税收分配、财政补贴和财政管理等基本事项作出了明确的规定,其内容达 12 条之多。日本 1946 年颁布的《宪法》也专设第七章规定财政,对处理财政的权限、收支职责、国债负担、租税征收、预备费设置、预决算监督等基本问题都作了规定,其中有关财政的基本事项都要由国会议决。美国《联邦宪法》第 1 条也专门对课税权利的授予、统一课征原则、按比例课征原则、禁止课征出口税等作了规定。

财政行为合乎宪法的规定也是各国法学特别关心的问题。正因为如此,目前国外的财政法学主要是财政宪法学。例如财政民主主义、健全财政主义、税收法定主义等,其实都是各国资产阶级宪法革命的成果,这为财政法的立法和研究奠定了坚实的基础。我国《宪法》虽然直接规定财政税收问题的条文不多,但宪法中有关国体、政体、国家机构的设置、公民的基本权利和义务、特别行政区的规定都是我国财政法赖以存在和运行的基础。可以说,以宪法为中心的宪政是中国财政法治不可或缺的前提。因此,今后应当加强全国人大及其常委会在宪法解释、监督方面的职能,促进宪政精神在财政法立法、执法和司法中的全面实现。

2. 财政法与行政法的交融

行政法是财政法最原始和最典型的表现形式。在自由竞争资本主义时期，财政活动的范围被严格限制在"夜警国家"所要求的狭小区域，财政对行政的附属作用难以突破，所以，调整财政关系的法律规范主要是集中在行政法之中。进入垄断资本主义阶段以后，随着国家职能的扩张，财政的活动范围也越来越广，财政在资源配置、收入分配和经济景气调整方面的作用也逐渐显现出来。调整财政关系的财政法在性质和职能上也随之而发生变化，其行政法色彩逐渐淡化，而经济法和社会法的色彩却逐渐增强，另外，还融入了许多私法的形式。不过，我们认为，财政法中的基础法律规范仍然属于行政法，即便带有经济法和社会法性质的法律规范，其在外观上也呈现行政法律规范的形式。

财政行政法主要从形式层面规范政府的财政行政行为，其功能主要有两个，一是保障财政行政执法，通过提供法律依据赋予其合法性；二是规范和制约政府的财政行为，防止其滥用权力。因此，财政行政法既是财政授权法，又是财政限权法。前者主要通过行政实体法加以体现，后者主要通过行政程序法和行政救济法加以体现。由于我国财政体制目前正在调整之中，财政权力的分配和协调缺乏现成的答案，财政实体法的立法极为薄弱。除了国务院的行政法规及规范性文件外，其余大都是行政规章和内部规范性文件，这与依法治国，建设社会主义法治国家的要求相距甚远。对行政程序和救济法而言，虽然近年来通过制定《行政处罚法》、《行政复议法》、《行政诉讼法》、《行政许可法》而有所进步，但是这些内容也主要是对税务行政行为在形式上有所约束，对财政管理和财政支出，则难以起到有效的制约作用。

3. 财政法与经济法的交融

垄断资本主义以后，原先以行政法为主的财政法体系中，融入许多以经济调节为宗旨的法律规范。它们与经济法的宗旨、原则、目标相一致，从而成为经济法法源的重要组成部分。经济法主要研究如何利用法律手段保障和规范政府经济调节行为。由于它以增长、稳定、效率等作为自己的价值追求，因此它与行政法的视角有所区别。如更加重视对政府参与市场的行为进行法律调整，为政府该不该参与市场、什么条件下参与市场、参与哪些市场、参与和退出市场的程序如何确定等设定法律边界等。

作为经济法的财政法，首先关心的是法律规范背后的政策取向，以及法律施行之后的经济效果。如，除保障税收执法，保护纳税人合法权益之外，现阶段的税法还必须承担促进投资和生产，刺激消费，激活经济的职能；财政投资法必须考虑投资的公共目的，以确定投资的范围和方向；财政采购法的目的除提高财政资金的使用效益外，还肩负着保护民族产业，促进地区经济协调发展的重任。至于国债法，确定国债发行的规模和结构，规范国债资金的使用方向，其经济调控目的更是不言自明。

作为经济法的财政法,所关心的除了财政政策取舍外,还包括既定历史条件下财政政策的合法化问题,即为政府财政政策的制定、实施、变更、调整设定法律准则,或者说"上限"与"下限",也可以说是权力的起点和边界。在法律规定的范围内,相关主体可以制定和实施财政政策,超出这个范围则是非法的。如果法律规定的标准本身不合理,则只能修改立法,而不能超越法律。受经济学和法学研究不足的影响,我国政府目前制定财政政策的权力似乎是无限的,财政政策修改甚至废止立法的现象已不是个别。因此,财政经济法任重而道远。

4. 财政法与社会法的交融

社会法是为维护社会利益而形成的以社会本位为特征的法律部门,它代表着公私法融合后所形成的第三法域,是社会发展客观需要的产物。社会法的外延一般包括劳动法、社会保障法、社会弱者权利保护法、教育法、环境保护法等,其范围呈现一个开放的体系结构。

社会法与财政法的关系非常密切,无论是教育经费增长比例的法定保障,还是排污费或环境保护税的开征,都体现财政法与社会法的交叉。特别是社会保障法,从社会保障资金的筹集、管理,到资金的依法支出,始终在财政机关的监督控制之下,这其实就是政府财政活动的全过程。正因为如此,财政法充斥着大量的体现社会利益、奉行社会本位的法律规范。这类法律规范的集合,我们称之为财政社会法。

财政社会法与财政经济法虽然同属公私法融合的第三法域,但二者还是存在明显的差别。如,财政社会法关注社会利益,对社会主体贯彻在平等原则下的差别保护,促进社会的安全、稳健、和谐发展。财政经济法关注经济发展的宏观效率,重在促进社会财富的整体增长,同时防范财政经济职权的滥用,消除财政对经济发展的负面影响。

随着行政国家向福利国家的转型,社会法在法律体系中的地位将会越来越重要。而财政法律规范是社会法中不可或缺的组成部分,因此,财政社会法发展潜力十分巨大。厘清财政法律规范的社会法性质,对于把握其宗旨和原则,更好地发挥其服务社会的功能,也具有积极意义。

5. 财政法与私法的交融

财政法与私法相交融的体现,主要在于财政以民事主体的身份(平等、自愿、有偿)参与经济生活,如发行国债、对外担保、财政投资、财政采购等。这些行为虽然有政府公权力的性质,但是它们采取了非权力的形式,在法学理论上符合私法的要求,因此可以称之为财政私法。

在具体的制度设计上,财政私法首先要尊重私法的形式要求,履行平等、自愿、协商、有偿等交易原则。如发行国债必须遵循自愿原则,且须按照事先约定到期还本付息；对外担保必须按照《担保法》的要求，满足担保的各种形式要件；政府采购合同的要约、承诺、成立、生效等也必须适用《合同法》的规定。财政法对私法形式的借用，一方面可以节约制度成本，照顾人们的交易习惯，另一方面也有助于提高交易效率，形成对财政行为的另一种制约。

然而财政私法毕竟服从于财政目的，必须体现财政法本身的原则和要求。因此，尽管在规则上可以很大程度上借鉴私法，但仍然不得不在许多方面保留自己的特色。例如，我国《政府采购法》在《合同法》的基础上，又对政府采购的采购人、采购形式、采购程序、采购合同等作了许多特殊的规定，以促进财政采购的公开、公正、公平，保障国家利益和社会利益的实现。

为了防止财政主体参与市场竞争，破坏市场竞争秩序，财政私法还必须对政府在市场中的活动范围作出明确规定。如，何种情况下政府能发行国债，何种情况下政府能对外担保，财政投资的范围如何划定，等等，都是财政私法需要考虑的问题。不难预料，随着现代社会的发展，财政活动的形式将会越来越多样化。财政法的强制性色彩将会逐渐减弱，而财政私法在财政法的体系中则会呈现不断发展的趋势。

6. 财政法与刑法的交融

财政法与刑法的交融催生了财政刑法。财政刑法规范和调整的是财政税收领域的犯罪行为及其惩处。虽然财政刑法在原理上与普通刑法并无二致，但它规范的具体对象具有很强的特殊性，总体来说都与滥用财政职权、逃避财政义务有关，如贪污罪、挪用公款罪、逃避缴纳税款罪、抗税罪等。对财政收支关系适用适度的刑罚调整有助于强化财政法律意识，提高人们遵从财政法的自觉程度，因此是十分必要的。财政刑法虽然在短时期内可能超出人们对财政法体系的预期，但现代市场经济条件下法律针对同一对象实行综合调整是一个发展趋势，财政刑法完全有理由成为财政法的组成部分。

7. 财政法与诉讼法的交融

我国目前既有行政诉讼法，也有民事诉讼法，但是没有专门的财政诉讼法。然而，随着法治进程的深入，司法解决财政纠纷必然成为一种重要形式。不仅税收、收费等方面的问题可以向法院起诉，一旦请求发放公务员工资、支付社会救济款或财政补贴成为相对人法定的权利，财政支出纠纷也应该具备司法救济的可能性；不但财政相对人与政府之间的财政纠纷可以通过司法途径解决，上下级政府之间或同级政府之间的财政支付纠纷也可以考虑进入法院的受案范围。这种诉讼既不是行政诉讼，也不是民事诉讼，而是一种专门的财政诉讼，因此无论从理念还是制度上都必须重新定位和设计。①

---

① 参见王源扩：《财政法基本原则研究》，中国人民大学2002届博士论文，第126页。

8. 财政法与国际法的交融

财政法与国际法交集与融合的领域,可以称为国际财政法。在特定的领域中,财政法与国际法如影随形,难分难解。例如,当外国人在本国获得收入时,本国政府可以基于收入来源地管辖权而课税。对于本国居民从外国获得的收入,如果已经在外国纳税,本国政府一般会提供抵免、抵扣甚至豁免,以避免国际重复征税。这种调整涉外税收的规则,就是国际法与税法共同作用的领域。国际税收条约更是一个明证。此外,政府可能向外国人发行公债,或者向外国银行借款,外国企业也会要求进入本国政府采购市场,等等。与此相关的法律规范都属于国际财政法。例如,中国在加入世界贸易组织时,承诺加入《政府采购协议》。虽然迄今为止中国还没有正式提出申请,但这个事实至少说明,国际法与财政法关系密切。

(摘自熊伟:《关于财政法体系的再思考》,载刘剑文主编:《财税法论丛》第 3 卷,法律出版社 2004 年版,第 239—254 页。)

二、财政法的功能

财政法的功能是指财政法在调整财政关系过程中所表现出的一种外在功效。从学理上看,因为财政是财政法规范和调整的对象,所以财政法的功能应当区别于财政的职能。但从实践上看,在现代社会中,由于财政关系总是以财政法律关系的形式而存在,因此,财政职能的实现过程与财政法的实施过程在很多方面会出现重合。

在一定程度上,财政法是财政活动的一种外在形式,因此,财政法应当服务于不同历史条件下财政活动的内在需要。由此可以推知,在不同的政治经济体制下,由于财政活动的历史基础不同,财政法的功能也是不一样的。

在奴隶制和封建制社会中,财政的主要职能是获取财政收入,满足以君王为首的统治阶级内部基本的分配需要。受当时历史条件的限制,财政纯粹是君主专制的工具,很难诞生出民主、法治等现代观念。由于财政权被定性为源自君权,因此,财政法的功能也就表现为通过强制手段,保障君权在财政领域的顺利实现。进入资本主义社会后,财政的收入支出职能虽然依旧存在,但财政法的功能却发生了不小的变化。受政府财政权力来源于人民思想的影响,财政法的功能主要表现为防范政府滥用财政权力,损害人民的利益。财政民主主义、财政法定主义、财政健全主义、财政平等主义等,都是人民通过法律对政府财政活动提出的要求。尽管在资本决定一切的社会中,"人民"的范围实质上不可能扩展到一般的平民阶层,但是这一时期的财政法无论在形式上还是在理念上,对中国的财政法治建设都具有很好的借鉴意义。

中国没有经历真正的资本主义时期,在新中国建立之前,财政法也从未发挥过依民主机制规范政府财政权力的作用。新中国建立之后,虽然在经济上消灭了私有制,奠定了社会主义公有制基础,但在上层建筑方面,对如何保障人民行使政治经济权利重视不够。财政法理论上是人民当家做主的法律保障,但实际上,由于缺乏正常的民主参与和监督机制,保障政府财政权力的运作仍然是首要的。改革开放以后,随着市场经济观念的深入人心,民主和法治成为时代的主旋律,财政法的内容和形式也发生了很大变化。总体来说,财政法的功能应当从绝对服务于财政职能,转向对财政权力施加控制。具体表现在如下三个方面:

(一) 财政权力授予功能

在公共领域,任何权力的存在都会导致支配性的效果,影响到人民的切身利益,因此必须从权力的来源上证明其合法性。根据我国宪法,一切权力来源于人民,任何公共权力的存在必须经过人民的授权。"授权"不是简单的政治口号,而应该是精致的法律程序。从根本上说,由于立法机关是由人民或人民选举的代表组成,法律的制定过程在理论上应当是人民意志和利益的体现,因此,当法律赋予有关机构一定的财政权力时,应当视为已取得人民的授权。

财政法的授权功能在财政组织法中可以得到明显佐证。财政组织法的存在,不仅仅限于规范相关财政主体的组织机构,更重要的在于依法授予该主体相应的职权。只有具备财政组织法上的依据,财政机关才能合法拥有财政权力。可以说,现代法治社会中,财政法的授权功能是财政活动的前提和基础。如果没有财政权力的存在作为前提,财政法的权力规范功能和监督功能都将失去意义。

财政法的授权功能最初表现为就具体事项所作的具体授权,这种消极行政的模式与自由市场经济时期的国家观是相适应的。财政机关只能在具体授权的范围内活动,不能越雷池半步。然而时至今日,随着财政职能的日益扩张,财政所面临的社会关系也越来越复杂,财政法的授权方式也不得不有所调整。如针对财政的经济景气调整职能,财政法不可能预见到未来经济发展的所有情况,具体授权难以有效发挥作用,一般性授权才逐渐被立法机关所承认和接受。

(二) 财政权力规范功能

财政权力一旦产生,就必须按照法治社会的要求进行规范。财政法的规范功能主要通过财政行为法、财政程序法及财政责任法表现出来。财政行为法一般规定各种财政行为的前置条件、实体标准、程序要求及法律后果,财政程序法则专门规定财政活动的具体程序。至于财政责任法,它是通过负面的法律责任督促财政机关依法履行职责,因而也能起到一种间接的规范作用。

除了规定标准、设置程序、负担责任之外,财政法还可以通过为权力划定边界而起到规范作用。例如,尽管一般性授权在财政法中越来越普遍,但并不意味着财政法对此完全放任不管。最起码的要求是,财政法应当为这种概括性权力设置上限。如果权力本身也是一种职责,那么下限的存在也必不可少。否则,权力就会真正成为不受约束的"利维坦",对人民的基本权利构成现实的威胁。

当然,受认识水平的限制,规范只能是一个逐步完善的过程。在某个既定的时点上,权力边界的科学性总是相对而言的。然而,问题的关键不在于找到终极真理,而在于确认一种不断追寻真理的机制。只要财政法切实发挥自己规范财政权力的功能,财政法治的目标就会一步一步接近。

(三)财政权力监督功能

财政法的规范功能和监督功能在目标上是完全一致的,都是为了防止财政权力的滥用和失范。但在具体方式上,前者主要通过制定行为准则而实现,后者则有意设置一种外在的强制,督促财政机关切实履行职责。

以财政监督法为例,其制定和实施的目的就在于监督财政权力的合法有效运行。按照财政监督法的要求,财政监督机关应当依法监督财政机关正确履行职责。如果发现违法行为,可以进行相应的处理甚至制裁。我国《审计法》的主要功能就在于此。

为了使财政法的权力监督功能更加深入细致,除了专门的财政监督法之外,财政法一般都赋予权力机关对财政行政机关、上级财政机关对下级财政机关的财政监督权。另外,财政相对人对财政行政机关提起的财政行政诉讼,也是人民借司法途径监督财政权力的有效方式。

拓展阅读

贫困县奖励民企 6 亿元引发争议

2009 年 7 月 22 晚,安徽省霍邱县人民政府召开新闻发布会,决定取消对安徽大昌矿业集团 6 亿元的奖励。此前,霍邱县人民政府曾提请县人大常委会审议并通过了《霍邱县人民政府关于提请批准给予安徽大昌矿业集团有限公司奖励及有关事宜的报告》,给予民营企业安徽大昌矿业集团 6 亿元奖励。作为一年财政收入只有 7 亿元的国家重点扶持的贫困县,依据当初招商引资时协议确定的奖励政策,采用分期分批到账的方式,给地方企业以全国罕见的政府奖励,经由媒体报道后,引发巨大争议。7 月 22 晚的新闻发布会之前,霍邱县人大常委会会议刚刚结束,取消奖励的决议也经过县人大常委会的批准,但县政府的情况通报对此未予提及。

在"奖励门"事发后,霍邱县有关部门对外解释了这 6 个亿的构成。其中 4.8 个亿是提前预支的县政府给安徽大昌矿业集团的土地、税收优惠,另外的

1.2亿是为新项目所需的1600亩土地支付的"三通一平"(通水通电通路和场地平整)费用。而且,根据约定,6亿奖励并非一次性付清。第一批资金在8月8日100万吨项目开工前兑现3亿元;等工期过半时再兑现2亿元;正式投产后,再兑现1亿元。而政府称这6个亿的奖励是有条件的,即必须满足18个月内将100万吨项目上马,否则将把钱要回来,而且要罚息。

在财政资金的使用上,基层政府的权限到底在哪里?财政资金使用的监管体制又存在哪些漏洞?在谋求地方经济发展的过程中,政府的边界到底在哪里?财政部专家文宗瑜认为,霍邱县用财政资金来奖励企业的这种方式违背了程序,违背了政府制度,也违背了游戏规则。政府是拿财政资金做奖金。财政资金是纳税人的钱,不是说政府想奖励给谁就是谁的,也不是县长、县委书记说了算的。首先得符合程序,另外必须在年初就纳入预算。他还认为,这么大数额的奖励,完全偏离了政府的职责。这样一个经济不发达的县,民生需要花钱的地方很多,一下子拿出这么多钱奖励企业,背离了财政支出方向。

另有评论认为,一个贫困县决定用6个亿来奖励一家民营企业,居然在当地人大常委会讨论中全票通过;更令人大跌眼镜的是,决定经媒体曝光后,该县人大常委会又随即开会决定取消。两次人大常委会,结论截然不同,形同游戏。面对当地领导重奖的决心,人大常委透着无奈。再看看霍邱县人大常委会的结构——公职人员、曾任公职人员占绝大多数。这样的人大常委会,要他们真正代表民意,监督政府行政,恐怕力不从心。希望人大真正独立行使权力,站在人民群众的立场对基层政府的决策进行审议,几乎是不可能的。就此而言,许多人大"决议"其实是"被决议"。

(摘自唐勇林:《霍邱县取消对民营企业6亿的奖励》,http://www.infzm.com/content/31846,2009年8月4日访问;葛清:《霍邱奖励事件违背了程序、制度和游戏规则——专访财政部财政科学研究所国有经济研究室主任文宗瑜》,载《南方周末》2009年7月30日;练洪洋:《从"6亿元奖励"风波看基层人大困局》,载《华商报》2009年7月27日。)

第三节 财政法的体系与渊源

一、财政法的体系

财政法在苏联是一个十分显赫的法律部门,这缘于当时苏联对经济的集中统制程度。当国营企业和集体农庄的财务都被纳入政府统一调度的范围时,财政的体系可以说无所不包,整个国家的资金链都表现为一种财政活动。这个背景也在很大程度上影响了前苏联学者对财政法体系的争论。大部分学者主张,无论是集中性的国家财政,还是非集中性的部门财务(相当于我国目前的国有企事业单位财务)这两部分都属于国家财政。① 例如,M.A. 古尔维奇即认为,"国家预算、税收、信贷、保险以及国营企业和组织的财务等结合起来构成统一的苏维埃社会主义财政体系,苏维埃国家利用这种财政体系进行财政活动。"相应地,财政法的体系也就包括国家的财政活动(实即国家的财政体制和财政职权划分)、预算法、税法、国家信贷、国营保险、国家支出、信贷和结算、货币流通以及财政监督等。②

  苏联的财政法体系观在很大程度上影响了中国的财政法学者。如,我国 20 世纪 80 年代普遍采纳的广义财政法概念,从中就能找到前苏联财政法的影子。当时人们一般认为,财政法的范围由财政管理体制法、预算法、税法、国营企业财务、预算外资金管理、财政支出制度、基建投资制度、财政监督制度等构成。③ 进入 90 年代以后,不仅会计法、审计法、基建投资法等日渐独立,税法也有逐步分化的趋势,大部分法学文献转而采用较狭义的财政法概念,财政法的体系一般包括财政法总则、财政管理体制法、国家预算法、国有资产管理法、国债法、税收法、政府采购法、转移支付法和财政监督法等。④ 少部分学者结合市场经济发展的新形势,仍然坚持广义的财政法观。如有的认为,财政法包括财政体制、预算法、预算外资金管理法、国有资产管理法、税法、国有企业和行政事业单位财务管理法、会计法、基建投资法和公债管理法等⑤;有的认为,财政管理体制、预决算、税收、国有资产管理、支出管理(转移支付、投资、临时性支出等)、国家信用(国家公债、政府借、贷款)、预算外资金管理、社会保障、财政监督、国家对国有企业财务的管理和监督,以及财政诉讼等,都属于国家收支活动的范畴或领域,或与国家收支活动密切相关,因而都应当属于财政法规范的对象。⑥

  日本学者对财政法体系的探索主要通过他们的学科体系观表现出来。例如,日本财政法学的奠基人杉村章三郎认为,财政法学包括财政法序说、财政计划法、公会计法、公财产法、地方财政法、财政统治法等六部分⑦;金子宏认为,财政法学的研究范围包括财政法一般理论、财政计划法(含预算法、公债法、财政投融资之法规范以及专卖制度)、公会计法(除会计法外,尚包括补助金规范)、

---

 ① 李建英编译:《苏联财政法》,中国财政经济出版社 1985 年版,第 6 页。
 ② [苏] M.A. 古尔维奇:《苏维埃财政法》,刘家辉译,中国人民大学出版社 1956 年版,第 13、40、41 页。
 ③ 参见西南政法学院 1983 年 4 月编印的《〈财政法概论〉教学大纲》;中国人民大学 1987 年 8 月编印的《财政金融法教学大纲》;罗玉珍主编:《财政法教程》,法律出版社 1986 年版。
 ④ 参见潘静成、刘文华主编:《经济法学》,中国人民大学出版社 1999 年版,第 338 页;杨紫烜主编:《经济法学》,北京大学出版社、高等教育出版社 1999 年版,第 381、382 页;杨萍等:《财政法新论》,法律出版社 2000 年版,第 22、23 页。
 ⑤ 参见蔺翠牌主编:《中国财政法学研究》,中国财政经济出版社 1993 年版。
 ⑥ 参见王源扩:《财政法基本原则研究》,中国人民大学 2002 年博士论文,第 10—12 页。
 ⑦ [日] 杉村章三郎:《财政法》,有斐阁 1982 年版。

公财产法(除国有财产法外,并需检讨公营企业及其民营化问题)、地方财政法(包括财政收支划分法以及确保地方财源的规范)、财政统制法(除审计法及决算法外,尚应检讨司法上统制手段的可能性,如纳税人诉讼的引入等)。①

从以上论述不难看出,由于观察问题的角度和标准不同,不同国家的学者在不同的时期对财政法体系的理解不一致。其中最关键的原因在于,财政法调整对象在不同的历史条件下会有所变化。尽管从一般意义上说,财政法调整财政关系,但财政关系的范围历史上并不是等同划一的。受财政职能不断变化的影响,财政关系的质和量实际上都在随之变化。例如,资本主义社会之前虽然有关于财政收支的簿记制度,但都没有现代意义上的预算制度;又如,垄断资本主义社会之前的财政只需要考虑筹集收入满足行政管理开支,但现代财政则必须考虑经济的宏观调控和社会福利的给付;再如,社会主义计划经济时期国有企业财务依附于国家财政,银行融资受制于国家财政,因此国有企业财务和银行融资也被纳入财政的范围,但随着国有企业和银行行为的独立,财政的活动范围也随之退缩。有鉴于此,我们认为,对财政法体系的认识应当结合历史背景作辩证的思考。

总体而言,我们也对财政法的体系持广义的观点,但具体内容并非完全等同于受计划经济体制影响的财政法观。例如,国有企业的财务管理法、商业银行的信贷融资法就不能继续保留在财政法体系中,而应该正本清源,恢复其本来的部门法属性。至于随着社会发展而引起基本建设投资法、审计法、税法等相对独立的问题,我们认为在教学和研究中可以分开处理,但在体系的定位上还是应该建立统一框架,不宜使其与财政法并列。另外,财政法在体系构建中还必须协调其与相关部门法的交叉关系,如财政法与国有企业法、财政法与社会保障法、财政法与金融法等,做到既保持财政法的统一性,又以开放的胸襟面对日新月异的社会现实。

从形式上看,财政关系可以分为财政收入关系、财政管理关系和财政支出关系三种。财政收入关系的范围主要包括税收征收关系、资产收益关系、公债发行关系、费用征收关系、彩票发行关系等;财政管理关系主要包括财政平衡关系、财政预算关系、国库经理关系和审计监督关系等;财政支出关系主要包括财政采购关系、财政贷款关系、财政投资关系、财政拨款关系等。依照这种关系分类,结合相关法律规范的效力与功能,财政法的体系可以解构为以下几个层次:

1. 财政基本法

财政基本法主要涉及财政法的一些基本制度,对财政收入、支出和财政资金

---

① 〔日〕金子宏:《现代行政法大系10——财政》(总论部分),有斐阁1984年版,第8页以下。转引自蔡茂寅:《财政作用之权力性与公共性》,载《台大法学论丛》第25卷第4期,第76页。

的管理都有普遍的效力。财政法的原则、财政权力的分配、政府间的财政关系、财政收入和支出的形式,重要的财政收支制度、预算制度、监督制度,等等,都需要在财政基本法中加以规定,以体现其重要性和普适性。财政基本法本身具有宪法性文件的特性,其内容可能以专门的法律表现出来,也可能直接在宪法中加以涵盖,对财政法的各个领域都具有普遍的指导意义。

我国现行《宪法》中大多是有关财政立法依据的原则规定,如公民的基本权利、国家基本制度、国家机构设置等,它们虽然没有直接规定财政问题,但有的必须作为财政立法的前提,有的应当通过财政立法予以落实,因此对财政法有很大的指导意义。《宪法》中直接涉及财政的条款仅有 4 条,如第 56 条规定公民有依照法律纳税的义务;第 62 条规定全国人大审查和批准国家的预算和预算执行情况的报告;第 67 条规定全国人大常委会审查和批准国家预算调整方案;第 117 条规定民族自治地方的财政自治权,等等。由于宪法缺乏对财政制度方面全面直接的规定,为保证财政领域法律的统一实施,我国宜尽快制定财政基本法,以适应现代财政法治的基本要求。

2. 财政平衡法

财政平衡法主要涉及政府间的财政关系,又称政府间财政关系法,它普遍适用于现代社会建立在民主基础上的各国财政实践,是财政分权的必然产物。中央政府及各级地方政府的收支范围、下级政府对上级的财政上缴、上级政府对下级的财政拨款,发达地区对不发达地区的援助都可以通过财政平衡法予以规范。为了保证各级政府财力的真正均衡,财政平衡法必须科学测算各级财政的收支范围以及转移支付的标准或额度,因而使其显示出很强的技术性。另外,为保证财力分配的公平和科学,财政平衡法宜由超越当事人之外的第三方主体加以制定,中央政府的立法权应当受到限制。

相比德国、日本、美国等财政法治国家而言,目前我国的财政平衡法的发展还处在非常低级的阶段。中央与地方之间收入与支出的划分,以及在此基础上的转移支付,等等,财政利益分配的权力完全操纵在中央政府手中,加之分配标准不明确,程序不完备,价值取向不甚明朗,地方财政的自主权受到了很大的限制。一些基层地方政府因为财政无法得到保证,连最基本的公共服务都无法提供,各地财力失衡的现象越来越严重。为了保证全国范围内最起码的财政均衡,必须将财政收支划分和政府间转移支付的问题纳入全国人大的立法规划,通过制定财政平衡法从根本上加以改变。

与此同时,横向财政关系也可以纳入财政平衡法的范围。如,地方政府之间基于经济合作而实行财政利益补偿,或是在特定领域推行财政合作机制,就应该尽早进入法律的视野。再如,地区间的对口支援虽然方兴未艾,但一直是由上级的政策在推动,缺乏具体的法律规范。财政平衡法的有效介入,有助于规范政府财政行为,明确各方的权利和义务关系。

3. 财政预算法

财政预算法是政府财政行为科学、民主、公开、规范的重要制度保障,它主要包括预算编制、审批、执行和监督等方面的法律规定,同时也包括财政资金入库、管理和出库的相关内容。由于政府的所有收入都应该纳入预算,所有的开支也必须通过预算,因此,预算可以成为人大控制和监督政府财政权力的重要形式,而预算立法的目的也正在于保障这种积极功能的实现。在预算方案科学合理的基础上,只要财政开支严格遵循预算执行,财政的规范化和法制化就有了可靠的保障。另外,从体系上看,由于国库经理及预算会计与预算法的联系非常密切,因此,财政预算法的范围还可以适当拓宽到与此相关的内容。

我国虽然制定了形式意义上的《预算法》,但预算编制的程序过于粗糙,预算审批也十分软弱乏力。相比而言,财政部门在预算编制和执行中的权力过大,人大通过预算程序控制政府财政权的职能远未得到有效发挥。最为严重的问题是,许多本该纳入预算管理的财政资金以预算外资金的形式合法存在,对国家财政管理秩序形成很大的冲击。在政府系统内部,预算制度改革的确也在不断进行,如推行部门预算、复式预算、国库单一账户、财政集中支付等制度,收缩预算外资金的范围,将其纳入预算管理,等等。毫无疑问,这些措施具有十分重要的积极意义,但从权力制约的角度看,人大的预算审批权和监督权仍然有待加强,《预算法》的修改势在必行。[1]

4. 财政支出法

由于财政支出关系一般都具有受益性,相对人不仅不会受到利益侵害,反而能从中得益,财政支出法向来不受法学研究及立法者的重视。目前除了《政府采购法》外,其余领域都明显缺乏法律的深度干预,财政权力具备很大的自由裁量空间。这种不受民主统治的绝对权力能否造福于民,完全取决于执法者的个人素质,制度上很难得到保障。为了防止权力滥用,强化财政支出法的建设实属必要。

财政支出法主要包括财政拨款法、财政采购法、财政投资法和财政贷款法。虽然这几种财政支出都应该经过财政预算,但其各自的标准、程序、管理和监督仍然需要相应的法律规定,从而使得财政支出法成为财政法中的最复杂、最重要的领域之一。

财政拨款法主要规范政府无对价的资金拨付行为,如行政事业单位经费的

---

[1] 此前,十届全国人大常委会将修改《预算法》列入立法规划,但由于很多问题无法达成共识,最后未能完成法律修改任务。目前,十一届全国人大常委会又将《预算法》的修改列入立法规划,可见预算法之重要程度。

拨付、社会保障资金的支付、政府对企业的补贴或对公民的救济,等等。除了财政拨款的指导思想和原则外,我国财政拨款法目前紧迫需要解决的问题是拨款的标准和程序问题。对于法定的财政拨款,应通过切实有力的手段保障相对人的领受权。行政机关可以自由裁量的财政拨款,也应该通过一定的标准和程序加以规范。从这方面看,财政拨款法必须与社会保障法、行政标准法、产业政策法等相结合,才能真正达到目的。

财政采购法主要规范政府有对价的资金拨付行为,如采购物资、工程和劳务等,其目的在于提高财政资金的使用效率,保证政府采购过程的廉洁透明,同时贯彻国家的宏观经济政策。财政采购法主要规定采购原则、采购主体、采购范围、采购方式、采购程序、采购的监督与投诉等问题,它主要是一个程序法,具体的采购标准和资金来源都必须以财政预算作为基础,不能超出预算核准的范围。我国已于2002年6月29日颁布《政府采购法》,该法于2003年1月1日起生效实施。它规范一定范围内的政府采购行为,为规范财政采购行为奠定了基础。

财政投资法主要规范政府对公用企业、基础设施、高科技企业等的投资行为,通过选题、立项、评估、审批、监督等环节的制度控制,达到降低成本、提高效率、防治腐败等目的。由于财政投资大多以设立国有企业的形式进行,因此财政投资法与国有企业法的关系十分密切。一般而言,财政投资法主要规定投资行为的立项、投资形式的选择、投资范围的确定、投资项目的管理、投资利益的回收等内容。这些内容确定后,企业的设立、管理等则完全可以由国有企业法甚至普通的公司法进行规范。

财政贷款法主要规范中央对地方政府,上级地方政府对下级地方政府的借款行为[①],以及政府或政策性银行对企业或重大工程项目的贷款行为。财政对国有企业的贷款行为在我国早就以"周转金"的形式存在,政府之间的借款现象则是近十年以来分税制的产物。由于地方政府财力不足,又不能发行公债,因此,当遇到重大困难时,向上级政府借款成为迫不得已的选择。随着政府间财政关系的理顺,虽然这种现象将会明显减少,但上级政府也可以有意识地作为一种宏观调控措施加以保留。至于政策性银行向企业的贷款,从表面上看是金融行为,实际上还是一种财政行为,因为政策性银行的全部注册资金来自于财政拨款,其行为必须满足财政政策的需要。

5. 财政收入法

由于财政现象一直处于不断发展之中,历史上不同时期不同国家的财政收入没有固定的模式。例如,中世纪欧洲国家以官产收入作为主要收入来源,税收

---

① 1998—2004年实施积极财政政策时,中央政府曾经发行长期建设债券,并将一部分转贷给地方政府,用于国家确定项目的建设。参见《国债转贷地方政府管理办法》,财预字〔1998〕267号。

不是典型的收入形式。而如今,税收在各个国家财政收入中都占有绝对的比重。根据现代国家财政收入的构成,财政收入法主要包括税法、公债法、费用征收法、彩票法,以及某些特定的资产收益法等。

税法在国外是一门非常成熟的学科。由于税收在财政收入结构中的重要地位,由于税收侵害纳税人财产的特点,更由于历史上与抗税有关的资产阶级革命的影响,税法很早就成为公法关注的对象,并已经形成相对独立的体系。从广义上说,财政法当然包括税法,但有些狭义的理解往往将税法排除在外,这充分说明了税法的特殊性。鉴于政府的税收权力是一种客观存在,它以纳税人让渡财产权利作为前提,因此,税法的重点应该研究如何促使政府科学征税、规范征税,如何保护纳税人的合法权益。

公债是国家以还本付息为条件而获取的财政收入,它包括国债和地方公债。尽管公债具备有偿性的特点,形式上不会侵害人民的权利,但由于它影响到财政的健全性,并且涉及代际负担分配,因此必须接受法律的民主统制。有关公债发行的结构、上限、程序,公债的使用方向,偿还资金的来源等,都应当由法律予以明确规定。每次公债发行的规模、用途等也必须进入预算,经过议会的审批。为便于公债发行,公债法中还应该规定公债的流通交易制度,为公债进入证券市场提供法律保障。所以,公债法的内容主要包括公债规模控制、公债风险预警、公债发行、公债流通和公债偿还,等等。

费用则是政府基于一定的受益关系或行政管制目的而收取的代价,包括规费、受益费和特别公课三种形式。长期以来,由于我国对收费不太注意从法律的高度加以规范,政府行使收费权的随意性比较大,造成企业和个人的不合理负担明显加重。虽然当前政府工作重点转向规范费用征收,但具体的过程仍然停留在政府权力内部运行的阶段,费用的征收依据、征收标准、征收程序及权利救济都未进入法律调整的范围。所以,费用征收法在中国存在广泛的发展空间。[①]

资产收益是国家基于对一定资产拥有权利而获取的收益,其形式包括土地出让金收入、国有资本投资收入、矿产资源使用费收入、国有资产转让收入,等等。我国是公有制国家,城市土地、矿产资源、河流等都属于国家所有,国有企业也积淀了大量的国有资产,每年应该产生大量的资产收入。由于这些资产都有专门的管理法规,财政法通常只需要考虑收入形成后如何按照财政级次收归国库,以及这些收入是否需要设定特定的用途,如何设定,等等,这样可以避免与国有资产管理法的重叠与交叉。

---

① 《行政收费管理法》已被十一届全国人大常委会列为研究起草、条件成熟时安排审议的法律草案。

彩票是政府获取收入的一种新途径,如我国当前发行的福利彩票和体育彩票等,所获得的收入除支付奖金和发行费用外,专门用于发展福利事业和体育事业。由于彩票的发行关系到金融市场的稳定,彩票公益金的使用关系到部门利益的平衡,因此,必须以法律的形式加以规范。彩票法就是有关彩票的设立、发行、兑奖,彩票收入的入库、管理和使用等方面的法律规范。我国之前由于缺乏专门的彩票法规,彩票纠纷时有发生,因此应当尽早制定彩票法。不过,《彩票管理条例》已于 2009 年 4 月 22 日由国务院常务会议审议通过,并自 2009 年 7 月 1 日起生效实施。这对规范彩票行为应该会起到较好的作用。

6. 财政管理法

严格来说,在财政收入法、财政支出法、预算法中都有很多有关财政管理的法律规范,财政监督法也可以理解为一种财政管理法,但是,本节所谓的财政管理主要是指财政收入入库之后的管理,以及财政支出完成之后的管理,以及对其他财政事项的管理,大致包括国有资产管理法、国库管理法、财政许可法和预算会计法。

国有资产管理法涉及的对象很广,既包括企业的国有资产,也包括行政机关和事业单位的国有资产。国有资产管理制度包括产权界定制度、产权登记制度、资产评估制度、资产使用制度、产权交易制度、国有资产经营预算制度,等等。目前,《企业国有资产法》已于 2009 年 5 月 1 日起生效施行,适用于经营性国有资产,但行政机关和事业单位的国有资产只能依据财政部 2006 年发布的《行政事业单位国有资产管理办法》。

国库管理法的法律依据是 1985 年国务院发布的《国家金库条例》。国库负责办理国家预算资金的收入与支出。目前,中国人民银行负责经理国库,国库资金的支配权则归同级财政机关。不过,国库本身也在履行管理职能,如,对擅自变更各级财政之间收入划分范围、分成留解比例,以及随意调整库款账户之间存款余额的,国库有权拒绝执行。2005 年之后,我国全面推行国库集中支付制度,对规范财政秩序起到了良好的作用。

财政许可的主要法律依据是《行政许可法》。财政许可的项目很多,如设立会计师事务所的审批,注册会计师执业资格审批,政府采购代理机构资格认定,等等。财政许可本身是一种财政管理行为,但必须接受法律的规范。《行政许可法》生效之后,财政部对于财政行政许可进行了清理,只保留了不与法律冲突的有限项目。[①] 同时,财政部还专门制定了《财政行政许可监督检查办法》,防止部属机关滥设行政许可。

[①] 参见《财政部关于公布财政行政许可事项及非行政许可财政行政审批项目的通知》,财法[2004]12 号。

预算会计是与企业会计相对的一个领域,其任务是核算、反映和监督中央和地方政府财政预算以及行政、事业单位预算执行活动。我国目前施行的是1998年的预算会计制度,包括适用于各级财政部门的《财政总预算会计制度》,适用于各级行政机关、党派和社会团体的《行政单位会计制度》和适用于各类事业单位的《事业单位会计准则》。这个体系以预算管理为中心、以经济和社会发展为目的,具有事前预测、事中控制、事后反映监督以及参与决策、预算的职能。

7. 财政监督法

财政监督法涉及财政监督机关的设立、财政监督机关的职权、财政监督的途径与程序等,在财政法体系中具有特别重要的意义。虽然广义上的财政监督存在于财政运行的各个环节,尽管财政监督的主体除了专门机关外还包括新闻媒体和社会公众,但是财政监督法只限于专门机关的专门监督活动。

我国目前的财政监督机关包括立法机关、财政机关和审计机关。立法机关的监督包括预算审批、预算决算等活动,也包括专项的财政检查,以及由人大代表行使质询权,等等。《宪法》、《预算法》、《各级人民代表大会常务委员会监督法》等,为立法机关行使监督权提供了依据。

财政机关监督的对象是预算执收单位、预算用款单位,预决算的编制部门和执行部门,甚至包括企业和个人。依据《财政违法行为处罚处分条例》,上述主体如有该收不收、该缴不缴、挪用资金、违反预算等财政违法行为,财政部门可以行使处罚权,或提请监察机关进行行政处分。

审计机关履行监督权的主要依据是《审计法》。国务院各部门和地方各级政府及其各部门的财政收支,都要接受审计监督。对于审计出来的问题,审计机关有权要求被审计单位改正,甚至给予行政处罚。审计机关还可以向政府有关部门通报或者向社会公布审计结果。此外,县级以上政府应当每年向本级人大常委会提交审计机关对预算执行和其他财政收支的审计工作报告。

二、财政法的渊源

法的渊源是指法律规范的具体表现形式。通过对法律渊源的梳理,可以更清晰地观察财政法的来源,加深对法律本身的体系化思考。财政法的渊源即为构成财政法的各种法律规范的存在形式。

我国财政法的渊源,除宪法外,主要表现为不同的国家机关在其职权范围内所制定的财政法律法规。由于财政法律文件所涉及的内容不同,制定机关的地位不同,其地位和法律效力也会有所区别。依据制定机关和法律规范的效力,我国财政法的渊源具体包括以下几个层次:

1. 宪法

在一国法律体系中,宪法具有最高的法律地位和法律效力。宪法中有关财政问题的条款在财政法的渊源中也居于首要地位,成为整个财政法的立法依据和效力来源。我国现行《宪法》中大多是有关财政立法依据的原则规定,如公民的基本权利、国家基本制度、国家机构设置等,它们虽然没有直接规定财政问题,但有的必须作为财政立法的前提,有的应当通过财政立法予以落实,因此对财政法有很大的指导意义。

除此之外,我国《宪法》中也存在直接涉及财政的条款。如《宪法》第56条规定,"中华人民共和国公民有依照法律纳税的义务";第62条规定,"全国人民代表大会审查和批准国家的预算和预算执行情况的报告";第67条规定,"全国人民代表大会常务委员会审查和批准国家预算在执行过程中所必须作的部分调整方案";第117条规定,"民族自治地方的自治机关有管理地方财政的自治权。凡是依照国家财政体制属于民族自治地方的财政收入,都应当由民族自治地方的自治机关自主地安排使用",等等。

财政立法及行政行为符合宪法的要求,这是法治社会和宪政国家的必然要求。首先,财政立法及行政行为必须符合宪法规定的权力配置结构,不能逾越宪法赋予的权力范围;其次,财政立法及行政行为不能侵犯公民基本权利和自由,不能触犯宪法所设定的底线;最后,财政立法及行政行为必须积极实现宪法的目标,如促进人权进步、照顾弱势群体、建立公正社会,等等。有关财政法的违宪审查主要就是从这三个方面进行的。

2. 法律

在我国法的渊源中,效力仅次于宪法的是由全国人民代表大会及其常务委员会制定的法律。其中,全国人民代表大会制定和修改的法律一般涉及国家社会生活中某一方面具有根本性、全局性的关系,通常称之为基本法律。全国人民代表大会常务委员会制定和修改基本法律以外的法律,在全国人民代表大会闭会期间,还可以对基本法律在不违背其基本原则的前提下进行部分补充或修改。全国人民代表大会及其常务委员会所作的决定或决议,如果其内容属于规范性的规定,也应视为狭义上的法律。

财政是关系到资源配置、收入分配、景气调整的重要领域。根据我国《立法法》的规定,财政、税收的基本制度只能制定法律。在法理上,这分别可以称为财政法定主义和税收法定主义。新中国成立以来,全国人大及其常委会制定的财政法律和法律性文件共80余件(部),现行有效的主要有《预算法》、《企业所得税法》、《个人所得税法》、《税收征收管理法》、《关于外商投资企业和外国企业适用增值税、消费税、营业税等税收暂行条例的决定》、《企业国有资产管理法》等。与财政税收事项的广泛性相比,上述法律仅仅涉及其中很小的一部分,大量的空间仍然无法可依。

根据《立法法》的规定,财政税收的基本制度如果尚未制定法律,全国人大及其常委会有权作出决定,授权国务院根据实际需要,对其中的部分事项先制定行政法规。这种做法虽然从形式上填补了立法的空白,但是从财政税收问题的性质看,其中的基本制度应该属于禁止授权之列。因此,从贯彻财政法定主义的角度看,全国人大及其常委会对财政税收的立法职责不宜轻易转移。

3. 行政法规

制定行政法规是国务院本身所拥有的一项职权,但由于全国人大及其常委会对财政税收事项拥有专属立法权,因此,国务院对法律未作规定的财政税收问题制定行政法规时,必须得到全国人大或其常委会的授权。如果未得到授权而擅自进行立法,该行政法规当然无效。根据《立法法》的规定,全国人大或其常委会的授权决定必须明确授权的目的、范围,被授权机关应当严格按照授权目的和范围行使该项权力。被授权机关不得将该项权力转授给其他机关。授权立法事项,经过实践检验,制定法律的条件成熟时,由全国人大及其常委会及时制定法律。法律制定后,相应立法事项的授权终止。

新中国成立以来,国务院制定的有关财政税收的行政法规及法规性文件达400多件(部),现行有效的主要有《预算法实施条例》、《国家金库条例》、《增值税暂行条例》、《营业税暂行条例》、《消费税暂行条例》、《发票管理办法》等,基本覆盖了财政税收领域的方方面面,在财政法的规范体系中占有举足轻重的地位。由于《立法法》颁布以前我国并未规定财政税收问题只能由法律加以规定,也没有对授权立法提出明确要求,即使没有经过全国人大或其常委会的授权程序,上述行政法规也不能谓为无效。但是自从《立法法》生效之日起,如果国务院制定类似行政法规,则必须经过立法机关的授权。

在实践中,财政部和国家税务总局所制定的行政规章有时经过国务院的批准,或者由国务院转发。一般来说,这当然表示国务院对该行政规章的重视,但在效力上并不能使其因此而升格到行政法规的层次。

4. 地方性法规、自治条例和单行条例

根据《立法法》的规定,省、自治区、直辖市的人民代表大会及其常务委员会根据本行政区域的具体情况和实际需要,在不同宪法、法律、行政法规相抵触的前提下,可以制定地方性财政法规。较大的市的人民代表大会及其常务委员会根据本市的具体情况和实际需要,在不同宪法、法律、行政法规和本省、自治区的地方性法规相抵触的前提下,可以制定地方性财政法规,报省、自治区的人民代表大会常务委员会批准后施行。

地方性财政法规一般遵照财政法律、行政法规的规定,根据本行政区域的实际情况作具体规定。除财政税收的基本制度外,国家尚未制定法律或者行政法规的其他事项,省、自治区、直辖市和较大的市根据本地方的具体情况和实际需要,可以先制定地方性法规。

另外,经济特区所在地的省、市的人民代表大会及其常务委员会根据全国人民代表大会的授权决定,可以制定财政法规,在经济特区范围内实施。民族自治地方的人民代表大会有权依照当地民族的政治、经济和文化的特点,制定自治条例和单行条例。其中涉及财政税收的内容,可以依照当地民族的特点,对法律和行政法规的规定作出变通规定,但不得违背法律或者行政法规的基本原则。

从总体来看,我国目前的财政权力主要集中在中央。随着财政分权制的发展,地方的财政自主权将逐步扩大,地方财政规章的效力也会随之强化。如果能够确立地方的财政税收立法权,那么无论是财政法定主义或是税收法定主义,其中"法"的范围就可能扩展至地方性法规。

5. 部门规章和地方规章

财政部、国家税务总局等发布的有关财政方面的规定、决定、命令、细则等规范性文件,属于部门财政规章。根据《立法法》的规定,国务院对财政税收方面的基本制度虽然可以经过全国人大或常委会的授权而制定行政法规,但这种权力不得再转授给其他单位。因此,部门财政规章不能规定财政税收方面的基本制度,一般只能限于对财政法、财政行政法规的执行和解释,或者为了更好地履行其行政管理职责。

省、自治区、直辖市和较大的市的人民政府根据法律、行政法规和本省、自治区、直辖市的地方性法规所制定的财政规章,属于地方财政规章。地方政府规章主要规定为执行法律、行政法规、地方性法规而需要制定规章的事项,或者属于本行政区域的具体行政管理事项。

财政规章属于行政部门内部的执法规则,对其下属的执法部门具有绝对的效力,但对于行政相对人没有直接的约束力。在行政诉讼过程中,财政规章也只能成为法院定案的参考依据,如果其违反法律或行政法规,法院可以不予适用。然而事实上,由于我国行政权力一枝独大,财政规章对社会经济生活的影响十分明显。因此,在法学研究中应当重视财政规章的合法性来源,提防其对公民基本权利可能造成的侵犯。

6. 特别行政区的法律和其他规范性文件

根据宪法和特别行政区基本法的规定,特别行政区实行高度自治,享有行政管理权、立法权、独立的司法权和终审权。

特别行政区基本法中有关财政税收的规定是特别行政区财政法的最重要的表现形式。如《香港特别行政区基本法》规定,特别行政区保持财政独立,其财政收入全部由特别行政区自行支配,不上缴中央人民政府,中央人民政府不在特别行政区征税;特别行政区的财政预算以量入为出为原则,力求收支平衡,避免赤字,并与本地生产总值的增长率相适应;特别行政区实行独立的税收制度,参照原来实行的低税政策,自行立法规定税种、税率、税收宽免和其他税务事项等。

特别行政区的财政法律包括特别行政区予以保留的原有的法律和特别行政区立法机关制定的法律,它们是特别行政区财政法重要的渊源。全国性的财政法律、行政法规,不在特别行政区实施,不是特别行政区财政法的渊源。

7. 国际条约

国际条约,是指我国同外国缔结的双边和多边条约及协定性质的文件,主要调整国家与国家之间的财政税收关系,是财政法的重要渊源。如联合国和经济合作与发展组织分别制定的《关于发达国家与发展中国家间避免双重征税的协定范本》和《关于对所得和资本避免双重征税的协定范本》,成为大多数国家对外谈判和缔结双边税收协定的依据。作为我国财政法的渊源的国际条约主要是国际税收协定。

我国财政法还规定了适用于我国的国际条约或协定的法律效力,如《税收征管法》规定,中华人民共和国同外国缔结的有关税收的条约、协定同《税收征收管理法》有不同规定的,依照条约、协定的规定办理。

第四节 财政法的基本原则

财政法的基本原则,是指财政法中体现法的根本精神、对财政行为具有一般指导意义和普遍约束力的基础性法律规范。由于法律的基本原则既不同于普通的法律规范,也不同于普通的法律原则,其效力范围覆盖该法律部门的全部领域,因此,在确定财政法的基本原则时,不能将仅适用于财政法局部领域的原则上升为基本原则。另外,中国自从改革开放以来,财政关系的公共性和民主性越来越受到重视,财政不再是排斥一切的绝对权力,它超越于一般的经济关系,但又服务于经济关系。因此,必须考虑到财政在中国发展的客观进程,为公共财政和民主财政的实施,从法律上提供有效的制度支持,摒弃与计划经济体制相适应的观念。再则,我国宪法规定,国家的一切权力属于人民,这是整个财政法的根本法律依据,因此,应当将人民的民主参与置于首要的地位。最后,由于财政法与行政法、经济法的关联,行政法中的依法行政原则,经济法中的协调稳健原则等,对财政法基本原则的确定,也具有重要的指导意义。基于以上考虑,我们将财政民主主义、财政法定主义、财政健全主义和财政平等主义确定为财政法的基本原则。

一、财政民主主义

财政民主主义所要求的是,人民通过一定的程序和方式,行使对重大财政事项的决定权。在现代社会中,由于人民行使权力的机构大多是由人民代表所组成的议会,因此,财政民主主义又称为财政议会主义。其直接的要求是,重大财政事项必须经过议会的同意,或者由议会制定法律予以规范。如果没有议会决定或法律授权,无论是财政收入还是财政开支,都可能被指控违反人民的意志。

(一)财政民主主义的理论基础

我国《宪法》第2条规定:"中华人民共和国的一切权力属于人民。人民行使国家权力的机关是全国人民代表大会和地方各级人民代表大会。人民依照法律规定,通过各种途径和形式,管理国家事务,管理经济和文化事业,管理社会事务。"因此,从渊源上看,财政民主主义在我国法律体系并非没有依据,它其实只是宪法所规定的人民主权理论在财政法领域的落实和体现。

财政法之所以如此强调财政的民主基础,与财政在社会生活中的重要作用密不可分。就财富的占有量来看,财政收入占国民生产总值的比重,许多国家都维持在35%左右,北欧的高福利国家甚至超过60%,我国2007年和2008年都已经突破20%[①],如果再加上预算外收入,以及各种制度外收入,估计不会低于40%。如此大量的资金集中在国家手中,通过财政收入和财政支出不断循环,使得现代财政的地位远非过去所能比拟。拥有大量财政收入的国家成为国内最大的消费者、资金持有者和信用保持者,有足够的能力引导个人的生产和消费,达到调节经济景气周期的作用。由于财政收入实际上来源于人民,理论上又是用之于人民,因此,对于如何收取和支配这些资金,人民应该拥有最后的决定权。议会作为人民的代议制机构,对财政计划的每一个环节,自其一开始就必须参与决策。

财政不仅是经济运转的重要推进器,同时还是政治活动的主要资金来源。正因为如此,每年的财政预算不仅仅是经济计划,也是来年政治活动的节目安排。财政收入的来源和结构,财政支出的投向和比例,其实都反映出国家的政治意图。例如,党的十六届三中全会确立的科学发展观要求,必须统筹城乡发展、统筹区域发展、统筹经济社会发展、统筹人与自然和谐发展、统筹国内发展和对外开放。为此,财政必须加大对农村的投入,加大对不发达地区的支持,加大对环境资源保护的倾斜,等等,以体现党和政府工作重心的转移。这些活动的重要性绝不亚于一般的法律制定,从政治民主的角度看,也应该由人民行使最后的决定权。如果排斥财政民主,拒绝人民对重大财政事项的决策参与,等于剥夺了人民在政治上的参政议政权。

从理论上看,尽管财政总是被界定为一种公共物品,但公共性并不是财政活动的必然结果,而只是财政活动所追求的一个目标。在现实生活中,财政活动偏离公共利益的现象比比皆是,因此,不能将公共性视为财政活动的当然前提。为

---

① 根据国家统计局2007年和2008年《国民经济和社会发展统计公报》测算而知。参见 http://www.stats.gov.cn/tjgb/,2009年11月16日访问。

了防止政府借"公共"之名,不当地追求部门及个人的私利,必须在程序上引入民主的机制,由人民自己决定何谓公共利益,公共利益应当通过何种途径实现,公共利益与个人利益冲突时如何协调,等等。财政民主主义保留人民对重大财政事项的决定权,正是实现财政活动公共性的重要保障。也许,即便实行财政民主主义,由人民直接或通过代表行使决定权,也不能保证每项财政活动的结果,都能真正体现公共利益。但是,相比委诸财政机关自主决定而言,这种方式是最可取的。

(二) 财政民主主义的基本内容

一般情况下,财政民主主义主要表现为重大财政事项必须经过议会审批。如果一国的预算制度较为完善,能够覆盖所有的财政收入和支出形式,需要经过议会审批的事项主要表现为年度财政预算。在一定程度上,财政民主主义是与现代预算相伴而生的,英国就是一个典型的例子。从1215年《大宪章》的问世,到1816年联合王国综合基金形成,英国议会通过控制预算收入和支出,基本上实现了对政府权力的最终控制。到19世纪中叶,不仅政府每年经费必须事先经议会核准,财政拨款必须按预算执行,而且还直接设立监督机构,审查各项经费是否按指定用途有效运用。可以说,英国的资产阶级革命就是一场议会革命,也就是一场争取财政民主主义的革命。当国王的权力彻底被议会通过预算控制时,国家政治经济制度的性质就已经悄然改变。

经过数百年的演变,虽然王权在大多数国家已不复存在,或者不再发挥重要作用,但受权力分立观念的影响,预算制度仍然作为一种民主机制保留下来,以达到控制政府行政权力的目的。不过,由于各国国情不同,预算能否真正实践财政民主,结论是很难一致的。一般而言,以下几个因素会在其中起到很大的作用:第一,议会是否拥有独立于政府的强大权力。如果议会代表的选举机制不健全,或完全由政府官员把持议会,即便有议会审查和批准预算,也只能流于形式。第二,预算是否覆盖全部财政收支范围。如果进入预算的资金只是全部财政资金的一部分,预算制度的功效也会被抵消。第三,与预算有关的财政信息能否做到公开、透明。如果整个预算过程都在黑箱中操作,不向社会公开,议会的审批也难免脱离人民的意志。第四,预算监督是否存在强有力的、法制化的常规渠道。如果违反预算的收支行为不受约束,财政民主就只是一种高级障眼法。从这个意义上说,财政民主主义与整个社会的法治文明是互动的。财政民主主义必须以民主政治和法治国家为基础,而财政民主主义的实施又是对民主和法治的有力促进。

财政民主主义对我国财政活动的要求具体表现为,重大财政事项由人民代表大会审查决定。除了对财税方面的基本制度制定法律以外,人民代表大会的财政决定权也体现在预算审批上。根据我国《宪法》及《预算法》的相关规定,全国人民代表大会负责审批中央预算,地方各级人大负责审批本级地方预算,这表明,财政议会主义的基本要求在我国已得到了确认。不过,由于人民代表制度本身的问题,由于预算编制的内容过于粗糙,由于预算审批的专业性过强,预算的民主功能并未得到充分释放。特别是由于预算外资金大量存在,不接受人民代表大会的审查和批准,财政民主主义存在很大的效力真空。通过财政预算的形式控制政府权力,目前在我国还无法取得理想的成效。因此,除了加强我国人民代表大会自身的建设,提高其参政议政的能力外,预算制度也必须加以改革和完善。①

除此之外,财政民主主义还要求赋予人民对财政事项的广泛监督权。这首先要求财政行为的决策程序、执行过程以及实施效果,具备公开性、透明性等特点。如果连人大代表都不能见到预算全文,而只是一个粗略的预算报告,无论是预算审批还是预算监督,都只会流于形式,公开透明更无从谈起了。其次,应当尽快制定《新闻法》,保证新闻媒体对财政事项的采访自由,使社会公众能够及时获得最新信息,从而更好地监督政府的财政权力。最后,应当借鉴先进国家的经验,在人民代表大会的运行模式中设立专门的财政监督机关,使人大审计、政府审计、社会审计成为一个有机的整体。当然,监督的目的在于提高财政执行的效率,最终也是为了更好地保障人民的决定权。因此,财政民主主义的首要内容仍然落实在人民的财政决策权上。

二、财政法定主义

(一) 财政法定主义的理论基础

一般而言,议会对财政事项行使决定权,可以通过两种法律途径:一是对具体财政问题进行审查批准,二是将有关财政活动的普遍规则制定为法律。因此,从渊源上看,财政法定主义实际上是财政民主主义的一种实现形式。在财政法的发展史上,财政法定也往往和财政民主交错重叠。英国的《大宪章》、《权利请愿书》、《权利法案》,美国的《独立宣言》、《弗吉尼亚权利法案》,法国的《人权与公民权利宣言》等重要的宪法性文件,大多以人民"同意权"的形式,表述人民在财政方面的基本权利。这种"同意权"既是财政民主主义的法律依据,也是财政法定主义的理论渊源。

由于近代资产阶级革命大多起源于税收危机,由于税收具有否定公民财产权的特征,公法对财政的关注首先是从税收开始的,财政法定主义最初只是以税收法定主义的形式而存在。在现代行政法的视野中,法律保留的范围一般也只限于侵害行政,而与财政支出有关的授益行政几乎不受限制,可以通过授权立法的形式由政府决定。然而,随着财政职能的扩张,财政的影响也越来越大。除了税收之外,费用征收、国债发行、社会保障、转移支付等,无一不关系到人民的切

---

① 参见刘剑文、熊伟:《预算审批制度改革与中国预算法的完善》,载《法学家》2002年第6期。

身利益。即便财政支出是一种授益行政,其法律效果也并非如此单纯。在财政资源有限的情况下,对特定主体的授益,其实就是对其他主体的侵害。有鉴于此,财政法定的范围也逐渐从税收,扩展到其他财政收支形式,从而为财政民主奠定了更为宽广和坚实的基础。

由于法律的制定程序远比审批具体财政事项严格,因此,财政法定主义有利于在更高的层次实现财政民主。一般情况下,法律规定的内容涉及财政活动的普遍规则,对所有的财政主体和财政行为,都具有约束力和指导效力,因此,财政法定主义也较为适合现代社会条件下,日益变化和纷繁复杂的财政实践,便于掌控财政活动的宏观秩序。由于法律的稳定性、可预测性,一旦立法程序完成,在具体的执行过程中,立法机关自己也必须受其约束,不能随意变动。这种状况的有利之处在于,便于形成一种稳定的财政秩序,为财政活动在国际上取得信誉,也便于协调国内各种阶层的利益冲突,使各种利益诉求通过立法程序达到平衡。除此之外,它也有利于财政相对人形成稳定的预期,以便及时调整自己的生产和生活。

正是考虑到财政问题的重要程度,我国《立法法》第8条和第9条规定,财政税收基本制度只能由全国人民代表大会立法。只有当财政税收基本制度尚未制定法律时,根据全国人民代表大会及其常务委员会的授权,国务院对其中的部分事项先制定行政法规。尽管这种允许授权立法的规定尚不够彻底,但在我国目前的情况下也算是一种进步。可以说,这是我国财政法定主义的直接法律依据,对整个财政立法都具有普遍的约束力。中国加入世界贸易组织之后,公开透明也成为财政法的努力目标。如果能将基本财税制度的立法权,统一集中在立法机关手中,使财政法定主义的要求真正落到实处,其将在这方面发挥不可替代的作用。

(二)财政法定主义的基本内容

财政法定主义是财政民主的具体体现,它以财政民主作为基础,同时也是财政民主非常重要的实现途径。这里所谓的"法",应该仅指由人民代表所组成的最高权力机关所制定的法律。不过,财政"法定"并不要求对一切财政行为都制定专门的法律,而只是要求财政行为必须具有法律依据,必须得到法律的明确许可或立法机关的专门授权。只有在法律允许的范围内,政府才享有财政方面的自由裁量权。财政法定主义一般表现在:

1. 财政权力(利)法定

财政权所包含的内容是十分宽广的,它既包括立法机关的财政立法权,也包括政府及其所属各部门就财政事项所享有的决策权、执行权和监督权等。它既包括上级政府对下级政府的财政权力,也包括下级政府对上级政府的财政权利,甚至包括没有行政隶属关系的地方政府之间相互享有的财政权利。它既包括政府作为整体对财政相对人所享有的命令权、禁止权,也包括财政相对人对政府依法享有的监督权、请求权等。

财政权力(利)法定的主要目的在于督促政府在法定的授权范围内行事,防止超越职权和滥用职权的现象发生,同时也是为了明确财政关系中利益分配的法律界限,保护财政相对人的合法权益。当财政主体从事一定的行为时,如果法律没有赋予相应的权力(利),该行为的法律效力应当被否定。为此,财政权力(利)的设定应当尽可能具体明确,不能出现含混模糊的地方。财政权力(利)内部的效力等级,同级财政权力(利)之间效力冲突的协调,财政权力与财政权利之间的关系协调,等等,都应当在财政法中事先予以明确。

2. 财政义务法定

和财政权力(利)一样,财政义务种类也十分复杂。在某些情况下,财政权力(利)与财政义务相对应,一方的财政权力(利)正好是对方的财政义务。如对于税务机关的税收请求权来说,纳税人缴纳税款就构成相应的义务。而在大多数情况下,财政义务本身就是一种职责,无需相对人负担相应的义务。如财政补贴、财政拨款等,只要符合条件,财政机关都不能拒绝。不论是哪种类型的财政义务,都应当具有相应的法律依据。

法律所要规定的,除了财政义务的种类之外,还应该包括财政义务的构成要件、具体内容、衡量标准等要素。大体来说,对于程序性的义务,法律规定的条件可以略微宽松,甚至不妨授权财政机关根据财政管理的需要具体把握。但对于涉及财政相对人财产权利方面的义务,则必须事先设置严格的法律条件,如纳税义务、费用交纳义务等即属此种类型。财政主体只需承受法律明确规定的义务,超出法定义务范围的事项可以拒绝。

和其他公法领域一样,财政机关所享有的财政权力不可放弃,因此有效行使财政权力本身也是财政机关的一种义务。不论财政机关放弃自己的权力,还是怠于行使自己的权力,都是一种失职行为,都会对公众利益带来损害。

3. 财政程序法定

财政程序法定的目的在于,保障财政权力在既定的制度框架内有效运作,保障财政行为的透明度、公正性和规范性,为财政民主奠定良好的法治基础。需要由法律直接规定的程序主要有财政立法程序、财政行政程序、财政监督程序和财政司法救济程序。

财政立法程序主要由立法法作出规定。如我国《立法法》对法律、行政法规、部门规章、地方性法规和规章等的制定程序都作了较为详细的规定,这些内容同样适用于财政法的制定过程。立法程序法定不仅有利于规范财政行政立法和地方立法,同时对于最高国家权力机关本身也是一种有力的制约。

财政行政程序主要由行政程序法作出规定。由法律直接规定财政行政程序,旨在通过程序的公正实现实体的公正,有利于规范财政机关的财政行为。我国目前除了税收征收程序、财政处罚程序、财政预算程序有直接的法律规定外,其余部分还没有达到程序法定的要求。

财政监督程序除了行政机关的内部监督外,同时也要考虑权力机关的外部监督。《审计法》只能规范行政内部监督,不能规范权力机关的监督。《各级人民代表大会常务委员会监督法》则规范立法机关的监督行为。只有通过法律明确规定财政监督的程序,监督机关才能合法有效地行使监督权,对被监督主体也是一种法律保障。

财政救济程序既包括行政救济程序,也包括司法救济程序。救济程序适用于解决财政机关与相对人之间的财政冲突,因此必须以法律的形式加以规定。我国目前既有《行政复议法》,又有《行政诉讼法》,它们对财政税收方面的救济都具有适用效力。

4. 财政责任法定

财政责任是一种督促财政主体合法履行财政权力,切实履行财政义务的外力保障机制。虽然它不是一种常态,但由于它对当事人的财产、职位、机会等影响甚深,因此必须于法有据。财政责任既可能因财政机关违反法定义务而引发,也可能因财政相对人违反法定义务而引发。财政责任的种类除了行政处分、行政处罚、行政赔偿之外,情节严重的还应当承担刑事责任。另外,随着财政法治进程的深入,类似引咎辞职之类的政治责任和罚息、支付违约金、强制支付之类的经济责任也应当适时引入财政法,以增强其可救济性成分和刚性色彩。

三、财政健全主义

(一) 财政健全主义的理论基础

财政健全主义所关注的是财政运行的安全稳健,其核心问题即在于,能否将公债作为财政支出的资金来源。

资本主义早期,财政健全主义一般要求年度财政平衡,不得在预算中列赤字。国家的财政开支只能以税收、费用等非税收入作为来源,公债的合法性被完全否定。进入垄断时期以后,受经济危机的影响,国家不得不大规模干预经济。由于财政开支的数额剧增,而传统的收入来源不升反降,因此财政赤字成为各国的普遍现象。为了弥补财政赤字,公债手段开始被大量使用,并且逐渐合法化。在这种历史背景下,人们对财政健全主义开始持怀疑态度。在公债发行已经不可避免的情况下,是否还有必要强调财政健全主义?如果是,那么财政健全主义的内容如何衡量?这些问题一直缠绕在人们的心中,不得其解。

针对这些问题,有的人主张,年度财政平衡事实上无法做到,财政平衡应该建立在动态基础上。如果在一个经济周期内,萧条时期的赤字与高涨时期的盈余能够相抵,这也是一种平衡;还有的人主张,考虑财政本身的平衡问题没有意义,需要考虑的应当是财政的经济效果。如果财政能够促进经济健康发展,即便出现财政赤字也没有关系。我们认为,随着财政平衡被打破,公债的规模日益扩张,财政风险也越来越大。在这种情况下,就更应该强调财政健全,防止财政突破最大承受能力,引发财政危机。应该说,虽然实现财政健全的方式可以调整,但财政健全的理念任何时候都不会过时。

毫无疑问,财政平衡是实现财政健全的一种方式,也是一种理想的财政状态。然而,当年度财政平衡无法坚持时,财政健全主义的重点也应当随之调整。既然公债在现代经济条件下无法避免,就不妨肯定其合法存在。但是,借债毕竟是引发财政风险的重要因素,因此,法律应当着重对公债的发行主体、审批程序、发行方式和限额、使用范围、偿还方式、债务管理等作出限制,以最大可能地发挥公债的积极功效,降低公债的财政风险。当公债的规模和结构已经超出风险预警线时,法律还应该设置紧急应对措施,如强制性要求收缩财政开支规模,调整财政支出结构,等等。

(二)财政健全主义的基本内容

1. 经常性收支必须维持平衡

经常性支出是指为保证政府各部门和各项事业日常活动开展所需的支出,如行政事业单位的经费支出、社会保障支出等,它一般以税收、社会保障缴款和费用征收作为收入来源。从历史渊源来看,经常性收支代表着最传统和最狭窄的政府职能,历来就属于必须保持平衡的项目。从风险控制来看,经常性支出中大多属于消费性开支,难以在经济上产生利益回报。如果用借款收入维持该项开支,财政的风险极其巨大,对后代产生明显的不公平。从现实可能来看,由于经常性支出中不包含经济调控职能,税收等收入大都能够满足其需要,不会出现财政资金的短缺问题。我国《预算法》第27条第1款规定,"中央政府公共预算不列赤字",其实就是经常性预算平衡的大体反映。

2. 公债只能用于具有公共性的建设项目

之所以将公债的用途限定在建设性项目,主要是因为建设性项目具有偿还债务的能力,可以在很大程度上降低财政借款的风险。在我国,建设性项目既包括公共预算中的公共投资项目,也包括国有资本经营预算中的营利性投资项目。由于后者完全建立在市场竞争的基础上,不应通过发债的方式筹措建设资金。如果出现资金短缺,也应当通过银行贷款等市场方式解决。故此,需要财政借款支持的建设性项目只能限制在公共投资的范围内,纯营利性的投资项目应被排除在外。虽然我国《预算法》第27条肯定中央预算中必需的建设投资的部分资金,可以通过举借国内和国外债务等方式筹措,但是这种不对建设性资金作出区分的做法,在实践中可能会导致与民争利的弊端,影响社会资源配置的整体效率。

3. 公债应当遵守实体法上的风险防范机制

公债的风险虽然最终要通过经济的发展来消除,但法律上的风险防范机制也是十分必要的。首先,应当界定公债的范围,将内债、外债都包含在内。债的形式既可以是债券,也可以是直接借款,还可以是一种保证债务。其次,可以考虑借鉴经济学的研究成果,为公债设定最高上限。如,规定未偿还的内债余额不得超过国民生产总值一定的比例;规定财政举借外债的最高数额;规定政府担保债务的最高数额,等等。再次,由于长期公债容易转嫁财政风险,增加代际之间的不公平,因此,从长远来看,应当对公债的偿还期限作出一定的限制,防止政府发行期限过长的公债。最后,有必要设立偿债基金,增加债务偿还的财政保障,降低债务到期时的还款压力。遗憾的是,我国尚未从制度上建立公债风险防范机制,无论是公债的总额上限,还是公债期限,或是偿债基金,都没有在财政法中加以肯定,因此亟待改进。

4. 公债应当履行程序法上的审查监督手续

为了限制政府借债的能力,法律应当在程序上规定公债发行的审查监督手续。如,一般情况下,国库券的发行应当遵守财政法定主义,由权力机关直接以立法的形式加以规定;建设公债的发行也应坚持财政民主主义,经由权力机关审批通过;国家外债的募集和债务担保的实施,至少也要经过最高行政机关的同意,并报最高权力机关备案。在监督方面,则应该建立完备的债务监测、统计和预警公告体制,按照一定的指标及时向人民披露各种公债信息。另外,对于某些国债资金专项项目,还应该通过一定的检查机制,监督资金的使用效益,防止资金被挤占或挪用。目前,我国虽然也制定了一些公债审查监督程序,但基本上停留在行政机关内部管理的层次,其效力形式和公开透明度都有待提高。随着相关公债程序的逐步健全,我国财政运行的安全稳健性也会逐步得到提升。

5. 有限肯定地方财政的募债主体资格

我国《预算法》第 28 条规定:"地方各级预算按照量入为出、收支平衡的原则编制,不列赤字。除法律和国务院另有规定外,地方政府不得发行地方政府债券。"从目前的实践情况看,地方政府维持财政平衡的能力比较脆弱,地方财政赤字实际上普遍存在,但地方政府发行债券的资格却完全被否定。当出现入不敷出的现象时,地方政府一般采取向中央政府借款的办法。有时,中央政府会代地方政府发行债券,在发行的国债总额中事先划出一定的比例供地方政府使用。从实施效果来看,这种做法虽然形式上保证了全国的统一募债权,但在防范财政风险方面却不一定尽如人意。由于发行主体过于集中,财政风险集中在单一的主体上,缺乏释放途径和缓冲空间。如果将权力有限地下放地方政府,使募债主体多元化,中央政府在防范财政风险方面的机动性就会得以增强,整个国家的财政风险也会随着下降。当然,为了防止地方政府过度举债,在法律上可以设定一些标准和程序,如规定募债的总额、期限、还款保障等,在程序上严格履行民主审批,同时赋予上级政府监督检查的权力。2009年国务院允许地方发行2000亿元地方政府债券,应该就是这种指导思想的体现。

四、财政平等主义

(一)财政平等主义的理论基础

财政平等主义包含着对正义的价值追求,从制度上则主要体现一种平等的对待。它既包括财政收入方面义务人的平等牺牲,也包括财政开支方面权利人的平等受益,还包括在财政程序方面的同等条件同等处理,等等。

财政平等主义是宪法平等原则在财政法中的具体适用。我国《宪法》第4条规定,"中华人民共和国各民族一律平等"。第33条又规定,"中华人民共和国公民在法律面前一律平等"。这是我国财政平等主义的直接宪法依据,对整个财政法都具有重要的指导和规范效力。

平等是人类衡量自身价值的标尺之一,它和公平既可以理解为同义词,也可以理解为手段和目的的关系。当它们被理解为同义词时,平等本身就是公平,公平也只有在平等的状态下才有意义。当它们被理解为手段和目的的关系时,平等可以视为实现公平价值的基本路径。

财政法上之所以强调平等主义,除了宪法上的直接要求外,更重要的是一种公平观的指导。如果不能在财政行为的相对人之间做到平等对待,就会使整个财政法建立在不公平的基础上。这样的法律在古代社会中的确普遍存在,但正是因为它们的落后,所以遭到了历史的唾弃。

我国财政法所追求的是一种与市场经济良性互动的民主和法治状态,平等主义既是经济体制的必然要求,也是政治民主的有力保障。从经济发展的规律看,商品是天生的平等派。如果让强权、偏见和歧视充斥财政法的立法、执法和司法过程中,市场机制和价值规律必然失去生存的空间。从国家政权的性质看,我国是人民民主国家,国家权力来源于人民,服务于人民。因此,人民对财政事务应该有平等的参与权,财政法对人民的利益也应该给予平等的保障。

如同其在宪法中的丰富含义一样,在财政法中,"平等"一词并不代表绝对的平均或无差别。税收根据负担能力而课征,费用根据受益程度而征收,社会救济根据需要程度而开支,等等,实际上都是一种有差别的平等。同等情况同等对待,不同情况不同对待,这才是实质公平的真正体现。

另外,受财政法公法性质的影响,在具体的执法过程中,财政平等主义也限于财政相对人相互之间的平等。只要符合法定条件,财政部门必须依法征税、收费,或进行财政开支,不得人为偏废。在这个环节中,要求平等对待财政执法部门与财政相对人并无实际意义。然而,如果超越这个环节,从宪法的角度看待财政部门与财政相对人之间的关系,其视野必然更加开阔,结论也可能出现多元。

(二) 财政平等主义的基本内容

财政法所追求的公平,既包括起点的公平,也包括过程的公平,无论在实体法还是在程序法上都可以表现为一种平等的对待。也正因为如此,在财政法的不同领域其要求会有所不同,它包括但不限于下述几个方面:

1. 在政治程序方面,人民享有平等的参与权。人民参与的途径是通过政治选举组成代议制机构,行使立法权、财政审查批准权和财政监督权。为此,公民的选举权和被选举权必须得到强有力的尊重,以保证人大代表真正代表人民的意志。

2. 在税收课征方面,除了坚持税收法定原则,由纳税人及其代表自己决定课税事宜外,主要应当根据纳税人税负能力的大小设计税制,使税负能力相同的人缴纳相同的税收,税负能力不同的人缴纳不同的税收。

3. 在费用征收方面,平等主要体现在受益的关联度上。如,规费体现出直接受益性,不能要求没有享受公共服务的个体缴纳,而建设基金则应根据工程的受益面合理确定义务人。受益程度不同的人,缴费的标准也应该有所不同。

4. 在地区间财政关系方面,财政法应该保证最低限度的财政均衡。如,除了中央政府通过转移支付增加财政困难地区的财政供给能力外,还可以设计一种地区间横向财政均衡的模式,由富裕地区按照一定的标准向贫困地区进行财政援助。

5. 在社会阶层间的财政关系方面,应该保障每一个群体同等的机会和待遇,不能出现制度性歧视。如我国目前的城乡差距很大程度上即与财政支出的不平衡有关,因此应该通过一定的财政法律措施予以反向调节,以促进城乡的机会均等。

6. 在财政支出的标准方面,除了公务所需或无法逾越的客观困难外,相同的情况应当相同处理,不能因为人为原因导致受体之间的差异过大。正因为如此,在预算编制的过程中,部门之间行政管理费用贫富不均的现象,必须加以改变。

7. 在最低人权的保护方面,财政应当保障每一个公民的生存权、受教育权等基本人权,为社会弱者提供力所能及的帮助和救济。如,最低生活保障制度的实施范围不仅限于城市,农村同样也应该普遍推行。如果本级财政缺乏足够的支付能力,上级财政应当通过转移支付予以足额补充。

8. 在财政集中采购方面,必须通过公开透明的标准和程序,保障每一个适格供货商中标机会的平等。如供货商的入选标准应当事先明定,实施采购时优先考虑招投标方式,设置采购意义和救济程序,等等。

9. 在财政行政程序方面,财政机关有义务平等对待每一个财政相对人,不能毫无理由地为部分相对人设定程序便利,而给其他人设置程序障碍。如在同等情况下,不能只对部分纳税人给予减免税待遇,而拒绝其他人的申请。

10. 在财政司法程序方面,为保证财政部门与其相对人同等的陈述申辩机会,法律必须为财政部门设定较重的证明责任,以矫正行政程序中双方法律地位的不平等。如,财政相对人只需证明财政行政行为的发生,而财政部门则必须证明该行为的合法性。

拓展阅读

财政法基本原则的现实意义

财政民主是现代财政法关注的核心,也是整个财政法的立法基础。财政民主主义的实施,对确立财政法的发展方向,解决现实生活中财政秩序的混乱,树立中国财政法治的形象具有重要的现实意义。长期以来,我国财政一直是政府主导型的财政,政府在财政决策中事实上起决定作用。尽管政府一再宣称是人民利益的代表,但其与人民之间缺乏直接的利益制衡机制,许多情况下可能难于脱离自己的部门本位。如果肯定重大财政问题须经人民同意,如果承认人民行使权力的机构是人民代表大会,那么就应当将财政民主主义的要求落到实处。从实际效果看,当前我国财政领域的混乱现象,如政府乱收费问题、预算外资金体外循环问题、政府间财政关系极不稳定的问题等,都与政府权力欲望过度膨胀有关。如果不从财政民主主义着眼,只是由政府部门在内部进行利益分配的微调,问题很难从根本上得到解决。

近年来,随着财政改革的进展的日渐加快,建立公共财政体制的呼声也日益高涨。党的十六届三中全会决议也明确指出,要健全公共财政,健全公共财政体制,明确各级政府的财政支出责任;进一步完善转移支付制度,加大对中西部地区和民族地区的财政支持;深化部门预算、国库集中收付、政府采购和收支两条线管理改革;清理和规范行政事业性收费,凡能纳入预算的都要纳入预算管理;改革预算编制制度,完善预算编制、执行的制衡机制,加强审计监督;建立预算绩效评价体系,实行全口径预算管理和对或有负债的有效监控;加强各级人民代表大会对本级政府预算的审查和监督。这些无疑代表了我国财政法的发展方向。

不过我们认为,加强人大对政府预算的审查和监督,在公共财政改革中居于首要地位。只有以财政民主作为指导原则,才可能实现公共财政的建设目标。

偏离了财政民主,偏离了人民对财政的自主决定权,无论如何强调财政的公共性,无论如何强调财政与公共服务的联系,在理论上都很难令人信服。因此,考虑到税费改革、财政支出改革等多方面的新情况,有必要在财政民主主义的指导下,重构我国财政法律制度。当然,财政民主主义的落实会受到诸多外在条件的制约,例如,加强人民代表大会的权能,完善中国共产党的领导,促进政务信息的公开,开拓人大监督的制度渠道,等等。因此,只有将财政改革置于政治经济体制改革的大环境之下,才可能收到预期的功效。

财政法定主义是财政民主主义的重要实现形式,它强调财政运行的稳定性、规范性和可预测性,对我国财政实践具有重要的指导意义。长期以来,我们已经习惯于政府对财政活动的主导,习惯于以政策规定指挥财政的进程,习惯于运动式的财政管理方式,对财政法定的意义没有给予高度的重视。正因为如此,在财政领域,直接由全国人大制定的法律少之又少,国务院制定的行政法规次之,内容最为复杂庞大的还是各级党委和政府发布的政策性文件。这些文件有的是对现行法律的解释或补充,有的是对立法空白的填补,还有的直接在修改现行法律的具体规定,与财政法定主义存在很大的偏差甚至冲突。

按照财政法定主义的要求,无论是党的政策,还是政府的政策,都必须在法律的框架下运行才具有合法性。虽然政策对立法具有指导性,但也只有转变成立法之后才能起到规范作用。虽然政策在执行过程具有灵活性,但这种灵活性也必须在法律允许的范围内才能体现。因此,我国的财政实践必须从政府主导性财政、政策主导性财政,转变为法律主导性财政。只有这样,才能杜绝财政活动中的随意性,提高财政机关的遵纪守法意识,同时也才能更好地保护财政相对人的利益,促进市场经济的健康稳定发展。

财政健全主义的意义主要在于防范财政风险。2009年,为了应付金融危机,全国财政收支差额预算9500亿,将通过发行公债予以弥补,其中,中央发行国债7500亿元,财政部代地方发行2000亿元,中央财政国债余额限额上升为62708.35亿元。① 公债规模的急剧扩大,固然有经济政策方面的考虑,但财政风险也会因此而上升。

从制度建设上看,迄今为止,我国还缺乏强有力的国债风险防范机制,国债风险的消除完全被寄托在经济的持续发展上。然而,任何经济政策都存在失败的可能,如果积极的国债政策未能带来预期的经济效果,财政风险就会集中爆发,对宏观经济带来更大的负面冲击。因此,财政健全主义实际上是一种未雨绸

---

① 参见谢旭人:《关于2008年中央和地方预算执行情况与2009年中央和地方预算草案的报告》,http://www.mof.gov.cn/mof/zhengwuxinxi/caizhengxinwen/200903/t20090316_122544_3.html,2009年5月21日访问。

缪的举措，它通过具体的法律标准和程序，将财政风险控制在可以预测和接受的范围内，对经济的长远发展具有十分重要的意义。尽管财政健全的具体标准还有待深入研究，其内容也必须随着实践的变化而调整，但是从宏观上确立财政健全主义仍然是十分必要的。

我国目前正处在社会的转型时期，旧的社会秩序和分配方式已经被打破，而新的有效治理结构并没有建立起来，城乡差距、地区差距、贫富差距越来越大，社会矛盾也表现得越来越复杂和尖锐。在这种社会背景下，财政平等主义的确立和有效发挥作用，有助于从制度上缩小各种不合理的差距，从心理上增强人们对消除不平等现象的信心，有利于将社会的矛盾控制在人们的心理承受能力以内，创造一种平等和谐的竞争环境。

近几年来，我国不断加大对社会保障的投入，增加对西部地区的转移支付规模，同时对农村基础设施建设和义务教育问题开始有所重视，这些对促进财政平等无疑具有重要的积极意义。但是不可否认，除了财政收入征收方面的具体制度设计外，中国财政不平等现象的重要根源仍然在于财政支出结构的不合理。所以，财政法学应当更多地从经济发展、人权保障和社会公平的角度，对如何完善财政支出的方向、标准和程序作出应有的贡献。

（摘自熊伟：《财政法基本原则论纲》，载《中国法学》2004年第4期。）

思考题

1. 财政法的体系包括哪些构成部分？
2. 如何理解财政民主主义在财政法中的基础性地位？
3. 财政民主主义与财政法定主义有何关联？
4. 我国财政法是否有必要确立财政健全主义？
5. 请谈谈财政平等主义在中国的现实意义。

参考文献

1. 马寅初：《财政学与中国财政——理论与现实》，商务印书馆2001年版。
2. 葛克昌：《税法基本问题（财政宪法篇）》，北京大学出版社2004年版。
3. 黄俊杰：《财政宪法》，台湾翰芦图书出版公司2005年版。
4. 刘剑文主编：《财税法研究述评》，高等教育出版社2004年版。
5. 张守文：《财税法疏议》，北京大学出版社2005年版。
6. 周刚志：《论公共财政与宪政国家》，北京大学出版社2005年版。
7. 张馨：《公共财政论纲》，经济科学出版社1999年版。

8. 刘云龙:《民主机制与民主财政——政府间财政分工及分工方式》,中国城市出版社2001年版。

9. 朱孔武:《财政立宪主义研究》,法律出版社2006年版。

10. 王绍光:《分权的底限》,中国计划出版社1997年版。

第二章 政府间财政关系法

政府间财政关系法在整个财政法体系中居于重要地位。政府间财政关系法调整财政收益权、财政立法权、财政预算权等财政权力在各级政府间的配置。政府间财政关系法是从纵向的维度来理解财政法,而其后的财政预算法、财政收入法、财政支出法等则是从横向的维度来理解财政法。这样纵横结合,就可以比较全面准确地理解和掌握财政法。

本章比较重要的知识点包括:政府间财政关系法的意义、政府间财政权限配置的相关概念、政府间财政权限配置的模式、政府间财政转移支付的分类、我国政府间财政转移支付的完善、政府间财政协调与争议解决的方式等。

1994年国务院发布的《关于实行分税制财政管理体制的决定》奠定了我国目前政府间财政关系的制度框架。2002年的所得税收入分享体制改革则建立起一般性转移支付资金的稳定增长机制。这些都是我国在政府间财政关系制度建设方面所取得的重要成就。为了适应社会主义市场经济体制的需要,提高国家宏观治理的法治化水平,促进基本公共服务均等化,我国的政府间财政关系法还须进行重大的改革。

第一节 政府间财政关系法概述

一、相关概念界定

政府间财政关系法是调整各级政府间财政关系的所有法律规范的总称。中央与地方关系是国家治理中的重大问题,财政在国家治理中扮演着重要的角色,各级政府间财政关系也因此成为中央与地方关系的重要内容。与政府间财政关系相类似的概念还有"财政分权"、"财政联邦主义"、"财政管理体制"等。一般所谓财政分权,是指政府间财政权限的纵向划分。经济学的文献更常用到这个概念。值得注意的是,财政分权这一概念本身并不表明是必然偏向地方分权,只有在采用"地方分权"表述的时候,才表明权力划分的偏向性。经济学界也将财政分权称为财政联邦主义。财政联邦主义是借用了联邦制的称谓,而两者的内涵并不相同。联邦制作为国家结构形式的一种,在政治学、法学中具有特定的含义,与单一制相对应。而财政联邦主义和联邦制并不必然相关,"对一个经济学家而言,宪法和政治不是非常重要:对他重要的仅仅是能作出决定的不同层级的政府确实存在,每一层级政府决定满足其辖区选民要求的特定公共服务的供应水平。根据这一界定,任何一个财政体制都是联邦的或具有联邦的因素……基于这个原因,财政联邦主义的研究几乎与所有的财政体制相关。"[1] 财政管理体制主要也是经济学、公共管理学等学科的用语,也是政府文件比较常用的概念,同样是指各级政府间财政权限的配置。鉴于"体制"一语在我国的使用比较泛化,既可以指政府间关系的制度安排,也可以指综合性的制度安排如"经济体制"、"政治体制"等,因此这里一般不采用该概念。

政府间财政关系法所涉及的内容应主要包括:政府间财政权限配置、政府间财政转移支付、政府间财政协调与争议解决。以下将逐节予以介绍和分析。

二、政府间财政关系法的意义

政府间财政关系法具有重要的宪政和法治意义,具体而言,一定的政府间财政关系制度安排与权力制约、权利保障与地方自治都有密切关系。

1. 权力制约

对权力如何制约控制一直是政治学、宪法学中的重大命题。分权是西方宪政史上控制国家权力的主要手段。早期人们探讨的主要是横向分权,即立法机关、行政机关与司法机关之间的分权关系。而民主政治的实践表明,仅有横向的分权和制衡,没有中央和地方的分权与制约,尚不能完全防止权力的集中和垄断。原因在于,仅有横向的分权制衡,只能在一个层面上起到防止权力流向一点,导致权力的垄断和专横,却不能防止权力从另一条渠道上走向高度集中和垄断。只有在横向分权的基础上,实行中央与地方的纵向分权,才能更有效地防止权力的高度集中和垄断,更有效地发挥分权制约机制的作用。[2]

财政权力是权力的重要形式,财政权力在各级政府间的纵向分立对于政府权力制约具有重要意义。应该在不同层级的政府中间分散财政权力,以此作为控制"利维坦"的全部财政嗜好的手段。[3] 将财政收益权、财政立法权、财政征收权和财政预算权等财政权限在各级政府间进行适当的划分,有助于降低财政权力的集中和垄断程度,减少腐败和低效率的发生。同时,纵向的财政权限划分还

---

[1] Oates, Wallace E., *Fiscal Federalism*, Harcourt Brace Jovanovich, Inc., 1972, pp. xv—xvi.
[2] 参见薄贵利:《中央与地方关系研究》,吉林大学出版社1991年版,第79页。
[3] 〔澳〕布伦南、〔美〕布坎南:《宪政经济学》,冯克利等译,中国社会科学出版社2004年版,第213页。

使得次中央政府①之间提供公共物品的竞争成为可能,这种竞争可以对相关政府的权力行使产生制约。蒂布特(Tiebout)在其经典论文②中就阐述了这种竞争产生的可能性。他先假定了一些前提条件:(1)居民能够充分流动,将流向那些能够最好地满足他们既定偏好组合的社区。(2)居民对收入—支出模式的差异信息能够完全掌握,并能够对其作出反应。(3)有许多社区可供人们选择居住。(4)不考虑对就业机会的限制,假定所有的人都靠股息来维持生活。(5)各个社区所提供的公共服务都不存在外部性。在这些假设条件下,居民就会不断迁移,直到找到他们能接受的、有着特定的收入—支出模式的地方政府为止。显然,这种"不断迁移"将给各地方政府带来巨大的压力,从而促使其依法行使权力,尽量降低公共服务提供的成本。蒂布特所假设的当然是理想情况,但还是具有实际意义的。理由在于,尽管绝大多数人根本不会打算搬家迁居,但通常都会有足够的人,尤其是年轻人和较具企业家精神的人,对地方政府形成足够的压力,要求它像其竞争者那样根据合理的成本提供优良的服务,否则他们就会迁徙他处。③这种潜在的迁移趋势将会对次中央政府产生竞争压力,从而对它们的权力行使发挥制约功能。

2. 权利保障

上文主要是从消极的角度分析了财政权限划分对政府权力的制约作用,这里将从积极的角度④分析政府间一定程度的财政权限划分对公民权利保障的意义。值得注意的是,限制政治权力是宪政政体的核心任务。然而宪政政体必须不只是限制权力的政体,它还必须能有效地利用这些权力,制定政策,提高公民的福利。⑤

实行财政分权,表明对于中央层次的公共物品,最典型的如国防,将由中央政府提供,而对于地方层次的公共物品,将由各级地方政府提供。从理论上而言,这样就可以最大限度地实现各个层次公共物品的有效供应。理由在于,地方政府提供地方层次的公共物品,由于比较接近居民,较之中央政府能够比较容易地满足居民的不同偏好,从而能够有效地提供相关的公共物品,保障公民相关基

---

① 这里用"次中央政府"而不用"地方政府",是因为在联邦制国家地方政府仅指最低层级政府,而在单一制国家,中央以下层级政府都被称为地方政府。

② See Tiebout, Charles M., "A Pure Theory of Local Expenditures," *The Journal of Political Economy*, Vol. 64, No. 5 (Oct., 1956), p.418.

③ 参见〔英〕弗里德利希·冯·哈耶克:《自由秩序原理》(下册),邓正来译,生活·读书·新知三联书店1997年版,第17页。

④ 所谓积极的角度,是指政府主动向社会提供公共物品,进而满足公民的各种需要。对于不同的公共物品应由不同层级的政府提供。因此,从这个意义上而言,一定的财政权限划分对公民基本权利的保障也具有重要意义。

⑤ 参见〔美〕斯蒂芬·L.埃尔金、卡罗尔·爱德华·索乌坦编:《新宪政论——为美好的社会设计政治制度》,周叶谦译,生活·读书·新知三联书店1997年版,第156页。

本权利的实现。同时,地方政府之间的竞争或一个允许迁徙自由的地区内部较大单位间的竞争,在很大程度上能够提供对各种替代方法进行试验的机会,而这能确保自由发展所具有的大多数优点。① 此外,由中央政府集中精力提供中央层次的公共物品,能满足相关的公民基本权利的实现。

从实践来看,政府间财政权限的划分与配置和公民权利的演变具有密切关系。和第一代人权相比,第二、三代人权②要求国家负有更加积极的义务;这些新型权利的出现使得满足传统权利保障的财政权限配置格局也要发生相应的调整。在新的时代背景下,财政权限配置呈现出某种向中央集权化发展的趋势。比如,18 世纪,随着工业革命的深入发展,城市人口大量增加,在社会不断发展的情况下,公共服务事业却日见短缺。1835 年被认为是开创了英国中央向地方政府拨款的先河。③ 20 世纪 30 年代的大萧条是美国联邦政府集权的导火索。州政府自身拥有的权力资源使其无法单独解决市场经济崩溃带来的复杂社会问题,只有联邦政府能把分散的权力集中起来,以巨大的资源优势快刀斩乱麻,尽快恢复正常的社会经济秩序,实现经济复苏。美国联邦和州政府职能相互独立的时代结束了,联邦通过财政等手段加强了对州政府行政管理的干预,从此开始了联邦与州进行合作与控制相互渗透的时代,州与地方政府丧失了主导权。④ 在大萧条和二次世界大战之前,地方政府支出总额要高于州政府和联邦政府之和。1929 年,地方政府支出占美国政府支出的 54%,而州为 20%,联邦为 26%。1939 年,大萧条结束的时候,联邦支出超过了 51%。随着联邦政府在经济、社会和国际事务中的继续扩展,联邦支出在 1949 年达到了 70%。因大萧条和二战形成的这种格局影响是深远的。⑤ 其他欧美国家也呈现出大致相同的趋势。

当中央集权在实践中出现了许多问题时,各国又对已有的做法进行改革,力求做到财政权限在各级政府间的适当划分。如美国逐步采取联邦、州和地方三级管理体制,转移联邦财政负担。1984 年联邦政府把原由自己主管的食品券、未成年家庭儿童补助等 44 项社会福利项目,改为由州与地方管理。较低层级的政府对福利项目将有越来越大的决策权。⑥

---

① 参见〔英〕弗里德利希·冯·哈耶克:《自由秩序原理》(下册),邓正来译,生活·读书·新知三联书店 1997 年版,第 16 页。
② 三代人权分别是公民与政治权,经济、社会和文化权,发展权。参见〔法〕卡雷尔·瓦萨克:《人权的不同类型》,张丽萍、程春明译,载郑永流主编:《法哲学与法社会学论丛》(第 4 卷),中国政法大学出版社 2001 年版,第 468 页。
③ 参见胡康大:《欧盟主要国家中央与地方的关系》,中国社会科学出版社 2000 年版,第 85 页。
④ 参见宋世明:《美国行政改革研究》,国家行政学院出版社 1999 年版,第 221 页。
⑤ See Mandelker, Daniel R., et al., *State and Local Government in A Federal Syestem*, 3rd ed., The Michie Company, 1990, p.196.
⑥ 参见宋世明:《美国行政改革研究》,国家行政学院出版社 1999 年版,第 31 页。

总之,财政权限在各级政府间的划分与公民基本权利的保障具有密切关系,当新的权利形式出现时,为了保障这些新的权利及原有权利的有效实现,就需要对财政权限在各级政府之间的划分进行相应的调整。概而言之,一定程度的财政分权对于公民基本权利的保障具有重要意义。

3. 地方自治

地方自治起源于中古时期的城市自治。后来,英国资产阶级在进行反封建的斗争时,提出了地方居民应选举公职人员管理本地区事务的政治主张。把这一主张概括为"地方自治"的是英国法学家史密斯。他在1851年发表的《地方自治与中央集权》一书中,对地方自治从理论上作了系统的论述。随着资产阶级革命在世界各国的胜利,地方自治这种管理地方的民主制度也在世界各国普遍建立起来了。[1] 一般理解的自治就是由地区性的代表通过公开的会议而实行的多数人统治,这种统治要受个人自由的限制,而个人自由是先前由绝大多数人同意并由所有的人承认为公民资格的条件的。简而言之,自治的这些因素——一个不偏不倚的程序,地区代表制,大多数人统治和普通法中反映的法治——给出了对于什么构成了共和国这个问题的一部分答案。[2]

地方自治是宪政民主制度的基础性结构,具有多方面的宪政价值。如民主的训练、公民责任感的培养、保障公民权利、制约权力行使、促进人性化生活的实现等。而这些价值的实现需要一系列的机制予以配合。财政手段或许是最重要的,地方财政自由度是地方自治程度的重要标志之一。[3]

《世界地方自治宪章》(草案)第9条[4]专门规定了地方当局的财政来源问题。具体内容主要包括:(1)地方当局应有权获得属于它们自己的充分的财政来源,同时在它们的权限范围内自由地安排这些收入。(2)地方当局的财政来源应该和它们所承担的任务和所负的责任相称。(3)地方当局的具有合理比例的财政来源应来自于它们有权决定比率的税收、规费和使用者收费。(4)地方当局有权征收的税收,或它们有权分享的固定比例的税收,应该是充分的、富有弹性的,以与它们承担的责任相称。(5)对财政能力脆弱的地方当局需要纵向和横向的财政平衡制度。(6)地方当局应该参与决定财政资源重新分配的规则的制定。(7)对地方当局的财政拨款要尽量尊重它们的优先性,不应该对特定项目指定款项的用途。拨款不能改变地方当局在其辖区内制定政策的自由。(8)地方当局应该可以到国内和国际资本市场进行以资本投资为目的的借款。

---

[1] 参见田穗生、罗斌主编:《地方政府知识大全》,中国档案出版社1994年版,第76页。
[2] 参见〔美〕斯蒂芬·L.埃尔金、卡罗尔·爱德华·索乌坦编:《新宪政论——为美好的社会设计政治制度》,周叶谦译,生活·读书·新知三联书店1997年版,第254、257页。
[3] 参见秋风:《立宪的技艺》,北京大学出版社2005年版,第270—271页。
[4] *Initial Draft Text of A World Charter of Local Self-Government*, Article 9.

《欧洲地方自治宪章》第 9 条①也规定了地方当局的财政来源问题,和《世界地方自治宪章》(草案)一样,也是规定了八个方面,除个别地方外,规定的内容总体上是一致的。可以看出,这些规定几乎涉及政府间财政关系的各个方面。由此从一个侧面也显示了政府间财政关系与地方自治之间所具有的密切关系。

第二节 政府间财政权限配置

一、政府间财政权限配置的含义

政府间财政权限配置,是指财政收益权、财政立法权、财政征收权和财政预算权等财政权力在各层级政府间的配置,同时也包括与之密切相关的政府层级安排、以及事权和财政支出责任在各层级政府间的分配。值得注意的是,这里的财政权限配置主要是围绕财政收益权进行的。② 财政收益权是指各层级政府依法获得相关税收、收费等财政收入的权力,以及发行并获得公债收入的权力。财政立法权是指各层级政府依法享有的与财政事务相关的立法权。财政征收权是指各层级政府(部门)依法享有的对税收、收费等财政收入的征收管理权③。财政预算权是指各层级政府依法享有的安排其未来财政收支的权力。事权是一个约定俗成的说法,与其说是权力,不如说是责任,准确地说,应该称为公共服务责任,是指各层级政府依法承担各项公共事务的职责,如在国防、教育、卫生、环保等方面的职责。财政支出责任是指各层级政府为特定的事权提供财政资金支持的责任。这里的财政支出责任是针对特定事权就财政资金的最终拨付环节而言的,哪一层级政府负责资金的最终拨付,则认为其承担相应的财政支出责任。事权和财政支出责任原则上应该是一致的,但是也有例外。不排除地方政府接受中央或上级政府的委托,代行其部分事权的情况。另外,对中央与地方共管的事务,按照分税制的规定,其财政收益权控制在中央和上级政府,而具体的支出责任则是由地方基层政府承担的。只是在这两种情况下,中央或上级政府必须通过规范的政府间财政转移支付制度,将财政资金转移给下级政府支出。从这个意义上讲,上级政府仍然承担其事权,只是其行使方式发生了变化,由下级政府承担着支出管理责任。④

---

① *European Charter of Local Self-Government* (European Treaty Series-No. 122), Article 9.
② 这种处理基本上也是其他学者研究的惯例。对于相关财政权限的界定及其划分,可参见黄茂荣:《税法总论:法学方法与现代税法》(第 1 册增订 2 版),作者自刊 2005 年版,第 105—106 页;黄俊杰:《财政宪法》,台湾翰芦图书出版有限公司 2005 年版,第 93—95 页;张守文:《税法原理》(第 2 版),北京大学出版社 2001 年版,第 60 页。
③ 下文主要讨论税收征管权。
④ 朱丘祥:《分税与宪政——中央与地方财政分权的价值与逻辑》,知识产权出版社 2008 年版,第 120 页。

二、政府间财政权限配置模式的国际比较

考察各国的制度安排,在上述各种财政权限的配置方面,并非遵循一种模式,而是采取了不同的做法。通过对相关国家的制度安排进行比较研究,可以把政府间财政权限配置的模式归纳为两种理想类型,即对称型模式和非对称型模式。[①] 对称型模式的主要特征是:财政支出责任和财政收益权的匹配程度较高;财政收益权与财政立法权的划分基本相适应等。非对称型模式的主要特征是:财政支出责任和财政收益权的匹配程度相对较低;财政收益权和财政立法权的划分并不完全相适应,财政立法权相对集中在中央政府;在财政收益权的划分上多采用共享税的形式等。比较各国的做法,可以发现,前者以美国、加拿大为代表,而后者则以德国和日本为代表。两种模式各有优点,对称型模式的优点在于:促进多样性、创造性和责任感。而非对称型模式的优点在于保证一致性和协调性。对于财政权限配置模式的选择是与相关国家特定的政治、经济、文化、历史因素具有密切关系。

拓展阅读

相关概念和原则辨析

"财权与事权相统一(匹配)"、"财力与事权相统一(匹配)"是各类政府文件和研究文章比较常用的提法。在这里有进一步辨析的必要。

先对"财权"、"财力"两个概念予以辨析。财权通常在两种意义上被使用。一种理解即前文所提到的财政收益权。也有人把与财政有关的所有权力简称为财权,这种意义上的财权包括财政收益权、财政立法权、财政征收权等所有的财政权力。前一种理解比较常用。由此可知,财权一词并不是非常严谨的法律用语。而财力是指各级政府在一定时期内所拥有的以货币表示的各种财政资源,包括:本级政府的税收和非税收入、政府间财政转移支付,以及政府债务等。由此可见,财权和财力的区别主要体现在政府间财政转移支

---

① 对称的概念最早运用于几何学。后来,这一概念逐渐移用到社会科学研究领域。本文关于对称型和非对型模式的归纳,主要是受以下几篇论文的启发。Charles D. Tarlton, "Symmetry and Asymmetry as Elements of Federalism," *Journal of Politics*, 27 (1965), pp. 861—874; Watts, Ronald L., *Comparing Federal Systems*, 2nd ed., McGill-Queen's Press, 1999, pp. 63—69; John McGarry, "Asymmetrical Federalism and the Plurinational State," working draft paper for the 3rd International Conference on Federalism, Brussels, 2005; Watts R. L., "A Comparative Perspective on Asymmetry in Federations," *Asymmetry Series* 2005 (4) c IIGR, Queen's University; etc. 国内有学者在研究分税制时也提出过非对称型的问题。参见杨斌:《治税的效率和公平》,经济科学出版社1999年版,第516页。

付上。

尽管很多论文或著作将"财权与事权相统一"作为政府间财政收支划分的基本原则,但是,这种"统一"其实是很难实现的。从理论上分析,由于现代社会的复杂性,对于财政收益权和事权无论如何划分,都不可能刚好做到各层级政府的财政收益权和事权完全统一或匹配。如果是那样,政府间财政转移支付就成为多余。前文所提到的对称型模式也并不是主张财权与事权相统一,而是强调在该种模式下,财政支出责任和财政收益权的匹配程度较高。须注意的是,"财力与事权相统一(匹配)"才应该是政府间财政收支划分或财政权限配置所遵循的基本原则。为了保证各级政府公共服务的提供,客观上要求财力须与事权相统一。相关的公共服务必须要有财政资金作保障,无论财政资金通过何种方式获得。在实践中,在根据财政收益权所取得的财政收入不足以履行职责的情况下,作为地方政府财力组成部分的政府间财政转移支付就可以发挥作用。可以看出,无论是对称型模式还是非对称型模式,都须坚持财力与事权相统一的原则。其中一个重要的调节机制就是政府间财政转移支付。

这里提出的对称型模式和非对称型模式是从比较法的角度总结概括出来的两种财政权限配置的理想类型,旨在为相关的制度设计提供一个分析和参照框架。

(一) 两种模式的差异

概括起来,主要有如下几个方面:(1)事权划分上的不同。在非对称型模式下,更加重视政府间事权之间的相互配合和协调。如德国《基本法》规定了所谓的共同任务,主要包括扩大和建设高等教育机构(包括大学医务室);改进地区经济结构;改进农业结构和海岸保护;教育计划;具有跨区域意义的科学研究等。而日本对公路、河流、教育、社会福利、劳动、卫生、工商农林行政等大多数行政事务都由中央与地方政府共同负责;同时,对于中央政府事权范围内的事务,也一般由中央进行规划和决策,把具体的执行权全部或部分地交给地方。(2)财政收益权与财政支出责任的匹配程度不同,与此相适应的是,纵向财政不平衡程度也不同。在对称型模式下,财政收益权与财政支出责任的匹配程度相对比较高,各级政府的财政支出责任通常有相应的财政收益权予以保证。而在非对称型模式下,财政收益权与财政支出责任的匹配程度则相对比较低,一般地方各级政府承担更多的财政支出责任,而在财政收益权的分配方面则偏向于中央政府。由于财政收益权与财政支出责任的匹配程度不同,使得相关国家的纵向财政不平衡程度也不同;从理论上而言,采用非对称模式国家的纵向财政不平衡程度应该高于采用对称型制度模式的国家。① (3) 财政立法权与财政收益权的适应程度不同。这是两种模式之间的最主要差别。在对称型模式下,财政立法权与财政收益权基本上是相适应的,享有一定的财政收益权表明自然享有一定的财政立法权,美国和加拿大的做法都是如此。而在非对称型模式下,则不尽然。享有一定的财政收益权并不表明自然享有相应的财政立法权,主要的财政立法权往往由中央政府享有,德国和日本采用这一做法。

(二) 两种模式的共性

两种制度模式的共同之处主要有:(1) 宪政和法治的治理。美国宪法规定了财政权限划分的基本原则,而德国和加拿大宪法对财政权限划分规定得颇为细致。日本宪法虽没有规定财政权限划分问题,但是也有专门立法予以调整,如《地方财政法》《地方税法》《地方预算法》《地方自治法》《地方交付税法》等。其他国家除了宪法规定外,在法律中对财政分权问题也有更为细致的规定,如《加拿大健康法》《德国财政平衡法》等。(2) 政府层级结构。无论是采用对称型模式,还是采用非对称型模式,在政府层级结构上多实行三级制。这些国家的面积、人口、历史传统等各方面都存在重大的差异,而都采用三级政府层级结构,证明了这一选择具有一定的客观性和合理性。(3) 事权和财政支出责任的划分。在事权的划分方面,尽管由于各国国情的不同,在具体项目的划分上存在差异,但从总体上而言,仍遵循一些基本规律。如一般将外交、国防、国际贸易、移民、主要交通和通讯基础设施、货币划归为中央政府的事权。此外,两种模式都奉行事权划分的适当下移原则。让比较低层级的政府负责各地区具体事务的处理,以满足各地区居民各自的需求差异。(4) 中央政府在财政收益权划分上占主导地位。无论是采用何种模式的国家,在现代市场经济条件下,中央政府都需要行使经济稳定和再分配职能,这就有必要让中央政府掌握一定的财政工具来实行宏观调控和再分配措施。以2001年的数据②为例,大部分国家中央政府财政收入占全国政府所有财政收入的百分比都在50%以上,具体而言,美国为67%,德国为65%,日本为58%。(5) 财政收益权划分的实现方式。在财政收益权划分的实现方式上,各国都是通过对一定的财政收入类型进行划分而实现的。各国采用的财政收入类型也大致类似,主要有税收、公债、费三种。此外,国有资产收益、彩票收益等也是各国的选择形式。(6) 基层地方政府财政。各国大都实行三级政府层级结构。值得注意的是,两种制度模式的差异主要体现在中央政府和中级政府(美国、德国的州,加拿大的省,日本的都、道、府、县)之间,

---

① 财政不平衡将通过政府间财政转移支付解决。不过,在两种模式下,政府间财政转移支付的地位和功能有所差别。

② 相关数据,See Watts, R. L., *Autonomy of Dependence: Intergovernmental Financial Relations in Eleven Countries*, Working Paper 2005 (5) c IIGR, Queen's University.

而在如何处理基层地方政府,即第三层级政府的财政问题上,各国具有类似性。在财政上,基层地方政府往往更多地与中级政府发生关系,美国实行的是所谓"州内单一制",而加拿大的市镇则是省的"创造物"[①];德国和日本的基层地方政府也多受上级政府的控制。

(三) 两种模式的融合趋势

值得注意的是,在存在差异和共同性的同时,两种模式还存在一定程度的融合趋势。各国为了使各自的模式发挥更大的优越性,多在对本国固有的财政权限配置制度进行改革,从某种程度上借鉴其他国家的做法,体现出两种模式的融合趋势。由于认识到非对称型模式在多样性、创造性,特别是责任感方面的缺失,德国和日本近年来都进行了比较大规模的改革,开始借鉴对称型模式的一些做法。实行对称型模式的国家的中央政府也开始进入原来由州政府或省政府所单独享有的事权范围,进而对下级政府的财政能力进行调整,以达到一定的政策目标。其中央政府的财政权限较之以往,呈现扩大趋势。总之,通过对相关国家发展实践的分析,可以发现两种财政权限配置模式存在一定的融合趋势。当然,对于两种模式所固有的一些特征和制度,在现在看来,似乎还没有发生根本性变革的可能性。

三、我国财政权限配置的现状

我国的财政权限配置大致可以分为三个阶段:统收统支阶段(1950—1979)、财政"包干"阶段(1980—1993)、分税制阶段(1994—至今)。

拓展阅读

新中国成立以来到分税制改革前财政权限的配置

(一) 统收统支阶段

1. 国民经济恢复时期

新中国成立初期,财政状况十分严峻,在这种情况下,国家采取了"统收统支",即"收支两条线"的财政管理体制,统一管理收入,统一安排支出,即收入全部上缴中央,支出由中央统一分配,财权和财力集中在中央和大行政区两级,主要集中在中央,省、地区、县的财权很小。尽管现在看来,当时的财政体制是中央高度集权的做法,但是在特定的历史背景下,这一体制为应对抗美援朝战争、恢

---

① "创造物"的含义是指市镇是经省的立法所创设的,市镇受到省级政府的有力控制。

复国民经济作出了重大的贡献。

经过一年之后,国家财政状况有了初步好转,地方上的若干困难,如果不适当给予解决,将造成地方工作上的损失。因此,在统一领导下,适当地把若干权责划归地方,因地制宜,有利于地方积极性的发挥,使中央的领导更加巩固。1951年的财政体制同1950年的财政体制相比,在预算管理上,由"收支两条线"改为收支挂钩,地方有了自身的收支范围,地方财政可以从本地区组织的收入中留用一部分抵充自身的财政支出,这对调动地方的积极性有一定好处。但是,总的来看,1951—1952年实行的上述财政管理体制,仅仅是财政分级管理的开始。由于当时正在进行的抗美援朝战争和"三反"、"五反"等重大社会改革,财政资金绝大部分仍需要集中在中央,地方的财力很小。

2. "一五"时期

自1953年起,新中国开始实行大规模经济建设的第一个"五年计划"。为了适应形势的变化,财政体制上的高度集中态势有所松动。起初,实行中央、大行政区和省三级财政,后又撤销了大行政区财政预算,增设县级财政,使财政体制变为中央、省、县三级,并且在划分中央地方收支上实行"分类分成"的办法。

这一时期的财政管理体制是在保证国家集中主要财力进行重点建设的前提下,实行划分收支,分级管理的体制,地方有固定的收入来源和一定的机动财力,这有利于调动地方的积极性。尽管这一财政体制仍然存在集中统一多,因地制宜少的缺点,但总体上是适应当时情况的。

3. "大跃进"时期

1958年,我国进入了第二个五年计划时期。当时社会主义改造已经基本完成,经济建设有了很大发展。为了加强对国营企业的生产领导和经营管理,有必要把一批适合于地方经营的企业,下放给地方管理。同时,地方也要求掌握更多的财权,以便因地制宜地安排本地方的经济文教建设事业的发展。根据当时的客观情况,中央决定把一大批中央企业下放地方管理,对财政管理体制也随之进行了改革。但由于"大跃进"的冲击,该管理体制实行一年就改变了办法。同时,由于受"大跃进"总体思路的影响,中央不适当地下放了一些财政权限,使国家财政遭受了严重的挫折。

根据自1958年起施行的《关于改进财政管理体制的规定》,当时财政管理体制的突出特征是"以收定支,五年不变",和过去的"以支定收,一年一变"具有根本区别。这样,在五年内,地方可以按照收入情况自行安排支出。1958年的财政管理体制改革是一次比较大的改革,但是只执行了一年,第二年就变了。原因在于,在经济工作上发生了高指标、瞎指挥和浮夸风,带来了财政收入的虚假。同时,地方财力增长过大,而且各地很不平衡,基本建设规模扩张,同国家经济建设的统一布局发生了矛盾。因此,中央决定从1959年起,实行"收支下放,计划包干,地区调剂,总额分成,一年一变"的财政管理体制,简称"总额分成,一年一变"。

4. 国民经济调整时期

面对"大跃进"给国民经济造成的损害,加之严重的自然灾害,1961年1月,中共中央决定对国民经济实行"调整、巩固、充实、提高"的方针。这个时期,财政上实行的是比较集中的体制,但不是新中国成立初期的高度集中和"一五"时期偏于集中体制的简单恢复,而是集权和分权处理得比较得当,从而取得了很大成效。

5. "文化大革命"时期

这一阶段总体上实行的是"总额分成"的办法。1968年,国民经济状况恶化,有些省、自治区连日常运转都无法维持。为了保证地方政府的正常支出,不得不恢复新中国成立初期采用的"收支两条线",即"统收统支"的办法。之后,由于社会情况的混乱,财政体制实行过许多临时性的措施,1971—1973年实行过包干上缴或者包干补助的办法,1974年和1975年实行过"收入按固定比例留成,支出按指标包干,超收另定比例分成"的办法,1976年又实行了"收支挂钩,总额分成"的办法。

6. 试点时期

"文革"结束后的1977—1979年间,我国在财政管理体制方面进行了一些有益的探索,这些探索为后来进行的财政管理体制改革作了一些准备,积累了一些经验。

(二) 财政包干阶段

在经济体制改革的宏观背景下,旧有的财政管理体制已经不适应经济社会发展的要求,因此,从1980年我国开始了"分灶吃饭"的财政管理体制改革。"分灶吃饭"是财政包干的一种形象说法。"分灶吃饭"的改革主要经历了1980、1985、1988年三次大的调整。这些改革的共同目标是,在划分收支的基础上,分级包干,自求平衡。主要是解决中央与地方之间的关系,解决中央集权和地方分权的问题,搞好中央与地方之间经济权益的分配。从整体上看,改革后的体制虽已具备了分级财政体制的明显特征,但还没有完全突破传统体制的基本构造。因此,财政包干制还不是一种完备的体制类型,而是一种过渡性的体制。

1. 1980年的四种模式

1980年2月,国务院发布了《关于实行"划分收支、分级包干"的财政管理体制的暂行规定》,决定从1980年起实行财政管理体制改革。改革的基本内容是:从1980年初起,除北京、天津、上海三个直辖市继续实行"收支挂钩,总额分成,一年一定"的财政体制以外,对各省、自治区统一实行"划分收支,分级包干"的财政体制,并在此前提下,对于不同地区,根据具体情况,采取了不同的做法。具体而言,有以下四种模式:第一种是对广东、福建两省实行"划分收支、定额上缴或定额补助"的特殊照顾办法。第二种是四川、陕西、甘肃、河南、湖北、湖南、安徽、江西、山东、山西、河北、辽宁、黑龙江、吉林、浙江等省实行"划分收支,分级包干"的办法。第三种是对江苏省继续试行固定比例包干的办法。第四种是对内蒙古、新疆、西藏、宁夏、广西5个自治区和云南、青海、贵州少数民族人口比较多的3个省,仍实行民族自治的地方财政体制,保留原来对民族自治地区的特殊照顾。

2. 1985年的"划分税种"模式

按照原定计划,从1980年开始实行的财政管理体制1984年已经到期。同时,从1984年第四季度开始,我国实行了国营企业第二步利改税,对财政管理体制应当作出相应的调整。

1985年3月国务院通过了《关于实行"划分税种、核定收支、分级包干"财政管理体制的规定》。根据该规定,从1985年起,对各省、自治区、直辖市一律实行"划分税种、核定收支、分级包干"的新的财政管理体制。其基本原则是:在总结现行财政管理体制经验的基础上,存利去弊,扬长避短,继续坚持"统一领导,分级管理"的原则,进一步明确各级财政的权力和责任,做到权责结合,充分发挥中央和地方两个积极性。

3. 1988年"大包干"的六种模式

1988年,第二个财政包干期尚未期满,中央原来曾设想,在第二个包干期满后改革财政管理体制,即在合理划分中央与地方财政收支范围的前提下,实行分税制。但是,当时各项配套改革还没有到位,推行分税制的条件尚不成熟,有必要继续总结经验,完善承包制。为此,根据发布的《关于地方实行财政包干办法的决定》,从1988年到1990年期间,在原定财政体制的基础上,对包干办法作了一些改进。全国39个省、自治区、直辖市和计划单列市,除广州、西安两市财政关系仍分别与广东、陕西两省联系外,对其余37个地区分别实行不同形式的包干办法,共有六种模式:"收入递增包干"模式、"总额分成"模式、"总额分成加增长分成"模式、"上解额递增包干"模式、"定额上解"模式、"定额补助"模式。

值得注意的是,在这一阶段,国家也加强了对预算管理权限的配置。1991年国务院制定了《国家预算管理条例》。该条例规定,国家预算管理,实行统一领导、分级管理、权责结合的原则。国家设立中央、省(自治区、直辖市)、设区的市(自治州)、县(自治县、不设区的市、市辖区、旗)、乡(民族乡、镇)五级预算。国家预算由中央预算和地方预算组成。中央预算与地方预算收支范围的划分,应当在保证中央宏观调控和监督的前提下,赋予地方相应的财政自主权。同时还规定了中央与地方预算管理权限的划分。

(一) 1994 年确立的分税制财政体制

我国目前的财政权限配置主要是基于 1994 年分税制财政体制改革而形成的。在实行社会主义市场经济体制的新形势下，"分灶吃饭"的财政包干体制对经济体制的适应空间已经极为有限，需要在原有制度基础上进行制度创新以应对新经济体制的要求。基于 1992 年在部分地区的试点经验，1993 年 12 月 15 日国务院发布了《关于实行分税制财政管理体制的决定》[①]，决定从 1994 年 1 月 1 日起在全国范围内改革财政包干体制，对各省、自治区、直辖市以及计划单列市实行分税制财政管理体制。这次财税体制改革主要是针对财政包干体制的弊端而提出的，是新中国成立以来改革力度最大、范围最广、影响最为深远的一次财政制度创新，是我国财政管理体制的一次重大调整。

分税制财政体制改革的指导原则是：（1）正确处理中央与地方的分配关系，调动中央和地方两个积极性，促进国家财政收入合理增长。既要考虑地方利益，调动地方发展经济、增收节支的积极性，又要逐步提高中央财政收入的比重，适当增加中央财力，增强中央政府的宏观调控能力。为此，在实施分税制的条件下，中央财政要从今后财政收入的增量中适当地多得一些，以保证中央财政收入的稳定增长。（2）合理调节地区之间的财力分配。既要有利于经济发达地区继续保持较快的发展势头，又要通过中央财政对地方的税收返还和转移支付，扶持经济不发达地区的发展和老工业基地的改造。同时，促进地方加强对财政支出的约束。（3）坚持统一政策与分级管理相结合的原则。在划分税种的过程中，不仅要考虑中央与地方的收入分配，也要顾及税收对经济发展和社会分配的调节作用。中央税、共享税以及地方税的立法权均要集中于中央[②]，从而保证中央政令统一，维护全国统一市场和企业平等竞争。税收实行分级征管，中央税和共享税由中央税务机构负责征收，共享税中地方分享的部分，由中央税务机构直接划入地方金库，地方税由地方税务机构负责征收。（4）坚持整体设计与逐步推进相结合的原则。分税制改革既要借鉴国外经验，又要从我国的实际出发，在明确改革目标的基础上，通过渐进式改革先把分税制的基本框架建立起来，在实施中逐步完善。

分税制财政管理体制改革的主要内容包括：（1）中央与地方的事权和支出划分。中央财政主要承担国家安全、外交和中央国家机关运转所需的经费，调整国民经济结构、协调地区发展、实施宏观调控所必需的支出以及由中央直接管理的事业发展支出。具体包括：国防费，武警经费，外交和援外支出，中央级行政管

---

① 国发[1993]85 号。
② 值得注意的是，国务院批转的《工商税制改革实施方案》（国发[1993]85 号）规定，中央税和全国统一实行的地方税立法权集中在中央。

理费,中央统管的基本建设投资,中央直属企业的技术改造和新产品试制费,地质勘探费,由中央本级负担的公检法支出和文化、教育、卫生、科学等各项事业费支出。地方财政主要承担本地区政权机关运转所需支出以及本地区经济、事业发展所需支出。具体包括:地方行政管理费,公检法支出,部分武警经费,民兵事业费,地方统筹的基本建设投资,地方企业的技术改造和新产品试制费,支农支出,城市维护和建设经费,地方文化、教育、卫生等各项事业费,价格补贴支出以及其他支出。

(2) 中央与地方的收入划分。按税种划分中央收入和地方收入。将维护国家权益、实施宏观调控所必需的税种划分为中央税;将同经济发展直接相关的主要税种划分为中央与地方共享税;将适合地方征管的税种划分为地方税,充实地方税税种,增加地方收入。分设中央与地方两套税务机构,中央税务机构征中央税和中央与地方共享税,地方税务机构征收地方税。中央固定收入包括:关税,海关代征的消费税和增值税,消费税,中央企业所得税,非银行金融企业所得税,铁道部门、各银行总行、保险总公司等部门集中缴纳的收入(包括营业税、所得税、利润和城市维护建设税),中央企业上缴利润等收入。外贸企业出口退税,除 1993 年地方实际负担的 20% 部分列入地方财政上缴中央基数外,以后发生的出口退税全部由中央财政负担。地方固定收入包括:营业税(不含铁道部门、各银行总行、各保险总公司集中缴纳的营业税),地方企业所得税(不含上述地方银行和外资银行及非银行金融企业所得税),地方企业上缴利润,个人所得税,城镇土地使用税,固定资产投资方向调节税①,城市维护建设税(不含铁道部门、各银行总行、各保险总公司集中缴纳的部分),房产税,车船使用税,印花税,屠宰税,农牧业税,农业特产税②,耕地占用税,契税,遗产和赠与税,土地增值税,国有土地有偿使用收入等。中央与地方共享收入包括:增值税、资源税、证券交易(印花)税。增值税中央分享 75%,地方分享 25%。资源税按不同的资源品种划分,海洋石油资源税作为中央收入,其他资源税作为地方收入。证券交易(印花)税,中央与地方各分享 50%。

(3) 中央财政对地方财政税收返还数额的确定。为了保持地方既得利益格

---

① 1999 年为贯彻国家宏观调控政策,扩大内需,鼓励投资,根据国务院的决定,对于《中华人民共和国固定资产投资方向调节税暂行条例》规定的纳税人,其固定资产投资应税项目自 2000 年 1 月 1 日起新发生的投资额,暂停征收固定资产投资方向调节税。《财政部 国家税务总局 国家发展计划委员会关于暂停征收固定资产投资方向调节税的通知》(财税[1999]299 号)。

② 根据我国农村税费改革的部署,屠宰税已经取消。参见《中共中央、国务院关于进行农村税费改革试点工作的通知》(中发[2000]7 号)。关于农牧业税,2005 年 12 月 29 日通过的《全国人民代表大会常务委员会关于废止〈中华人民共和国农业税条例〉的决定》规定,《中华人民共和国农业税条例》自 2006 年 1 月 1 日起废止。农业税从此彻底退出历史舞台。关于农业特产税,根据中央文件精神,从 2004 年起取消除烟叶外的农业特产税。2006 年 4 月 28 日,国务院公布了《中华人民共和国烟叶税暂行条例》,将烟叶农业特产税改为烟叶税征收,在纳税人、纳税环节、计税依据等方面保持一致。

局,逐步达到改革的目标,中央财政对地方税收返还数额以 1993 年为基期年核定。按照 1993 年地方实际收入以及税制改革和中央地方收入划分情况,核定 1993 年中央从地方净上划的收入数额(消费税+75%的增值税—中央下划收入)。1993 年中央净上划收入,全额返还地方,保证地方既得利益,并以此作为以后中央对地方税收返还的基数。1994 年以后税收返还额在 1993 年基数上逐年递增,递增率按全国增值税和消费税的平均增长率的 1∶0.3 系数确定,即上述两税全国平均每增长 1%,中央财政对地方的税收返还增长 0.3%。① 如果 1994 年以后中央净上划收入达不到 1993 年的基数,则相应扣减税收返还数额。(4)原体制中央补助、地方上解及有关结算事项的处理。为顺利推进分税制改革,1994 年实行分税制以后,原体制的分配格局暂时不变,过渡一段时间再逐步规范化。原体制中央对地方的补助继续按规定补助。原体制地方上解仍按不同体制类型执行:实行递增上解的地区,按原规定继续递增上解;实行定额上解的地区,按原规定的上解额,继续定额上解;实行总额分成的地区和原分税制试点地区,暂按递增上解办法,即按 1993 年实际上解数,并核定一个递增率,每年递增上解。原来中央拨给地方的各项专款,该下拨的继续下拨。② 地方 1993 年承担的 20%部分出口退税以及其他年度结算的上解和补助项目相抵后,确定一个数额,作为一般上解或一般补助处理,以后年度按此定额结算。

值得注意的是,在确立分税制财政管理体制的同时,我国对中央与地方间预算管理职权的划分也作了重新安排。在 1991 年 10 月 21 日国务院发布的《国家预算管理条例》的基础上,我国制定了《中华人民共和国预算法》(下文简称《预算法》)。根据该法的规定,国家实行一级政府一级预算,设立中央、省、自治区、直辖市,设区的市、自治州,县、自治县、不设区的市、市辖区,乡、民族乡、镇五级预算。中央政府预算由中央各部门(含直属单位)的预算组成。地方预算由各省、自治区、直辖市总预算组成。地方各级总预算由本级政府预算和汇总的下一级总预算组成;下一级只有本级预算的,地方各级政府预算由本级各部门(含直属单位)的预算组成。《预算法》还对中央与地方预算管理权限的划分作了规定。

---

① 为了调动地方政府发展生产、培植财源的积极性,支持国家税务局加强税收征管,促进增值税和消费税的合理增长,根据 1994 年 8 月全国财政工作会议上各省、自治区、直辖市协商一致的意见,国务院决定,中央财政对地方税收返还额的递增率改为按本地区增值税和消费税增长率的 1∶0.3 系数确定。参见《国务院关于分税制财政管理体制税收返还改为与本地区增值税和消费税增长率挂钩的通知》(国发[1994]47 号)。
② 为了进一步规范分税制,对上述办法作了调整,决定从 1995 年起,凡实行递增上解的地区,一律取消递增上解,改为按各地区 1994 年的实际上解额实行定额上解。原来中央拨给地方的各项专款,该下拨的继续下拨。

第二章 政府间财政关系法

(二) 分税制的进一步调整

1995年至今,我国对分税制财政管理体制作了进一步的调整。

1. 从1997年1月1日起,将中央与地方共享收入中的证券交易印花税的分享比例由原来中央与地方各分享50%,调整为中央分享80%,地方分享20%,后又调整为中央分享88%,地方分享12%。自2000年10月1日起,又将分享比例调整为中央分享91%,地方分享9%,并将分三年把分享比例调整到中央分享97%,地方分享3%,即2000年中央分享91%、地方分享9%;2001年中央分享94%、地方分享6%;从2002年起中央分享97%、地方分享3%。其中,2000年的分享比例,自2000年10月1日起执行。①

2. 从1997年11月1日起,将金融保险业营业税税率由当时的5%提高到8%。提高营业税税率后,除各银行总行、保险总公司缴纳的营业税仍全部归中央财政收入外,其余金融、保险企业缴纳的营业税,按原5%税率征收的部分,归地方财政收入,按提高3%税率征收的部分,归中央财政收入。2001年1月1日起,又分三年把金融保险业营业税税率降低到5%,每年下调一个百分点。因营业税税率降低而减少的营业税收入,全部为各地国家税务局所属征收机构负责征收的中央财政收入。②

3. 从1999年1月1日起,为了严格控制土地使用,对国有土地有偿使用收入分配作了必要调整,规定今后新增的国有土地有偿使用费应当全部用于耕地开发,30%由中央安排,70%由地方政府安排。③ 财政部、国土资源部和中国人民银行于2006年发布的《关于调整新增建设用地土地有偿使用费政策等问题的通知》④再次确认了上述收入划分比例。

4. 1999年,我国开始对储蓄存款利息所得征收个人所得税,对于这部分个人所得税收入,列为中央财政收入。⑤

5. 为进一步规范中央和地方政府之间的分配关系,建立合理的分配机制,减缓地区间财力差距的扩大和支持西部大开发,逐步实现共同富裕,从2002年1月1日起,将按企业隶属关系划分中央和地方所得税收入的办法改为中央和地方按统一比例分享。根据《国务院所得税收入分享改革方案》⑥的规定,除铁

---

① 参见《国务院关于调整证券交易印花税中央与地方分享比例的通知》(2000年9月29日)。
② 参见《国务院关于调整金融保险业税收政策有关问题的通知》(国发[1997]5号)、《关于降低金融保险业营业税税率的通知》(财税[2001]21号)。
③ 参见《新增建设用地土地有偿使用费收缴使用管理办法》(财综字[1999]117号)。该办法已废止。
④ 参见财综字[2006]48号。
⑤ 参见《对储蓄存款利息所得征收个人所得税的实施办法》(中华人民共和国国务院令272号)。值得注意的是,国务院决定自2008年10月9日起,对储蓄存款利息所得暂免征收个人所得税。
⑥ 国发[2001]37号。

路运输、国家邮政、中国工商银行、中国农业银行、中国银行、中国建设银行、国家开发银行、中国农业发展银行、中国进出口银行以及海洋石油天然气企业缴纳的所得税继续作为中央收入外,其他企业所得税和个人所得税收入由中央与地方按比例分享。2002 年所得税收入中中央分享 50%,地方分享 50%;2003 年所得税收入中央分享 60%,地方分享 40%;2003 年以后年份的分享比例根据实际收入情况再行考虑。[1] 同时规定,以 2001 年为基期,按改革方案确定的分享范围和比例计算,地方分享的所得税收入,如果大于地方实际所得税收入,差额部分由中央作为基数返还地方;如果小于地方实际所得税收入,差额部分由地方作为基数上解中央。对于跨地区经营、集中缴库的企业所得税收入,按相关因素在有关地区之间进行分配。[2] 中央财政因所得税分享改革增加的收入全部用于对地方(主要是中西部地区)的转移支付。同时,过渡期转移支付停止执行。地方所得的转移支付资金由地方政府根据本地实际,统筹安排、合理使用。首先用于保障机关事业单位职工工资发放和机构正常运转等基本需要。各省、自治区、直辖市和计划单列市人民政府要相应调整和完善所属市、县的财政管理体制,打破按企业隶属关系分享所得税收入的做法。中央增加对地方一般性转移支付后,各有关地区要建立和完善规范的财政转移支付制度。为了配合国务院的改革方案,国家税务总局于 2002 年 1 月 24 日发布了《关于所得税收入分享体制改革后税收征管范围的通知》[3],就相关的税收征管权限予以重新配置。规定国家税务局、地方税务局征管企业所得税、个人所得税的范围暂不作变动。自改革方案实施之日起新登记注册的企事业单位的所得税,由国家税务局征收管理。

6. 改革出口退税负担机制,建立中央和地方共同负担出口退税的新机制。从 2004 年起,以 2003 年出口退税实退指标为基数,对超基数部分的应退税额,由中央和地方按 75:25 的比例共同负担。自 2005 年 1 月 1 日起调整中央与地方出口退税分担比例。国务院批准核定的各地出口退税基数不变,超基数部分中央与地方按照 92.5:7.5 的比例共同负担。[4]

7. 根据《财政部关于调整彩票公益金分配政策的通知》[5],经国务院批准,

---

[1] 国务院决定自 2004 年起,中央与地方所得税收入分享比例继续按中央分享 60%,地方分享 40% 执行。参见《国务院关于明确中央与地方所得税收入分享比例的通知》(国发[2003]26 号)。

[2] 为此,财政部专门制定了《跨地区经营、集中缴库的企业所得税地区间分配暂行办法》(财预[2002]5 号)。根据该办法,对于集中缴纳的企业所得税中地方分享部分,按企业经营收入、职工人数和资产总额三个因素在相关地区间进行分配。

[3] 国税发[2002]8 号。

[4] 参见《国务院关于改革现行出口退税机制的决定》(国发[2003]24 号)、《国务院关于完善中央与地方出口退税负担机制的通知》(国发[2005]25 号)。

[5] 财综函[2006]7 号。

从 2005 年起,对彩票公益金分配政策作如下调整:彩票公益金在中央与地方之间,按 50∶50 的比例分配;中央集中的彩票公益金,在社会保障基金、专项公益金、民政部和国家体育总局之间,按 60%、30%、5% 和 5% 的比例分配;地方留成的彩票公益金,将福利彩票和体育彩票分开核算,坚持按彩票发行宗旨使用,由省级人民政府财政部门商民政、体育部门研究确定分配原则。

值得注意的是,在中央与省级政府间财政分权趋向规范化的同时,我国省级以下分税制财政管理的完善也提上了议事日程。早在 1996 年,财政部就发布了《关于完善省以下分税制财政管理体制的意见》。2002 年财政部又发布了《关于完善省以下财政管理体制有关问题的意见》①。该意见并没有具体规定我国省级以下财政管理体制,而是结合我国省级以下财政管理体制运行的实际情况,对完善省级以下财政管理体制提出了宏观指导意见,具体的制度由各省级政府自己制定。根据该意见,有不少地方制定了相关的财政管理体制方案。②

(三) 取得的经验和存在的问题

经过新中国成立以来的探索,特别是改革开放 30 年的实践,我国在财政权限配置方面已取得了比较丰富的经验和成绩,主要包括:(1) 制度化思路逐步形成。1993 年 12 月 15 日国务院专门发布的《关于实行分税制财政管理体制的决定》,奠定了我国财政权限配置的基础,改变了过去财政权限配置变动不居的状况。尽管在此之后,国家对分税制财政管理体制也进行了若干调整,但是该决定所规定的财政权限配置框架在实行了十多年之后,并没有发生根本性的变化。和原先的财政承包制相比,新的制度安排在稳定性、透明度、可预期性等方面都有了显著的进步。在这一制度安排下,和改革前相比,当初提出的重要改革目标,即提高"两个比重"③,也逐步得到了实现。此外,在 1991 年国务院发布的《国家预算管理条例》的基础上,我国还于 1994 年制定了《预算法》。虽然这部法律也存在很多不足,但是在总体上奠定了我国财政预算权限划分的基础。(2) 制度设计上逐步和国际接轨。在财政收益权的划分方面,改变了过去财政承包制的做法,借鉴国际惯例,根据税种的不同在中央与地方之间进行划分,将所有的税种划分为中央税、地方税和中央与地方共享税,使各级政府都获得了相

---

① 参见《国务院批转财政部关于完善省以下财政管理体制有关问题的意见的通知》(国发[2002]26 号)。

② 如《重庆市人民政府关于完善市对区县(自治县、市)财政管理体制的通知》(渝府[2003]94 号);《陕西省省以下财政体制调整方案》(陕政发[2004]42 号);《吉林省人民政府关于调整完善省以下财政管理体制的通知》(吉政发[2004]14 号);《新疆维吾尔自治区人民政府关于进一步完善分税制财政管理体制的通知》(新政发[2004]76 号);《宁波市进一步完善财政管理体制的实施方案》(甬政发[2004]100 号)等。

③ "两个比重"是指财政收入占国内生产总值的百分比和中央财政收入占全国财政收入的百分比。

应的财政收益权。开始引入规范的政府间财政转移支付制度。在财政预算权的划分方面,也赋予了地方政府一定的预算权限。

拓展阅读

国家财政收入占国内生产总值的比重

年份	财政收入(亿元)	国内生产总值	二者百分比(%)
1987	2199.35	12058.60	18.2
1988	2357.24	15042.80	15.7
1989	2664.90	16992.30	15.7
1990	2937.10	18667.80	15.7
1991	3149.48	21781.50	14.5
1992	3483.37	26923.50	12.9
1993	4348.95	35333.90	12.3
1994	5218.10	48197.90	10.8
1995	6242.20	60793.70	10.3
1996	7407.99	71176.60	10.4
1997	8651.14	78973.00	11.0
1998	9875.95	84402.30	11.7
1999	11444.08	89677.10	12.8
2000	13395.23	99214.60	13.5
2001	16386.04	109655.20	14.9
2002	18903.64	120332.70	15.7
2003	21715.25	135822.80	16.0
2004	26396.47	159878.30	16.5
2005	31649.29	183217.40	17.3
2006	38760.20	211923.50	18.3
2007	51321.78	249529.90	20.6

注:本表财政收入中不包括国内外债务收入。
资料来源:《中国财政年鉴2008》,中国财政杂志社2008年版,第398页。

中央与地方财政收入

年份	绝对数（亿元）		比重（%）	
	中央	地方	中央	地方
1987	736.29	1463.06	33.5	66.5
1988	774.76	1582.48	32.9	67.1
1989	822.52	1842.38	30.9	69.1
1990	992.42	1944.68	33.8	66.2
1991	938.25	2211.23	29.8	70.2
1992	979.51	2503.86	28.1	71.9
1993	957.51	3391.44	22.0	78.0
1994	2906.50	2311.60	55.7	44.3
1995	3256.62	2985.58	52.2	47.8
1996	3661.07	3746.92	49.4	50.6
1997	4226.92	4424.22	49.9	51.1
1998	4892.00	4983.95	49.5	50.5
1999	5849.21	5594.87	51.1	48.9
2000	6989.17	6406.06	52.2	47.8
2001	8582.74	7803.30	52.4	47.6
2002	10388.64	8515.00	55.0	45.0
2003	11865.27	9849.98	54.6	45.4
2004	14503.10	11893.37	54.9	45.1
2005	16548.53	15100.76	52.3	47.7
2006	20456.62	18303.58	52.8	47.2
2007	27749.16	23572.62	54.1	45.9

注：1. 中央、地方财政收入均为本级收入。2. 本表数字不包括国内外债务收入。
资料来源：《中国财政年鉴2008》，中国财政杂志社2008年版，第409—410页。

然而，和国家宏观治理的要求相比，我国的财政权限配置还存在许多问题，主要包括：(1)法治化水平不高。前文尽管提到制度化思路逐步形成，但这还远远不够。《共同纲领》作为新中国成立初期我国的宪法性文件，对中央与地方之间财政范围的划分作了规定。和《共同纲领》的做法不同的是，1954年以后我国制定的历部《宪法》都没有财政权限配置方面的条款。和《宪法》对财政权限配置不够重视相适应的是，我国到目前为止尚没有一部法律调整这一领域的事项。这和国际上的做法大为不同，各国大都在宪法中明确规定财政权限配置的事项：美国《宪法》设专门条款规定财政权限配置事项；德国《基本法》、加拿大《宪法》则比较细致地规定财政及财政权限配置事项。值得注意的是，新中国成立之初，在财政权限划分领域，我国尚比较重视全国人民代表大会常务委员会的作用。如1957年的《国务院关于改进财政管理体制的规定》经国务院全体会议第61

次会议通过后,由第一届全国人民代表大会常务委员会第84次会议原则批准;1958年的《国务院关于改进工商税收管理体制的规定》由全国人民代表大会常务委员会第97次会议批准。遗憾的是,上述做法并没有得到很好的坚持。之后,全国人民代表大会及其常务委员会在这一领域长期处于缺席状态。在我国,主要是通过国务院及其部门制定相关的规定予以调整,实行的是一种行政主导的模式。即使是在行政主导的调整模式下,也很少通过制定作为正式法律渊源的行政法规、行政规章的形式予以调整,而是通过制定各种"通知"、"办法"、"决定"等文件形式予以调整。前文提到的作为财政权限配置制度化思路代表的《关于实行分税制财政管理体制的决定》,也仅仅是国务院的一个文件,而不是作为正式法律渊源的行政法规。(2)财政权限配置模式定位模糊。前文提到财政权限配置的模式有对称型与非对称型的不同。在事权、财政支出责任、财政收益权、财政立法权,以及转移支付等方面,两种模式都有比较体系化的规定,不同权限之间的排列组合具有一定的规律。而我国目前尚没有一个比较清晰的思路。如在地方政府财政立法权的赋予、财政收益权与财政支出责任的匹配程度等方面,还没有达成相对一致的意见。(3)在具体的财政权限配置方面还存在一些问题。1994年的分税制财政管理体制改革没有对政府间的事权和财政支出责任作清晰、规范的划分,而把重点放在对财政收益权的划分上。这样做的好处是减少了改革的阻力,但带来的严重问题是,本来就不合理的事权和财政支出责任划分由于时间的推移而积累起越来越多的问题,从而在根本上制约了我国财政权限配置的健全发展。我国中央与地方政府间事权与财政支出责任虽在国防、外交、行政管理等方面已经基本界定清楚,但在涉及公民基本权利保护方面的事权与财政支出责任划分还没有到位,突出体现在教育、社会保障、医疗卫生等方面。我国财政收益权划分存在的首要问题是,还有很大一部分财政性资金没有进入预算管理的范畴,影响了国家财政收入的完整性,也就影响了财政收益权的规范化划分。在税种划分方面,地方主体税种的缺位难以满足地方政府支出的需要。现行分税制虽然划归地方的税种不少,但大都是税源分散、征收成本高、收入低的税种。地方政府还没有明确的公债发行权。根据《预算法》第28条的规定,地方各级预算按照量入为出、收支平衡的原则编制,不列赤字。除法律和国务院另有规定外,地方政府不得发行地方政府债券。在财政立法权方面,全国人大及其常委会的立法权没有得到充分的体现。根据《立法法》第8条的规定,关于财政、税收方面的基本制度,只能制定法律。而在财政权限配置这一涉及财政税收基本制度的领域,相关规定都由国务院及其主管部门作出。在财政征收权方面,两套税收征管机构在协调方面还存在一些问题,如征管范围交叉,增加了纳税人的遵从成本。在财政预算权方面,还存在一些制约地方政府财政预算自主权行使的因素,如中央专项转移支付的下达时间与地方预算周期不一致时,就可能影响地方政府预算的编制。

四、我国财政权限配置的进一步完善

基于现存的问题,借鉴国际经验,我国的财政权限配置应在如下几个方面予以进一步完善:

(一) 提高财政权限配置的法治化水平

增加相关的宪法规范。前文提到,只有新中国成立初期的宪法性文件《共同纲领》中有中央与地方财政权限划分的条款,而在此后我国制定的历部宪法中都没有规定相关的条款。有必要借鉴美国、德国、加拿大等国的做法,在宪法中对中央与地方之间财政权限的划分作出原则性的规定,从而为具体制度建设提供坚实的宪法基础。在具体操作上,可以考虑在今后修正宪法时,在宪法修正案中加入相关的条款。改变制度设计中的行政主导,立法机关角色缺失的现状。财政权限配置作为调整中央与地方关系的重要领域,关涉国家的基本财政、税收制度,我国应该落实《立法法》的规定,启动全国人大及其常委会在这一领域的立法机制,应该在宪法规范的统领下通过制定法律来对相关事项进行调整。

(二) 选择非对称型作为未来财政权限配置的模式

我国应该选择非对称型作为未来财政权限配置的模式,即事权和财政支出责任的适当下移;财政收益权和财政支出责任保持较低的匹配程度,财政收益权适当向中央政府倾斜,同时实行较大规模的均等化转移支付;财政收益权和财政立法权的划分适当分离,由中央政府行使主要的财政立法权。选择非对称型模式主要是基于如下因素:(1) 我国特有的国情和固有的国家体制背景。我国是一个大国,一个各地社会、经济、文化等方面发展极其不平衡的大国。此外,还面临着复杂的民族问题和国际周边环境。这就需要一定的力量予以协调和平衡,这个平衡力量就是中央政府;如果没有权威力量予以协调,而是任其自然发展,就有可能破坏整个国家经济和社会发展的协调,激化民族矛盾,严重时国家有可能会走向分裂。长期以来,我国通过中央集权的方式解决相关问题。在新的形势下,中央政府仍需拥有足够的权力、特别是财政权力来处理相关的问题。(2) 崇尚平等的政治文化。改革开放以后,绝对平均主义的做法已经得到根本性的纠正,但是矫枉不能过正。过度地追求自由发展,而无视现实中的严重不平等问题,将会影响我国长远的整体协调发展,也不符合我国自古以来就崇尚的平等理念。在构建和谐社会的今天,平等理念更应成为我国政治文化的核心追求。我国地区间差异导致的各地区财政能力差异需要相应的均等化转移支付予以平衡。而均等化转移支付的实行需要中央政府掌握一定的财政收入,同时能在地区政府间保持协调能力。为了达到如上目的,就需实行非对称型财政分权制度模式,在财政收益权和财政支出责任的划分上,前者向中央政府倾斜,后者适当向地方政府倾斜;同时由中央政府享有主要的财政立法权。(3)特有的经济体制。我国所实行的社会主义市场经济体制在重视市场机制在资源配置中的基础性作用的同时,更加强调社会、经济的统筹协调发展,重视宏观调控体系的建立健全。这些经济体制方面的要求反映到财政领域,就要求国家需具备一定的财政政策工具,具有一定的财政实力。这就需在财政分权制度设计中重视中央政府的作用,让中央政府行使主要的财政立法权,使其拥有一定的调控工具。(4)法治发展阶段。改革开放以来,我国相继赋予地方政府一定的立法权,这些立法权对地方社会和经济发展的作用自然是显著的;但是,地方立法权的行使也不无问题。地方立法擅自突破中央立法设定的标准、变相改变中央立法的内容等现象还是屡见不鲜的。因此,对地方政府赋予财政立法权要慎重对待。

(三) 财政权限配置的具体完善

财政权限配置的具体完善应包括如下方面:

(1) 清晰界定事权与财政支出责任。在廓清政府与市场的界限之后,对中央与地方政府之间以及上下级地方政府之间的事权与财政支出责任进行划分。中央与地方政府之间的事权划分应该主要包括三种情况:中央政府固有事权、地方政府固有事权、中央与地方政府共同事权。在采用非对称型制度模式的情况下,需特别注意中央与地方政府共同事权的安排,这对整个国家的协调发展具有重大意义。在明确事权划分之后,就可以相应的确定财政支出责任,对于中央与地方政府的固有事权,应由各级政府自己承担财政支出责任;对于中央与地方政府共同事权,则应实行共同负担原则。法律应该明确各级政府在共同事权中的具体任务及支出责任。对于中央政府委托地方政府执行的事务,也应明确费用的负担原则。

(2) 财政收益权的合理划分。首先需将所有的财政性资金纳入预算管理,同时应该进行相关税种的开征和改革,如在房产税的基础上开征物业税、开征遗产和赠与税等。在税、费收入形式大致清晰之后,再考虑将其在政府间进行分配。我国应该继续坚持中央税、地方税和中央与地方共享税的划分模式。在维持中央财政收入占全国财政收入的比重相对稳定的情况下,结合下一步税制改革和政府间支出责任划分调整情况,按照"财力与事权"相统一的原则,适当调整中央与地方政府间收入划分,重视地方主体税种的建设。此外,应择机赋予一定层级地方政府发行公债的权力。2009年,为了实施积极的财政政策,增强地方安排配套资金和扩大政府投资的能力,国务院同意地方发行2000亿元债券,由财政部代理发行,列入省级预算管理。应在此基础上,探索地方政府发行公债的问题。

(3) 财政立法权的规范行使。在非对称型模式下,不主张财政收益权与财政立法权的完全适应;享有一定的财政收益权并不表明相应地享有一定的财政立法权。在我国,应该基本上坚持目前的财政立法权限划分制度,对于整个财政收益权的划分权应归属于中央政府,对于中央税、中央与地方共享税的立法权也应完全①归属于中央。值得思考的问题是,如何划分地方税的立法权。目前对地方政府赋予税收立法权的呼声很高,根据前文关于非对称型模式的选择,在这一问题上应该慎重。处理这个问题,一方面需要保证全国范围内税收制度的大致统一,避免恶性税收竞争的发生;另一方面需要调动地方政府的积极性,满足地方政府因地制宜处理相关事务的要求。为了妥善协调两方面的要求,可以考虑对全国统一开征的地方税,基本税收要素的立法权属于中央,中央可规定税率的幅度、税目的范围,地方在中央规定的幅度与范围内可以根据自身的实际情况作出选择。对于不具有全国开征条件,只具有地方性的特色小税种,地方可以立法,但是须经过中央的批准。特别值得注意的是,无论是中央还是地方,都需要强化人大的立法权,改变目前行政主导的状况。

(4) 财政征收权的协调运行。目前我国还需要加强国家税务局和地方税务局两套征管机关之间财政征收权行使的协调,须注意解决如下一些问题:(i)进一步明确国家税务局、地方税务局的税收征管权限,建立统一领导、相互独立、各具特点的国家税务局、地方税务局两套征管机关。(ii)在税收检查方面,应加强沟通配合,国家税务局、地方税务局在行使税收检查权时都须严格依据法定程序,在其法定职责范围内对纳税人进行税收稽查,不得超越职权、相互推诿;建立纳税人检查联系制度,对共同纳税人的稽查结果要及时通报,对重大的稽查案件和稽查行为可以统一入场、同步稽查,以提高稽查效率,降低稽查成本。②(iii)加强日常业务的合作。此外,也可以探索两套税收征管机构在适当时机的合并问题。

(5) 保障地方政府财政预算权的行使。我国应该在1994年《预算法》规定的基础上,进一步提高地方政府财政预算权行使的自主性。尽量减少中央对地方财政支出的限制。禁止向地方转嫁财政赤字。中央政府在平衡预算时应当避免通过削减政府间财政转移支付等方式,将财政问题转嫁给地方级政府,同时又没有采取措施对地方政府进行补偿。为了保证地方财政预算权的稳健行使,当地方政府预算出现超支和拖欠累计现象时,国家法律应当规定处罚措施和紧急措施。如强制地方政府削减支出,或在一定时期内由中央政府控制地方政府的预算,直到局势稳定下来。③ 此外,地方政府在支出分类、内部控制、会计和审计等方面应与中央政府的相关制度保持一致。

---

① 这里的"完全"包括与相关税种有关的所有税收要素。
② 参见孙开主持:《财政体制改革问题研究》,经济科学出版社2004年版,第195页。
③ 参见亚洲开发银行:《政府支出管理》,财政部财政科学研究所译,人民出版社2001年版,第145页。

(6)加强省级以下政府间的财政权限配置。在明确中央与省级政府财政权限配置的情况下,还应该加强省级以下政府间的财政权限配置。首先,须借鉴国际经验,减少政府层级,探索"省管县"和"乡财县管"的体制。其次,应理顺地方各级政府之间的事权与财政支出责任关系。① 界定的标准应该是受益范围和规模大小,如政府活动或公共工程的规模庞大、难度大、技术要求高,受益对象是全省范围居民的,则事权归省,由省政府负责支出;若政府活动或公共工程规模小、难度小、技术要求不高,受益对象是市、县范围居民的,则事权归市、县,由市、县政府负责支出。也应确定省级以下政府间的共同事权范围,相应的财政支出责任由相关层级政府共同负担。最后,根据"财力与事权相匹配"的原则,对财政收益权在各级地方政府间进行划分,同时须安排相应的财政转移支付。相对应的财政立法权则统一由省级政府行使。

第三节 政府间财政转移支付

一、政府间财政转移支付的概念

政府间财政转移支付是指政府间财政资金的无偿流动,通常是上级政府对下级政府的财政资金转移,一般简称财政转移支付或转移支付,有时也称为补助。转移支付是在财政收益权划分之后的又一次财力配置。转移支付资金构成接受方政府的财政收入,为其完成相应的财政支出责任提供了财力保障。

在整个政府间财政关系制度设计中,政府间财政转移支付是财政收益权划分之后的重要制度安排,是一个重要的财政调节机制。前文已经提到,无论是对称型还是非对称型财政权限配置模式,都会产生程度不同的纵向和横向财政失衡问题。纵向财政失衡是指不同层级政府收支的不平衡,存在收支的缺口需要弥补。横向财政失衡是指同一层级政府间财政能力的不均衡,需要提供资金予以均等化。政府间财政转移支付正是为了解决上述相关问题而设立的。此外,政府间财政转移支付还有助于解决地方政府因提供有关公共服务而产生的外部性问题。相邻地方政府间往往会存在一些具有外部性的公共服务,在这种情况下,上级政府一定的转移支付可以鼓励相关的地方政府继续提供该类公共服务,从而提高整个社会的公共福利水平。

根据一定的标准,可对政府间财政转移支付进行分类:

(一)根据接受方政府在使用财政转移支付资金方面自由度的不同,可将政府间财政转移支付分为一般性转移支付和专项转移支付。一般性转移支付是不

---

① 参见贾康、阎坤:《中国财政:转轨与变革》,上海远东出版社2000年版,第223—224页。

附加任何条件的转移支付,可以根据其自身意愿自由使用相应的财政资金。一般性转移支付通常也是以平衡政府间财政能力为目的的,因此也被称为均等化转移支付。专项转移支付是附加一定条件的转移支付,接受方政府须根据给予方政府的相关要求使用相应的财政资金。同时,专项转移支付往往要求接受方政府提供配套资金或匹配资金。

(二)根据转移支付资金的流动方向,可将政府间财政转移支付分为纵向转移支付和横向转移支付。纵向转移支付是指上下级政府间的转移支付,大多数转移支付都属于这种形式。横向转移支付是指发生在相同层级政府间的转移支付,以德国的州际财政平衡为代表。

拓展阅读

德国财政平衡机制及其改革

德国为了保证实现"全国生活条件一致"的宪法原则(the Uniformity of Living Conditions Principle),在按照分税制对财政收入进行初次分配之后,还通过一整套机制对财政收入实行再分配,这套机制就是财政平衡机制,《基本法》对此作了原则规定,其具体操作主要以《财政平衡法》(Financial Equalization Law, Finanzausgleichsgesetz)为依据。

根据1993年修订的《财政平衡法》,财政平衡机制的基本框架为:(1)增值税的再次分配。《基本法》规定,增值税收入由联邦和州政府分享,分享比例通过协商最终由联邦立法决定,并须经过联邦参议院(Bundesrat)的同意。分享比例每两年审查一次,并根据财政状况予以调整。对于州获得的增值税收入,按照以下方式进行分配:州获得增值税收入的75%按州的居民人口进行分配,即用这部分增值税收入除以各州居民总人数,得出全国人均增值税收入额,然后用某州的居民人数乘以人均增值税收入额,即得出某州按居民人数分配到的增值税份额。考虑到这里是按照全国平均水平进行分配的,这种分配就具有财政平衡的作用,相当于人均增值税收入高于全国平均水平的州向低于全国平均水平的州转移资金。余下的25%部分留给财政能力弱的州。具体给予地方商业税、个人所得税和公司所得税三种税的税收收入人均水平在全国人均水平92%以下的州,从而使其相应的税收收入能力达到全国人均水平的92%。如果还有剩余,则按人口比例在所有的州之间进行分配。(2)州际财政平衡。德国各州间的财政能力差异,即通常所说的横向财政失衡,主要是通过州际财政平衡机制(Interstate Equalization)实现的。其一般做法是通过贡献州(Donor States, Paying

States)和接受州(Recipient States, Receiving States)之间的资金转移,实现各州间财政能力的均等化;虽然联邦并不负担平衡资金,但是联邦在这一平衡机制中起着重要的调节作用。德国的州际财政平衡制度在世界上是很有特色的做法。德国是联邦制国家中仅有的通过富州向穷州进行转移支付来改善各州间财政差异的国家。对每个州而言,平衡的权利根据经过调整的财政能力(Adjusted Fiscal Capacity, AFC)和平衡标准(Equalization Standard, ES)之间的差额进行计算。经过调整的财政能力是州和地方收入的总和。其中,州的收入包括:分享的个人所得税和公司所得税收入、针对赌博的课税收入、不动产税收入、机动车税收入、啤酒税收入,以及经过上一阶段调整后的增值税收入。地方政府的财政收入以50%计算。每个州平衡标准的计算是由全国平均人均财政能力乘以加权的人口数得出。在计算出经调整的财政能力和平衡标准后,通过比较差额及相应的公式,就可以得出转移支付的具体数额。经过这一阶段的调整,所有州的人均财政能力保证能达到全国平均水平的95%。(3)联邦补充补助。联邦补充补助(Federal Supplemental Grants)是联邦为财政困难州补助其一般财政需要的一种形式,这种补助不和特定的项目相联系,是不附加条件的。因为州际横向财政平衡将使各州财政能力达到全国平均财政能力的95%,而联邦补充补助补足差额5%的90%,这样,接受州的财政能力至少能达到全国平均财政能力的99.5%。

  经过1949年以来五十多年的运转,德国的财政平衡机制积累了不少需要正视的问题。基于财政平衡机制存在的各种问题,1997年,巴伐利亚、巴登—符腾、黑森三个州开始讨论一种新的平衡机制,认为应该重视激励问题。1999年11月11日联邦宪法法院的判决认可上述三州的意见。联邦宪法法院宣布《财政平衡法》违宪,要求立法机关通过两个阶段修改平衡机制,原因在于其过分地惩罚了最富有的州,而减少了那些财政状况恶化州的责任。第一个阶段包括制定关于一般标准的法律,界定财政收入划分的指导原则。第二个阶段是制定财政平衡法,要考虑第一阶段立法中确定的一般标准。判决要求联邦议院和联邦议会在2003年之前完成修改。与此同时,宪法法院也认可目前的大多数实践,包括向东部州所作的高额转移支付。但是它确实告诫立法者要评估城市州特权的适当性,以及将市镇财政能力以50%权重计算的适当性;考虑降低平衡目标低于99.5%,允许"适当的"但不是完全的平衡等。立法机关很快对联邦宪法法院的判决作出了回应,2001年9月批准了关于参数标准的立法,随后在2001年12月通过了新的《财政平衡法》。《财政平衡法》从2005年开始实施,开始运行重构的财政平衡机制,重建计划将持续到2019年。新修订的《财政平衡法》对财政平衡机制作了修订。在州际财政平衡方面,从2005年起,海岸州汉堡、梅克伦堡—前波美拉尼亚、不来梅、下萨克森不能再以港口负担为由缩减它们的税收能力。与此同时,作为对上述州的补偿,中央政府每年给予纵向补助大约3 500

万欧元。对于汉堡、不来梅和柏林三个城市州 1.35 的人口权重系数仍然予以保留。但是从 2005 年起,人口稀少的州在计算市镇税收收入时也要考虑人口权重,具体为:梅克伦堡—前波美拉尼亚和勃兰登堡州的系数为 1.05,萨克森—安哈尔特的市镇税收需求被允许乘以 1.02。同时,过去的对于市镇人口数和人口密度的考虑将被放弃。在计算州的财政能力时,市镇的收入由原来的按 50% 计算提高到按 64% 计算。此外,当计算单个州的市镇的真实税收能力时,在 2005 年以前根据贸易税和不动产税的统一的评估率决定,这些假想的评估率在 2005 年以后不再适用。在具体的平衡公式计算方面,联邦宪法法院在许多场合确认,为了避免不公正地妨碍州的自主,州际转移支付不能允许过度削弱贡献州的财政能力,或完全消除各州间财政能力的不平衡。《2005 财政平衡法》第 10 条规定了三个数学公式来决定给接受州分配的数额。第一组州是财政能力低于平衡标准 80% 的州;第二组州是财政能力高于平衡标准 80% 但低于 93% 的州;第三组州是财政能力至少达到平衡标准 93% 的州。而 1993 年的《财政平衡法》则将接受州分为两组,即财政能力低于平衡标准 92% 的州;财政能力介于平衡标准 92% 与 100% 之间的州。同样的分层系统用于决定贡献州的支付数额,支付的数额根据每个州的财政能力决定。分为三个层次,即财政能力低于平衡标准 107% 的州;财政能力在平衡标准 107% 到 120% 之间的州;财政能力高于平衡标准 120% 的州。1993 年的《财政平衡法》也将贡献州分为三类,即财政能力低于平衡标准 101% 的州;财政能力介于平衡标准 101%—110% 之间的州;财政能力高于 110% 的州。新的《财政平衡法》的一个特别显著的变化是取消了 1993 年《财政平衡法》规定的每个州财政能力有权达到平均财政能力 95% 的权利。在新的横向财政平衡体制下,财政能力在平衡标准 50%—95% 之间的穷州,经过平衡,其财政能力将会提升到全国平均水平的 86%—98%,而原来的财政平衡制度则要求达到 95% 以上。2005 年以后,还将引进一个奖赏机制,该机制将对财政平衡机制下的贡献州和接受州都提供积极的激励。

二、我国现行的政府间财政转移支付

我国现行的政府间财政转移支付主要是在 1994 年分税制改革之后逐步建立起来的。1994 年分税制改革引入了税收返还和转移支付制度。税收返还具有转移支付的性质。2008 年中央对地方税收返还和转移支付 22945.61 亿元,比上年增加 4807.72 亿元,增长 26.5%。包括:税收返还 4282.19 亿元,增长 3.9%。财力性(含一般性)转移支付 8696.49 亿元,增长 22%。专项转移支付 9966.93 亿元,增长 44.6%,增幅高主要是增加了补助地方教育、医疗卫生等重点事业发展支出。中央对地方税收返还和转移支付相应形成地方财政收入,并由地方安排财政支出。地方支出平均 38% 的资金来源于中央财政转移支付,其中中西部地区支出平均 54.4% 的资金来源于中央财政转移支付。① 下文将详细介绍。

(一) 税收返还

税收返还是指 1994 年分税制改革、2002 年所得税收入分享改革和 2009 年成品油价格和税费改革后,为保证地方既得利益,针对原属于地方的收入划为中央收入部分,给予地方的补偿。包括:增值税、消费税("两税")返还,所得税基数返还,成品油价格和税费改革税收返还。

对于增值税、消费税返还,为了保持地方既得利益格局,逐步达到改革的目标,中央财政对地方税收返还数额以 1993 年为基期年核定。前文已提到,按照 1993 年地方实际收入以及税制改革和中央地方收入划分情况,核定 1993 年中央从地方净上划的收入数额(消费税 +75% 的增值税—中央下划收入)。1993 年中央净上划收入,全额返还地方,保证地方既得利益,并以此作为以后中央对地方税收返还的基数。1994 年以后税收返还额在 1993 年基数上逐年递增,递增率按全国增值税和消费税的平均增长率的 1:0.3 系数确定,即上述两税全国平均每增长 1%,中央财政对地方的税收返还增长 0.3%。为了调动地方政府发展生产、培植财源的积极性,支持国家税务局加强税收征管,促进增值税和消费税的合理增长,根据 1994 年 8 月全国财政工作会议上各省、自治区、直辖市协商一致的意见,国务院决定,中央财政对地方税收返还额的递增率改为按本地区增值税和消费税增长率的 1:0.3 系数确定。

对于所得税基数返还,以 2001 年为基期,为保证地方既得利益,如果按改革方案确定的分享范围和比例计算出的地方分享的所得税收入小于地方实际所得税收入,差额部分由中央作为基数返还地方。

对于成品油价格和税费改革税收返还,成品油价格和税费改革后,用于替代地方原有公路养路费等六项收费的税收返还。具体额度以 2007 年的养路费等六费收入为基础,考虑地方实际情况按一定的增长率确定。

值得注意的是,从 2009 年起,为了简化中央与地方财政结算关系,将地方上解与中央对地方税收返还作对冲处理,相应取消地方上解中央收入科目。这里的地方上解是指中央收到地方按照有关规定上解的各项收入,主要包括 1994 年分税制改革保留下来的地方原体制上解收入和出口退税专项上解收入。

(二) 转移支付

中央对地方转移支付由财力性转移支付和专项转移支付构成。财力性转移

---

① http://www.mof.gov.cn/mof/zhuantihuigu/zhongguocaizhengjibenqingkuang/caizhengtizhi/200905/t20090505_139525.html,2009 年 8 月 1 日访问。

支付和专项转移支付各有特点：前者便于地方统筹安排，但不便于对绩效结果进行考核；后者不利于地方统筹安排，专款专用，但可以体现中央的政策导向，便于监督考核。

1. 财力性转移支付

财力性转移支付是指为弥补财政实力薄弱地区的财力缺口，均衡地区间财力差距，实现地区间基本公共服务能力的均等化，中央财政安排给地方财政的补助支出，由地方统筹安排。财力性转移支付包括一般性转移支付、民族地区转移支付、县乡财政奖补资金、调整工资转移支付、农村税费改革转移支付等。

考虑到一般性转移支付在财力性转移支付中具有典型性，下文重点介绍一般性转移支付。和1994年分税制改革相适应，1995年财政部发布了《过渡期转移支付办法》，规定从1995年起实行过渡期财政转移支付。过渡期财政转移支付是我国当时政府间财政转移支付的一种类型，是在分税制体制确立后，规范的政府间财政转移支付制度尚未建立之前，采用的一种过渡形式。过渡期转移支付改变了传统的随意性比较大的做法，通过数量分析来确定，即通过核定各省、自治区、直辖市的标准财政收入与标准财政支出来确定。2002年所得税收入分享体制改革后，中央财政因所得税分享改革增加的收入全部用于对地方（主要是中西部地区）的一般性转移支付。同时，过渡期转移支付停止执行。2002年的改革具有重要意义，从此建立起了一般性转移支付资金的稳定增长机制。根据财政部制定的《2008年中央对地方一般性转移支付办法》，一般性转移支付的总体目标是缩小地区间财力差距，逐步实现基本公共服务均等化，保障国家出台的主体功能区政策顺利实施，加快形成统一规范透明的一般性转移支付制度。一般性转移支付资金的分配遵循以下原则：一是公平公正。资金分配选取影响财政收支的客观因素，采用统一规范的方式操作。二是公开透明。坚持民主理财的理念，测算办法和过程公开透明。三是稳步推进。中央财政逐步加大一般性转移支付规模，加快完善转移支付分配办法。

一般性转移支付资金分配选取影响财政收支的客观因素，适当考虑人口规模、人口密度、海拔、温度、少数民族等成本差异，结合各地实际财政收支情况，采用规范的公式化方法进行分配。一般性转移支付按照各地标准财政收入和标准财政支出差额以及转移支付系数计算确定。用公式表示为：

某地区一般性转移支付额 =（该地区标准财政支出 - 该地区标准财政收入）× 该地区转移支付系数

凡标准财政收入大于或等于标准财政支出的地区，不纳入一般性转移支付范围。

各地区标准财政收入分省（自治区、直辖市。以下简称省）计算。各省的标准财政收入由地方本级标准财政收入、中央对地方返还及补助（扣除地方上解)、计划单列市上解收入等构成。测算标准财政支出时,选取各地总人口为主要因素。按照财政管理科学化、精细化的要求,为强化各级政府的支出责任,配合主体功能区政策实施,分省、市、县(含乡镇级。下同)三个行政级次测算标准财政支出。根据海拔、人口密度、温度、运输距离、少数民族、地方病等影响财政支出的客观因素计算确定成本差异系数。

转移支付系数参照一般性转移支付总额、各地区标准财政收支差额以及各地区财政困难程度等因素确定。其中,困难程度系数根据标准财政收支缺口占标准财政支出比重及各地一般预算收入占一般预算支出比重计算确定。

2. 专项转移支付

专项转移支付是指中央政府为实现特定的宏观政策及事业发展战略目标,以及对委托地方政府代理的一些事务或中央地方共同承担事务进行补偿而设立的补助资金,需按规定用途使用。专项转移支付重点用于教育、医疗卫生、社会保障、支农等公共服务领域。根据中央政府与地方政府事权划分范围,专项转移支付可分为三种①:(1)中央政府事权范围内的专项转移支付。主要包括两种:一是属于中央政府事权范围,但是由地方政府具体组织实施更能达到预期目标,中央政府将这部分事权支出通过专项转移支付转移给地方政府,如军队离退休干部安置类专款;二是中央政府为了特定的政策目标需要安排一定专项转移支付,如地方政府按照中央的特殊政策要求行使宏观调控、维护社会稳定等方面所需要的支出,老少边穷地区广播电视设备更新专款、归侨生活补助专款等属于此类。(2)中央政府和地方政府共同事权范围内的专项转移支付。按照事权划分,有些支出属于地方政府事权开支的范畴,但是中央政府又要求地方政府达到中央确定的某一政策目标,中央政府为此设立对地方的专款补助。如"米袋子"实行省长负责制,粮食收购方面的支出应由地方政府承担。但为了保护农民种粮积极性,中央要求地方政府按照保护价敞开收购农民手中的余粮,因此增加的支出,中央和地方政府按照比例分担,中央设立补助地方粮食风险基金专项转移支付。(3)地方政府事权范围内的专项转移支付。

值得注意的是,2000年财政部制定了《中央对地方专项拨款管理办法》,该办法就专项拨款的申请、审批,专项拨款的分配、使用,专项拨款的执行和监督管理作了规定。根据该办法,专项拨款的分配采取"基数法"、"因素法"相结合的分配方法,以"因素法"为主,并逐步向规范的专项转移支付分配方法过渡。

3. 2009年的调整

值得注意的是,从2009年起,我国进一步规范了财政转移支付制度。将中央对地方的转移支付,简化为一般性转移支付、专项转移支付两类。其中,一般

---

① 李萍主编:《中国政府间财政关系图解》,中国财政经济出版社2006年版,第88页。

性转移支付包括原财力性转移支付,此外,主要是将补助数额相对稳定、原列入专项转移支付的教育、社会保障和就业、公共安全、一般公共服务等支出,改为一般性转移支付;原一般性转移支付改为均衡性转移支付。

拓展阅读

2009 年中央对地方税收返还和转移支付预算表　（单位:亿元）

项目	2008 年执行数	2009 年预算数	预算数为上年执行数的%
一、中央对地方转移支付	18663.42	23954.81	128.4
（一）一般性转移支付	8696.49	11374.93	130.8
1. 均衡性转移支付	3510.52	3918.00	111.6
2. 民族地区转移支付	275.79	280.00	101.5
3. 县乡基本财力保障机制奖补资金	438.18	550.00	125.5
4. 调整工资转移支付	2392.30	2365.63	98.9
5. 农村税费改革转移支付	762.54	770.22	101.0
6. 资源枯竭城市财力性转移支付	25.00	50.00	200.0
7. 定额补助（原体制补助）	136.14	138.14	101.5
8. 企事业单位划转补助	335.00	348.00	103.9
9. 结算财力补助	354.66	344.51	97.1
10. 工商部门停征两费转移支付	47.00	80.00	170.2
11. 村级公益事业"一事一议"奖励资金		10.00	
12. 一般公共服务转移支付		45.00	
13. 公共安全转移支付		332.90	
14. 教育转移支付	419.36	908.49	216.6
15. 社会保障和就业转移支付		1234.04	
（二）专项转移支付	9966.93	12579.88	126.2
其中:教育	687.53	448.86	65.3
科学技术	85.88	32.79	38.2
社会保障和就业	2399.31	1816.17	75.7
医疗卫生	800.49	1124.28	140.4
环境保护	974.09	1199.27	123.1
农林水事务	2387.81	3143.19	131.6
二、中央对地方税收返还	3342.26	4934.19	147.6
"两税"返还	3372.00	3476.00	103.1
所得税基数返还	910.19	910.19	100.0
成品油价格和税费改革税收返还		1530.00	
地方上解	-939.93	-982.00	104.5
中央对地方税收返还和转移支付	22005.68	28889.00	131.3

（http://www.gov.cn/test/2009-03/24/content_1266718.htm,2009 年 8 月 1 日访问。）

三、我国政府间财政转移支付的进一步完善

尽管我国的政府间财政转移支付在解决财政失衡、促进基本公共服务均等化方面发挥了重要作用,但还存在一些问题。这些问题有的是受政府职能转变不到位、政府间支出责任不清晰等体制性因素制约造成的,如专项转移支付项目设置交叉重复、资金投入零星分散,造成部分地方多头申请、重复要钱;部分项目计划与地方实际需要脱节,地方政府又无法结合实际作必要调整和统筹安排,造成转移支付效率不高和资金损失。有的是制度设计不周密造成的,如分配办法不合理,过多考虑地方具体事务支出缺口,专项转移支付对地方资金安排产生"挤出效应";专项转移支付配套对地方财政形成较大压力,有的地方临时挪用其他资金或借债配套,配套资金并未真正落实;省对下转移支付不尽规范,部分地方省以下基本公共服务均等化效果不明显。有的受决策程序时间所限,如部分中央专项转移支付资金当年拨付时间较晚,形成大量结余结转,影响使用效益。有的是执行制度不严,如转移支付资金拨付和使用中一定程度上存在挤占挪用现象。① 此外,整个政府间财政转移支付体系的均等化水平还不高。须注意的是,税收返还(特别是"两税"返还)是在充分照顾各地区既得利益的基础上,按照以来源地为基础的原则进行分配的,并不与均等化目标相联系,延续了多年来形成的不合理的利益分配格局。同时在逐年滚动的过程中,这些不合理因素还在继续扩大。

基于如上问题,在健全财政权限配置的前提下,进一步完善我国政府间财政转移支付的主要措施应包括:

(1) 进一步优化转移支付结构。以促进基本公共服务均等化为原则,提高整个转移支付体系的均等化水平,妥当处理一般性转移支付和专项转移支付的结构比例。对于专项转移支付,也须考虑均等化因素。对于税收返还,应逐年降低直至最终取消税收返还。其基本思路是:现行税收返还运转方式不变,每年从对各地的税收返还额中都切出一定比例,结合中央拿出的部分资金,组成中央给地方的均等化拨款资金。切块的比例可以酌情确定,比如在起始年切 10%,以后逐年增大切块比例,如每年增加 2 个百分点,切除到一定比例,可以实现并轨,向规范体制过渡。② 这一方案具有渐进性,可以减少改革中的阻力,避免对地方财政造成重大波动。

(2) 清理整合专项转移支付项目设置。一是严格控制新增项目,二是结合

---

① 参见《国务院关于规范财政转移支付情况的报告》(2007 年 6 月 27 日在第十届全国人民代表大会常务委员会第二十八次会议上)。

② 参见卢洪友:《政府职能与财政体制研究》,中国财政经济出版社 1999 年版,第 278 页。

外部环境的变化和转变管理机制的要求,清理现行专项转移支付项目。将中央现有专项转移支付项目分为取消类、整合类、固定数额类、保留类等四种类别,并分别处理。对到期项目、一次性项目以及按照新形势不需要设立的项目,予以取消;对使用方向一致、可以进行归并的项目予以整合;对每年数额固定,且分配到各省数额固定的项目,调整列入财力性转移支付;对符合新形势需要的项目继续予以保留。

(3)提高专项转移支付管理透明度。提高透明度有利于加强对专项转移支付分配、使用的全过程监管,完善专项转移支付管理制度。每一项专项转移支付资金的设立、审批和分配,要做到有合理明确的分配依据、有操作规程,坚持公开、公正、透明、效率的原则。除要求保密的外,适时公布专项转移支付项目资金管理办法,逐步做到公开透明。要做到按制度管理,减少随意性。

(4)加强规范专项转移支付的配套政策。严格执行专项转移支付配套政策,规范配套政策出台程序,将地方配套的总体负担控制在可承受的范围之内。对属于中央事权的项目,由中央财政全额负担,不再要求地方配套;对属于中央与地方共同事权的项目,分别研究确定配套政策,区别不同地区具体情况制定不同的配套政策;对属于地方事权的项目,为了鼓励地方推进工作,可采取按地方实绩予以奖励或适当补助的办法。

(5)积极创新专项转移支付管理方式。一是尽可能多地采用因素法、公式法或以奖代补方法分配资金,调动地方政府的积极性,形成良性互动机制,使积极采取措施的地方受益,避免"鞭打快牛",避免地方形成依赖心理。对部分补助地方项目可以考虑由中央确定使用方向、按因素法分配,具体项目由地方确定,由现行的项目审批制改为项目备案制。二是研究改进专项转移支付预算编制流程,提前编制预算。将数额固定的专项转移支付指标通知地方,并要求地方编入预算,提高地方预算编报的完整性,以有利于人大监督。针对专项转移支付项目的具体情况,在上年同期下达数额以内,建议由全国人大常委会采取适当授权的方式,提前预拨资金。专项转移支付执行中应加强管理、加快审核,均衡资金拨付进度。三是继续选择符合条件的专项转移支付项目实行政府采购和国库集中支付,进一步扩大试点范围,逐步提高专项转移支付资金使用效益。随着"金财工程"建设的推进,研究建立专项转移支付资金的信息反馈机制,逐步实现对专项转移支付资金的动态监控。四是研究建立专项转移支付资金绩效评价体系。

(6)规范省对下财政转移支付,促进省内地区间基本公共服务均等化。[①]

(7)加强财政转移支付的立法工作,提高法治化水平。

---

① 参见《国务院关于规范财政转移支付情况的报告》(2007年6月27日在第十届全国人民代表大会常务委员会第二十八次会议上)。

第四节 政府间财政协调与争议解决

在政府间财政关系中,协调与争议解决机制具有重要的作用。由于宪法或法律确定的各级政府财政来源与支出责任随着时间的推移、社会经济形势的改变而发生变化,国家就有必要建立一定的程序和机构以便于处理政府间纵向与横向的财政失衡问题。这就使得相关的协调机制成为必要。而政府间在财政关系领域也会因征税权、政府间财政转移支付等事项发生争议,这就要求相应争议解决机制的存在。协调与争议解决机制可以使得一定的政府间财政关系制度框架能够主动适应外部情势的重大变化而不至于发生根本性的改变;同时为一定的争议提供解决渠道,从而保证制度框架的稳定性、可预见性与权威性。世界上比较典型的政府间财政协调与争议解决机构主要包括:立法机关、政府部门、各类委员会和司法机关。

一、立法机关

立法机关在政府间财政协调机制中最有特色的是德国的联邦参议院。根据德国《基本法》的规定,德国实行议会内阁制,联邦议院(Bundestag)和联邦参议院(Bundesrat)承担立法的主要任务。德国联邦参议院的议员不是选举产生,而是由州政府任命或召回。州在联邦参议院的表决权根据州的人口确定,每州至少有 3 票,人口超过两千万的州有 4 票,人口超过六千万的州有 5 票,人口超过七千万的州有 6 票。此外,联邦参议院的表决方式是整体表决。即参议员必须严格遵循其各自州政府的意见。[①] 这就保证了联邦参议院议员能够充分代表所在州的意见。《基本法》还规定,所有影响州利益的重要立法需要经过联邦参议院的批准。在政府间财政关系领域,如对于共享税的比例调整,所得税需要宪法修正(而宪法修正需要两院的三分之二多数通过)才能变动;增值税需要联邦政府和州政府之间进行谈判,最后需经联邦参议院的批准。这一制度设计使得联邦参议院成为各州在联邦层面反映自己意见的重要场所,从而实现政府间财政关系的有效协调。

南非参照德国做法,其全国省级事务委员会(前身为参议院)由来自每个省的代表团组成,而每个代表团包括 10 名代表。[②] 此外,奥地利、瑞士、比利时和美国也是这种做法的代表,在这些国家,对州的财政转移支付由联邦政府决定,

---

① Spahn, Paul Bernd and Oliver Franz, *Consensus Democracy and Interjurisdictional Fiscal Solidarity in Germany*, presented at IMF Fiscal Affairs Department Conference on Fiscal Decentralization, International Monetary Fund, Washington, November, 2000.

② Constitution of the Republic of South Africa, §60.

二、政府部门

作为单一制国家的日本,其政府部门在政府间财政协调方面发挥着独特的作用。日本有两个中央部门负责地方财政事务。一个是财务省,另一个是总务省。由于总务省在中央行政系统中发挥着反对财务省介入地方事务的作用,这两个部门之间经常发生冲突。总务省经常被说成是"中央政府内的一个反对党"。目前,总务省有一个秘书处、三个局、两个处和一个学院。其中的两个局——地方财政局和地方税务局与地方财政事务有着密切的联系。前者负责制定和执行地方财政制度。地方交付税是该局制定的最重要的财政转移支付制度。后者负责制定和执行地方税收制度。①

"地方财政计划"(Local Public Finance Program)是日本协调中央与地方财政关系的一个独特的机制。② 该计划由总务省负责,总务省代表地方政府同财务省与内阁进行谈判。在每个财政年度,中央政府对于地方政府的收入与支出要作一个正式的估计。在收入一边,这一估计覆盖了地方税、非税收入、地方交付税、地方让与税、国库支出金和地方借款等收入。在支出一边,估计包括工资和薪金、货物和服务支出、资本费用、利息、给公共企业的补助等。总务省负责确保地方政府能够有足够的收入保证实现地方财政计划所计划作出的估计;它通过同财务省的艰苦谈判来为地方政府获取财政收入来源。

三、各类委员会

各类委员会,包括正式的和非正式的、常设的和临时的,都被发展出来用于协调政府间的财政关系。

印度的国家财政委员会根据宪法的要求每五年设立一次,是由联邦政府设立的专家委员会。《印度宪法》规定了国家财政委员会给总统提出如下方面建议的职责:(1) 联邦与省之间划分税收净收入;(2) 联邦政府向省政府的转移支付方案;(3) 联邦政府和省政府对于宪法授予的借款权的行使;(4) 其他总统要求委员会的财政事项。鉴于临时性的财政委员会所具有的弱点,印度正在考虑永久性财政委员会的设立问题。③ 在瑞士和比利时,不定期的委员会不时地建

---

① Mochida, *Nobuki. Taxes and Transfers in Japan's Local Public Finances*, World Bank Institute, 2001, Stock No. 37171.

② Mihaljek, Dubravko. Japan. in Ter-Minassian, Teresa (ed.), *Fiscal Federalism in Theory and Practice*[M], IMF, 1997, p.298.

③ Finance Commission (FC) [EB/OL]. http://fincomindia.nic.in/fincomnet/rpt_intra/func_tfc.doc.

议政府调整政府间财政安排。西班牙的国家委员会是源自先前君主政体的一个机构,现在完全是一个政府的咨询机构。它的成员包括法律、经济学专家或者非在任的政治家。当就特定议题被咨询的时候,它提供一定的意见。在一些情况下,政府在作出一个动议之前须寻求委员会的意见。德国有许多政府间委员会处理各种各样的政府间事务。尽管这些委员会只是作为一个咨询角色,但是他们的意见在制定政策时往往会被采纳。财政计划委员会就是其中最重要的委员会之一。美国在联邦政府层面,参议院政府事务委员会和众议院政府事务委员会负责研究涉及联邦和州政府关系的立法。在州政府间有许多协会,如全国州长协会和州政府委员会,通过这些组织,州政府之间可以交换信息,在有些事务上,还可以制定统一的方案以应对联邦政府。在加拿大,联邦与省之间的财政关系成为无数的联邦和省政府官员组成的委员会讨论的内容。[①] 南非财政委员会根据《南非宪法》第 220 条的规定和《财政委员会法》设立。财政委员会的权力和职能由《宪法》和《财政委员会法》规定。财政委员会提供有关公平的收入分享和其他政府间财政议题方面的建议。它是一个永久性的法定专家委员会,由宪法规定其组织结构、责任和程序,旨在处理南非政府间的财政关系。财政委员会是一个咨询机构,被授权向议会、省立法机关和其他政府机构在需要时作出有关财政事务方面的建议。财政委员会是和政府相分离的,因此能够在三级政府之间保持公平地完成任务。根据《1995 年省政府借款权法》,财政委员会作出有关借款数额的建议。根据《1997 年政府间财政关系法》,财政委员会参加预算委员会会议和地方政府预算论坛;作出收入分享和资金分配的建议;对收入分配法案作出建议。[②]

值得注意的是,澳大利亚设立了多个同类组织用于协调政府间财政关系。澳大利亚联邦转移支付委员会是澳大利亚财政联邦主义中的关键机构。联邦转移支付委员会是法定的机构,根据 1973 年的《联邦转移支付委员会法》运转。该委员会的主要职能是给联邦提供如何在各州与地区间分配货物与服务税收入、卫生保健转移支付的建议。该委员会是个咨询机构。委员会主要负责决定分配均等化转移支付资金的相关因素。在该委员会宣布决定之前,它通过咨询和公开听证收集有关各方的信息。当委员会的报告正式提供给联邦之后,州政府也会很快得到。委员会的决定通常没有法律约束力,但是联邦政府一般会执行委员会的建议。一个自愿的借款委员会于 1923 年形成,旨在避免政府间因公共借款而发生竞争。四年之后,当六个州和联邦政府的代表签署日后为各自议

[①] Commission on Fiscal Imbalance, *Intergovernmental Fiscal Arrangements*[M], Bibliothèque nationale du Québec, 2001.

[②] [EB/OL]. http://www.ffc.co.za/ffc.asp? main = about/main. asp&menu = about, last visited at Jun. 23,2007.

会批准的财政协议后,1927年12月,澳大利亚借款委员会正式设立。该委员会成为唯一的负责决定借款数额、利率和其他条件的宪法机构。国防目的和临时目的的公共借款,仍然可以在没有借款委员会批准的情况下进行。借款委员会由总理(或由他任命的部长)和六个州的总理(或每个总理任命的部长)组成。在实践中,联邦财政部长代表联邦政府,并任借款委员会会议的主席,总理也参加大多数会议。同样,州财政部长在借款委员会代表它们各自的州,虽然一些其他的州部长也会根据某些会议日程的要求参加会议。借款委员会的职能包括:协调州和联邦的国内和国外借款,这涉及在特定年份决定借款的总额;为即将来临的财政年度向各州分配借款;负责决定被批准借款的期限、条件和日期。① 澳大利亚政府委员会是澳大利亚政府间的最高论坛。该委员会由总理作为主席,州的总理,地区的首席部长,以及澳大利亚地方政府协会会长组成。该委员会的角色是发起、发展和监督有重大国家意义并需要政府间合作的政策改革的实施。此外,澳大利亚设有联邦与州财政关系部长委员会(年度财政部长会议),其主要职能包括:监督货物与服务税的运行;监督和协调政府间财政关系改革协议的执行;在联邦财政部长作出决定之前,讨论联邦转移支付委员会的建议等。②

概括起来,这些委员会主要具有如下特点:(1)其组成人员多以专家和各级政府代表构成;(2)其功能多以提供咨询和建议为主;(3)其提供咨询和建议的领域多涉及政府间财政关系方面的事务,如各级政府之间税收收入的分配、政府间转移支付和各级政府的借款等;(4)多为法定机构,根据宪法或法律设立。

四、司法机关

上文提到的立法机关、政府部门和各类委员会主要是在政府间财政协调方面发挥作用,而对于政府间财政争议的解决还有赖于司法机关的作用。

美国联邦最高法院能够解决涉及政府间财政关系和权限冲突的任何争议,麦卡洛克诉马里兰州案③就是一个经典的例子。在政府间财政安排方面,澳大利亚最高法院关于宪法解释的决定被用于解决联邦和州权力之间的争议。宪法法院在西班牙的政府间制度发展中占据主要位置,多年来,它处理了两级政府间

---

① Grewal, Bhajan S., *Australian Loan Council: Arrangements and Experience with Bailouts* [EB/OL]. http://www.iadb.org/res/publications/pubfiles/pubR-397.pdf, last visited at Jun. 26, 2006.

② Neil Warren. Benchmarking Australia's Intergovernmental Fiscal Arrangements Final Report [EB/OL]. http://www.treasury.nsw.gov.au, last visited at Jun. 23, 2007.

③ 麦卡洛克诉马里兰州案(McCulloch v. Maryland, 17 U.S. 316 (1819))是美国宪政史上的经典判例,也是最高法院裁决联邦与州权限争议的第一个判例。该案关系到合众国第二银行的合宪性及各州对联邦政府所设机构的征税权问题。在这里比较有意义的是第二个问题。参见北京大学法学院司法研究中心编:《宪法的精神——美国联邦最高法院200年经典判例选读》,中国方正出版社2003年版,第35—41页。

的许多争议。瑞士联邦法庭是决定州和联邦之间争议的最后机构,它能够宣布州的法律无效,但是不能宣布联邦的法律无效。比利时仲裁法庭(Cour d'arbitrage)被授权处理联邦政府、公社和地区之间的争议。① 加拿大最高法院、英国枢密院司法委员会和南非宪法法院也具有解决政府间财政争议的功能。

德国宪法法院在政府间财政争议中扮演的角色值得关注。对于政府间财政关系领域的争议,德国主要通过向联邦宪法法院提起诉讼得以解决。联邦宪法法院在德国政府间财政关系制度中扮演着重要的平衡角色。司法审查已成为联邦适应环境变化的重要方法,这部分应归因于德国的社会观念,即将政治生活纳入法律框架。联邦宪法法院平衡管辖权争议的方法表明,两级政府都可以通过法院来陈述自己的主张与理由。② 联邦宪法法院在这一领域作出了许多重要的判决,在1952年和1986年发生的两起"财政平衡案"③是重要的例子。1999年发生的巴登—符腾、巴伐利亚和黑森州诉讼案④则为最新的例子。根据德国《基本法》的规定,凡是影响影响州利益的重要立法需要经过联邦参议院的批准。而在当时,11个州都是德国横向财政平衡体系中得到转移支付资金的接受州,它们对财政平衡制度改革并不热心;鉴于前面提到的德国联邦参议院的组成结构,相关的改革方案难以通过。在这种情况下,巴伐利亚、巴登—符腾、黑森三个州求助联邦宪法法院,提起诉讼。1999年11月11日联邦宪法法院作出判决,认定当时的《财政平衡法》违宪,要求联邦立法机关在限定期限内予以修订。联邦立法机关遂响应宪法法院的判决,于2001年通过了修订的《财政平衡法》。可以看出,德国联邦宪法法院在这里发挥了关键性作用。

五、关于我国政府间财政协调与争议解决机制的思考

在对其他国家的政府间财政协调与争议解决机制作了比较研究之后,有必要对我国的相关做法进行思考。我国调整政府间财政关系的相关制度主要由国务院和财政部作出。政府间财政协调的正式机制在我国并不存在。地方政府很难有正式的渠道在政府间财政关系方面主张自己的意见。国务院和财政部单方面制定政府间财政关系方面的规则,一方面因地方意见的缺失或许不能很好地

---

① Commission on Fiscal Imbalance, *Intergovernmental Fiscal Arrangements*[M], Bibliothèque nationale du Québec, 2001.
② Watts, Ronald and Paul Hobson. Fiscal federalism in Germany[EB/OL]. http://www.aucc.ca/_pdf/english/programs/cepra/watts_hobson.pdf, last visited at Jun. 20, 2007.
③ 参见张千帆:《西方宪政体系(下册·欧洲宪法)》,中国政法大学出版社2001年版,第217—218页。
④ 即前文拓展阅读材料提到的财政平衡诉讼案。See Losco, Valeria, *Competition and Equalization: Rethinking German Federalism after Recent Legislative Reform*[EB/OL], http://ssrn.com/abstract=896738, last visited at Jul. 23, 2007.

反映客观情势的要求,另一方面也由于地方政府的参与不够,可能导致相关规则遵守的不彻底,暗中的消极"不合作"可能影响规则的实效性,从而也影响到相关规则的权威性。我国在政府间财政关系方面的争议解决机制也不存在。实践中大量存在的地方政府出台"减免税办法"、"土政策"等现象就是争议解决机制缺乏的诸多突出体现。这些做法虽然可以实现有关政府一时的政策目的,但是长期看来,只能导致恶性循环,而对建立稳定、权威的政府间财政关系制度框架并无助益。

前述各国在这一领域都有一定的正式或非正式的协调和争议解决机制。通过比较分析,可以认为,各国所采用的委员会协调机制和司法机关争议解决机制值得我国借鉴。在协调机制方面,可以考虑在全国人大常委会下设"政府间财政关系委员会",该委员会的组成成员应该包括中央政府的代表,各省、自治区、直辖市的代表,专家、学者代表。该委员会向全国人大及其常委会就政府间财政关系事项提出建议,供立法时作为参考。这些事项大致可包括:政府间事权和财政支出责任的划分,税种归属的确定,共享税的确定及共享比例的调整,地方发行公债总额的控制规模,税收征管权的调整,财政转移支付均等化水平的调整、标准财政支出与收入范围的调整等。

在争议解决机制方面,前面提到的各个国家都是由法院(普通法院或宪法法院)来扮演争议解决的角色。在我国建立类似机制,涉及违宪审查问题。在我国,全国人大及其常委会具有违宪审查权,地方各级人大及其常委会在自己的辖区内对各自监督对象的行为具有违宪审查权。但上述违宪审查权在实践中很少真正行使。此外,人民法院根据《行政诉讼法》的规定对具体行政行为具有审查权,但无权审查抽象行政行为。这种现状使得我国政府间财政关系领域内的相关争议并没有一个很有效的解决机制。因此,关于我国政府间财政争议解决机制的最终建立还有赖于违宪审查制度的完善。

思考题

1. 简述政府间财政关系法的宪政和法治意义。
2. 简述政府间财政权限配置的模式。
3. 试述完善我国政府间财政转移支付的主要措施。
4. 试述政府间财政协调与争议解决的方式。

参考文献

1. 孙开主持:《财政体制改革问题研究》,经济科学出版社2004年版。
2. 朱丘祥:《分税与宪政——中央与地方财政分权的价值与逻辑》,知识产权出版社 2008 年版。

3. 贾康、阎坤:《中国财政:转轨与变革》,上海远东出版社 2000 年版。

4. 秋风:《立宪的技艺》,北京大学出版社 2005 年版。

5. 王绍光:《分权的底限》,中国计划出版社 1997 年版。

6. 薄贵利:《中央与地方关系研究》,吉林大学出版社 1991 年版。

7. 许正中等:《财政分权:理论基础与实践》,社会科学文献出版社 2002 年版。

8. 〔美〕黄佩华等:《中国:国家发展与地方财政》,吴素萍、王桂娟等译,中信出版社 2003 年版。

9. Bahl, Roy, *Fiscal Policy in China: Taxation and Intergovernmental Fiscal Relations*, The 1990 Institute, 1999.

10. Oates, Wallace E., *Fiscal Federalism*, Harcourt Brace Jovanovich, Inc., 1972.

第三章 财政预算法

预算法是调整在国家进行预算资金的规划、筹集、支用、管理和监督过程中所发生的社会关系的法律规范的总称。从一般意义上讲,预算包括国家预算、企业预算、家庭预算和个人预算等多种类别。但预算法上所称的预算,仅指国家预算(又称"政府预算")。预算是财政活动的核心,预算法是财政法中最重要的部门法。

本章依据公共预算原理、我国现行预算法律法规和预算改革的成果对预算法的基本理论和我国预算法律制度作了概要介绍,内容主要涵盖预算和预算法的基本原理、公共预算、国有资本经营预算、社会保障预算、财政决算和预算外资金管理等方面,其中,预算法概述、公共预算方面的内容,尤为本章的重点。

第一节 预算法概述

一、预算的概念及特点

(一)预算的概念

预算,从一般意义上讲是指相关主体对自己未来一定时期内的收入和支出的预先算定,其实质是对未来特定期间的支出需求与可能收入进行预估、权衡、取舍、匹配,以决定如何将可能获得的经济资源(收入)在潜在的支出项目中进行配置的过程。在此意义而言,预算的主体非常广泛,它既可以是私人,也可以是公共团体;既可以是国家,也可以是公司企业,还可以是家庭、个人。因而,预算可有公共预算和私人预算之分,也可有国家预算、企业预算、家庭预算和个人预算等多种类别。

预算法上所称的预算,仅指国家预算(又称"政府预算"或"财政预算"),它是对某一财政年度内的政府收入和支出的预先估算,是由众多法定预算主体依法定职权按法定程序和规则编制、审查和批准的政府年度财政收支计划,是统筹可得公共经济资源,依照政府的施政方针,在潜在的支出项目中进行选择,以求公共利益最大化的行为。从形式上看,国家预算的结果体现为经中央或地方立法机构审议通过的一系列静态纸面预算文件(包括年度预算文件、预算调整文件、决算文件、相关审计文件等），是按一定标准分门别类地列入财政收入和财政支出的特定表格及相应文字说明。但就实质内容而言，国家预算体现为预算编制、审批、执行、调整、决算、监督等一系列既有相对独立程序而又相互交叉影响的动态决策过程——国家预算的编制是对政府财政收支的计划安排，预算的执行是对财政收入的筹集和支出的使用，财政决算是对预算执行情况的总结，预算的调整与监督则是对预算编制、执行的调适、变更与纠正。因此，对国家预算必须从静态的纸面形式和动态的活动过程两方面来整体把握。

（二）预算的特点

作为由法定预算主体依法定职权按法定程序和规则编制、审查和批准的政府年度财政收支计划，预算具有以下特点：

1. 预算的计划性

预算是关于政府财政收支的年度计划（也有一些国家编制多年度预算），是有关政府收支活动的预先测算、确定，计划性是其首要的特点。这种计划性，在历史上起着限制封建君主财政权的作用——封建君主只能依据议会确定的预算计划来进行财政收支活动。在现代社会中，则起着统筹、规范和监督政府施政活动的方向、领域和绩效的作用。预算的计划性，既属与生俱来，又为其继续存在必不可少，失去了计划性，预算就不成其为预算。

2. 预算的法定性

预算的法定性是指预算受到立法机构及其制颁法律的规范和约束。体现在：预算的主体及其职权、预算的基本规则及程序、预算违法行为的法律后果等应由立法机关制定的法律明确规定；预算行为的全过程（包括预算案的提出、通过、执行、调整到决算等一系列活动）应在立法机构的监控下进行，应受到立法机构的制约；预算是具有法律地位的文件，非经法定程序不得变更（在有些国家，如德国，预算甚至构成立法性文件，其形成过程适用的是立法程序）；依法形成的预算应作为政府财政收支活动的唯一依据。

3. 预算的政治性

预算的政治性与其法定性紧密相关，它是指预算的整个活动过程要受到立法机构和政治程序的制约和限制。从预算的沿革发展来看，预算首先是针对封建君主强势财政权的剥夺，后来又发展为对资产阶级政府财政权的限制和监督。而这种限制与监督，是通过立法机构对政府行政部门，即通过分权与制衡、法律约束与政治程序的具体控制来实现的，这使得预算具有鲜明的政治内容。同时，预算编制、审批、执行、决算的过程，也是社会公众知悉、参与决策和监督政府的财政行为，从而约束和限制政府全部活动的过程。现代预算较为全面地反映了现代社会分权制衡、人民参与的政治治理特点。

4. 预算的预测性

预算作为国家未来年度的财政收支计划,是关于政府未来收支活动的事先估计与测定,因而不可避免地带有预测性质。无论是发达国家还是发展中国家,也无论是市场经济国家还是计划经济国家,所编制的预算都是对未来年度的预算收支规模、收入来源和支出用途作出主观的预计和安排。这种预测是否符合实际,最终是否能够实现,一方面取决于预算编制的科学性、准确性,另一方面也取决于预算执行中客观条件变化后的应变措施以及预算管理水平。

5. 预算的公开性

预算公开是公共财政的应有之义,是公共财政区别于私人财政的重大特点,也是财政公开的最主要内容。预算公开可以为社会各界了解、研究财政运行情况提供详细的资料,能广泛借助社会力量发现和分析财政运行中存在的问题,能形成对政府财政收支活动的强大的社会舆论监督力量,有利于社会公共利益的最大化、最优化实现。

预算公开首先是指所有经过批准的静态预算文件(包括年度预算文件、预算调整文件、决算文件、相关审计文件等),除涉及国防机密、国家秘密者外,应全面、定期、规范地向社会公开,接受社会公众的监督;其次是指政府预算收支计划的制订、审批、执行、调整、决算活动,应当依照有关法律规定的方式公开;最后是指重大的预算收支决策应保障社会大众的知情权、参与权、最终同意权,应根据不同情况组织必要的论证会、听证会。尤其需要强调的是,预算的公开性,需要借助于预算的全面性、一致性方能真正透彻、明白、易懂。

二、预算的产生及发展

现代预算是一个比税收、国债都要年轻的财政范畴,它最早于 18 世纪出现在英国,是新兴资产阶级与以国王为代表的封建贵族统治阶级斗争的手段和成果。

众所周知,英国是资本主义发展最早、议会制度形成也最早的国家。自 12 世纪始,英国的贵族、僧侣和大地主因不满英王的横征暴敛,要求对国王的课税权加以限制,斗争的结果使得国王被迫让步——1215 年英王约翰被迫签署《大宪章》,规定英王征税必须先取得由贵族所组成的议会同意。此后,随着新兴资产阶级力量的强大,他们取得了议会的控制权并通过议会展开斗争,逐步限制封建君主的财政权,最终取得了对国家财政权的控制。如 1628 年的《权利请愿书》规定国王非经议会同意不得征税;1688 年议会规定皇室年俸由议会决定,国王的私人支出应与政府的财政支出区别开来;1689 年《权利法案》再次重申,非经议会批准不得强迫任何人纳税或作其他缴纳,国王的开支必须由议会批准。此外,还规定王室政府收支要按年分配,年前应作出收支计划并经议会审批。这种有关政府收支的文件实际上就是现代预算的雏形。

不过,更规范的预算制度是经历了很长时间才逐步建立起来的。1787年英国首相威廉·皮特在议会通过了一项《统一基金法案》,规定把全部财政收支统一编制在一个文件中,至此才产生了正式的预算文件。迄19世纪初,才最终确立了按年度编制和批准预算的制度。

相比于英国,其他欧美资本主义国家的预算制度确立较晚,一般是在18、19世纪中期建立资产阶级政权后才形成的。如法国虽在大革命时期的《人权宣言》里就有关于预算问题的规定,但其直到1817年才完全确立预算制度。而美国到1921年才正式建立联邦预算制度。

三、预算行为的法律规范

预算法是调整在国家进行预算资金的规划、筹集、支用、管理和监督过程中所发生的社会关系的法律规范的总称。预算法所调整的预算关系,主要包括以下四种:(1)在中央政府与地方各级政府之间以及同级政府不同国家机关之间(立法部门、行政部门、司法部门)因预算收支范围和预算管理职权划分而产生的预算管理体制关系;(2)在预算的编制、审批、执行过程中发生的预算程序关系;(3)在筹集和支用预算资金过程中发生的预算实体关系;(4)在对预算的结果及其全过程进行决算、审计、财务管理、立法监控、民众监督等方面产生的预算监督保障关系。

以上四类关系是紧密联系在一起的,其中,预算管理体制关系是预算的政治前提和框架基础,预算程序关系是预算的过程管理与程序控制,预算实体关系是预算的核心内容和基本目的;而预算的监督保障关系是预算民主监督、法治财政的具体体现。

预算是政府财政的基本收支计划,是政府财政收支活动的唯一依据。预算资金的规划、筹集、支用、管理和监督等预算活动是财政活动的核心内容——不仅国家财政、税收机关的活动要围绕这些内容进行,其他政府部门及所属单位的财务收支活动、施政行为也要以此为基础,整个国家的社会管理和公共服务实际上都是依据预算而展开、延伸。可见,预算是公共财政的核心,是政府公共行政的基础,没有预算收支计划,国家财政活动就将失去依据,整个国家的财政暨施政行为就有可能陷入混乱境地。正因为如此,规范国家预算行为(活动)、调整预算关系的预算法也就成为财政法中最重要的部门法。可以说,预算法是财政法的核心,甚至有人认为,预算法就是狭义的财政法。

正因为预算法极为重要,所以,当代世界各国都非常重视预算立法。如在德国,不仅其《宪法》(即《德意志联邦共和国基本法》)第十章"财政"中有关于预算的原则性规定以及《促进经济稳定和增长法》中对预算有某些规定,而且《德国联邦和各州预算法律基本原则的法律》(简称《德国预算基本原则法》)和《德国联邦预算法》对预算的立法权限、编制、执行、支付、记账和账目公开、审计等方面的内容更作了详细规定。美国也制定有《国会预算法》、《预算会计法》、《国会预算和拨款扣押控制法》、《平衡预算和紧急赤字控制法》等一系列有关美国联邦预算方面的法案。日本有关预算的法律规范包括《宪法》第七章"财政"及日本《财政法》、《地方财政法》等法律,其中,日本《财政法》共有5章,除第一章和第五章分别为财政总则、杂则外,其主体内容依次为第二章预算区分、第三章预算、第四章决算,故日本《财政法》的主体实即为预算法。而在俄罗斯,除《俄罗斯宪法》中有专章规定"俄罗斯联邦国家预算"外,更制定了专门的《俄罗斯联邦预算法典》,其内容包括5大部分共28章总计307条,体系之完整、内容之庞大堪称世界预算法之最。

中国现代意义的预算始于清朝末年的《十九信条》,其中规定预算应经国会议决,可惜未能实行。中华民国时期,1912年的《临时约法》、1947年的《中华民国宪法》中均含有包括预算在内的财政法规范,另外还颁布了专门的《预算法》、《决算法》等。新中国成立后,1951年8月,政务院依据中国人民政治协商会议共同纲领第40条的规定制定和颁布了《预算决算暂行条例》,这个条例一直沿用了40年。1991年10月,国务院颁布了《国家预算管理条例》。其后,随着我国市场经济体制目标的确立,为强化预算的分配和监督职能,健全国家对预算的管理,加强国家宏观调控,保障经济和社会的健康发展,1994年3月22日,八届全国人大通过了《预算法》,自1995年1月1日起施行。随后,国务院于1995年11月22日颁布施行了《预算法实施条例》。

自1998年至今,按照建立适应社会主义市场经济体制需要的公共财政框架这一财政改革目标的要求,我国正在全面推进和深化政府预算制度的改革,完善包括政府公共预算、国有资本经营预算、政府性基金预算和社会保障预算在内的复式预算。不过,由于预算外资金仍然大量存在,由于预算审批机关的权威不足,由于缺乏相关的法律责任追究机制,由于预算的编制、审批和执行不透明,预算在国家政治生活中的作用有限。目前,全国人大正在考虑修改《预算法》,但是各种权力博弈不止,相持不下,修订工作进展十分不顺利。

第二节 政府公共预算

一、政府公共预算概述

政府公共预算是指国家以政治权力身份取得收入,并为维持政府公共活动、保障国家安全和社会秩序,发展各项社会公益事业支出而进行的预算。简言之,政府公共预算就是为满足公共需要提供公共品的预算,或者说,政府公共预算就是对应于公共财政的预算。

《预算法》第 26 条规定,中央预算和地方各级政府预算按照复式预算编制。复式预算的编制办法和实施步骤,由国务院规定。国务院颁布的《预算法实施条例》第 20 条据此要求,各级政府预算按照复式预算编制,分为政府公共预算、国有资产经营预算、社会保障预算和其他预算。不过,对于复式预算的编制办法和实施步骤,它同样没有规定,而是再次提出由国务院另行规定。因此,事实上长期以来,只有政府公共预算在现实运行,尽管这种政府公共预算并不纯粹。而《预算法》本身所规范的预算,也主要是指政府公共预算,不包括国有资本经营预算、社会保障预算等。

其实,我国早在 20 世纪 80 年代初就提出将原来的单式预算方法改为复式方法。1991 年《国家预算管理条例》对此进一步做了规定,决定从 1992 年起按复式方法编制预算,将经常性预算和建设性预算分开。经常性预算用于核算国家以管理者和资产所有者身份取得的一般性收入,以及用于维持政府活动的经常性经费、保障国家安全稳定、发展教育文化卫生等各项公共开支。建设性预算用于核算国家源于经济建设方面的收入和用于经济建设方面的支出。这种做法经过两年多的实践后,1994 年又做了一些调整和改进,一直沿用到今天。这种改变相对于单式预算无疑是一种进步,它有利于分门别类的核算财政资金,全面反映政府的财政活动。不过,其局限性也很突出,最主要的地方在于,它只是在原有单式预算的基础上,对收支科目按性质和用途进行简单的划分,财政的职能并未得到分类管理和加强。

《预算法实施条例》提出,要将各级政府预算分为政府公共预算、国有资产经营预算、社会保障预算和其他预算,这种分类法相比《国家预算管理条例》的区分,更能反映社会主义市场经济体制的要求,更能反映中国政府职能的多样性和复杂性。

一般而言,政府公共预算包含以下基本内涵:(1) 其分配主体基本上是作为政权组织的政府;(2) 其分配目的,是为了满足公共需要,即为了保证那些无法通过市场机制配置的社会公共性需要所需的财力;(3) 它凭借政治权力经由非市场的渠道进行分配,其行为具有强制性;(4) 其收入主要是税收,其支出具有公共性,包括经常性经费和公共投资性支出。

国有资产预算主要包括以下基本内涵:(1) 其分配主体基本上是作为生产资料所有者代表的政府;(2) 它以国有资产的宏观经营为分配目的,所追求的是宏观经济效益;(3) 它以资产所有权为分配依据,并以自然垄断性市场和一部分竞争性市场为其活动范围;(4) 它的收支基本上是围绕着对国有资产和国有资源进行价值管理和分配。

社会保障预算主要包括以下基本内涵:(1) 其分配主体既不是代表国家政

治权力的政府,也不是国有资产所有者,而是作为社会管理者的政府;(2) 其分配目的,是为了保护居民的长期利益,协调收入的时间分配和代际分配;(3) 分配对象是参与者共同出资的社会保障基金,其中政府作为组织者,承担一部分拨款,并承担最终支付责任;(4) 社会保障资金取之于居民,用之于居民,但收支通过法律手段强制执行。[①]

《预算法实施条例》还提出建立其他预算形式,这需要根据社会发展的形势而定。不过,直到 2007 年 9 月 8 日国务院下发《关于试行国有资本经营预算的意见》,上述复式预算理念一直被束之高阁,而经常性预算和建设性预算的区分,仍然是一种较为流行的做法。即便到现在,国有"资产"经营预算的范围也只限于国有"资本",而社会保障预算还只是在部分地区有限实施,没有被纳入《预算法》所规范的范围。

二、政府公共预算的级次与收支范围

(一) 政府公共预算的级次

世界上多数国家,除了少数城市国家外,都实行多级预算制度。我国也不例外。我国现行政府预算级次的划分是与国家政权结构和行政区域的设置相对应的,原则上实行"一级政府一级预算"。《预算法》第 2 条规定:国家实行一级政府一级预算,设立中央,省、自治区、直辖市,设区的市、自治州,县、自治县、不设区的市、市辖区,乡、民族乡、镇五级预算。不具备设立预算条件的乡、民族乡、镇,经省、自治区、直辖市政府确定,可以暂不设立预算。

中央预算即中央政府预算,由中央各部门(含直属单位)的预算组成。中央各部门,是指与财政部直接发生预算缴款、拨款关系的国家机关、军队、政党组织和社会团体;直属单位,是指与财政部直接发生预算缴款、拨款关系的企业和事业单位。中央预算包括地方向中央上解的收入数额和中央对地方返还或者给予补助的数额。

地方各级政府预算由本级各部门(含直属单位)的预算组成。地方各级政府预算包括下级政府向上级政府上解的收入数额和上级政府对下级政府返还或者给予补助的数额。此外,地方各级政府预算中所涉及的部门预算由其本部门所属各单位预算组成。而单位预算则是指列入部门预算的国家机关、社会团体和其他单位的收支预算。

(二) 政府公共预算的收支范围

按《预算法》及其实施条例的规定,我国的预算支出包括:(1) 经济建设支

[①] 参见丛树海主编:《中国预算体制重构——理论分析与制度设计》,上海财经大学出版社 2000 年版,第 9 页。

出;(2)教育、科学、文化、卫生、体育等事业发展支出;(3)国家管理费用支出;(4)国防支出;(5)各项补贴支出;(6)其他支出等六大类。同时,该法第20条第2款还规定:"预算支出划分为中央预算支出和地方预算支出。"并在第21条授权国务院就预算支出项目的划分制定具体办法。

我国预算收入则包括:(1)税收收入;(2)依照规定应当上缴的国有资产收益,是指各部门和各单位占有、使用和依法处置境内外国有资产产生的收益中按照国家有关规定应当上缴预算的部分,主要包括国有企业上缴税后利润,国有资产投资的股息、红利,国有资产租赁、转让和出让取得的收益等;(3)专项收入,是指根据特定需要由国务院批准或者经国务院授权由财政部批准,设置、征集和纳入预算管理、有专项用途的收入,目前主要包括征收排污费收入、征收城市水资源费收入、铁道专项收入、铁路建设基金收入、电力建设基金收入等;(4)其他收入。主要包括规费收入、罚没收入、国有土地使用权有偿使用收入等。

从以上内容更可以看出,预算收入和支出并没有按照性质进行划分,至少,本应列入国有资产预算的收入和支出,仍然混同在政府公共预算中。至于社会保障的收入和支出,由于《预算法》制定时,社会保障制度尚未全面推行,因此应该还不在其考虑范围内。

三、政府公共预算的职权配置

(一)各级权力机关的预算职权

1. 全国人大及其常委会的预算职权

全国人民代表大会是我国的最高国家权力机关。根据我国《预算法》的规定,全国人大享有的预算管理职权有:(1)审查权,即它有权审查中央和地方预算草案及中央和地方预算执行情况的报告;(2)批准权,即它有权批准中央预算和中央预算执行情况的报告;(3)变更撤销权,即它有权改变或者撤销全国人民代表大会常务委员会关于预算、决算的不适当的决议。

全国人民代表大会常务委员会是全国人民代表大会的常设机构。根据我国《预算法》的规定,它具有以下预算管理职权:(1)监督权,即它有权监督中央和地方预算的执行;(2)审批权,即它有权审查和批准中央预算的调整方案,审查和批准中央决算;(3)撤销权,即它有权撤销国务院制定的同宪法、法律相抵触的关于预算、决算的行政法规、决定和命令,有权撤销省、自治区、直辖市人民代表大会及其常务委员会制定的同宪法、法律和行政法规相抵触的关于预算、决算的地方性法规和决议。

2. 地方各级人大及其常委会的预算职权

地方各级人民代表大会是地方国家权力机关。根据我国《预算法》规定,县级以上地方各级人民代表大会具有以下预算管理职权:(1)审查权,即它有权审查本级总预算草案及本级总预算执行情况的报告;(2)批准权,即它有权批准本级预算和本级预算执行情况的报告;(3)变更撤销权,即它有权改变或者撤销本级人民代表大会常务委员会关于预算、决算的不适当的决议,有权撤销本级政府关于预算、决算的不适当的决定和命令。

设立预算的乡、民族乡、镇的人民代表大会具有以下预算管理职权:(1)审批权,即它有权审查和批准本级预算和本级预算执行情况的报告,审查和批准本级预算的调整方案,审查和批准本级决算;(2)监督权,即它有权监督本级预算的执行;(3)撤销权,即它有权撤销本级政府关于预算、决算的不适当的决定和命令。

县级以上地方各级人民代表大会常务委员会是县级以上地方各级人民代表大会的常设机构,根据我国《预算法》规定,县级以上地方各级人民代表大会常务委员会具有以下预算管理职权:(1)监督权,即它有权监督本级总预算的执行;(2)审批权,即它有权审查和批准本级预算的调整方案,有权审查和批准本级政府决算(以下简称本级决算);(3)撤销权,即它有权撤销本级政府和下一级人民代表大会及其常务委员会关于预算、决算的不适当的决定、命令和决议。

(二)各级人民政府的预算职权

1. 国务院的预算职权

国务院即中央人民政府,是我国最高权力机关的执行机关,也即我国最高国家行政机关。依据《预算法》的规定,国务院具有以下预算管理职权:(1)编制权,即它有权编制中央预算、决算草案,有权编制中央预算调整方案;(2)报告权,即它有权向全国人民代表大会作关于中央和地方预算草案的报告,有权将省、自治区、直辖市政府报送备案的预算汇总后报全国人民代表大会常务委员会备案,有权向全国人民代表大会、全国人民代表大会常务委员会报告中央和地方预算的执行情况;(3)执行权,即它有权组织中央和地方预算的执行;(4)决定权,即它有权决定中央预算预备费的动用;(5)监督权,即它有权监督中央各部门和地方政府的预算执行;(6)变更撤销权,即它有权改变或者撤销中央各部门和地方政府关于预算、决算的不适当的决定和命令。

2. 县级以上地方各级政府的预算职权

依据《预算法》的规定,县级以上地方各级政府的预算管理职权主要有:(1)编制权,即它有权编制本级预算、决算草案,有权编制本级预算的调整方案;(2)报告权,即它有权向本级人民代表大会作关于本级总预算草案的报告,有权将下一级政府报送备案的预算汇总后报本级人民代表大会常务委员会备案,有权向本级人民代表大会、本级人民代表大会常务委员会报告本级总预算的执行情况;(3)执行权,即它有权组织本级总预算的执行;(4)决定权,即它有权决定本级预算预备费的动用;(5)监督权,即它有权监督本级各部门和下级政府的预算执行;(6)变更撤销权,即它有权改变或者撤销本级各部门和下级政府关于预算、决算的不适当的决定、命令。

3. 乡级人民政府的预算职权

乡、民族乡、镇政府是最基层的行政机关,依据《预算法》的规定,它的预算管理职权为:(1)编制权。即它有权编制本级预算、决算草案;有权编制本级预算的调整方案。(2)报告权,即它有权向本级人民代表大会作关于本级预算草案的报告;有权向本级人民代表大会报告本级预算的执行情况。(3)组织执行权,即它有权组织本级预算的执行。(4)决定权,即它有权决定本级预算预备费的动用。

(三)各级财政部门的预算职权

在我国,财政部门是预算管理的职能部门,直接担负着各级预算的组织实施工作。

1. 国务院财政部门的预算职权

国务院财政部门代表国务院具体行使财政职能,依据我国《预算法》的规定,国务院财政部门的预算管理职权主要有:(1)编制权,即它有权具体编制中央预算、决算草案,有权具体编制中央预算的调整方案;(2)组织执行权,即它有权具体组织中央和地方预算的执行;(3)提出方案权,即它有权提出中央预算预备费用的动用方案;(4)报告权,即它有权定期向国务院报告中央和地方预算的执行情况。

2. 地方各级政府财政部门的预算权

地方各级政府财政部门代表本级人民政府具体行使财政管理职能,依据我国《预算法》的规定,其预算管理职权主要有:(1)编制权,即它有权具体负责本级预算、决算草案的编制,有权具体编制本级预算的调整方案;(2)执行权,即它有权具体组织本级总预算的执行;(3)提出方案权,即它有权提出本级预算预备费动用方案;(4)报告权,即它有权定期向本级政府和上一级政府财政部门报告本级总预算的执行情况。

(四)各部门、各单位的预算权

各部门、各单位是预算的具体执行单位。我国《预算法》对各部门、各单位的预算管理职权作了以下规定:

1. 各部门的预算权

各部门的预算权主要包括:(1)负责编制本部门预算、决算草案;(2)组织和监督本部门预算的执行;(3)定期向本级财政部门报告预算的执行情况。

2. 各单位的预算权

各单位的预算权主要包括:(1)负责编制本单位的预算、决算草案;(2)按照国家规定及时足额地上缴预算收入,合理安排预算支出,并接受国家有关部门的监督检查。

(五)审计部门的预算权

依据《预算法》的规定,我国各级政府审计部门对本级各部门、各单位和下级政府的预算执行、决算实行审计监督,即依法享有预算审计监督权。

四、政府公共预算的编制

政府公共预算由预算的编制、预算的审查和批准、预算的执行和调整、决算的编制和批准等四大环节构成,这四大环节前后依次连续,并应在各自特定的期间完成具有固定内容和形式的工作,进而形成一个完整的预决算周期。

预算的编制,是指编制预算草案。预算草案,是指各级政府、政府各部门、各单位编制的未经法定程序审查和批准的预算收支计划。国家收支计划在未经国家权力机关批准之前,仅仅只是一种草案,还不是具有法律效力的预算。但这一草案一经法定程序审查、批准后,便成为正式的国家预算,是国家财政收支的重要依据。因而,预算的编制很重要,它是预算管理程序中首要的、基础性的环节。

(一)预算编制的原则

按我国《预算法》的规定,我国预算的编制要遵循以下原则:

1. 复式预算原则

我国《预算法》明确规定:"中央预算和地方各级政府预算按照复式预算编制。复式预算的编制办法和实施步骤,由国务院规定。"这说明我国在预算编制方法上,实行的是复式预算原则。不过,如前所述,由于国有资本预算尚在试行阶段,而社会保障预算尚未推出,因此,复式预算在我国还处于刚刚起步的阶段。

2. 量入为出、不列赤字原则

根据这一原则,我国《预算法》规定:"中央政府公共预算不列赤字。中央预算中必需的用于建设投资的部分资金,可以通过举借国内和国外债务等方式筹措,但是借债应当有合理的规模和结构。"而且,对中央预算中举借的国债通常应实行余额管理制度。

此外,《预算法》还规定:"地方各级预算按照量入为出、收支平衡的原则编制,不列赤字。除法律和国务院另有规定外,地方政府不得发行地方政府债券。"目前,地方政府是否可以发债以及应当如何发债的问题已引起各界广泛关注。

3. 真实适度原则

这一原则主要是针对预算收入的编制而言的,它要求预算的编制必须真实、符合客观实际情况,必须与经济发展水平相适应。为此,我国《预算法》规定:"各级预算收入的编制,应当与国民生产总值的增长率相适应。按照规定必须列入预算的收入,不得隐瞒、少列,也不得将上年的非正常收入作为编制预算收入的依据。"

4. 节约统筹原则

这一原则主要是针对预算支出的编制而言的,它要求预算的编制应当厉行节约、统筹兼顾。对此,我国《预算法》规定:"各级预算支出的编制,应当贯彻厉行节约、勤俭建国的方针。各级预算支出的编制,应当统筹兼顾、确保重点,在保证政府公共支出合理需要的前提下,妥善安排其他各类预算支出。"同时,"中央预算和有关地方政府预算中安排必要的资金,用于扶助经济不发达的民族自治地方、革命老根据地、边远、贫困地区发展经济文化建设事业。""各级政府预算应当按照本级政府预算支出额的1%至3%设置预备费,用于当年预算执行中的自然灾害救灾开支及其他难以预见的特殊开支。""各级政府预算还应当按照国务院的规定设置预算周转金。""各级政府预算的上年结余,可以在下年用于上年结转项目的支出;有余额的,可以补充预算周转金;再有余额的,可以用于下年必须的预算支出。"

(二) 预算编制的依据和内容

1. 各级政府编制年度预算草案的依据和内容

根据《预算法实施条例》的规定,各级政府编制年度预算草案的依据是:(1)有关法律、行政法规;(2)国民经济和社会发展计划、财政中长期计划以及有关的财政经济政策;(3)本级政府的预算管理职权和财政管理体制确定的预算收支范围;(4)上一年度预算执行情况和本年度预算收支变化因素;(5)上级政府对编制本年度预算草案的指示和要求。

中央预算的编制内容包括:(1)本级预算收入和支出;(2)上一年度结余用于本年度安排的支出;(3)返还或者补助地方的支出;(4)地方上解的收入。此外,中央财政本年度举借的国内外债务和还本付息数额应当在本级预算中单独列示。

地方各级政府预算的编制内容包括:(1)本级预算收入和支出;(2)上一年度结余用于本年度安排的支出;(3)上级返还或者补助的收入;(4)返还或者补助下级的支出;(5)上解上级的支出;(6)下级上解的收入。

2. 各部门、各单位编制年度预算草案的依据

根据《预算法实施条例》的规定,各部门、各单位编制年度预算草案的依据是:(1)有关法律、行政法规;(2)本级政府的指示和要求以及本级政府财政部门的部署;(3)本部门、本单位的职责、任务和事业发展计划;(4)本部门、本单位的定员定额标准;(5)本部门、本单位上一年度预算执行情况和本年度预算收支变化因素。

(三) 预算编制的程序

依据我国《预算法》及其《实施条例》的规定,我国政府预算草案的编制工作沿两条主线展开,即中央预算草案的编制和地方总预算草案的编制,最后由财政部汇总成完整的中央和地方预算草案。我国《预算法》第35条、第24条明确规定:国务院应当及时下达关于编制下一年度预算草案的指示。各级政府、各部门、各单位应当按照国务院规定的时间编制预算草案。编制预算草案的具体事项,由国务院财政部门部署。预算草案编制的具体程序按《实施条例》的规定大体如下:

1. 国务院及财政部部署预算编制工作

国务院于每年11月10日前向省、自治区、直辖市政府和中央各部门下达编制下一年度预算草案的指示,提出编制预算草案的原则和要求。财政部根据国务院的指示,部署编制预算草案的具体事项,规定预算收支科目、报表格式、编制方法,并安排财政收支计划。

2. 中央各部门部署预算编报

中央各部门应当根据国务院的指示和财政部的部署,结合本部门的具体情况,提出编制本部门预算草案的要求,具体布置所属各单位编制预算草案。中央各部门负责审核本部门所属各单位的预算草案,并汇总编制本部门的预算草案,于每年12月10日前报财政部审核。

3. 地方各级政府部署预算编报

省、自治区、直辖市政府根据国务院的指示和财政部的部署,结合本地区的具体情况,提出本行政区域编制预算草案的要求。县级以上地方各级政府财政部门审核本级各部门的预算草案,并编制本级政府预算草案,汇编本级总预算草案,经本级政府审定后,按照规定期限报上一级政府。省、自治区、直辖市政府财政部门汇总的本级总预算草案,应当于下一年1月10日前报财政部。

4. 财政部进行预算汇编工作

财政部审核中央各部门的预算草案,编制中央预算草案;汇总地方预算草案,汇编中央和地方预算草案。

《实施条例》还规定,县级以上各级政府财政部门审核本级各部门的预算草案时,发现不符合编制预算要求的,应当予以纠正;汇编本级总预算时,发现下级政府预算草案不符合国务院和本级政府编制预算要求的,应当及时向本级政府报告,由本级政府予以纠正。

从上述规定中可以看出,我国中央各部门编制汇总本部门的预算草案,前后只有一个月的时间,而省级政府编制汇总多达四级的本级总预算草案,也只有两个月的时间。在如此短的时间内,要编制13亿人的预算,其结果可想而知,预算的编制流于纸面,缺乏科学性、可行性。

受1999年12月九届全国人大常委会第十三次会议通过的"全国人大常委会关于加强中央预算审查监督的决定"的推动,2000年、2001年我国的部门预算编制先后提前到9月、7月,部门预算编制实行"两上两下"的编制规程,编制程序也逐步规范。但总体来说,编制时间还是很短,只有6个月时间,仅为大多数OECD国家的一半,只有美国联邦预算的1/3[①]。要知道,我国现行预算是采用"基数加因素"编制,其编制审核过程尚显紧张,如果采取"零基预算"、"绩效预算"来编制,则根本就无法完成预算编制、审批工作,从而对预算的科学性和准确性造成很大影响。因此,需要进一步延长预算周期。

鉴于中国预算部门多、附属单位多、支出门类又很复杂的国情,并从预留3个月给全国人大常委会进行实质审查考虑,笔者认为预算编制工作最好从预算年度的上一年度初就开始,也即一年的预算编制周期。这样,我国预算草案编制完毕的时限也可相应提前,至少可在新的预算年度到来之前结束,以便给预算的审批提供较为充分的时间保障。

总之,有关预算草案编制的起始和结束时点及相应的相对较长的编制时段,应当在我国修订《预算法》时予以明确规定,以体现法治财政的要义。

五、政府公共预算的审查和批准

预算的审查和批准,统称预算的审批,是指国家各级权力机关对同级政府所提出的预算草案进行审查和批准的活动。由权力机关对行政部门提出的预算草案进行审查和批准,使其成为具有法律效力的、各预算主体必须遵守的正式预算,这是预算管理程序中极为关键的一个环节。它是实现人民当家理财(民主财政)、实现依法理财(法治财政)、建设政治文明的极为重要的表现之一。正因为如此重要,我国《宪法》、《全国人民代表大会议事规则》、《预算法》、《全国人民代表大会常务委员会关于加强中央预算审查监督的决定》、《各级人民代表大会常务委员会监督法》等法律中均就人民代表大会及其常委会对预算的审批事宜作有规定。

(一)预算草案的初步审查

我国《预算法》规定:国务院财政部门应当在每年全国人民代表大会会议举行的一个月前,将中央预算草案的主要内容提交全国人民代表大会财政经济委员会进行初步审查。

省、自治区、直辖市、设区的市、自治州政府财政部门应当在本级人民代表大会会议举行的一个月前,将本级预算草案的主要内容提交本级人民代表大会有

---

① 绝大多数OECD国家的预算编制周期为10到12个月,而美国为18个月。资料来源可参见经济合作与组织:《比较预算》,财政部财政科学研究所译,人民出版社2001年第1版。

关的专门委员会或者根据本级人民代表大会常务委员会主任会议的决定提交本级人民代表大会常务委员会有关的工作委员会进行初步审查。

县、自治县、不设区的市、市辖区政府财政部门应当在本级人民代表大会会议举行的一个月前,将本级预算草案的主要内容提交本级人民代表大会常务委员会进行初步审查。

为加强和改进预算的审查监督,1999年12月25日通过的《全国人民代表大会常务委员会关于加强中央预算审查监督的决定》进一步规定:国务院财政部门应当及时向全国人民代表大会财政经济委员会和全国人民代表大会常务委员会预算工作委员会通报有关中央预算编制的情况,在全国人民代表大会会议举行的一个半月前,将中央预算初步方案提交财政经济委员会,由财政经济委员会对上一年预算执行情况和本年度中央预算草案的主要内容进行初步审查。全国人民代表大会会议期间,财政经济委员会根据各代表团和有关专门委员会的意见对中央及地方预算草案进行审查,并提出审查结果报告。预算工作委员会是全国人民代表大会常务委员会的工作机构,协助财政经济委员会承担全国人民代表大会及其常务委员会审查预决算、审查预算调整方案和监督预算执行方面的具体工作。

预算草案在提交相应的权力机关进行初审后,即进入了预算审批阶段。

(二)预算的审查和批准

我国《预算法》规定,国务院在全国人民代表大会举行会议时,向大会作关于中央和地方预算草案的报告。地方各级政府在本级人民代表大会举行会议时,向大会作关于本级总预算草案的报告。中央预算由全国人民代表大会审查和批准,地方各级政府预算由本级人民代表大会审查和批准。

对预算的具体审批程序,《预算法》未作规定。实践中,全国人民代表大会审查、批准政府预算的基本流程(含初审流程)如下:

(1)调查研究。全国人大常委会预算工作委员会(简称预工委)就财政、经济形势、税收和其他收入等预测情况听取政府有关部门的看法和意见。召开座谈会,听取专家、人大代表、人大各专门委员会的意见、建议。

(2)沟通情况。预工委就下年度预算编制等问题与财政部交换意见。

(3)听取通报。财政部向预工委通报上年度预算执行情况和下年度预算草案编制的主要内容,并提交预算执行情况表和预算草案的初步方案。

(4)预先审查。预工委就上年度预算执行情况和下年度预算安排情况与财政部门交换意见,并起草"预算初步分析报告"。

(5)初步审查。全国人大财政经济委员会(简称财经委)会同有关专门委员会对预算草案进行初步审查,参考预工委提出的初步分析报告,编写初步审查简报,撰写预算审查结果报告。

(6) 接受预算报告和预算草案。全国人大接受财政部受国务院委托提交的政府预算草案、中央部门预算草案及预算报告。

(7) 人大代表审议。各代表团分组讨论、审议预算执行情况和预算草案及其报告。

(8) 大会主席团审议。财经委向大会主席团提交预算审查结果报告。主席团审议预算审查报告并决定印发代表,讨论通过"大会关于预算的决议(草案)",并印发人大代表审议。

(9) 大会批准。大会表决"大会关于预算的决议",同意上年度预算执行情况报告,决定对本年度预算的批准。

(三) 预算的备案

预算备案制度是与预算审批密切相关的一种制度,它是指各级政府预算被批准后,必须依法向相应的国家机关备案,以加强预算监督的制度。我国《预算法》对预算备案制度作了以下具体规定:

(1) 乡、民族乡、镇政府应当及时将经本级人民代表大会批准的本级预算报上一级政府备案。

(2) 县级以上地方各级政府应当及时将经本级人民代表大会批准的本级预算及下一级政府报送备案的预算汇总,报上一级政府备案。

(3) 县级以上地方各级政府将下一级政府依照规定报送备案的预算汇总后,报本级人民代表大会常务委员会备案。

(4) 国务院将省、自治区、直辖市政府依照规定报送备案的预算汇总后,报全国人民代表大会常务委员会备案。

此外,《预算法》还规定,国务院和县级以上地方各级政府对下一级政府依照规定报送备案的预算,认为有同法律、行政法规相抵触或者有其他不适当之处,需要撤销批准预算的决议的,应当提请本级人民代表大会常务委员会审议决定。

从前述有关预算审批程序的立法规定和预算实践来看,我国各级权力机关在进行预算审查和批准的过程中还存在诸多问题。突出表现为:一是各级权力机关及其工作机构审查、批准预算的时程太短,初步审查连同人大会议期间的审查最长也不会超过2个月,人大代表的审查时间更只能是1天、半天甚至几个小时,而美国的预算审批时间长达7个月、德国为6个月、俄罗斯约为4个月,都比我国的时间要长得多;二是各级人大代表、人大常委会及人大财经委、人大常委会预工委的预算审批权限不明确、衔接配合程序无规定,人大代表预算知识匮乏,人大财经委、人大常委会预工委人员力量薄弱,使得预算审批多流于形式;三是我国现行立法只规定由人大行使审批权,但对于其是否享有预算草案的修正权,以及政府预算草案及报告、预算执行情况报告如遭否决后如何处理,都缺乏相应的补救措施规定。对此,应当在修订《预算法》时,较大幅度地延长权力机关审批预算的时程,切实充实人大财经委、人大常委会预工委人员编制和审查力量,增订有关预算草案及报告等遭到否决后的补救措施的规定[①],明确有关预算草案修正案的提出原则和程序,以改革和完善我国的预算审查批准制度。

六、政府公共预算的执行

预算执行,是指各级财政部门和其他预算主体组织预算收入和划拨预算支出的活动。它是将经过批准的预算付诸实施的重要阶段,是预算管理程序中的一个重要环节。

我国《预算法》规定,各级预算由本级政府组织执行,具体工作由本级政府财政部门负责。这一规定明确了国家预算的组织执行主体和具体责任主体。

(一) 预算执行的依据

在实行民主财政、法治财政的国家中,预算执行当然要以经过国家权力机关依法定程序批准的预算为依据。在我国,国家预算的执行即应以每年春3月召开的全国人民代表大会批准的预算为依据。而按《预算法》规定,我国预算年度实行历年制,自公历1月1日起至12月31日止。这就意味着:我国预算年度开始以后,国家预算尚处于编制和审批之中,待到预算在3月份最终获得大会批准生效,再由财政部批复到各部门(30天),各部门再批复到所属单位(15天),预算正式下达到各部门、各基层单位执行已经是4、5月份的事了。这就会造成相当长的时期政府预算执行没有预算依据的局面。

为解决这一问题,我国《预算法》规定,预算年度开始后,各级政府预算草案在本级人民代表大会批准前,本级政府可以先按照上一年同期的预算支出数额安排支出;预算经本级人民代表大会批准后,按照批准的预算执行。

这一规定看似解决了我国预算年度与预算审批时间之间的矛盾,但它实际上使得经法定程序审批通过的预算中的前4、5个月预算失去了意义(执行价值)。经年累积下来,年度财政的前几个月预算执行的依据并不是权力机关批准的预算而是上一年同期的预算支出数(即执行数),也即是以上一年的政府预算实际执行结果作为下一年政府预算执行的依据。这使得立法机关对预算的控制可以说是荡然无存,严重损害了预算应有的权威性、严肃性,也在实践中为政府支出的随意性提供了制度上的机会。此外,在实践中,预算批准前政府支出主要限于行政和公用经费以及上年度的结转项目支出,并未能按照当年的政府施政

---

① 如在修订《预算法》时,增加这样的条文,以解决相关问题:"预算草案、预算执行情况及预算草案报告未获各级人民代表大会批准的,由政府进行修改,并在××日内提交本级人民代表大会常务委员会。本级人民代表大会授权其常务委员会对修改后的预算草案、预算执行情况及预算草案报告进行审查批准。"

方针、政策合理安排新的支出项目,这也将给经济发展和人民生活带来负面影响。

对此,有学者建议我国应如美国、日本一样,改采跨年制预算年度,将预算年度调整为从当年的 4 月 1 日起至次年的 3 月 31 日止,以与全国人大审批预算相协调;或者是保持预算的公历年制,但要改变全国人大开会的时间,将其提前到每年 12 月初。笔者认为,改变全国人大开会时间相当困难、势所不能;实行跨年制预算也仍然解决不了预算执行依据的难题,因为我国一年一度的人民代表大会既要审批下年度预算,又要审批上年度预算执行情况报告。笔者更倾向于采取由政府编制临时预算草案、由人大常委会批准后予以执行的方式,来解决这一问题。

(二) 预算的批复

预算批复,是指财政部门和其他各部门对经法定程序批准的预算给以批复。预算批复是一个法定工作程序,是对各有关预算主体预算执行的授权。预算批复应当在各级人大批准预算的基础上进行,不能随意批复,也不能变更法定的批复时间。预算一旦批复后,预算执行就真正开始了。

按我国《预算法》规定,各级政府预算经本级人民代表大会批准后,本级政府财政部门应当及时向本级各部门批复预算。各部门应当及时向所属各单位批复预算。

《预算法实施条例》进一步规定:中央预算草案经全国人民代表大会批准后,为当年中央预算。财政部应当自全国人民代表大会批准中央预算之日起 30 日内,批复中央各部门预算。中央各部门应当自财政部批复本部门预算之日起 15 日内,批复所属各单位预算。

地方各级政府预算草案经本级人民代表大会批准后,为当年本级政府预算。县级以上地方各级政府财政部门应当自本级人民代表大会批准本级政府预算之日起 30 日内,批复本级各部门预算。地方各部门应当自本级财政部门批复本部门预算之日起 15 日内,批复所属各单位预算。

(三) 预算收入的组织执行

在预算收入的组织执行方面,最基本的要求是预算收入的取得必须及时、足额。为此,我国《预算法》就不同预算主体在预算收入组织执行方面的义务作了如下规定:

1. 预算收入征收部门的义务。预算收入征收部门,必须依照法律、行政法规的规定,及时、足额征收应征的预算收入。不得违反法律、行政法规规定,擅自减征、免征或者缓征应征的预算收入,不得截留、占用或者挪用预算收入。

2. 应上缴预算收入的部门和单位的义务。有预算收入上缴任务的部门和单位,必须依照法律、行政法规和国务院财政部门的规定,将应当上缴的预算资金及时、足额地上缴国家金库(以下简称国库),不得截留、占用、挪用或者拖欠。

（四）预算支出的组织执行

在预算支出的组织执行方面，最基本的要求是严格依照预算，依法及时、足额地拨付预算支出资金，并保障其支出使用的效能。对此，我国《预算法》及《实施条例》明确规定：

1. 各级政府财政部门必须依照法律、行政法规和国务院财政部门的规定，及时、足额地拨付预算支出资金，加强对预算支出的管理和监督。具体要求是：政府财政部门应当加强对预算拨款的管理，并遵循下列原则：（1）按照预算拨款，即按照批准的年度预算和用款计划拨款，不得办理无预算、无用款计划、超预算、超计划的拨款，不得擅自改变支出用途；（2）按照规定的预算级次和程序拨款，即根据用款单位的申请，按照用款单位的预算级次和审定的用款计划，按期核拨，不得越级办理预算拨款；（3）按照进度拨款，即根据各用款单位的实际用款进度和国库库款情况拨付资金。

2. 各级政府、各部门、各单位的支出必须按照预算执行。具体要求是：（1）应当加强对预算支出的管理，严格执行预算和财政制度，不得擅自扩大支出范围、提高开支标准；（2）严格按照预算规定的支出用途使用资金；（3）健全财务制度和会计核算体系，按照标准考核、监督，提高资金使用效益。

此外，我国依据《政府采购法》于2003年正式实施的各部门、各单位政府采购活动、依据《中央预算单位公务卡管理暂行办法》于2008年在中央预算部门和省级预算单位全面推行的公务卡改革试点，都是确保预算资金支出公平、公开、透明、有效的重大举措。

七、政府公共预算的调整

预算是经法定程序批准的财政收支计划，具有法律效力。在正常情况下，预算执行主体应严格依照经过批准的预算文件执行预算，而无权随意变更。这既为维护预算权威、维护预算法纪所必需，也是政府施政取信于民的重要方面。但是，国家预算决不是静态的纸面文件，而是一个动态的调适过程。由于预算的编制具有主观预测性，而且预算从编制、审批到执行有一个较长的周期，在预算执行过程中，执行预算文件时面对的实然环境条件和制定它时判断预期的环境条件可能会有很大的不同，某些原来预料不到的特殊情况、甚至突发事件也常出现，这时，如果再拘泥于预算文件的规定执行预算，反而对人民的福利不利。这时就应赋予预算的执行以一定的弹性，即根据情势变迁原则而对预算进行必要调整，也即预算调整。但纵令如此，对预算调整的条件、调整的程序、调整的具体方式，也仍应区分不同情形加以明确的规定，以保障预算的权威性、执行的严格性，防止随意调整预算。

（一）预算调整的情形

从广义而言，在预算执行过程中对原有预算的任何改变，都可称之为预算调整。从各国预算法制实践来看，预算执行中的调整或变动大致包括以下情形：

1. 预算的追加和追减

这是在原批准的预算收支总额以外，按规定程序增加或减少收入、增加或减少支出的调整。增加预算收入或支出数额为追加预算；减少预算收入或支出数额为追减预算。

2. 动用预备费

预备费是预算中一笔不规定具体用途的备用金，如果在预算年度中发生意外事件而需要支出时，即可由政府财政部门提出动用方案，报本级政府酌情决定动用。

3. 科目流用

科目流用是指在保证完成各项建设事业计划，又不超过原定预算支出总额情况下，由于预算科目之间调入、调出和改变资金用途而形成的预算资金的再分配。

4. 预算划转

预算划转是指由于企事业单位隶属关系的改变，以及行政区划的变更等原因，必须同时改变预算隶属关系，及时将全部预算划归新的预算领导部门或接管单位的调整方法。预算划转有三种情况：中央预算和地方预算之间的划转；地方各级预算之间的划转；部门之间的划转。

而我国《预算法》规定的预算调整，是指经全国人民代表大会批准的中央预算和经地方各级人民代表大会批准的本级预算，在执行中因特殊情况需要增加支出或者减少收入，使原批准的收支平衡的预算的总支出超过总收入，或者使原批准的预算中举借债务的数额增加的部分变更。由这一规定可见，我国《预算法》只承认增加支出和减少收入为预算调整，而增加收入和减少支出、动用预备费、科目流用和预算划转等均不在其列。

此外，依我国《预算法》第56条的规定，在预算执行中，因上级政府返还或者给予补助而引起的预算收支变化，也不属于预算调整。但接受返还或者补助款项的县级以上地方各级政府应当向本级人民代表大会常务委员会报告有关情况；接受返还或者补助款项的乡、民族乡、镇政府应当向本级人民代表大会报告有关情况。

（二）预算调整方案草案的审批

根据我国《预算法》及其《实施条例》的规定，各级政府对于必须进行的预算调整，应当编制预算调整方案（草案）。预算调整方案（草案）由政府财政部门负责具体编制，列明调整的原因、项目、数额、措施及有关说明，经本级政府审定后，按法定程序提请审查和批准。中央预算的调整方案(草案)必须提请全国人民代表大会常务委员会审查和批准。县级以上地方各级政府预算的调整方案(草案)必须提请本级人民代表大会常务委员会审查和批准;乡、民族乡、镇政府预算的调整方案(草案)必须提请本级人民代表大会审查和批准。未经批准,不得调整预算。地方各级政府预算的调整方案(草案)经批准后,由本级政府报上一级政府备案。

此外,我国《预算法》虽未将科目流用和动用预备费列入预算调整,但仍然对其运用的程序和方法作了相关规定,如《预算法》第57条规定,各部门、各单位的预算支出应当按照预算科目执行。不同预算科目间的预算资金需要调剂使用的,必须按照国务院财政部门的规定报经批准。又如第51条规定,各级政府预算预备费的动用方案,由本级政府财政部门提出,报本级政府决定。但这种规定存在的弊病是试图在行政体系内部解决有关预算的变动问题,从而使一些实质上的预算调整完全脱离了权力机关的监督与控制。

(三) 未经批准进行预算调整的后果

我国《预算法》规定,未经批准调整预算,各级政府不得作出任何使原批准的收支平衡的预算的总支出超过总收入或者使原批准的预算中举借债务的数额增加的决定。对违反前述规定作出的决定,本级人民代表大会、本级人民代表大会常务委员会或者上级政府应当责令其改变或者撤销。

我国于2006年8月通过、自2007年开始实施的《各级人民代表大会常务委员会监督法》在强调预算执行及调整的严肃性、程序性方面已迈出了可喜的步伐。该法第17条规定:预算经人民代表大会批准后,在执行过程中需要作部分调整的,国务院和县级以上地方各级人民政府应当将调整方案提请本级人民代表大会常务委员会审查和批准。同时,要严格控制不同预算科目之间的资金调整。预算安排的农业、教育、科技、文化、卫生、社会保障等资金需要调减的,国务院和县级以上地方各级人民政府应当提请本级人民代表大会常务委员会审查和批准。此外,国务院和县级以上地方各级人民政府有关主管部门应当在本级人民代表大会常务委员会举行会议审查和批准预算调整方案的一个月前,将预算调整初步方案送交本级人民代表大会财政经济委员会进行初步审查,或者送交常务委员会有关工作机构征求意见。

拓展阅读

对我国现行预算调整制度的评析

我国现行《预算法》及其《实施条例》均对预算调整定有专章(分别为第七章

和第五章），但其规定存在较大的问题。突出表现在对预算调整的定义界定不准、预算调整涵盖的范围过窄、允许进行预算调整的"特殊情况"不明、预算调整的程序未能区别各种特殊情况的不同性质（突发、非突发）并加以区别对待规定。

按我国现行《预算法》第53条的规定：预算调整是指经权力机关批准的本级预算，在执行中因特殊情况需要增加支出或者减少收入，使原批准的收支平衡的预算的总支出超过总收入，或者使原批准的预算中举借债务的数额增加的部分变更。这一定义是不准确、甚至可以说是带有重大缺陷的。因为从严格意义上讲，改变经过批准的预算收入、预算支出的任何情况即为预算调整。而现行预算调整定义之误在于它未能全面反映预算调整的所有情况，使国家预算监督尤其是立法机关对预算执行的监督大打了折扣。

深究现行预算调整定义，其理论之误在于它是建立在"以收定支"为基础的收支平衡理论之上的预算调整，它涵盖的仅是因单独增加支出、或因单独减少收入、或因举借债额增加而增加赤字的情况，从而错误地把立法机关对预算调整控制的目的异化为单纯的控制赤字的工具。因此，其所定义的预算调整实际上是不周延的预算调整——它还未能涵盖同时增加支出亦相应增加收入，或者同时减少收入亦相应减少支出而仍然保持收支平衡的情况；也未能涵盖单独减少支出、增加收入，或者同时减少支出、增加收入而产生的盈余情况（即总收入额超过总支出额）。而这些未能涵盖的情况在理论上与原有的经批准的收支平衡表中的预算数相比，显然是有改变的，可它们均未包括在预算调整的定义范围之内。再加上其他法条关于科目流用、预备费动用、政府间财力转移（返还或补助）引起的变更的除外规定，更使得预算调整的范围大打折扣。

由此而产生的实践之害是，在这些未能涵盖的情形之下是允许行政执行机关在无任何法律规则、立法机关监督的情况下完全不受限制而可以自由调整与实施预算的。应当引起我们关切的是：在行政机关拥有行政立法资源、执行资源的情况下，增加支出隐含着乱立项、乱花钱的危险；增加收入隐含着乱收费、收过头税、提高税率甚至开征新税的危险；减少收入隐含着乱开减免税口子、应收不收的危险；减少支出隐含着支出项目立项不合理或者依预算应给老百姓的福利没有兑现的危险；同时增加支出亦相应增加收入、同时减少收入亦相应减少支出、同时减少支出而又增加收入都意味着相应的经济资源（福利）在不同项目、不同利益群体身上没有依原来预算的分配格局而发生了新的分配与转移。由此势必造成财政资金的浪费、腐败、权力滥用、不负责任和利益分配的扭曲等。因此，我们不仅要注意到预算执行中的财政赤字之害，还要注意到某些未受到权力机关监管的平衡下的扭曲之弊，尤其应注意到预算盈余的虚假形势下可能存在的加重负担、失信于民之害。

通过以上分析，并考虑到给行政执行机关以一定的裁量权，使某些细小的改变不必受预算调整程序的约束,笔者建议将预算调整定义为:经批准的本级预算,在执行过程中由于特殊情况的需要而单独改变预算收入、预算支出或同时改变预算收入和预算支出的幅度达到一定百分比(如3%或2%或1%)以上的部分变更。即在比例数以下者,可不经调整程序而由行政机关调剂处理;在比例数以上者,则区别情形,分为以下三种情况依相应程序进行预算调整:

(1) 一般性特殊情况的预算调整。凡新增项目或新增项目费用达原项目费用一定比例以上、取消重大(或特定)项目或减少该等项目费用达原项目费用一定比例以上(如农业、教育、科技、社会保障等重点项目资金调减)、将取消项目费用用于其他项目支出(科目流用等)、或为弥补财政短收而谋划新增增收措施等,应由项目预算单位报其主管预算部门,经其审核后转送财政部门(或新设的预算编制部门)作出处理,经政府审核后形成预算调整方案草案,在同级人大常委会审议日一个月前报送,经其审批通过后才可执行。

(2) 突发性特殊情况的预算调整。如因国防紧急设施或战争、经济上的重大变故(经济危机、金融危机爆发等)、重大突发灾害(如地震、非典、洪水)等,应对危机事件的主管预算部门可以商财政部门经政府批准后先行支付部分经费,然后编制预算计划,经政府审核后形成预算调整方案草案报同级人大常委会审议批准后,再全面执行。

(3) 一般性项目取消或项目结余的报备。一般性项目被取消或一般性项目经费结余达原项目经费一定比例以上的,由项目预算单位报主管预算部门,转送财政部门作出处理,经政府批准后报同级人大常委会备案。

需要特别指出的是,对现行《预算法》确定的预算调整的除外项目,如科目流用(57条)、预备费动用(第51条)、政府间财力转移(第56条,原返还或补助,现一般性转移支付、专项转移支付)也应区分情形,在修订《预算法》时纳入一定程度的预算调整管理程序中来,以适当增加权力机关的监督和控制。如政府收支的类级、甚至款级项目流用、政府间财力转移之一般转移支付所引起的变动可考虑纳入一般性预算调整,实行严格程序管理;而预备费动用、政府间财力转移之专项转移支付引起的变动,因多与应急事件、特定调控政策目标相关,则可以考虑实行行政体系内部决策、实施,但事后向权力机关报告的制度。

(摘自朱大旗:《论修订预算法的若干具体问题》,载于《安徽大学法律评论》,第5卷第1期,安徽大学出版社2005年版。)

八、政府公共预算的监督

预算不仅是指经法定程序批准的政府年度财政收支计划,而且是政府财政收支活动接受立法机关(即民意机关)和社会成员监督和控制的动态过程。通过对预算的编制、审查、执行(含执行中的调整)和决算各个环节进行程序和制度设计,并严格加以执行,可以将政府的财政收支行为自始至终置于立法机关和社会成员的监督、控制之下,进而真正实现民主理财、法治财政、民生福利之目的。

预算监督依据监督主体的性质的不同,可以分为立法机关的监督、行政机关的监督、司法机关的监督以及作为预算最高主权者的人民(或称纳税人或社会公众)的监督。我国现行《预算法》专设一章,规定了预算监督制度,其内容规定如下:

(一) 立法机关的监督

立法机关的监督,简称立法监督,是指各级权力机关对预算和决算的监督。我国《预算法》第66条、第67条对此作了如下规定:

全国人民代表大会及其常务委员会对中央和地方预算、决算进行监督。县级以上地方各级人民代表大会及其常务委员会对本级和下级政府预算、决算进行监督。乡、民族乡、镇人民代表大会对本级预算、决算进行监督。

各级人民代表大会和县级以上各级人民代表大会常务委员会有权就预算、决算中的重大事项或者特定问题组织调查,有关的政府、部门、单位和个人应当如实反映情况和提供必要的材料。

各级人民代表大会和县级以上各级人民代表大会常务委员会举行会议时,人民代表大会代表或者常务委员会组成人员,依照法律规定程序就预算、决算中的有关问题提出询问或者质询,受询问或者受质询的有关的政府或者财政部门必须及时给予答复。

各级政府应当在每一预算年度内至少二次向本级人民代表大会或者其常务委员会作预算执行情况的报告。

前述规定实际上涉及的是立法监督的主体(各级权力机关)和监督对象(各级政府预算、决算)、各级权力机关的监督职权(包括组织调查权、询问质询权、获得执行情况报告权)及相应主体的义务的规定。

(二) 行政机关的监督

行政机关的监督,简称行政监督,是指各级政府及其专门机构(财政、审计部门)对预算和决算进行的监督。我国《预算法》第70条至第71条对此分别作了以下规定:(1)各级政府监督。各级政府监督下级政府的预算执行;下级政府应当定期向上一级政府报告预算执行情况。(2)各级政府财政部门监督。各级政府财政部门负责监督检查本级各部门及其所属各单位预算的执行;并向本级政府和上一级政府财政部门报告预算执行情况。(3)各级政府审计部门监督。各级政府审计部门对本级各部门、各单位和下级政府的预算执行、决算实行审计监督。

从公共预算资金的来源及其分配、使用的最终目的(追求社会公共福利最大化)来看,预算监督的最高主体、最终话语者当为一国的纳税人,也即全体国民、或曰社会公众。而其监督的对象、监督的核心当属对预算资金分配、使用产生最直接影响的行政机关所实施的预算编制和预算执行行为。在现代政府预算日趋复杂、收支范围日广的情况下,一般社会公众对预算的监督,除保留广泛的知情权、重大收支行为的决策权(通过投票机制实现)、检举控告权和一定程度的预算过程的参与权外,其更多的是通过代议机构(权力机构)及其专门工作机构来行使日常的、专业化的监督权,另外也借助于司法机关来实现对预算违法、犯罪个案的行政救济权和犯罪处罚权。从而对预算的社会公众监督权、立法监督权和司法监督权应为预算法中有关预算监督制度的不可或缺的内容。

而从前述规定我们可以清楚地看出,我国现行《预算法》关于预算决算监督的规定是存在较大问题的。突出表现在:(1)现行预算监督主要是一种行政体系内部的监督,即由上级政府对下级政府、行政专门机构对其他行政部门、单位实施监督,从一定意义来讲是自己监督自己。(2)各级权力机关虽然在立法上享有较为明确的预算监督权,但受限于我国人民代表的非专职性及各级权力机关所属财政、预算专门(或工作)机构预决算监督审查力量的薄弱、预决算监督的具体程序规定的缺乏,我国权力机关的预算监督实际上多流于形式,而审计机构的行政化——国家审计机关对政府而非对人大负责,更使各级权力机关的预算监督失去了强有力的专业机构支撑。(3)有关社会公众、司法机关对预算监督的规定基本上属于空白状态。(4)我国已经开始实行部门预算,而且这也是预算改革的必然方向,但现行法在各预算部门的监督职权及相应义务、责任方面的规定仍属空白。(5)对经过监督发现的预算违法、犯罪行为,如何追究法律责任,如何与其他机关配合、衔接,均无相应规定,这势必使监督效果大打折扣。这一系列的问题,应当在我国推进行政体制改革、民主政治建设特别是修订《预算法》时予以解决。

九、政府公共预算的法律责任

我国《预算法》第十章规定了以下三种预算违法行为及其相应的法律责任:

(一)擅自变更预算的法律责任

各级政府未经依法批准擅自变更预算,使经批准的收支平衡的预算的总支出超过总收入,或者使经批准的预算中举借债务的数额增加的,对负有直接责任的主管人员和其他直接责任人员追究行政责任。这实质上是对违法进行预算调整行为追究的预算法律责任。

(二)擅自动用国库库款的法律责任

违反法律、行政法规的规定,擅自动用国库库款或者擅自以其他方式支配已入国库的库款的,由政府财政部门责令退还或者追回国库库款,并由上级机关给予负有直接责任的主管人员和其他直接责任人员行政处分。

前述所称"擅自动用国库库款或者擅自以其他方式支配已入国库的库款",按《预算法实施条例》的规定是指以下六类情况:

(1) 预算收入征收部门不经政府财政部门或者政府财政部门授权的机构同意退库的;

(2) 预算收入征收部门将所收税款和其他预算收入存入在国库之外设立的过渡性账户、经费账户和其他账户的;

(3) 经理国库业务的银行未经有关政府财政部门同意,动用国库库款或者办理退库的;

(4) 经理国库业务的银行违反规定将国库库款挪作他用的;

(5) 不及时收纳、留解预算收入,或者延解、占压国库库款的;

(6) 不及时将预算拨款划入用款单位账户,占压政府财政部门拨付的预算资金的。

(三) 违法进行预算收支的法律责任

隐瞒预算收入或者将不应当在预算内支出的款项转为预算内支出的,由上一级政府或者本级政府财政部门责令纠正,并由上级机关给予负有直接责任的主管人员和其他直接责任人员行政处分。

从前述关于预算法律责任的介绍中,我们不难看出我国现行《预算法》关于预算违法行为及其责任追究的规定是极其薄弱的,表现在:(1) 预算违法行为的种类极少(仅为三类行为),远远不能涵盖现实社会中形形色色的预算违法、犯罪现象;(2) 责任追究的形式极为单一,主要限于行政责任,既缺乏与刑法有关罪名相衔接的刑事责任条文规定,也欠缺有关经济责任(如赔偿金、违约金、罚息等)和其他责任形式(如改变或撤销有关预算的错误决定、命令、核减或停止划拨预算资金、返还预算资金[①]、补足预算资金等)的规定,当然更无从规定有关预算违法行为的宪政责任(如政府或其领导人被弹劾、被要求道歉甚至引咎辞职);(3) 预算违法行为类型化不够,预算违法行为的违法(责任)主体规定模糊、抽象;(4) 预算违法行为的责任追究主体狭窄且不明确,责任追究机制不健全,预算监督与预算责任追究之间以及各不同类型责任追究之间的移送、衔接、配合没有制度性保障。

这一系列的不足,使我国对预算违法、犯罪行为的防范和惩治处于非常不利

---

① 国务院 1991 年 10 月发布的《国家预算管理条例》第 71 条至第 73 条即有对特定违法行为要求清还违法所得、追回被侵占的国家资金的规定,但该规定比较模糊、笼统,《预算法》修订中应对其以规范的法律责任形式加以确认和完善。

的境地。虽然我国后来实施的《财政违法行为处罚处分条例》(2004年11月30日国务院公布)、《审计法》(2006年2月28日十届全国人大常委会第20次会议修订通过)等先后对预算违法行为的种类及其责任追究作了补充性规定,但前者的规定立法层次低,而后者的规定主要只针对预算执行领域的违法行为,所以,完善预算法律责任的根本任务还必须靠修订《预算法》来完成。①

第三节 国有资本经营预算

一、国有资本经营预算概述

（一）国有资本经营预算的概念

国有资本经营预算,是指国家以所有者身份依法取得国有资本收益,并对所得收益进行分配而发生的各项收支预算,是政府预算的重要组成部分。

国有资本经营预算由收入预算和支出预算构成。收入预算是指国家按年度和规定比例向企业收取国有资本收益的收缴计划;支出预算是指国家根据国有资本经营预算收入规模和国民经济发展需要制定的支出计划,国有资本收益主要用于国有经济布局和结构调整,补偿国有企业改革成本,提高国有企业核心竞争力等方面。

国有资本运营预算作为政府复式预算的一个相对独立系统,是政府管理国有资本的一种制度工具。它为克服政府在面对国有企业时同时履行社会管理者职能和资本所有者职能上的矛盾,实现社会管理者职能和资本所有者职能的实质分离创造了制度条件。

（二）国有资本运营预算与政府公共预算的关系

按我国《预算法实施条例》的规定,各级政府预算按照复式预算编制,分为政府公共预算、国有资产经营预算(实即主要是指国有资本经营预算)、社会保障预算和其他预算。由此可知,国有资本经营预算和政府公共预算都属于政府预算,两者之间既存在区别,也存在一定的联系。国有资本经营预算与政府公共预算的主要区别是:

1. 政府公共预算的收入主要来自于国家的税收收入,而国有资本经营预算收入来源是国家依法取得的国有资本收益;

2. 国有资本经营预算在编制上,要相对独立于公共预算,即国有资本经营预算按照当年取得的国有资本收益确定支出规模,量入为出,不列赤字;

3. 与公共预算相比,目前我国国有资本经营预算的收支规模都还很小。而

---

① 有关预算法律责任如何完善的论述,参见朱大旗、何遐祥:《预算法律责任探析》,载《法学家》2008年第5期。

在建立国有资本经营预算制度后,我国原用于国有企业的改革支出将逐步从政府公共预算中退出。但考虑到相关政策的衔接,我国在试行国有资本经营预算期间,政府公共预算中用于国有企业改革和发展的支出,如政策性关闭破产支出、厂办大集体改革等支出,仍将继续予以安排。此外,《国务院关于试行国有资本经营预算的意见》还规定,必要时可将企业上交的部分国有资本收益,用于社会保障支出。

(三) 国有资本经营预算的目的和原则

建立和实施国有资本经营预算制度,既有利于深化我国国有资产管理体制改革,也有利于推进我国公共财政体制的改革与完善,是完善社会主义市场经济体制的一项重大制度建设。通过建立、健全国有资本经营预算制度,国家以投资者身份依法收取、合理分配及使用国有资本收益,对增强政府的宏观调控能力,完善我国国有企业收入分配制度,推进国有经济布局和结构的战略性调整,集中解决国有企业发展中的体制性、机制性问题(如弥补国有企业改革成本、支持优势企业自主创新、提高核心竞争力),实现政府社会管理者职能和国有资本所有者职能的分离等,具有重要意义。

正因为如此,党的十六届三中全会指出,要"建立国有资本经营预算制度"。温家宝总理在2007年3月的《政府工作报告》中也明确提出:"要建立国有资本经营预算制度,规范国家与企业的分配关系。"据此,我国于2007年进行了国有资本经营预算试点,收取了部分企业(国资委所监管企业)2006年实现的国有资本收益。2007年9月8日,国务院发布《关于试行国有资本经营预算的意见》,就我国试行国有资本经营预算的指导思想和原则、国有资本经营预算的收支范围、国有资本经营预算的编制和审批、国有资本经营预算的执行、国有资本经营预算的职责分工、国有资本经营预算的组织实施等问题作了规定,决定"中央本级国有资本经营预算从2008年开始实施,2008年收取实施范围内企业2007年实现的国有资本收益。各地区国有资本经营预算的试行时间、范围、步骤,由各省、自治区、直辖市和计划单列市人民政府决定"。

十一届全国人大常委会第五次会议于2008年10月28日通过、自2009年5月1日起施行的《中华人民共和国企业国有资产法》更以第六章专章规定了"国有资本经营预算",同时授权"国有资本经营预算管理的具体办法和实施步骤,由国务院规定,报全国人民代表大会常务委员会备案"。此外,财政部发布的《中央国有资本经营预算编报试行办法》(2007年11月20日)、《关于做好地方国有资本经营预算季报统计工作的通知》(2009年3月19日),财政部、国资委联合发布的《中央企业国有资本收益收取管理暂行办法》(2007年12月11日),国资委发布的《中央企业国有资本经营预算建议草案编报办法(试行)》(2008年2月25日)等,也就有关国有资本经营预算问题作了相关规定。总的来看,我国国有资本经营预算仍处于试运行阶段,正规化、法治化之路仍很漫长。

按国务院发布的《关于试行国有资本经营预算的意见》,我国试行国有资本经营预算,应坚持以下三个原则:

一是"统筹兼顾,适度集中"原则。即国有资本经营预算要统筹兼顾企业自身积累、自身发展和国有经济结构调整及国民经济宏观调控的需要,适度集中国有资本收益,合理确定预算收支规模。

二是"相对独立,相互衔接"原则。即国有资本经营预算既要保持自身的完整性和相对独立性,又要保持与政府公共预算(指一般预算)的相互衔接。

三是"分级编制,逐步实施"原则。即国有资本经营预算实行分级管理、分级编制,根据条件逐步实施。

二、国有资本经营预算的收支范围

国务院于2007年9月8日发布《关于试行国有资本经营预算的意见》,就我国国有资产经营预算的收支范围作了以下规定[①]:

(一) 国有资本经营预算收入的范围

国有资本经营预算的收入,是指各级人民政府及其部门、机构履行出资人职责的企业(即一级企业,下同)上交的国有资本收益。主要包括以下五项:

(1) 国有独资企业按规定上交国家的利润。

(2) 国有控股、参股企业国有股权(股份)获得的股利、股息。

(3) 企业国有产权(含国有股份)转让收入。

(4) 国有独资企业清算收入(扣除清算费用),以及国有控股、参股企业国有股权(股份)分享的公司清算收入(扣除清算费用)。

(5) 其他收入。

(二) 国有资本经营预算支出的范围

国有资本经营预算支出,将依据国家宏观经济政策,以及不同时期国有企业改革和发展的任务,统筹安排确定。其支出范围主要包括:

(1) 资本性支出。即向新设企业注入国有资本金,向现有企业增加资本性投入,向公司制企业认购股权、股份等方面的资本性支出。这些资本性支出要根据国家产业发展规划、国有经济布局和结构调整、国有企业发展要求,以及国家战略、安全等需要予以安排。

(2) 费用性支出。是指用于弥补国有企业改革成本等方面的费用性支出。

---

① 在这方面,全国人大常委会于2008年10月28日通过的《企业国有资产法》第59条的规定在文字表述方面略有不同,但实质内容并无差异。该条规定:"国家取得的下列国有资本收入,以及下列收入的支出,应当编制国有资本经营预算:(一)从国家出资企业分得的利润;(二)国有资产转让收入;(三)从国家出资企业取得的清算收入;(四)其他国有资本收入。"

(3) 其他支出。指用于社会保障等项目方面的支出。

三、国有资本经营预算的编制和审批

按《企业国有资产法》的规定,国家建立、健全国有资本经营预算制度,对取得的国有资本收入及其支出实行预算管理。国有资本经营预算要按年度单独编制,纳入本级人民政府预算,报本级人民代表大会批准。国有资本经营预算支出按照当年预算收入规模安排,不列赤字。

各级财政部门为国有资本经营预算的主管部门。国务院和有关地方人民政府财政部门负责国有资本经营预算草案的编制工作,履行出资人职责的机构(包括各级国有资产监管机构以及其他有国有企业监管职能的部门和单位)作为国有资本经营预算单位(在我国,目前主要是国资委、中国烟草总公司等中央国有资本经营预算单位),应向财政部门提出由其履行出资人职责的国有资本经营预算建议草案。

根据国务院《关于实行国有资本经营预算的规定》,在试行国有资本经营预算期间,各级财政部门商国资监管、发展改革等部门编制国有资本经营预算草案,报经本级人民政府批准后下达各预算单位。各预算单位具体下达所监管(或所属)企业的预算,抄送同级财政部门备案。很明显,这里所规定的国有资本经营预算审批程序与《企业国有资产法》的内容相冲突,因此其自 2009 年 5 月 1 日起已经失效。

四、国有资本经营预算的执行

(一) 国有资本经营预算收入的收取

国有资本经营预算收入由财政部门、国有资产监管机构收取、组织上交。企业按规定应上交的国有资本收益,应及时、足额直接上交财政。按国务院《关于试行国有资本经营预算的意见》的规定:"国家依法收取企业国有资本收益,具体办法由财政部门会同国有资产监管机构等有关部门制订,报本级人民政府批准后施行。"据此,在中央企业国有资本收益管理方面,经报国务院批准,财政部、国资委于 2007 年 12 月 11 日联合发布的《中央企业国有资本收益收取管理暂行办法》,就中央企业国有资本收益收取对象范围(包括国资委所监管企业和中国烟草总公司,简称"中央企业")、国有资本收益的申报与核定、国有资本收益上交程序等问题进行了较为细致的规定。其具体内容主要是:

1. 国有独资企业拥有全资公司或者控股子公司、子企业的,应当由集团公司(母公司、总公司)以年度合并财务报表反映的归属于母公司所有者的净利润为基础申报。该应交利润的比例区别不同行业分三类执行:第一类为烟草、石油、石化、电力、电信、煤炭等具有资源型特征的企业,上交比例为 10%;第二类

为钢铁、运输、电子、贸易、施工等一般竞争性企业,上交比例为5%;第三类为军工企业、转制科研院所企业,暂缓3年上交或者免交。而国有控股、参股企业应付国有投资者的股利、股息,按照股东会或者股东大会决议通过的利润分配方案执行。当年不予分配的,应当说明暂不分配的理由和依据,并出具股东会或者股东大会的决议。国有产权转让收入、国有企业清算收入以及公司制企业清算时国有股权、股份分享的清算收入,按实际取得的收入据实上交国家。

2. 中央企业上交国有资本收益应按规定申报,并如实填写中央企业国有资本收益申报表。具体申报时间及要求是:(1)应交利润,在年度终了后5个月内,由中央企业一次申报;(2)国有股股利、股息,在股东会或者股东大会(没有设立股东会或者股东大会的为董事会,下同)表决日后30个工作日内,由国有控股、参股企业据实申报,并附送股东会、股东大会的决议文件;(3)国有产权转让收入,在签订产权转让合同后30个工作日内,由中央企业或者国资委授权的机构据实申报,并附送产权转让合同和资产评估报告;(4)企业清算收入,在清算组或者管理人编制剩余财产分配方案后30个工作日内,由清算组或者管理人据实申报,并附送企业清算报告和中国注册会计师出具的审计报告;(5)其他国有资本收益,在收益确定后30个工作日内,由有关单位申报,并附送有关经济事项发生和金额确认的资料。

3. 中央企业国有资本收益上交,按照以下程序执行:(1)国资委在收到所监管企业上报的国有资本收益申报表及相关材料后15个工作日内提出审核意见,报送财政部复核,财政部在收到国资委审核意见后15个工作日内提出复核意见。(2)国资委根据财政部同意的审核结果向所监管企业下达国有资本收益上交通知,财政部向财政部驻企业所在省(自治区、直辖市、计划单列市)财政监察专员办事处下达国有资本收益收取通知;财政部驻企业所在省(自治区、直辖市、计划单列市)财政监察专员办事处依据财政部下达的国有资本收益收取通知向企业开具"非税收入一般缴款书"。(3)国资委所监管企业依据国资委下达的国有资本收益上交通知和财政部驻企业所在省(自治区、直辖市、计划单列市)财政监察专员办事处开具的"非税收入一般缴款书"办理国有资本收益交库手续。(4)财政部在收到中国烟草总公司的国有资本收益申报表及相关材料后15个工作日内,完成审核工作并向财政部驻北京市财政监察专员办事处下达国有资本收益收取通知;中国烟草总公司凭财政部驻北京市财政监察专员办事处开具的"非税收入一般缴款书"办理国有资本收益交库手续。

中央企业当年应交利润应当在申报日后5个月内交清,其中:应交利润在10亿元以下(含10亿元)的,须一次交清;应交利润在10亿元以上、50亿元以下(含50亿元)的,可分两次交清;应交利润在50亿元以上的,可分三次交清。对中央企业欠交国有资本收益的情况,财政部、国资委应当查明原因,采取措施予以催交。

(二) 国有资本经营预算支出的安排

国有资本经营预算资金支出,由企业在经批准的预算范围内提出申请,报经财政部门审核后,按照财政国库管理制度的有关规定,直接拨付使用单位。使用单位应当按照规定用途使用、管理预算资金,并依法接受监督。

(三) 国有资本经营预算的调整与决算

国有资本经营预算执行中如需调整,须按规定程序报批。年度预算确定后,企业改变财务隶属关系引起预算级次和关系变化的,应当同时办理预算划转。

年度终了后,财政部门应当编制国有资本经营决算草案报本级人民政府批准。

五、国有资本经营预算的职责分工

财政部门作为国有资本经营预算的主管部门,其主要职责是:负责制(修)订国有资本经营预算的各项管理制度、预算编制办法和预算收支科目;编制国有资本经营预算草案;编制国有资本经营预算收支月报,报告国有资本经营预算执行情况;汇总编报国有资本经营决算;会同有关部门制定企业国有资本收益收取办法;收取企业国有资本收益。财政部负责审核和汇总编制全国国有资本经营预、决算草案。

国有资产监管机构以及其他负责国有企业监管职能的部门和单位,为国有资本经营预算单位。各预算单位的主要职责是:负责研究制订本单位国有经济布局和结构调整的政策措施,参与制订国有资本经营预算有关管理制度;提出本单位年度国有资本经营预算建议草案;组织和监督本单位国有资本经营预算的执行;编报本单位年度国有资本经营决算草案;负责组织所监管(或所属)企业上交国有资本收益。

第四节 社会保障预算

一、社会保障预算的概念及特点

社会保障预算,是政府预算的重要组成部分,是指政府为保证社会成员的基本生活权利而提供救助和补给,以便实现政府社会保障职能、建立社会保障制度而编制的预算。它是用来反映社会保障收支及各项社会保障基金结余投资运营活动的特定收支计划,是用以反映、管理和监督社会保障事业的重要制度工具。

社会保障预算,虽然属于政府预算的组成部分,但它又具有不同于其他政府预算的系列特点,进而使得社会保障预算独立具有客观必然性:

1. 收支内容的特定性

社会保障收入主要来源于社会保障税(或费)和经常预算的拨款,社会保障支出只用于社会保险、社会福利和社会救助等社会保障项目。在各国预算实践中,社会保障预算无论采用专项基金预算模式还是采取政府公共预算模式,其收支项目内容通常都要单独归类、单独反映、专款专用,从而具有特定性。

2. 收支形式的强制性、返还性

社会保障预算具有不同于其他政府预算的形式特征:政府一般(经常)预算是强制的、无偿的;资本预算是自愿的、有偿的;而社会保障预算是强制的,但具有返还性。社会保障预算的强制性,表现在任何一个国家的社会保障制度和社会保障预算,都是以制定相关法律、法规为依据建立起来的,并且在社会保障预算的编制、执行(社会保障基金的征集与运用)和决算整个过程中,都必须循法而行,任何单位和个人不得违反。而其返还性,则指劳动者缴纳的社会保险税(或费),在一定条件下政府要以养老金、救济金、失业补助金等形式予以返还,具有一定的缴、还对应性。

3. 收支结余的保值增值性

社会保障预算的保值增值性,是指社会保障预算不能只列收、列支,还必须对社会保障基金的收支结余作出投资运营安排,以确保结余资金保值增值,保障参保对象的利益不受损失和社会成员的福利水平的提高。正因为如此,各国法律通常规定:社会保障预算不列赤字,结余要用于投资,但不得用于弥补政府公共预算赤字。

二、社会保障预算的沿革

社会保障是指国家和社会对生活困难的社会成员予以物质帮助、保障其基本生活的制度和措施。它是生产力发展到一定阶段的产物,是社会文明进步的重要标志。1883年德国俾斯麦颁布的《疾病保险法案》,标志着世界上第一个完整意义的现代社会保障制度的建立。经过一百多年的发展,社会保障现已成为现代国家一项不可或缺的社会经济制度。而社会保障预算作为确保社会保障基金来源稳定与支出、投资运营规范有序的制度措施,是在社会保障实践发展到一定阶段、社会保障收支规模达到一定程度后的产物,并随着社会经济和社会保障事业的发展而不断完善。一般认为,社会保障收入项目从20世纪30年代起即陆续在一些国家的政府预算中有所体现,而社会保障支出项目在政府预算中出现则多在20世纪50年代以后。目前,国际上的社会保障预算大体可分为三种模式:一是以英国、瑞典等为代表的公共预算模式,在这种模式下社会保障基金完全纳入政府预算内,同政府其他收支混为一体,国家全面担负起社会保障事业的财政责任;二是以智利和新加坡为代表的完全脱离政府财政预算模式,在这种模式下社会保障的收入、支出均独立于政府财政预算体系之外,单独管理、独立运行,政府对其不负担任何费用;三是以美国、日本、德国为代表的社会保障专项基金预算模式,在这种模式下社会保障收入、支出与政府经常预算收支分开或相对独立,单独编列社会保障专项基金预算,予以专门反映。

新中国的社会保障预算,与我国社会保障内容的发展相因应,大体经过了以下四大发展阶段:

一是从新中国成立到改革开放初期(1985年),我国实行的社会保障实际上是企业保障和国家保障,其支出主要由两部分构成:一是企业、事业、机关单位的职工、离退休人员的劳动保险和福利费用;二是社会特殊困难群体的抚恤和社会福利救济。前者由各单位支付,与政府预算没有直接联系;而后者则主要由民政部门负责,其资金由国家在统一的财政预算中用企业收入和一般税收收入来统一安排,由财政部部门拨付民政部门具体组织发放。这一阶段我国的社会保障预算仅只包括社会救济和社会福利,其编制是在国家单式预算中通过几个支出项目表现出来,但收入来源很不清楚。

二是从1986年到1997年经济体制转轨时期。20世纪80年代中期以来,特别是党的"十四大"确立社会主义市场经济体制目标以来,我国的社会保障发生了很大的变化,计划经济体制时期的企业保障、国家保障开始向社会保障、自我保障发生转变,过往单一的"抚恤和社会福利救济费"扩展为"社会保障、社会救济、社会福利和社会优抚安置"四大项内容,与此相适应,财政预算中有关社会保障的内容也发生了变化。首先,1991年10月国务院发布的《国家预算管理条例》第26条明确规定"国家预算按照复式预算编制,分为经常性预算和建设性预算两部分",1994年3月发布的《预算法》第26条和1995年11月发布的《预算法实施条例》第20条再次确认了复式预算模式,并进一步明确规定:"各级政府预算按照复式预算编制,分为政府公共预算、国有资产经营预算、社会保障预算和其他预算。"同时授权"复式预算的编制办法和实施步骤,由国务院另行规定。"这为我国社会保障预算的编制奠定了法制基础。其次,政府财政收支类别中较多地增列了有关社会保障预算方面的内容,特别是其支出项目范围涉及七个大类、六十多个项目。如1986年在国家财政支出中单列"城镇青年就业经费"一大类五个项目;将"社会保险基金收入类"、"社会保险基金支出费"分别列示于财政预算收支大类中。1997年新设"基金预算收支科目",同政府"一般预算收支科目"相独立,并在其中新设"社会保障基金收入"和"社会保障基金支出"科目等。但总的来看,由于这一时期我国的社会保障总体上仍然维系着企业保障的体系,新的社会保障体系尚处于建构过程中,大部分社会保障仍然是由企业和单位支付,最主要的社会保障支出(如职工基本养老、失业、工伤、生育四大项)反而未在财政预算中加以反映,财政支付的福利保险费不到其总数的

2%。因而,在这个时候,我国还没有真正意义上的社会保障预算,整个社会保障资金收入的总额及其来源在预算上体现不出来,而没有收入来源的社会保障支出却在财政预算上列了很多,零散纷乱而又调整频繁,体现出变革时期的过渡特征。

三是从 1998 年到 2006 年。为适应市场经济体制发展的要求,1998 年我国政府进行了大规模的机构改革,新组建了劳动和社会保障部(现人力资源和社会保障部),明确提出全国的社会保险由其负责。与此同时,适应市场经济体制和国企改革的要求,党的十五届五中全会正式提出"逐步建立公共财政框架"目标,政府的社会保障责任凸现出来。为此,我国在政府一般预算科目中新设了一类"社会保障补助支出"科目,下设五个款级科目:帮困解困资金(1999 年改为"国有企业下岗职工基本生活保障和再就业补助"列于"城镇青年就业补助费"之后)、对社会保险基金的补助支出、社会保险经办机构经费、城镇青年就业补助费、其他社会保障补助支出。社会保障补助成为这一时期社会保障预算的突出点,其占财政支出的比例也从 1998 年的 3%,增至 2004 年的 12%。不仅如此,社会保险资金来源也发生了根本变化,由过去单一的企业支付改变为财政和社会保险缴费[①]两大渠道,企业保障真正转向了社会保障。

在这一时期,从整个社会保障预算来看,从政府一般预算中安排的社会保障支出主要包括三大类:抚恤和社会福利救济费、行政事业单位离退休经费和社会保障补助支出,另外在卫生经费支出中也有部分公费医疗支出属于社会保障支出。而养老、失业、工伤、生育四大社会保险体系则由社会保险基金支付。也就是说,1998 年以后我国的社会保障预算基本上形成了两大板块的格局——政府一般预算中的社会保障项目预算和预算外的社会保险基金收支。后者在国家财政建立社会保障预算制度以前,先按预算外资金管理制度进行财政专户管理。因此。从总体上看,这一阶段的社会保障预算是不完整的。

四是从 2007 年到现在。为完整、准确地反映政府收支活动,进一步规范预算管理、强化预算监督,经国务院同意,财政部于 2006 年 2 月 10 日发布了《政府收支分类改革方案》,决定自 2007 年 1 月 1 日起在我国全面实施政府收支分类改革。改革后的政府收支分类体系由"收入分类"、"支出功能分类"、"支出经济分类"三部分构成,并在收支分类中明确将社会保险基金收支、社会保障和就业支出、医疗卫生支出等社会保障项目纳入统一的政府收支范围。2009 年 5 月 19 日国务院批转发改委制定的《关于 2009 年深化经济体制改革工作的意见》也明确提出:"深化预算制度改革……试行社会保险预算制度,实现政府公共预算、

[①] 在这方面,国务院于 1999 年 1 月 22 日发布的《社会保险费征缴暂行条例》,就社会保险费的征收范围、征收管理、监督检查、罚则等问题作了规定。

国有资本经营预算、政府性基金预算和社会保障预算有机衔接。"这标志我国社会保障预算将迈入新的阶段。

三、建立社会保障预算的必要性

社会保障制度是市场经济的"稳定器",它对于弥补市场调节机制的不足、维护社会安定、促进社会经济稳步发展具有积极作用。因此,世界各国政府都把建立社会保障制度作为市场经济的重要支柱,并从财力上予以支持、政策上加以引导。特别是许多国家以政府预算为手段规范和引导社会保障事业的发展,多年来积累了不少经验。大致说来,建立社会保障预算具有以下四个方面的必要性:

第一,建立社会保障预算是加强社会保障基金管理的内在要求。社会保障基金是国家通过法律、法规建立的,由政府强制征收的,按国家规定的范围、项目、标准支付,并由政府承担最终支付责任的专项基金。财政部门作为政府理财的职能部门,代表政府加强对社会保障基金的管理,建立社会保障预算是理所当然。一方面,社会保障属于国民共享的公共物品,社会保障支出也是一种财政性支出,属于转移性支出的范畴[①]。另一方面,对社会保障筹资方式法制化已成为国际通行做法。社会保障筹资可以依法收费,也可以依法征税,还可能直接来源于政府经常性预算的拨款。而社会保障支出,尤其是用于社会救济和社会福利的支出,主要依靠于政府财政。社会保障基金的财政性质客观上决定了其必须纳入财政预算管理。此外,从社会保障基金结余及投资的管理来看,也需要建立社会保障预算,以便将社会保障资金收支及各项基金结余的投资运营活动纳入预算管理,规范其收支行为及结余的投资运营活动,提高资金使用效率,促进社会保障事业的发展。

第二,建立社会保障预算是健全社会保障制度的重要手段。我国现行社会保障制度存在着管理体制不顺、统筹层次低、覆盖面不完整、基金收缴困难、资金挪用和挤占现象严重等一系列问题,严重制约了企业经营机制的转变和现代企业制度的建立。尤其是目前我国社会保障资金每年多达数千亿元,2008年社会保障收入更高达13542亿元之巨,如此庞大规模的社保基金如果继续实行分散管理,而不纳入财政统一计划和预算体系,不受立法机构的监督,不仅难以保证资金的安全和完整,而且也不能保证政府社会保障职能的实施。而将社会保障基金纳入政府预算管理、建立社会保障预算,则可以依预算直接强化对社会保障基金的法治化管理和监督,统一规范和全面反映社会保障资金的收支、运营活动,

---

① 在财政学上,财政支出按经济性质可划分为购买性支出和转移性支出两大类,其中转移性支出主要包括社会保障支出、捐赠支出和债务利息支出。

确保社会保障基金来源稳定、可靠,支出公平、及时、有序,进而确保政府社会保障职能的实现。

第三,建立社会保障预算是规范政府收支、加强政府宏观调控能力的现实需要。多年来,我国的社会保障收支处于一种较分散的状态:一般性税收收入安排的社会保障支出分散在行政经费和各项事业的有关科目中,没有作单独和明确的反映,社会保障资金的收支之间缺乏严格对应的制度保证。而建立社会保障预算可以从预算制度上规范政府在这方面的收支。同时,随着我国社会保障资金收支流量越来越多,结余规模日益加大,国家如果依法灵活运用这些结余资金,可以大大增强公共财政下政府弥补市场失灵、对经济进行宏观调控的能力。因此,通过建立社会保障预算,还有助于政府有效地管理和利用这部分资金为国家的宏观调控服务。

第四,建立社会保障预算是完善我国复式预算制度的重要内容。社会保障事业是一项具有特定目的的事业,其资金用途具有法定性,表现在政府预算上,要求对这一类收支单独反映,以便使社会各界对社会保障的收支情况有一个全面、完整的了解。而我国现行的复式预算制度将各项社会保障收支混在其他经常性收支中,并且各项社会保障基金又脱离了财政的预算监督和管理,既损害了复式预算的职能,又不利于社会保障事业自身的发展。因此,我们有必要根据党的十四届三中全会"关于改进和完善复式预算制度"的要求,尽快建立社会保障预算,把社会保障资金收支从经常性预算收支中分离出来,以独立于政府公共预算和国有资本金预算,并将预算外的各项社会保障基金纳入政府预算统一管理,健全和完善我国公共财政下的复式预算制度,以完整地反映社会保障事业发展状况,推动社会保障事业的进一步发展。

四、建立社会保障预算的原则

社会保障预算原则是国家建立社会保障预算体系和完善社会保障制度时应遵循的基本准则,是政府制定和编制社会保障收支计划的指针。建立社会保障预算,必须从有利于规范和管理社会保障事业出发,强化社会保障资金的预算约束和财务管理机制,全面反映社会保障资金的收支状况,提高资金的使用效率,促进社会保障基金的保值增值,更好地体现出政府社会保障的职能。建立规范、科学、合理的社会保障预算,应遵循以下原则:

1. 全面性原则

社会保障预算必须全面反映所有与社会保障事务有关的收支,将各项社会保险的缴费(税)和资金发放均纳入统一完整的社会保障预算管理,政府的公共财政投入也必须通过预算加以确认。也即不论资金的来源渠道、筹资方式及其资金性质,只要是用于社会保障项目和社会保障事业的资金,其收支活动都应纳入社会保障预算管理,以准确反映社会保障资金流动的整体情况,加强对社会保障基金的统筹与管理,提高资金的使用效果。

为此,我国目前已纳入政府预算内安排的各项社会保障经费,应从政府预算各科目中单列出来;对没有纳入政府预算,但已实行财政专户管理的资金,如各类社会保险基金、下岗职工生活补助费、解困资金、通过社会筹集的资金等,要纳入社会保障预算;对既没有纳入政府预算,也没有纳入财政专户治理的资金,如面向社会募捐的各类福利基金、依法收取的各类民政保障金等,也要纳入社会保障预算。

2. 专款专用原则

社会保障资金只能用于社会保障项目的相关支出,必须将其与其他财政预算资金区别对待,更不能挪作他用。这就要求建立一套社会保障预算的收支科目和用途的规定,以规范各项社会保障收支行为。

3. 公平和效率原则

公平原则是指社会保障预算收支的划分必须做到公正合理和公开透明,使社会各界对预算的编制和执行状况有比较清楚的了解,便于接受广大公众的社会监督,这与社会保障制度自身追求社会公平正义的建构理念有关。效率原则要求社会保障预算应力求降低成本并提高基金运用效率、投资效果,包括待遇发放、管理成本、投资运营等方面。社会保障预算应在公平原则和效率原则之间实现平衡。

4. 适度结余原则

适度结余原则要求在编制社会保障预算时,应对预算周期内的社会保障收入和支出分别进行科学合理的预测,在收支相抵、略有结余的基础上确定和编制社会保障预算。这是因为,社会保障支出是为面临生存困难的社会成员提供资助的,而社会成员面临生存困难的成因是多方面的,其中有许多是不确定因素,诸如寿命的不确定性、失业、病残的风险,意外事故的不可预料等,这就意味着社会保障支出有相当一部分是在编制预算时难以测算的,为了不给经常预算造成太大的压力,应使年度社会保障预算收支相抵后留有结余,同时,这也有利于社会保障资金的投资增值和调剂。

5. 政策性原则

政策性原则是指社会保障预算应被纳入国家的宏观政策调控体系,以宏观调控目标为制度方向,在预算编制和执行中充分体现国家的经济社会政策和收入分配政策。社会保障预算应在提高居民生活水平和缩小居民收入差距上多下工夫,在财力上予以支持,从而将国家的社会政策和收入分配政策落到实处,以推动社会保障事业的持续、健康发展。

五、社会保障预算的收支范围

社会保障预算同政府公共预算、国有资本经营预算一样,应由社会保障预算收入和社会保障预算支出两部分组成。

(一)社会保障预算收入

社会保障预算收入是指国家为实施社会保障事业,通过多种渠道参与国民收入分配而筹集的社会保障资金,包括公共预算安排的社会保障一般预算收入、社会保险基金预算收入和其他收入。从目前的情况来看,我国的社会保障预算收入主要由以下三部分组成:

(1)一般预算收入。是指公共(原称"经常")预算安排的,用于社会保障支出的一般性税收收入。公共预算安排的用于社会保障的一般性税收收入,体现了政府对社会保障制度直接承担的社会责任,是政府财政收入对社会保障体系支持的具体体现。具体来看,这部分收入包括公共预算的直接拨款、公共预算的结余划拨、公共预算的定额补助以及特定性项目划拨等几个部分。

(2)社会保险基金预算收入。社会保险基金预算收入主要包括基本养老保险基金收入、失业保险基金收入、基本医疗保险基金收入、工伤保险基金收入、生育保险基金收入、其他社会保险基金收入(含残疾人就业保障金收入、社会福利保障基金收入、住房公积金收入)等,各项基金预算收入一般由企业(单位)缴纳的保险金、个人缴纳的保险金、政府财政补贴收入(社会保险基金补助收入)和社会保险基金投资收益等几个部分组成。

(3)其他收入。主要包括国有资产增值(国有资本收益)划拨收入和捐赠收入。国有资产增值划拨收入代表了国有资产对社会保障事业的支持,捐赠收入则包括国外政府、机构和企业、个人的捐赠基金。这两部分收入也是社会保障预算收入的组成部分。

(二)社会保障预算支出

社会保障预算支出是国家为发展社会保障事业,对社会成员因年老、失业、疾病、工伤、生育、死亡、自然灾害等致使生活遭受障碍、困难时,为保证基本生活而发生的各项支出。它由社会保险支出、社会救济支出、社会福利支出、社会优抚支出和特定服务支出等项目组成。按支出功能分类,对应于2007年开始实施的《政府收支分类改革方案》所确立的收支分类科目,我国的社会保障支出主要体现为社会保障和就业支出、社会保险基金支出、医疗卫生支出三大类;而按照收入与支出匹配的原则,从资金来源和使用方向上,社会保障预算支出则可以分为以下三大类:

(1)由公共预算安排的社会保障预算经费支出,主要用于社会救济支出、社会福利支出、社会优抚支出和特定服务支出等项目。包括:① 社会保障和就业支出。具体包括社会保障和就业管理事务、民政管理事务、财政对社会保险基金的补助、补充全国社会保障基金、行政事业单位离退休、企业关闭破产补助、就业补助、抚恤、退役安置、社会福利、残疾人事业、城市居民最低生活保障、其他城镇社会救济、农村社会救济、自然灾害生活救助、红十字事业、其他社会保障和就业支出。② 医疗卫生支出：具体包括医疗卫生管理事务、医疗服务、社区卫生服务、医疗保障、疾病预防控制、卫生监督、妇幼保健、农村卫生、中医药、其他医疗卫生支出等。

（2）由社会保险基金形成的基金预算支出，是政府为保证每个社会成员在年老、疾病、伤残、失业等特殊情况下的基本生活，从所筹集的各项基金中支付的生活补助、离退休金、医疗补助等具有保险性质的各类支出。具体包括基本养老保险基金支出、失业保险基金支出、基本医疗保险基金支出、工伤保险基金支出、生育保险基金支出、其他社会保险基金支出等。

（3）由国有资产经营增值和捐赠收入所支持的其他类支出，主要作为一种增量补充用于提高社会救济、社会保险和社会福利的支付水平。

五、社会保障预算的改革与完善

虽然我国早在1991年的《国家预算管理条例》中就提出要搞复式预算，1995年的《预算法实施条例》更进一步明确各级政府要编制包括政府公共预算、国有资产经营预算、社会保障预算和其他预算在内的复式预算，但由于我国的社会保障体制改革仍处于重大的发展变化当中，受各方面条件所限，我国的社会保障预算无论是制度建设还是预算实践，都还处于极不健全的境地。特别是社会保险基金在相当长的时间内未能纳入预算管理而是作为预算外资金看待，这不仅使我们难以全面了解和把握我国社会保障的整体运行情况，而且也使资金的管理和使用潜伏着巨大的风险，不利于完善国家的社会保障事业。因而需要我们通过深化社会保障体制机制的改革、修改《预算法》、制定专门的社会保障预算法规、规章加以完善。

（一）社会保障预算的目标模式

从理论上讲，社会保障预算模式，除了前面介绍的政府公共预算模式、完全脱离政府财政预算模式、社会保障专项基金预算模式外，还包括一揽子社会保障预算模式和两板块式社会保障预算模式。在一揽子模式中，将政府一般（公共）预算中的社会保障内容全部移出，连同目前实行财政专户管理的社会保障项目并在一起，编制独立完整的社会保障预算，与政府公共预算、国有资本预算、政府性基金预算完全独立而自成体系。而在两板块模式中，基本上遵循我国现行社会保障预算的状况，将全部社会保障预算分为两块：其中一块是财政专户的社会保险基金预算，另一块是政府一般预算中的社会保障支出项目预算以及政府基金预算中的有关收入项目。从我国社会保障发展的现实国情和最终目标来看，我国的社会保障预算的最终目标应该是建立独立完整的一揽子社会保障预算，但在近期目标上，则是应建立和完善两板块式复式预算，尤其是要尽快试行和完善社会保险基金预算，进而为最终实现一揽子社会保障预算奠定基础。在这方面，2006年2月财政部发布的《政府收支分类改革方案》已经提出了一个基本的框架，而有关地方政府进行的社会保障预算试点也提供了较好的经验借鉴。

（二）社会保障预算的编制与审批

1. 社会保障预算的编制原则

为发挥社会保障预算应有的功能作用，社会保障预算的编制应遵循以下原则：(1) 规范统一原则。社会保障预算应将各项社会保障资金全部纳入预算，真实反映社会保障资金收支情况，做到统一政策依据、统一收支范围、统一编制口径、统一工作程序。(2) 利于管理原则。社会保障预算应有利于加强社会保障资金的管理和监督，不仅要全面反映社会保障资金收支，及时提供社会保障资金缺口情况，还要有利于通过资金收支分析，检验各项社会保障政策的执行情况。(3) 分项预算原则。根据社会保障项目具有特定的收入来源和支出规定的特点，将社会保障资金按照不同项目独立编制预算，区别不同社会保障项目的收支平衡需要，分项确定政府财政支持；不同项目的资金收入不得混淆和替代，支出不得串换和挪用。(4) 收支平衡、略有结余原则。科学测算各类社保资金收支，合理筹措资金，确保收支平衡，略有结余。(5) 专款专用原则。严格按照规定安排各项支出，防止挤占、挪用社会保障资金。

2. 社会保障预算编制的内容

社会保障预算编制的内容，主要包括各项社会保险基金、专项社会保障资金、政府公共预算安排的社会保障资金及其他属于社会保障性质的资金。其中，社会保险基金主要包括企业基本养老保险基金、失业保险基金、基本医疗保险基金、工伤保险基金、生育保险基金、机关事业单位养老保险基金等；专项社会保障资金主要包括就业补助、离休人员医疗经费、公务员医疗补助、新型农村合作医疗、城镇居民基本医疗保险、解困资金等；政府公共预算安排的社会保障资金主要包括政府公共预算安排中除社会保险基金和专项社会保障资金之外的社会保障和就业、医疗卫生资金等（政府公共预算安排的社会保险基金和专项社会保障资金的补助，统一在各项社会保险基金和专项资金收支中反映）；其他属于社会保障性质的资金主要包括彩票公益金、残疾人就业保障金、红十字会及慈善总会捐款等。

3. 社会保障预算的编制、审批程序

从确保社会保障预算的全面性、完整性出发，财政部门应当作为社会保障预算的编制主体,而各有关部门则应按照财政部门的要求,提供与社会保障预算有关的资料和数据。

社会保障预算的编制采取自下而上和自上而下相结合的方式进行。具体而言,各社会保障基层预算单位应根据预算编制的要求,按照国家有关政策和标准,对本单位社会保险事业的各项收入、支出需求,在认真测算的基础上,编制收支预算建议计划,报主管部门(社会保障、民政、卫生等)进行初审、分析、汇总后,编制出本部门社会保障收支预算建议计划,经财政部门审核汇编为社会保障预算草案,报同级人民政府审定后,提交相应的层级的人民代表大会审查、批准。财政部门将经过人民代表大会批准的预算批复到各部门,各部门将预算批复到所属各单位。

(三) 社会保障预算的执行和调整

1. 社会保障预算的执行

社会保障预算由各级人民政府组织执行,具体工作由本级财政部门负责。社会保险费征收部门应按有关法律、法规规定,根据预算收入指标,及时足额征收应征的社会保险费,不得违反规定,擅自减征、免征应征的社会保险费;各社会保险费缴纳单位和个人应依照有关法律、法规规定,将应缴纳的社会保险费及时足额上缴社会保险经办机构入户,并按规定转入财政专户;承担支出任务的部门和单位,应根据预算支出指标,严格执行各项政策和标准,做到专款专用,不得挪用,确保及时足额发放;财政部门应根据预算收支指标,合理调度资金,确保社会保障资金及时足额拨付到用款单位;对上级财政下达的各项社会保障资金专项补助,应由财政部门商有关部门提出分配和使用意见,按规定程序执行;应建立、健全定期对账制度,社会保险经办机构应定期就各项基金收支情况与有关银行和财政部门对账,经办银行应按有关规定向财政部门、劳动和社会保障部门提供收入缴纳、支付和账户余额对账单。

2. 社会保障预算的调整

社会保障预算调整是指在预算执行中因出现下列情况引起的预算变更:(1)按规定程序,对政府公共预算安排的有关社会保障资金进行调整,导致社会保障预算指标发生变化的;(2)政府批准下达的各项社会保险基金征收计划和调剂计划与预算不一致的;(3)上级财政实际下达的各项社会保障专项补助资金与社会保障预算指标不一致的;(4)其他情况引起收支变化较大,需要进行调整的。

出现上述变化情况后,应由相应层级的人民政府编制社会保障预算调整方案,报同级人民代表大会常务委员会审查和批准。

第五节 财政决算

一、财政决算的概念及其作用

财政决算,或称"国家财政决算",简称"决算",是对政府决算、部门决算和单位决算的总称。就其形式而言,决算是指经法定程序审查和批准的由各预算主体编制的年度预算执行结果的会计报告,包括会计报表和文字说明两部分;就其实质而言,决算是对年度预算执行情况及结果的系统、全面总结,是整个预算管理程序中的最后一个环节,是一个具有监督管理性质的动态过程。财政决算主要包括决算草案的编制与决算草案的审批两个阶段。

财政决算按编制主体的行政层级划分,包括中央政府决算和地方各级政府决算;按编制主体的组织形式划分,包括政府决算、部门决算和单位决算。政府各部门所属的行政、事业、企业单位,按其主管部门部署编制本单位决算草案。各部门在审核汇总所属各单位决算草案基础上,连同部门本身的决算收支数字,汇编成本部门决算草案,并报送本级财政部门。县级以上各级财政部门审核汇总本级各部门决算草案,编制成本级政府决算草案。由此可见,部门决算既是对单位决算的汇总,也是各级政府决算的重要依据和补充,它在各级政府决算中起到承上启下的作用,又在一定意义上与各级政府决算处于并列的地位,具有非常重要的监督管理意义。所以,各国政府在进行财政决算时,非常重视部门决算。

决算是国家预算收支执行情况的最终结果,也是国家政治、经济、社会管理活动在财政上的集中反映。通过决算的编制与审批,既可以检查、总结上一年度预算执行的情况及其经验、教训,纠正预算编制和执行中存在的问题,查处预算执行中的违法、违规行为,也可为来年预算的科学编制与规范执行提供参考、奠定基础。

二、决算草案的编制

(一)决算草案的概念及其编制部署

决算草案是指各级政府、各部门、各单位编制的未经法定程序审查和批准的预算收支的年度执行结果,包括各级政府决算草案、各部门决算草案、各单位决算草案。这些决算草案由前述各预算主体在每一预算年度终了后按照国务院规定的时间编制。

编制决算草案的具体事项,由国务院财政部门部署。大致要求是:(1)财政部应在每年第四季度部署编制决算草案的原则、要求、方法和报送期限,制发中央各部门决算、地方决算及其他有关决算的报表格式。(2)县级以上地方政府财政部门根据财政部的部署,部署编制本级政府各部门和下级政府决算草案的原则、要求、方法和报送期限,制发本级政府各部门决算、下级政府决算及其他有关决算的报表格式。(3)地方政府财政部门根据上级政府财政部门的部署,制定本行政区域决算草案和本级各部门决算草案的具体编制办法,各部门根据本级政府财政部门的部署,制定所属各单位决算草案的具体编制办法。

(二)决算草案的编制原则及编制程序

各预算主体编制决算草案,必须遵守下列原则:(1)符合法律、行政法规原则;(2)收支数额准确、内容完整原则;(3)报送及时原则。

决算草案的编制程序是一个自下而上、由部分到整体的过程。首先,各单位应按主管部门的布置,认真编制本单位决算草案,在规定期限内上报。其次,各部门在审核汇总所属各单位决算草案基础上,连同本部门自身的决算收入和支出数字,汇编成本部门决算草案并附决算草案详细说明,经部门行政领导签章后,在规定期限内报本级政府财政部门审核。同时,各级预算收入征收部门应当按照财政部门的要求,及时编报收入年报及有关资料。最后,各级政府财政部门对本级各部门决算草案进行审核,审核后汇总编制本级决算草案,报本级政府审定,本级政府审定后即可报本级权力机关审批。

(三)决算草案的编制要求

政府财政部门、各部门、各单位在每一预算年度终了时,应当清理核实全年预算收入、支出数字和往来款项,做好决算数字的对账工作。编制决算草案时,不得把本年度的收入和支出转为下年度的收入和支出,不得把下年度的收入和支出列为本年度的收入和支出。不得把预算内收入和支出转为预算之外,不得随意把预算外收入和支出转为预算之内。决算中使用的各项数字应当以经核实的基层单位汇总的会计数字为准,不得以估计数字替代,不得弄虚作假。决算草案应当按照本级人民代表大会批准的预算所列科目编制,按预算数、调整数或者变更数以及实际执行数分别列出,并作出说明。各级政府财政部门对本级各部门决算草案审核后发现有不符合法律、行政法规规定的,有权予以纠正。

三、决算草案的审查与批准

(一)决算草案的审批主体

按《预算法》的规定,我国决算草案的审批主体,除乡镇一级外,均为各级人大常委会。具体规定是:(1)财政部根据中央各部门决算草案汇总编制中央决算草案,报国务院审定后,由国务院提请全国人民代表大会常务委员会审查和批准;(2)县级以上地方各级政府财政部门根据本级各部门决算草案汇总编制本级决算草案,报本级政府审定后,由本级政府提请本级人民代表大会常务委员会审查和批准;(3)乡、民族乡、镇政府根据财政部门提供的年度预算收入和支出的执行结果,编制本级决算草案,提请本级人民代表大会审查和批准。

(二)决算草案审批的程序

我国《预算法》及其《实施条例》未对决算草案审批的程序作出规定,但2006年8月27日通过、自2007年1月1日起施行的《各级人民代表大会常务委员会监督法》第15条对此作了规定:国务院应当在每年六月,将上一年度的中央决算草案提请全国人民代表大会常务委员会审查和批准。县级以上地方各级人民政府应当在每年六月至九月期间,将上一年度的本级决算草案提请本级人民代表大会常务委员会审查和批准。

此外,1999年12月25日九届全国人大常委会第13次会议通过的《关于加强中央预算审查监督的决定》还要求:中央决算草案应在全国人民代表大会常务委员会举行会议审查和批准的一个月前,提交全国人大财政经济委员会结合审计工作报告进行初步审查。

(三)决算草案审批的内容

在决算草案审批内容方面,《各级人民代表大会常务委员会监督法》第18条规定,各级人民代表大会常务委员会对决算草案和预算执行情况报告,重点审查下列内容:(1)预算收支平衡情况;(2)重点支出的安排和资金到位情况;(3)预算超收收入的安排和使用情况;(4)部门预算制度建立和执行情况;(5)向下级财政转移支付情况;(6)本级人民代表大会关于批准预算的决议的执行情况。

除前述内容外,全国人民代表大会常务委员会还应当重点审查国债余额情况;县级以上地方各级人民代表大会常务委员会还应当重点审查上级财政补助资金的安排和使用情况。

四、决算草案的批复与备案

我国《预算法》规定,各级政府决算经批准后,财政部门应当向本级各部门批复决算。地方各级政府应当将经批准的决算,报上一级政府备案。实施决算备案制度,可以有效地保证上级政府对下级政府、上级人大常委会对下级人大常委会实施监督,保障决算的准确完整。

为便于具体操作,《预算法实施条例》作出了更进一步的细化规定:(1)县级以上各级政府决算草案经本级人民代表大会常务委员会批准后,本级政府财政部门应当自批准之日起20日内向本级各部门批复决算。各部门应当自本级政府财政部门批复本部门决算之日起15日内向所属各单位批复决算。(2)县级以上地方各级政府应当自本级人民代表大会常务委员会批准本级政府决算之日起30日内,将本级政府决算及下一级政府上报备案的决算汇总,报上一级政府备案。

五、对下级政府已批准的决算的撤销

决算草案的编制，应当遵守合法合规、准确完整的原则，否则就不会被批准。即便经过批准，也可依法定程序予以撤销。对此，我国《预算法》作了以下规定：国务院和县级以上地方各级政府对下一级政府依法报送备案的决算，认为有同法律、行政法规相抵触或者有其他不适当之处，需要撤销批准该项决算的决议的，应当提请本级人民代表大会常务委员会审议决定；经审议决定撤销的，该下级人民代表大会常务委员会应当责成本级政府依照本法规定重新编制决算草案，提请本级人民代表大会常务委员会审查和批准。

拓展阅读

预算外资金与非税收入的管理

预算外资金，是指国家机关、事业单位、社会团体、具有行政管理职能的企业主管部门（集团）和政府委托的其他机构（以下简称"部门和单位"），为履行或代行政府职能，依据国家法律、法规和具有法律效力的规章而收取、提取、募集和安排使用，未纳入财政预算管理的各种财政性资金。

预算外资金的存在，破坏了预算的统一性和完整性，与财政的法治化和民主化进程格格不入。不过，要彻底改变这种现象，不可能一蹴而就，需要较长时期的努力。目前，我国关于预算外资金的管理除《预算法》第76条有笼统规定外，主要有国务院1996年7月6日发布的《关于加强预算外资金管理的决定》和财政部据此于同年11月18日发布的《预算外资金管理实施办法》，财政部、中国人民银行于2002年6月28日联合发布的《预算外资金收入收缴管理制度改革方案》、《中央单位预算外资金收入收缴管理改革试点办法》以及各省、自治区、直辖市的权力机关通过的地方《预算外资金管理条例》等。

按照上述规定，财政部门是预算外资金管理的职能部门，依照部门和单位的财政隶属关系，实行统一领导、分级管理，按预算外资金的用途分类进行核算。财政部负责管理与财政部直接发生预算缴拨款关系的国家机关、事业单位、社会团体（以上均含直属单位，下同）和企业主管部门（集团）预算外资金的收取、安排和使用，并对预算外资金收支计划和决算进行审批。地方财政部门负责管理与本级政府财政部门直接发生预算缴拨款关系的各级地方国家机关、事业单位、社会团体和企业主管部门预算外资金的收取、安排和使用，并对预算外资金收支计划和决算进行审批。

各级财政部门按预算级次对本级各部门和单位的预算外资金实行统一的财政专户,建立健全收支两条线管理制度,并对预算外资金收支活动进行管理监督。财政专户(含财政汇缴专户)是财政部门在银行设立的用于对预算外资金收支进行统一核算和集中管理的预算外资金专门账户。财政专户分为中央财政专户和地方财政专户,分别办理中央和地方预算外资金的收缴和拨付。

部门和单位只能在一家银行设立一个预算外资金支出账户。支出账户只能接纳财政部门从财政专户中拨付的预算外资金支出款项,由部门和单位按规定用途使用。专项用于公共工程和社会公共事业发展的基金、收费,以及通过政府信誉建立的社会保障基金等结余可结转财政专户下年专项使用。财政专户中的其他预算外资金结余,经同级政府批准,财政部门可按隶属关系统筹调剂使用。部门和单位提出用款申请后,财政部门根据年度预算外资金收支计划、预算外资金收入上缴财政专户情况,及时核拨资金,保证其正常用款。

2002年以后,国家开始推行非税收入收缴改革,预算外资金的管理思路开始调整,非税收入的征管受到重视。2004年7月23日,《财政部关于加强非税收入管理的通知》下发,按照建立健全公共财政体制的要求,政府非税收入管理范围包括:行政事业性收费、政府性基金、国有资源有偿使用收入、国有资产有偿使用收入、国有资本经营收益、彩票公益金、罚没收入、以政府名义接受的捐赠收入、主管部门集中收入以及政府财政资金产生的利息收入等。社会保障基金、住房公积金不纳入政府非税收入管理范围。通知要求强化政府非税收入预算管理,这主要包括两方面的内容。

第一,政府非税收入分步纳入财政预算,实行"收支两条线"管理。一是各级财政部门要严格按照《财政部、中国人民银行关于将部分行政事业性收费纳入预算管理的通知》的规定,认真落实行政事业性收费纳入财政预算管理工作。二是各级财政部门要将尚未纳入预算管理的其他政府非税收入分期分批纳入财政预算管理。三是从通知发布之日起,按照国家规定审批权限新设立的行政事业性收费、政府性基金以及按照通知规定新取得的其他政府非税收入一律上缴国库,纳入财政预算,不得作为预算外资金管理。四是要推进政府收支分类改革,为非税收入纳入预算实行分类管理提供制度保证。

第二,编制综合财政预算,统筹安排政府税收和非税收入。各级财政部门要通过编制综合财政预算,实现政府税收与非税收入的统筹安排,要合理核定预算支出标准,进一步明确预算支出范围和细化预算支出项目。要继续扩大实行收支脱钩管理的范围,实行收支脱钩的部门和单位,其执收的政府非税收入必须全部缴入国库或财政专户,支出与其执收的政府非税收入不再挂钩,统一由同级财政部门按照部门和单位履行职能需要核定的预算予以拨付。

《国务院关于编制2009年中央预算和地方预算的通知》(国发[2008]35

号)提出,要规范非税收入管理,全面推进非税收入收缴管理改革,继续保留的中央和地方收费、基金,按照财政国库管理制度要求,实行国库集中收缴。据此,2009年2月12日,财政部发布《关于深化地方非税收入收缴管理改革的指导意见》,地方各级财政部门要全面推进非税收入收缴管理改革,力争2010年底前,地方各级执收单位全部实施改革;经清理整顿后继续保留的收费、基金,罚没收入,国有资本经营收益,国有资源(资产)有偿使用收入,彩票公益金等非税收入要全部纳入改革范围。暂时不具备条件的地方,也要在2012年底前将改革推进到所有执收单位和所有非税收入项目。

(参阅《国务院关于加强预算外资金管理的决定》、财政部《预算外资金管理实施办法》、《财政部关于加强非税收入管理的通知》、《国务院关于编制2009年中央预算和地方预算的通知》等)

思考题

1. 我国预算权配置状况如何?其存在的主要问题有哪些?
2. 我国预算执行程序规定存在的主要问题有哪些?如何加以解决?
3. 何谓国有资本经营预算?其与政府公共预算的关系如何?
4. 为什么要建立社会保障预算?社会保障预算的原则是什么?
5. 我国财政决算制度存在的主要问题有哪些?如何加以完善?

参考文献

1. 徐孟洲等:《财税法律制度改革与完善》,法律出版社2009年版。
2. 高培勇主编:《中国财政政策报告2008/2009——实行全口径预算管理》,中国财政经济出版社2009年版。
3. 张守文:《财税法学》,中国人民大学出版社2007年版。
4. 林治芬、高文敏:《社会保障预算管理》,中国财政经济出版社2006年版。
5. 全国人大常委会预算工作委员会预决算审查室编:《中国政府预算法律法规文件汇编》,中国财政经济出版社2005年版。
6. 陈共:《财政学》,中国人民大学出版社2004年版。
7. 宋槿篱:《财税法学》,湖南大学出版社2003年版。
8. 张献勇:《预算权研究》,中国民主法制出版社2008年版。
9. 蔡茂寅:《预算法之原理》,台湾元照出版公司2008年版。
10. 〔美〕艾伦·鲁宾:《公共预算中的政治:收入与支出、借贷与平衡》,马骏、叶丽娟译,中国人民大学出版社2001年版。

第四章 财政收入法

财政收入法在财政法体系中占据十分重要的地位。一方面,财政收入是一国财政支出的前提和基础;另一方面,财政收入是公民向国家让渡的财产。故依法规范国家财政收入行为,切实保障公民财产权,显得尤为必要。财政收入法包括税法、费用征收法、公债法、国有资产收益法、彩票法等。不同的收入形式有不同的法律基础,政府获得这些收益的依据不同,其对公民财产权的影响程度不同,收入的管理和分配形式自然也不尽相同。

税收是一国财政收入的主要来源,是对纳税人财产权的侵害,故依法规范税收征收行为,保障纳税人权利,就成为税法关注的重点。

费用主要指基于受益负担理论,以现实的和潜在的对待给付为要件,在政府与公民间形成的价格关系和债权债务关系。在我国,政府收费主要包括行政事业性收费和政府性基金,但相对应的法律规范一直不健全,迫切需要将其纳入法治的轨道。

公债作为现代国家财政收入的重要形式,尽管具有弥补财政赤字、调剂季节性资金余缺等功能,但由于其影响到财政的健全性,且涉及代际负担的分配,因此,有必要对公债的发行、审批、流通、使用和偿还等予以立法规范。

国有资产收益是指国家凭借资产所有权而取得的收益。在我国,国有资产收益逐年增加,已成为财政收入的重要组成部分,但其在征收、管理的过程中也存在不少问题。因此,必须完善国有资产收益法律制度,保障国家对国有资产的收益权。

彩票也是筹集财政收入的一种形式。近年来,我国彩票业在获得迅速发展的同时,也出现了不少问题,违法行为屡见不鲜,彩票纠纷大量发生。因此,研究并构建起完善的彩票法律制度,意义重大。

第一节 财政收入法概述

一、财政收入的法律概念

财政收入是财政支出的前提和基础,但何谓财政收入,目前我国学术界看法不一。有的认为,财政收入,也称为"预算收入",是国家运用税收、公债、国有企业上缴利润等财政手段,对社会产品进行分配,由此获得集中于国家预算的资金。财政分配包括两个阶段,即财政收入阶段和财政支出阶段。财政收入作为财政分配的第一阶段,包括两方面的含义:首先,财政收入代表一定量的资金,即政府为了满足支出的需要,依据一定的权力原则,通过税收、国有企业上缴利润等形式集中一定数量的货币收入。其次,财政收入反映一个过程,即国家将分散在各方面的劳动者为社会创造的那部分价值通过多种形式集中起来的过程。同时,它也体现了以国家为一方与其他各个缴纳者为另一方之间的分配关系。[①] 有的认为,财政收入是指政府为了满足国家职能和社会公共的需要,依据一定的原则和方式集中起来的一种货币资金或以货币形式表现的一定量的社会产品。[②] 有的认为,财政收入是指国家为了满足实现其职能的需要,依据其政治和经济权力主要采取税收和国有资产权益收入形式所筹集的一部分社会产品或社会产品价值。[③]

上述有关财政收入的概念,只是一种财政学意义上的界定,未能准确揭示财政收入的本质。财政收入主要源于税收,而税收则是对公民财产权的侵犯。然而,国家为什么可以取得财政收入?有无限制?显然,从上述有关财政收入的表述中无法找到任何答案。我们认为,第一,在充分尊重和保护公民财产权的税收国家,国家提供公共产品和公共服务来源的财政收入必须仰赖公民的部分财产权的让渡。[④] 换言之,财政收入权从本质上来说,是人民之权利。第二,国家取得财政收入是以向社会公众提供公共产品和公共服务为前提,这也构成了国家取得财政收入正当性的基础。第三,无论是国家取得财政收入行为本身还是取得财政收入的范围以及数量等,都必须遵循财政法定原则,亦即要有明确的法律依据且依法定程序进行。

鉴于上述分析,我们认为:所谓财政收入,是指国家为了满足全社会的公共需要,主要基于向社会公众提供公共产品和公共服务等合宪目的,凭借政治权力和经济权力依法取得的一切收入。

二、财政收入的分类

早期市场经济时期,政府的主要收入来自国有资产,因此亚当·斯密将财政收入分为国家资源收入和税收收入。英国的道尔顿则根据收入的征收方式将财政收入分为三类:强制收入,如税收、罚金等;代价收入,如公产收入、公业收入、

[①] 聂庆轶主编:《财政学教程》,立信会计出版社 2002 年版,第 49 页。
[②] 王乐夫、许文惠主编:《行政管理学》,未来出版社 2002 年版,第 282 页。
[③] 胡乐亭主编:《财政学》,中国财政经济出版社 2000 年版,第 216 页。
[④] 刘剑文:《宪政下的公共财政与预算》,载《河南省政法管理干部学院学报》2007 年第 3 期。

自由公债收入等;其他收入,包括专卖收入、发行货币收入、捐献收入等。随着市场经济的发展,国有资产的数量大幅度下降,政府收入转为主要依靠税收,因此税收被单列为独立的门类。印度学者西拉斯按财政收入形式,将财政收入分为两大类:税收收入,包括直接税和间接税;费税收入,指公产和公业收入、行政收入、公债收入等。[①] 国际货币基金组织在《2001年政府财政统计手册》中将政府收入划分为税收、社会缴款、赠与、其他收入四类。我国台湾地区"财政收支划分法"则对国家财政收入作出了具体而明确的规定,共计12类:(1)税课收入;(2)独占及专卖收入;(3)工程受益费收入;(4)罚款及赔偿收入;(5)规费收入;(6)信托管理收入;(7)财产收入;(8)营业盈余及事业收入;(9)协助收入;(10)捐献与赠与收入;(11)公债及赊借收入;(12)其他收入。

我国学术界对财政收入的分类看法不一。有的认为,可按收入的持续与否,将财政收入分为经常性收入和临时性收入。经常性收入是指在连续财政年度可以获得的收入,包括税收、公共收费、公有财产收入和公共企业收入等。或按收入来源渠道将财政收入划分为直接收入与派生收入。直接收入即政府凭借所有权取得的收入,派生收入即政府凭借政治权力取得的收入。还可以按照是否依据权力可将财政收入划分为强制性收入和非强制性收入。[②] 有的认为,公共收入按来源、作用和方式不同,主要有以下三种分类:(1)按收入取得的来源,将公共收入分为公产收入、主权收入、税收收入。(2)按收入取得的连续性和作用,将公共收入分为经常收入和临时收入两类。(3)按收入取得的方式或形式,将公共收入分为税收收入和非税收入。[③] 应该说,这些分类都具有一定的学理价值。

自1949年以来,我国财政收入的划分经历了一个发展的过程。其中具有代表性的,一是《预算法》对预算收入的界定。1994年,八届全国人大通过的《预算法》第19条规定了财政收入的主要形式,具体包括:(1)税收收入;(2)依照规定应当上缴的国有资产收益;(3)专项收入;(4)其他收入。但该法没有明确划分哪些收入属于中央,哪些收入属于地方,而是授权国务院规定,并报全国人大常委会备案。二是将预算外收入逐步改为非税收入。根据财政部2004年发布的《关于加强政府非税收入管理的通知》,非税收入的范围包括:行政事业性收费、政府性基金、国有资源有偿使用收入、国有资产有偿使用收入、国有资本经营收益、彩票公益金、罚没收入、以政府名义接受的捐赠收入、主管部门集中收入以及政府财政资金产生的利息收入等。非税收入将各种机构和组织利用国家信誉、国家资源、国有资产等获取的收入纳入其中,预算外收入则是非税收入的重

[①] 许正中主编:《公共财政》,中共中央党校出版社2003年版,第164页。
[②] 储敏伟、杨君昌主编:《财政学》,高等教育出版社2000年版,第36页。
[③] 王德祥主编:《现代外国财政制度》,武汉大学出版社2005年版,第127页。

要组成部分。① 从预算外收入到非税收入,体现了政府财政管理方式的变化,说明政府从过去重资金管理方式转变到重资金来源渠道。三是2007年政府收支分类改革。经国务院批准,我国于2007年进行了收支分类改革,将政府收入划分为税收收入、社会保险基金收入、非税收入、贷款转贷回收本金收入、债务收入以及转移性收入。这是我国政府收入分类的一次重大改革,对于实现财政预算管理决策的科学化、民主化、规范化,推进公共财政体制建设等都具有十分重要的意义。从涵盖范围来看,改革后的收入分类全面反映了政府收入的来源和性质,不仅包括预算内收入,还包括预算外收入、社会保险基金收入等应属于政府收入范畴的各项收入。②

三、我国财政收入立法评析

自改革开放以来,我国加大了财政收入立法的步伐,制定了一系列相关的法律规范。在税收收入方面,自1994年税制改革至今,相继颁布了诸如《增值税暂行条例》、《消费税暂行条例》、《个人所得税法》、《企业所得税法》等实体税法以及《税收征收管理法》等程序税法。在非税收入方面,目前,主要有国务院1992年制定的《国库券条例》、2009年4月制定的《彩票管理条例》,以及国务院及其有关部委颁布的涉及行政事业性收费、政府性基金等方面的规章和其他规范性文件,如《国务院关于加强预算外资金管理的决定》、《行政事业性收费项目审批管理暂行办法》、《关于行政性收费纳入预算管理有关问题的通知》、《关于加强政府非税收入管理的通知》、《关于加强政府性基金管理问题的通知》、《国有资产收益收缴管理办法》、《国务院关于试行国有资本经营预算的意见》、《关于发行2009年地方政府债券有关问题的通知》、《财政部代理发行2009年地方政府债券发行兑付办法》等。

上述财政收入法律规范的颁行,对于保障和规范国家财政收入,无疑具有十分重要的意义。但需要指出的是,在我国,完善的财政收入法律体系尚未建立,已有的财政收入法律规范也存在诸多缺陷。概括起来,主要表现为:第一,财政收入法律体系不完整。其中,最为主要的如《税收通则法》、《行政收费法》、《政府性基金法》等尚付阙如。第二,财政收入法律规范效力层次过低。如有关税收立法目前主要为国务院制定的行政法规,非税收入主要为国务院有关部委的规章和其他规范性文件。第三,现行财政收入法律规范存在诸多缺陷。如现行实体税法不少规定过于简单、原则,有些规定不尽合理。

财政收入主要作为国家提供公共产品和公共服务的对价,是财政支出的前

---

① 李卫玲:《财政部规范非税收入"预算外资金"提法将消失》,载《科技与效益》2004年第9期。
② 财政部预算司编:《政府收支分类改革问题解答》,中国财政经济出版社2006年版,第15页。

提和基础。因此,世界各国都十分注重通过立法的方式保障国家财政收入。这也是国家维持其存在所必需的。尤其在我国,无论中央政府还是地方政府莫不将发展经济作为首要选择。在这种情况下,如何组织收入以满足建设资金需求,自然就成为政府首先加以考虑的问题。但与此同时,财政收入毕竟源于人民的财产,因此,在保障国家财政收入权的同时,也要规制国家财政收入行为,以保障人民财产权。

我们认为,要实现对国家财政收入行为的立法规制,第一,完善宪法,从宪法层面就国家取得财政收入的目的及其依据作出明确界定;第二,制定《税收通则法》,进一步完善现有实体和程序税收法律制度,构建起以《税收通则法》为龙头的完善的税收法律体系;第三,制定《行政收费法》、《政府性基金法》、《国债法》、《地方公债法》等法律规范,构建起完善的非税收入法律体系。

第二节 税 法

一、法学视野下的税收概念

亚当·斯密于1776年最早回答了什么是税收。他指出:"公共资本和土地,即君主或国家所特有的二项收入源泉,既不宜用以支付也不够支付一个大的文明国家的必要费用,那么,这必要费用的大部分,就必须取决于这种或者那种税收,换言之,人民须拿出自己一部分私人的收入,给君主或国家,作为一笔公共收入。"①继亚当·斯密之后,西方经济学界开始就何谓税收进行了深入研究,但迄今为止看法不一。有的只是揭示了税收的一些形式特征,例如强制性、无偿性等。例如,英国经济学家道尔顿认为,"税收乃公共团体所课的强制捐输,不论是否对纳税人予以报偿,都无关紧要。但也不是因违法所征收的罚金"。日本经济学家小川乡太朗认为:"税收是国家为支付一般经费需要,依据其财政能力而向一般人民强制征收的财物或货币。"②日本财政学者井手文雄认为:"所谓租税,就是国家依据其主权(财政权),无代价地、强制性地获得的收入。"③相对于前述有关税收概念的表述,以下定义则有所突破,至少揭示了税收"公共性"和"不直接偿还性"两个重要特征。例如,美国经济学家塞里格曼认为,"税收是政府对人民的一种强制征收,以供支付谋取公共利益的费用。但此项征收究竟能否给予被强制者以特殊利益,则并无关系"。英国税收专家西蒙·詹姆斯认为,

---

① 〔英〕亚当·斯密:《国民财富的性质和原因的研究(下册)》,郭大力、王亚南译,商务印书馆1974年版,第383页。
② 王传纶、高培勇:《当代西方财政经济理论(上册)》,商务印书馆1995年版,第158—159页。
③ 〔日〕井手文雄:《日本现代财政学》,陈秉良译,中国财政经济出版社1990年版,第254页。

"税收是由政权机构实行不直接偿还的强制性征收"。①

在我国,学术界对税收概念的表述也不尽一致,早期一般依据"国家职能说"来界定税收。如有的认为,税收是国家为了实现其职能,凭借政治上的权力,按照法律规定的标准,对社会组织和个人强制地无偿地取得财政收入所发生的一种特殊分配关系。② 我们认为,以"国家职能说"作为税收征收的理论依据并以此界定税收存在严重缺陷:第一,未揭示税收的本质。这里所存的问题是,国家为什么基于实现职能的需要就可以强制、无偿地占有、取得纳税人的财富,而其他人却不可以。若采此理论,国家极有可能以实现职能需要为借口而随意征税,人民之利益将无法得到应有之保护。第二,不符合公共财政理论。税收作为公共财政之重要组成部分,也应当符合公共财政之"公共性"的特征。而"公共性"所强调的是,财政着眼于满足全社会的公共需要,而不是所谓的国家需要。第三,使广大纳税人误认为税收仅仅是国家的需要,与己无关,客观上不利于调动广大纳税人自觉纳税的积极性。而在西方,税收往往被认为是为了满足包括纳税人自己在内的全社会之公共需要,税收为公共产品的对价。第四,导致纳税人权利义务严重失衡,即纳税人只负有单方面的纳税义务,而对自己缴纳的税款如何被使用、使用是否合理则不得而知。这不仅有悖于权利义务相一致的现代法制原则,而且也在一定程度上导致一些人大量浪费、侵占纳税人缴纳的税款。

随着西方公共产品理论被引入中国,传统的"国家职能说"开始逐渐被"公共需要说"所取代,学界开始重新界定税收。例如,有的认为,税收是国家为满足社会公共需要,凭借其政治权力,依法参与国民收入分配的一种形式。③ 如有的认为,所谓税收,就是国家为了实现其公共职能的需要,凭借政治权力,运用法律手段,强制地、无偿地、固定地集中一部分社会产品所形成的特定分配关系。④

"公共需要说"虽然克服了"国家需要说"的内在缺陷,但二者关于税收的定义均未脱离经济学或财政学的范畴。"由于税法学与财政学分属两个不同的学科,即使是观察同一个社会现象,它们也应该有各自不同的角度。如财政学更多地关心税收资金的运用过程,研究如何提高税收经济活动的效率,减少税收的负面效应;而税法学则更多地着眼于主体之间的权利义务关系,从权利来源的角度考虑纳税人基本权的实现过程,以体现对征税权的制衡和对纳税人权利的保护。如果将二者完全混同,就等于取消了财政学与税法学的学科界限。在目前的情

---

① 杨之刚:《公共财政学:理论与实践》,上海人民出版社1999年版,第208页。
② 潘静成、刘文华主编:《经济法》,中国人民大学出版社1999年版,第353页。
③ 杨萍、靳万军、窦清红主编:《财政法新论》,法律出版社1999年版,第82页。
④ 陈少英主编:《税法学教程》,北京大学出版社2005年版,第4页。

形下,这也就等于取消了税法学的存在价值。"①从法学角度可资借鉴的是,德国1919年12月23日生效的《帝国税收通则》第1条将税收定义为:"公法团体以收入为目的,对所有符合法律规定给付义务之构成要件者,课征一次性或连续性的无对价金钱给付。"该定义被日本早期一些学者所借用。如日本税法学者金子宏教授即认为:"税收是国家以满足公共需求的资金为目的,基于法律的规定,无偿地向私人课征的金钱给付。"②

进一步而言,仅从一般法的角度来解释税收仍嫌不够,还应当从宪法角度重新审视税收。对此,日本税法学者北野弘久教授指出:"传统的租税概念不论有多么尽善尽美,都不会对法实践论产生太大的积极意义。其理由是,这种概念是完全站在国家财政权力的立场上构造出来的租税概念,它无法向纳税人提供富有实践性、建设性的法理。如果他们真正创造一个法实践论的租税概念,那么就该抛弃传统的国家财政权力的立场,回到纳税人的立场上来认真地构筑租税概念。"③也正是基于此,北野弘久教授将"租税"定义为:"国民基于日本国宪法的规定,对符合宪法(福利目的)理念所使用的租税,遵从合宪的法律所承担的纳税义务"。④ 从宪法以及纳税人的角度界定税收,为我们研究税收提供了一个新的视野。

综上所述,我们认为,可以从两个层面对税收加以界定。从国家层面来说,税收是指国家基于向社会提供公共产品、满足社会公共需要等合宪目的,依法向符合课税要件的纳税人固定征收一部分财物的分配活动;从纳税人层面来说,税收是指纳税人基于享有要求政府提供公共产品和公共服务等宪法性权利而依法承担的最低限度的物质性给付义务。

二、税收法律关系的性质

税收法律关系是税法学研究的重要问题,正如金子宏教授所言:"税法学可称为以对税收法律关系进行系统的理论研究为目的的法学学科。"⑤而税收法律关系之权利义务关系,则是税法学区别于税收学的一个重要方面。换言之,税法虽然涉及诸多方面,但其核心为税收法律关系。

关于税收法律关系,我国学术界大多将其界定为"征税机关与纳税人在税收活动中产生的、并由税法确认和调整的、具有权利义务内容的特定的社会关系"。对税收法律关系作这样的表述,从表面上来看似乎并无不妥之处,但其只

---

① 刘剑文、熊伟:《税法基础理论》,北京大学出版社2004年版,第3—4页。
② 〔日〕金子宏:《日本税法原理》,刘多田等译,中国财政经济出版社1989年版,第5—6页。
③ 〔日〕北野弘久:《税法学原论》,陈刚、杨建广等译,中国检察出版社2001年版,第18页。
④ 同上书,第19页。
⑤ 〔日〕金子宏:《日本税法原理》,刘多田等译,中国财政经济出版社1989年版,第18页。

是对法律关系一般概念的借用,问题在于:"权利义务内容的特定的社会关系"到底是一种什么性质的社会关系?无疑,从这样的表述中无法找到任何答案。而要准确界定,就必须探讨税收法律关系的性质。

在德国法学界,就税收法律关系的性质曾经有以下两个学说:(1) 权力关系说。它以奥托·梅耶(德国行政法学家,主要著作有《德国行政法》)为中心的传统学说。该学说把税收法律关系理解为国民对国家课税权的服从关系。在其关系中,国家以优越的权力意志主体出现,以此为理由认为这是典型的权力关系的例证。依奥托·梅耶的观点,税收的课赋,原则上可以通过所谓"查定处分"这一行政行为而进行。查定处分是纳税义务的创设行为,而不是单单是纳税义务内容的确定行为。从这个意义上看,查定处分与刑事判决具有相同的性质。即在刑法中,当出现符合犯罪构成要素的行为时,并不立即出现刑罚权的行使,而是通过判决处以刑罚。同样在税法中,当出现了满足法律确定的抽象要素(课税要素)时,也并不立即产生纳税义务,而是通过查定处分这一行政行为的行使产生纳税义务。(2) 债务关系说。债务关系说是以 1919 年德国《帝国税收通则》①制定为契机,根据阿尔巴特·亨塞尔(德国法学家,著有《税法论》)的主张所形成的学说。这一学说把税收法律关系定性为国家对纳税人请求履行税收债务的关系,国家和纳税人之间乃是法律上的债权人和债务人之间的对应关系。税收法律关系是一种公法上的债权关系。这个见解,是在如今课税被严格地限制在法律规范的范围内,税收法律关系中权力的要素正在退居幕后这一认识的背景下产生的。作为实定法的根据,德国《税收通则法》规定,纳税义务不依课税处分而成立,而以满足课税要素而成立。这一规定就是上述见解的有力的佐证。②

税收权力关系说的形成,与 19 世纪末、20 世纪初期德国特定的历史背景和与此相适应的国家观念遥相呼应。当时德国资本主义发展远比英国落后,力求快速发展,必须依赖国家的保护和干预,国家利益之上的观念占据优势地位,将税收关系理解成一种权力关系也就自然而然了。③但是单纯地强调国家利益至上,容易造成对个体权益的忽视,甚至在某些情况下,国家往往会以国家利益为由随意侵占、处分个人财产。为了矫正国家利益至上而引起的利益不平衡以及维护纳税人利益,债务关系说得以产生。德国的上述学说对日本产生了较大影响,日本学者通过研究形成了自己对税收法律关系性质的认识。其中,最有代表性的有金子宏教授和北野弘久教授。

---

① 该法第 81 条规定:"租税债务在法律规定的租税要件充分时成立。为确保租税债务而必须确定税额的情形不得阻碍该租税债务的成立。"
② 〔日〕金子宏:《日本税法原理》,刘多田等译,中国财政经济出版社 1989 年版,第 18—20 页。
③ 刘剑文主编:《税法学》,人民出版社 2003 年版,第 65 页。

金子宏教授认为,税收法律关系最基本的内容,是国家对纳税人请求所谓税收这一金钱给付的关系,所以把它作为基本的原理性的债务关系来把握,其理由十分充分。不仅如此,债务关系说还就税法如何体系化给予了重要启示。债务关系说为迄今法律学上所一向忽视的"公法上的债务"这一领域带来了光明,构成其中心的税收债务,是对税收要素观念进行研究和体系化的理论,它赋予税法以崭新的地位和体系。但是,由法技术的观点看税收实定法时,将税收法律关系单一地划分为权力关系和债务关系是很困难的,因为税收法律关系中包括各种类型的法律关系,只能理解为有些属债务关系,有些属权力关系。例如,更正、决定和滞纳处分所构成的关系,仅从法技术的角度观察,只能构成权力关系。由此可见,把税收法律关系归于单一的性质是不妥的,莫如理解为它是性质各异的种种法律关系的集中,可以说,这样作为对税收实定法的认识是正确的。但是,更正、决定权和自力执行权之所以保留在税收债权人国家手中,其原因在于它是为确保税款的征收,以期公平分配税收负担的一种措施,这并不能否认在税收法律关系中,基本的和中心的关系仍为债务关系。①对这种学说,我国税法学者将其归纳为"二元说"。

针对金子宏教授的学说,北野弘久教授认为,采用二元论的主张只会使我们整个理论背离研究的主旨。因为二元论无法解答这样一些问题:租税法律关系应以什么为中心?租税法律关系建立的基础是什么?研究租税法律主义关系的中心,从而将租税法律关系的性质归结为公法上的债权债务关系,是我们认为的比较妥当的分析方法。其理由是因为这种观点在与传统行政法学作诀别的税法学中,已将租税法律关系的性质归结为公法上债权债务关系,至少从法实践论角度出发,也要求用债务关系说统一地把握对租税法律关系性质的认识。②

在我国,法学界对税收法律关系性质的研究有一个发展的过程。在早期,对税收法律关系缺乏深入研究,如前所述,只是借用法律关系的一般原理来加以阐释。但无论是学界的观点还是现行税法均未采纳"权力关系说"。例如,大多数学者认为纳税义务是基于纳税人发生了税法规定的行为或事实;从我国实体税收法律的规定来看,也是采取以发生税法规定的行为或事实作为纳税义务产生的根据。如《营业税暂行条例》第12条规定:"营业税纳税义务发生时间为纳税人提供应税劳务、转让无形资产或者销售不动产并收讫营业收入款项或者取得索取营业收入款项凭据的当天。国务院财政、税务主管部门另有规定的,从其规定。营业税扣缴义务发生时间为纳税人营业税纳税义务发生的当天"。

随着日本税法文献的引入,税收法律关系问题才引起了我国税法学者的重

---

① 〔日〕金子宏:《日本税法原理》,刘多田等译,中国财政经济出版社1989年版,第20—21页。
② 〔日〕北野弘久:《税法学原论》,陈刚、杨建广等译,中国检察出版社2001年版,第161页。

视,但时至今日,学界看法不完全一致。有的认为,由于组成税收法律关系体系的各种具体的法律关系,其性质各异,不宜笼统地谈论税收法律关系的性质,而只能具体问题具体分析,分别探讨各个具体的法律关系的性质。税收体制法律关系具有明显的权力关系的性质。税收征纳实体法律关系类似于私法上的债务关系,但又不同于私法上的债务关系,因为它是以国家的政治权力而不是以财产权力为权利基础的,是一种公法上的债务关系。税收征纳程序法律关系具有命令与服从的性质,即权力关系的性质。[1]也有的认为,将税收法律关系界定为单一的债务关系和分别界定为债务关系和权力关系都具有其制度建设和学术研究的价值。因此,可以从两个层面对税收法律关系的性质予以界定。在抽象的层面,将税收法律关系的性质整体界定为公法上的债务关系,在具体层面上,也就是法技术的层面,将税收法律关系的性质分别界定为债务关系和权力关系。[2]

我们认为,对税收法律关系不能不加区别地加以认定。换言之,应当根据税收法律关系的内容及其范围加以界定。而问题的关键是,税收法律关系的主体范围到底有哪些?如果仅仅将税收法律关系的主体界定为国家与纳税人,那么其法律关系的性质就比较简单。实际上,除了国家这一主体外,还有其他国家机关、税收征收机关等。具体来说,税收法律关系主要包括:(1)国家与纳税人之间的税收宪法性法律关系;(2)相关国家机关之间发生的税收权限划分关系;(3)税收征纳双方之间的税收实体法律关系;(4)税收征纳双方之间的税收征收程序关系。其中,税收征收机关与纳税人之间的税收征纳关系是税收法律关系的核心。就国家与纳税人之间的关系而言,如果从宪法的角度来看,两者之间属于权力关系;从税收的角度来看,两者之间属于公法上债务关系;就相关国家机关之间的权限划分关系而言,应当属于权力关系;就税收征收机关与纳税人之间的关系而言,税收征纳实体关系属于公法债务关系,税收征纳程序关系属于权力关系。

需说明的是,虽然应当对税收法律关系的性质作具体区分,但从整体上可以将税收法律关系界定为公法债务关系。将税收法律关系界定为公法债务关系具有积极意义。一方面,不仅可以明确征纳双方权利义务的性质,而且还可以将税收之债置于一般之债之前并使其获得特殊保护。也正是基于这样的理念,故在破产案件中,税款优先于其他债权而获得清偿。另一方面,可以引入私法的一些制度,例如优先权、代位权、撤销权、担保权等,以私权来抗衡国家公权,从而更好地维护纳税人之利益。

---

[1] 翟继光:《税收法律关系研究》,载《安徽大学法律评论》2002年第2卷第2期。
[2] 刘剑文主编:《税法学》,人民出版社2003年版,第69—70页。

三、税法的体系

税法体系是指由一国不同税收法律规范所构成的、各部分有机联系的统一整体。一个健全的税法体系,至少应具有结构上的完整系统性与内在的有机联系性这两个特征。[①]

(一)我国现行税法体系及其存在的问题

1. 我国现行税法体系

在我国,随着税制改革特别是1994年税制改革,建立起以流转税、所得税为主体的复合税体系,并随之颁布了一些税收法律法规,税法体系得到初步确立。从内容上来看,主要体现为:(1)税收实体法。在各单行税法中,实体法构成我国现行税法体系的基本组成部分,它由二十多个税种组成。其中,个人所得税、企业所得税是采用税收法律形式,其他税种(包括增值税、消费税、营业税、房产税、车船税、车辆购置税、土地增值税、耕地占用税、城镇土地使用税、契税、印花税等)都是采用条例或暂行条例、办法等形式。(2)税收程序法。税收程序法是指税务管理方面的法律,主要包括税收征收管理法、发票管理法、税务机关组织法、税务争议处理法等。此外,行政处罚法、行政复议法、行政诉讼法等也是解决税务行政纠纷案件的依据。(3)税收管理体制法。如国务院《关于实行分税制财政管理体制的决定》就税收收入的划分作了规定。

2. 我国现行税法体系存在的问题

上述税收法律法规的颁行,对于实现以法治税、保证国家财政收入等都具有十分重要的意义。但需指出的是,不仅现行税收法律存在诸多问题,而且完整的税法体系也尚未形成。主要表现在以下几个方面:

(1)税收在宪法中的缺失

从现行《宪法》来看,涉及税收的只有一条即第56条规定:"中华人民共和国公民有依照法律纳税的义务。"相反,从国外来看,不少国家在宪法中对税收做了原则规定。如比利时《宪法》规定:"国家税必须通过立法才能规定。省、城市、市镇联合体和市镇地方税,非经各自议会作出决定,不得征收。"税收在宪法中的缺失,不仅导致税收立法没有最高法的依据,而且也不利于协调国家与纳税人之间的关系尤其是对纳税人权利的保护。

(2)对税法的基本问题缺少集中统一的规定

这不仅导致了现行税收立法缺乏系统性,而且也导致了税法适用的紊乱。比如在对税收法律、法规解释权限上,有的规定由财政部负责解释,有的则是授权财政部制定《实施细则》,通过《实施细则》把各项单行税法中的原则具体

[①] 汤贡亮:《对制定我国税法通则的思考》,载《中央财经大学学报》2003年第3期。

化,明确实施程序和措施。结果就形成了有的实施细则在内容上取代了主法规。这种由行政部门制定实施细则并负责解释的做法,实质上是违背了谁立法谁解释的法制原则,并且也给基层税务机关层层扩大解释权提供了"合法"依据。①

(3) 中央立法机关与中央行政机关间的税收立法权限划分不明

作为根本大法的宪法没有关于税收立法权限的明确划分。《税收征收管理法》只是规定,税收的开征、停征以及减征、免征、退税、补税,必须依据法律的规定或法律授权的国务院的行政法规的规定进行,但没有明确规定国家权力机关和国家行政机关在税收立法权问题上的分工。尽管《立法法》确认了全国人大及其常委会的税收立法权,并且明确规定税收基本制度的立法表现形式是"法律",但这一规定实际上默许了在有关税收的具体制度和规则方面,国务院为贯彻税收法律规定的基本制度,可以依法制定有关规定税收具体制度和规则的税收规范性文件。况且,何谓基本制度、何谓具体制度虽然在理论上容易分清,但在立法实践中往往模棱两可。②

(4) 在统一税法、集中税权时,忽视授予地方税收立法权

我国目前几乎所有税种的税法、条例及实施细则都由中央制定和颁布。税收立法权高度集中,不符合我国分税制改革的取向以及分级财政的现实,削弱了地方政府开辟税源、组织收入、调节经济的积极性。

(5) 现行税法立法呈现立法行政化的趋势

目前,除税收征收管理法、企业所得税法、个人所得税法等是由国家立法机关——全国人大或其常委会制定的以外,其余税法大多是由国务院及其财税主管部门制定的暂行条例和暂行规定等。税收立法行政化,不仅直接影响了税法的效力等级及税法应有的严肃性、权威性,而且也不利于维护纳税人权益。执法机关自己制定法律自己执行,必然导致税收立法在价值取向上更多强调税收征收机关的征管权以及纳税人的义务、责任,而对如何维护纳税人权益考虑不周,税收执法也会产生较大的随意性。与此同时,法律未占主导地位导致了行政法规实际上居于主导地位,后者的制定机关利用行政权力剥夺了地方的立法权,侵蚀了国家的立法权。③

此外,我国现行实体及程序税法还存在诸多缺陷,一些需要制定的税法如社会保障税法、遗产与赠与税法等尚未出台。

---

① 刘志诚主编:《社会主义税收理论若干问题》,中国财政经济出版社1992年第1版,第445页。
② 姚海珠、熊伟:《完善我国现行税收立法权体制》,载《行政与法》2004年第5期。
③ 刘剑文:《税法专题研究》,北京大学出版社2002年版,第151页。

（二）我国税法体系完善的建议

1. 税收入宪

税收入宪之所以是不少市场经济国家的选择，其原因主要在于，宪法从本质上来说，是一部权利保护法案，亦即如何对私主体的权利从宪法角度予以保障。宪法的目的在于保障公民权利、限制公共权力、增进公共福利和实现社会公正，"私有财产神圣不可侵犯"为不少国家宪法所明确规定。而税收则是对私主体财产权的直接侵犯。在作为行政权之重要组成部分的征税权不断强化的情况下，如何维护处于弱者地位的纳税人的利益，是宪法必须加以考虑的。

我国2004年修改《宪法》并于第13条规定："公民的合法的私有财产不受侵犯。国家依照法律规定保护公民的私有财产权和继承权。国家为了公共利益的需要，可以依照法律规定对公民的私有财产实行征收或者征用并给予补偿。"这是我国第一次以宪法的方式规定了对私有财产权的保护。但令人遗憾的是，宪法未对税收加以原则规定。这使得宪法保护私有财产的效果大打折扣。事实上，国家对公民财产权的侵犯经常表现在税收领域。鉴此，税收入宪显得不可或缺。

当然，宪法作为一部根本大法，不可能对税收问题作出详细规定，相反只能就税收问题作出原则性、概括性规定，其目的主要在于为税收立法提供法律依据。我们主张，在宪法"总纲"中作出规定比较适合。具体来说，一是规定税收法定原则，亦即"未经立法并有明确的法律依据，国家无权征税，任何人也不得被强制要求纳税"；二是将《宪法》第56条修改为"中华人民共和国公民在遵从宪法规定并在依法享有宪法赋予的各项权利的前提下履行纳税义务"。

2. 确立税法基本原则并以此构建税法体系

我国税收立法之所以存在上述诸多问题，与税法基本原则的长期缺位不无关系。可以说，原则是一部法的灵魂和核心，一部法的基本内容的选择及其确定，应当根据该原则来进行。但令人遗憾的是，学界虽然就税法基本原则作了较为深入的探讨，但税法原则长期处于立法缺位状态。现行不少税收法律规范存在的问题，莫不与此有关。鉴此，探讨税法的基本原则并将其立法化，就显得尤为必要。关于税法基本原则，日本不仅在宪法中作了原则规定，而且在《国税通则法》中作了进一步明确规定。这种立法模式值得我国借鉴。

3. 选择科学合理的税收立法模式

就一国而言，究竟应采取何种税法体系，与该国的税制结构、整个法律体系的结构不无关系。归纳起来，各国税法体系大体上有三种模式：一是宪法加税法典模式。其代表是美国和法国，它将主要的税收共同性问题直接在宪法中规定，其他税收问题基本上由税收法典来规范。如美国的《国内收入法典》长达九千多条，对税法作了比较全面的规定。二是宪法加税收基本法加各单行税法模式。

即在宪法与各单行税法之间设立一部对各单行税法起规范和指导作用的税收基本法,将共同性的税收基本问题在税收基本法中加以规范。例如日本除了《宪法》对税收作了原则规定以及就实体税收制定单行法之外,于 1962 年 4 月 2 日颁布了《国税通则法》,共 10 章 127 条,就国税的基本事项与共同事项作了详细规定。三是宪法加各单行税法模式。亦即在宪法中首先对税收作出原则规定,其他通过各个单行税法加以调整。

就以上三种模式而言,第二种模式值得我国借鉴。第一种模式亦即用税收法典的形式来对税收问题加以规定,当然可以使得税法体系完整,也可以避免税收法律规范之间的重复和不协调甚至矛盾,但我国目前直接借鉴的难度较大。一是税法典的内容庞大复杂,要求具备很高的立法技术,在我国目前立法水平不高以及税法理论研究薄弱的情况下,要做到这一点很难;二是制定税法典要求该国经济体制尤其是财税体制已经稳定,或者说不至于处于经常变动之中,而我国经济体制以及财税体制改革正在进行。与第一种模式相比,第三种模式虽为大多数所采用,但这种立法模式存在难以克服的缺陷。由于缺少基本法的规范,不仅使得税法的基本问题例如税法的原则、税法的制定、修改、解释以及税的开征、停征等处于无法可依的局面,而且长期也会给税收立法以及税收实践带来困难。因此,第二种立法模式比较符合我国国情。

4. 明确税收立法权限,规范授权立法

授权立法是指国家立法机关依据实际需要,将特定事项的立法权授权给其他国家机关组织行使,并由被授权者制定相关法律规范的活动。授权立法作为一种特殊的立法形式,已为现代国家广泛采用。[①] 我国现行《立法法》虽然就授权立法问题作了相应规定,但在授权立法的主体、程序、监督方面存在很多问题。目前,国务院制定税收法规的权力,来自于第六届全国人大常委会第七次会议《全国人民代表大会常务委员会关于授权国务院改革工商税制和发布有关税收条例(草案)的决定》的授权,是一项在特殊时期取得的临时性的权力,而非宪法规定的固有权力。

无论从《授权决定》还是从《立法法》的规定来看,授权的目的在于"经过实践检验,制定法律的条件成熟时,国务院应当及时提请全国人民代表大会及其常务委员会制定法律",而不是把税收制度的立法权永久赋予了国务院。从实践来看,1993 年底,国务院出台了一系列"税收暂行条例",对增值税、消费税、营业税、资源税等税种的征税对象、税目、税率、纳税期限等实体事项作出规定,财政部也紧跟着发布了相关税种的实施细则。但遗憾的是,对这些税收立法事项,国务院没有任何立法依据,既没有全国人大及其常委会制定的法律为依据,也缺少

---

① 龚祥瑞:《比较宪法与行政法》,法律出版社 1985 年版,第 437 页。

国家立法机关的专门授权。①

根据税收法定原则,我们认为,税收法律规范更多应当由全国人大及其常委会制定,亦即涉及税收方面的基本法律应当由全国人大及其常委会行使立法权,国务院只是在授权范围内行使税法实施的解释权。与此同时,也要赋予地方相应的税收立法权,使得地方能够根据本地实际决定某些地方税的开征、停征等。

此外,我国税法体系的完善,还有必要进一步提高税收法律的效力层次,亦即将现行的以《暂行条例》出现的税收实体法尽快地上升为税收法律,提升税法的效力级次,以实现税法的权威性、严肃性和稳定性。与此同时,尽快完善现行税收法律规范,例如流转税法、所得税法、财产税法等;尽快制定包括遗产税、社会保障税、证券交易税等税收法律,为这些税的开征提供法律依据。

拓展阅读

我国税收立法体制之完善

税收立法体制主要是规定税收立法权限在一定的国家机关之间划分的制度,其核心是明确中央和地方之间有关税收立法权限的划分问题;在复合立法体制下,还包括税收立法权限在权力机关与根据授权的行政机关之间划分的问题。

我国现行税收立法体制呈现出多元化和多级化的特征。所谓多元,是指我国税收法律规范,既包括由国家权力机关制定的,又包括授权由国家行政机关制定的,是一种税收立法权限的横向分配方式;所谓多级,是指我国税收立法权限在中央政权机关和地方政权机关之间进行划分,是一种税收立法权限的纵向划分方式。由此,我国已初步构建了一个横向协作配合关系和纵向效力从属关系相统一的税收立法体制。

我国目前的税法体系以税收行政法规为主、税收法律为辅,虽然这是由我国现阶段的政治、经济发展形势所决定的,是我国税法体系的一个突出的阶段性特征,但从长远来看,我国最终是要构建一个以税收法律为主、税收行政法规为辅的税法体系,而这都有赖于税收立法体制的进一步改革和完善。

具体来说,我们认为,应当从纵、横两个方面来完善我国现行税收立法体制:

1. 在纵向效力从属关系上要合理、适度划分中央与地方税收立法权限,赋予地方必要的权力。具体而言,就是主要税法,包括税收基本法,中央税、中央地方共享税,如关税、消费税、增值税、资源税、证券交易税等税种的实体法,以及税

---

① 宋丽:《民主视野下的中国税收立法》,载《财税法论丛》第2卷,法律出版社2003年版,第30页。

收征收管理、税务行政复议、税务代理、发票管理等主要税收程序法的全部立法权集中在中央。对于地方,可在若干限定条件下经国务院或者全国人大立法授权,赋予地方对地方性税收法规的立法权;同时在不违背国家税收法律、法规的前提下,通过地方立法程序制定一些加强地方税收征收管理的办法和规章。在若干限定条件下赋予地方开征新税种的权力,既体现在统一指导下兼顾局部利益的灵活性,又反映在集中指导下赋予地方必要的权力,还可改变目前许多地方因无开征新税种的权力而变相地开征一些具有税收性质与作用的"费"和基金的做法。

2. 在横向协作分配关系和立法形式方面,合理划分权力机关与行政机关之间税收立法权限。(1)税收基本法由全国人大制定。(2)属于中央立法权限的大部分税种,由全国人大及其常委会制定法律,其实施细则由全国人大授权国务院制定;属于中央立法权限的其他税种,因条件尚未成熟需要采用暂行条例等过渡形式的,由国务院制定,其实施细则应由财政部或省级人民政府制定。(3)属于地方立法权限的各个税种,由省级人大制定法规,其实施细则由省级人民政府制定。(4)对于税收程序,条件成熟的,由全国人大及其常委会制定法律;条件尚未成熟而需要采用过渡性法规形式的,由国务院制定行政法规,其实施办法由国家税务总局或省级人民政府制定。①

第三节 费用征收法

一、财政法意义上的费用

财政法意义上的费用简称费,它可以从广义和狭义两个层面上理解。在狭义的层面上,费是指基于受益负担理论,以现实的和潜在的对待给付为要件,在政府与公民间形成的价格关系和债权债务关系,具体而言,包括规费和受益费两种;在广义的层面上,费还包括基于特定经济社会政策需要,以专项基金方式收取和使用的各种政府性基金,也就是德国法和我国台湾地区所称的特别公课。②所谓特别公课,并非为了满足一般的国家财政需要而对一般国民所课征,而是为了特定任务之财政需要,而对于特定群体所课征的负担,其经常流入特别基金,而不流入公共预算中。③

现代国家为"租税国家"。税收是政府参与国民收入分配的主要形式,但政

---

① 刘剑文、李刚:《试论我国税收立法体制之完善》,http://www.cftl.cn/show.asp?c_id=22&a_id=2948,2009 年 8 月 4 日访问。
② 刘剑文、熊伟:《财政税收法》,法律出版社 2007 年版,第 65 页。
③ 陈清秀:《税法总论》,台湾元照出版公司 2006 年版,第 77 页。

府仅有税收的调节是不够的,通过收费可以对分配的调节起到补充作用,可以更好地将有偿使用公共消费品使用者的权利与义务对应起来,体现受益与负担的公平性。与此同时,费也是保证政府提供公共服务的必要财力支撑。[1]

从行政法学意义上来说,征税与收费都是行政行为[2],且费与税都是一国财政收入的重要组成部分。但费与税在性质等方面却存在较大差异。概括起来,主要表现为:第一,税收是公共产品的对价,而费则是对国家提供的受益范围确定、受益差异明显的准公共物品的生产费用的补偿。第二,税收具有无对价给付性,而费则是有偿的。公共收费的有偿性表现为受益与支出直接对应,一方面说明缴费者在缴纳公共收费的同时能够从公共部门的公共管理性服务中直接得到好处(如使用某种准公共物品或服务)或使自己获得某一生产经营资格并能够从中直接获益(如签证许可收费、商标注册费等);另一方面也要求公共部门收取公共收费的同时,必须提供相应的公共管理服务。[3] 第三,税收强调的是量能课税,即要求个人的税捐负担,应按照税捐义务人可以给付税捐的能力,加以衡量。[4] 而费是向受益者收取的代价,遵循受益者负担原则。收费是与确定而具体的消费联系在一起,是否交费,交多少费,取决于消费的数量,因而遵循有偿和受益原则。[5] 第四,税收具有相对稳定性,税法一经颁行即具有法律约束力,非依法律规定,税收征收机关无权不征税,也不得随意减免税。这也是税收法定原则的应有之义。而费具有灵活性,其由政府及其有关部门根据实际情况灵活确定。此外,两者在征收主体、使用范围上也不完全相同。

总体上说,规范化的收费主要有两种,一是规费(Fees),二是使用费(User Charges)。前者是政府为社会成员提供了一定的服务或者进行了特定的行政管理活动而收取的工本费和手续费,如执照费等;后者则是政府对使用公共设施的社会成员按照一定的标准收取的费用,如公园门票、高速公路使用费等。[6]

在我国,根据《价格法》规定,收费包括国家机关收费、公用事业收费、公益服务收费、中介机构收费、经营服务收费五种。但广义的收费还包括基金等。2007年,我国对政府收支分类进行了改革,其中,将"非税收入"按收入形式分设8款:政府性基金收入、专项收入、彩票资金收入、行政事业性收费收入、罚没收入、国有资本经营收入、国有资源(资产)有偿使用收入、其他收入。与费有关的主要是行政事业性收费和政府性基金。

---

[1] 刘仲初:《政府收费问题研究》,载《经济研究参考》2006年第21期。
[2] 李铠、肖子策:《论费税关系及行政收费法治化》,载《浙江社会科学》2002年第3期。
[3] 李岩:《"费改税"问题研究》,东北林业大学2004年博士论文,第10页。
[4] 陈清秀:《税法总论》,台湾元照出版公司2006年版,第23页。
[5] 靳俐:《澳大利亚政府收费管理:理论分析与借鉴意义》,载《亚太经济》2003年第6期。
[6] 高培勇:《财政税务部门的历史责任——由费改税引发的思考》,载《中国人民大学学报》2000年第1期。

拓展阅读

费用征收的理论依据

费与税尽管属于两个不同的范畴,但费的征收也涉及国家与公民之间的利益分配和调整,影响到公民财产权的安全。那么,国家或者作为国家之代表的政府为何可以征收相关费用呢?这就要考察费用征收的理论依据。对此,我国学术界一般将其界定为以下三个方面:

1. 准公共物品分配效率最大化理论

公共物品有纯公共物品和准(混合)公共物品之分,前者在消费上具有非排他性和非竞争性,而且存在效用的不可分割性。后者则具有公共物品和私人物品的双重性,其非竞争性和非排他性相对较弱。由于公共物品具有可共同消费的特点,许多人不付费也能消费,便导致"免费搭车"现象,如果要采取排斥措施,往往技术上做不到,或者即使能够做到,排斥成本也十分高昂。而非税收入则是政府提高公共物品效率的重要途径,可以减少"免费搭乘"现象。比如,公路、高等教育等准公共物品如若完全由政府以税收方式筹资然后免费提供,易导致过度消费,造成消费拥挤,降低分配效率;而如果完全由市场提供,则又会造成商品供给量低于社会效率水平,导致社会福利损失。以收费方式提供,虽然要承担一定的排他成本(如设立收费站、围墙等),但可有效限制消费量,避免拥挤状态和拥挤成本,从而促使这类物品的分配效率和社会福利实现最大化。公共收费也有助于公共部门灵活、便利地履行社会职能和实施一些必要调控。对于那些具有较强区域性或时效性的公共服务,如某些社区公共事务、一次性公共服务、个别污染行为的治理和高峰时期道路交通拥挤现象的缓解等,可以通过收费机制,实现有效的规制和必要的筛选。[①]

2. 负外部效应矫正理论

在现代社会,微观主体的行为会对外部环境产生正的或负的效应。由于"外部效应"损益的大小及范围难以确定,因此受"外部效应"影响者不可能因获益而向生产"外部正效应"者付费,也不可能因受害而向产生"外部负效应"者索赔。这必然造成环境的恶化。对此,由政府出面按社会治理"外部效应"的所需成本来核定收费,可以有效地修正社会成本与微观成本的差距,使生产"外部负效应"者负担真实的活动成本,从而从利益机制上约束其产生"外部负效应"。如排污费、交通违纪和事故处理费、各种罚没款等。这类惩罚性收费旨在修正微

[①] 贾康、刘军民:《非税收入规范化管理研究》,载《公共经济评论》2003年第12期。

观成本与社会成本的差额,故其收费标准可按治理成本,即社会边际成本与微观边际成本之差来核定。①

3. 受益者负担理论

在行政管理过程中,行政主体如就特定事务发生特别支出会使部分社会成员得到特别收益,因此应该根据收益大小和服务成本,由直接的受益者承担由特别活动引起的特别支出,这便是"谁受益谁负担"理论,也可叫做"行政特别支出补偿"理论。受益负担理论是现行行政收费制度的主要支撑点之一,与前述两种行政收费理论相比较,它有两大特点:存在于行政主体向特别相对人提供"准私人产品"的领域,如自来水、管道煤气供给,这些产品的消费不会产生巨大的"效应外溢",向受益者收费还有利于资源节约;与行政主体特定的行政职能密切联系,但收费本身并不是该行政职能的主要内容,而是"附带性"的,如许可证费、注册登记费,行政机关的主体行政行为分别是行政许可行为和注册登记行为,收费并不是该行政行为的必要内容,其存在理由是遵循"谁收益谁负担"理论,避免"免费相送"产生的显失公平后果。行政特别支出补偿理论运用于行政主体向特别的相对人提供特定服务并使其收益的领域。② 准公共物品具有消费非竞争性或受益非排他性,换言之,公民对于这类公共物品的享受存在消费或收益的差异,如果采用税收形式,由全体公民来共同承担,则侵犯没有消费或少消费的公民的利益,使未受益者多负担,受益者少负担,违背社会正义的观念,甚至危害公平竞争的市场环境。因此,政府收费作为准公共物品资金筹集的基本方式,既具备实际操作性,又符合正义标准,从而具有正当性基础。③

4. 国有资源产权界定理论

公共资源是稀缺的,如大家都可开采使用的地下水、可自由放牧的草地等。其产权是归属于国家或集体所有的,实际上却由许多微观主体占用、使用和经营,并从中获益。由于公共资源具有非排他性的所有权特征,利用这些资源时一般不需支付任何代价,因而微观主体从私人动机出发自由地利用这些资源时,很容易导致对公共资源的过度使用、低效率使用和浪费,并且过度利用会使任何利用它的人都无法得到实际的好处。因此,政府必须采取有效的措施来促进公共资源的合理使用。政府一般通过对公共资源的使用征收资源税或类似收费或采取颁发许可证的方式。这样一方面可以使一些资源使用效益不高的使用者排除在外,从而使物尽其用;另一方面,收费的存在也将内在制约使用者的行为,以消除公共资源的损失和浪费的情况。对公共资源的使用进行收费,意味着资源使

---

① 樊丽明:《财政学》,高等教育出版社2002年版,第282页。
② 贾康、刘军民:《非税收入规范化管理研究》,载《公共经济评论》2003年第12期。
③ 闫海:《地方政府收费:一个宪政分析框架》,载《地方财政研究》2007年第9期。

用权的转让,又意味着获得对"让售"部分资源使用权的补偿。对需要使用公共资源的生产者或消费者而言,通过让其付费以从资源的使用中获得收费,也是合理的和可行的。①

二、行政性收费法

(一)行政性收费的内涵、特征

关于行政性收费,国家物价局、财政部1988年发布的《关于加强行政事业性收费管理的通知》规定:"行政性收费是指国家机关、事业单位为加强社会、经济、技术管理所收取的费用。事业性收费是指国家机关、事业单位为社会或个人提供特定服务所收取的费用。"财政部1994年发布的《关于行政性收费纳入预算管理有关问题的通知》中规定:"行政性收费是指国家行政机关、司法机关和法律、法规授权的机构,依据国家法律、法规行使其管理职能,向公民、法人和其他组织收取的费用。行政性收费包括管理性收费、资源性收费和证照性收费。"中共中央办公厅、国务院办公厅1993年转发的财政部《关于对行政性收费、罚没收入实行预算管理的规定的通知》中规定:"行政性收费包括:国家行政机关、司法机关和法律、法规授权的机构依据国家法律、法规行使其管理职能,向公民、法人和其他组织收取的费用。"财政部、国家发展改革委2004年发布的《行政事业性收费项目审批管理暂行办法》第3条规定:"行政事业性收费是指国家机关、事业单位、代行政府职能的社会团体及其他组织根据法律、行政法规、地方性法规等有关规定,依照国务院规定程序批准,在向公民、法人提供特定服务的过程中,按照成本补偿和非盈利原则向特定服务对象收取的费用。"财政部2004年发布的《关于加强政府非税收入管理的通知》的定义与《行政事业性收费项目审批管理暂行办法》相同。

从上述规范性文件规定来看,有的就行政性收费和事业性收费分别加以界定,有的将其作统一界定。相对而言,最后两个规范性文件的界定有很大进步,也比较准确。第一,明确了行政事业性收费的主体为国家机关、事业单位、代行政府职能的社会团体及其他组织;第二,强调依法进行;第三,将原先单纯强调"管理"修改为"服务",标志着我国行政管理以及行政事业性收费理念的调整;第四,明确了收费的原则——"成本补偿原则"和"非盈利原则";第五,将收费的对象明确规定为"特定服务对象",体现了"受益负担原则"。但其缺陷在于未明确行政收费的性质。我们认为,所谓行政性收费,是指国家行政机关以及授权行使政府职能的单位基于向公民、法人或者其他组织提供特定服务而依据成本补

---

① 李轩红:《政府收费的理论分析》,载《中国财经信息资料》2004年第8期。

偿、非盈利等原则依法向其收取费用的行政行为。行政性收费具有以下几个特征：

1. 补偿性

行政性收费固然可以增加财政收入，但财政收入不是行政性收费的目的。行政性费用旨在对其向特定的社会成员提供了准公共物品或者服务后付出的成本费用的补偿。相反，如果以财政收入为目的，那么，在实践中政府极有可能以财政收入需要为名而随意收费。

2. 行政性收费对象的特定性

税收征收具有普遍性的特点，亦即一切具有纳税能力的人都应当履行纳税义务，因而也决定了税收是一国财政收入的主要来源。而行政性收费的对象只能是接受政府提供准公共产品或者服务的公民、法人或者其他组织，遵循"受益者负担"原则。

3. 法定性

行政性收费的法定性，一是指行政性收费主体法定，亦即只有行政性收费权的法定行政机关和法律、法规授权的组织才有权收费；二是收费范围和标准法定，亦即行政机关和法律、法规授权的组织必须在法律、法规规定的收费范围内按照法定的标准收费；三是收费程序法定，行政机关和法律、法规授权的组织收费必须遵循正当的法律程序；四是责任法定，亦即行政机关和法律、法规授权的组织必须依法收费，否则就要承担相应的法律责任。

4. 非强制性

如前所述，根据"受益者负担"原则，政府只有向社会成员提供准公共产品或者服务之后，才能向其收费。而对政府提供的准公共产品或者服务，社会成员则应享有自愿选择是否接受的权利，因此，行政性收费具有非强制性特征。

（二）我国行政性收费存在的问题

1. 行政性收费缺乏基本的法律依据

在我国，目前大量行政性收费依据的是效力层次较低的政府规章甚至是规章以下的其他规范性文件。有关部门的一项初步统计显示，全国有涉及行政性收费的法律文件共有7000多件，但严格意义上的法律只有30余件，行政法规规章有40件左右，余下的7100多件，都是被俗称为"红头文件"的部门和地方规范性文件。[①] 由此可见，我国行政性收费有相当一部分是来自于行政机关的自我授权。而从境外来看，不少国家或者地区针对行政性收费都制定了专门的法律，如德国、日本的《行政收费法》以及我国台湾地区的《规费法》等。在我国，虽然制定行政性收费法早就列入了十届全国人大常委会的立法规划，但因牵涉到

---

① 尹鸿伟：《告别"收费政府"还有多远》，载《南风窗》2007年6月12日。

各方利益而导致该法迟迟难以出台。

2. 收费规模庞大,肢解财政收入

从国家财政视角,行政性收费是政府在税收之外参与国民收入分配,保证政府充分行使职能的补充财源。在西方市场经济国家,政府行政性收费占财政收入的比重一般不超过10%。如德国1994年各项收费收入占财政收入的8.1%,美国1995年政府非税收入在预算中的比重为7%。① 而在我国,行政性收费占据财政收入的比例显然过高。如2000—2003年江西全省行政性收费总额分别为89973万元、123165万元、150443万元、182076万元,分别比上年增长16.85%、36.89%、22.15%和21.03%;占当年地方财政收入的比重分别为8.07%、9.33%、10.7%和10.83%,呈逐年上升之势。2003年与2000年相比,全省行政性收费总额增长102.37%,而同期全省地方财政收入仅增长50.75%,这表明行政性收费增长快于财政收入的增长。② 行政性收费占比过高,产生了费挤税、侵害公民财产权等诸多危害后果。

3. 行政性收费设定和实施主体混乱

行政性收费涉及公民财产权这一至关重要的基本权利,所以,在一切实行法治的国家,对于行政性收费的设定和实施有着严格的法律限制,通常对行政性收费实行法律保留,即只有议会通过的法律才能规定行政性收费,同时也只有法律规定的行政机关才具有收费权。但在我国,由于对行政性收费缺乏统一的法律规定,各级政府甚至职能部门均有权设立行政性收费,导致了机构林立、收费项目繁多的混乱局面。③

4. 有关行政性收费的规定不透明

收费的法律依据不公开、不透明,很多的收费权所依据的是行政机关内部文件和规定,有的甚至是已经被废止的内部规定仍在作为收费依据使用。在很多

---

① 裴智勇:《靠什么终结行政乱收费?》,http://npc.people.com.cn/GB/28320/41246/41339/5825518.html,2007年6月5日访问。
② 江西省价格理论研究所课题组:《行政收费规范化管理问题研究》,载《价格月刊》2005年第7期。
③ 叶民英、胡海:《规范政府行政收费的法律对策研究》,载《重庆行政》2008年第6期。
1996年《国务院关于加强预算外资金管理的决定》要求,行政事业性收费要严格执行中央、省两级审批的管理制度。收费项目按隶属关系分别报国务院和省、自治区、直辖市人民政府的计划(物价)会同财政部门批准,重要的收费项目和标准制定及调整应报请国务院或省级人民政府批准。省、自治区、直辖市人民政府批准的行政事业性收费项目和收费标准报财政部、国家计委备案。省、自治区、直辖市以下各级人民政府(包括计划单列市)及其部门无权审批设立行政事业性收费项目或调整收费标准。行政性收费中的管理性收费、资源性收费、全国性的证照收费和公共事业费,以及涉及中央和其他地区的地方性收费,实行中央一级审批。国家法律、法规中已明确的收费,具体征收管理办法的制定和修改由财政部、国家计委会同有关部门负责。地方性法规已明确的收费,具体征收管理办法的制定和修改由省级财政、计划(物价)部门会同有关部门负责。未按规定报经批准的或不符合审批规定的各种行政事业性收费,都属乱收费行为,必须停止执行。虽然国务院对行政性收费的审批和设立作了限制性规定,但在实践中却难以得到真正执行。

情况下缴费的人根本不清楚哪些该交,哪些不该交,更搞不清楚他们缴纳的这些费用有多少是真正交给了国家,有多少是真正用在所谓的交费项目上。面对名目繁多的行政性收费,公民、法人等行政相对人往往无从知晓,不知道哪些是属于合理收费,哪些属于违法收费。行政性收费项目的废止或收费标准的变更也缺乏公开性。①

除上述问题外,我国行政性收费还存在违法侵占、挪用行政性收费资金以及对行政性收费监管不力等问题。

(三) 规范我国行政性收费的法律建议

从本质上来说,行政性收费是行政主体利用公权力强制剥夺公民财产权的一种方式,故行政性收费是否合法、合理,涉及公民私有财产权能否得到有效保护。为解决上述我国行政性收费存在的问题,我们建议:

1. 制定《行政收费法》

制定《行政收费法》,不仅可以弥补我国行政性收费立法的空白,而且更为重要的是可以依此规范、约束政府行政性收费行为。亦即该法制定的目的,旨在规范、约束行政性收费行为,加强对行政性收费的管理,维护公民、法人以及其他组织的合法权益。其内容至少应当包括行政性收费的原则、范围、行政性收费权的设定与行使、行政性收费的主体和对象、行政性收费的程序和法律责任。

2. 明确行政性收费的原则

关于行政性收费的原则,我们认为,主要包括:第一,公开原则。亦即行政性收费的依据、范围、主体与对象、标准、程序等应当通过一定方式向社会公开。通过公开,实现社会公众的知情权,并将行政性收费行为纳入人民监督之视野,以消除各种违纪、违法收费行为。第二,法定原则。亦即行政性收费主体的收费职权、收费的范围、收费的标准和程序等必须事先以法律的形式加以确定,以有效约束、控制行政性收费行为,切实维护公民、法人以及其他组织的合法权益。第三,受益者负担原则。如前所述,行政性收费以政府为某些特定群体提供特定准公共物品或服务为前提,因此,行政性收费也只能针对特定的受益对象,并遵循"谁受益谁付费"之原则,而不应由社会全体成员负担。第四,补偿原则。亦即行政性收费不具有营利性,而是作为政府提供准公共产品或者服务所支出的成本的价格,只能带有补偿的性质,其收费标准一般以社会管理的直接成本为上限。

3. 设立行政性收费前的听证程序

虽然已有部分地方实行了收费前的听证制度,但因我国尚无行政性收费专门立法,故其还不是各级政府应当履行的法定义务。行政性收费是行政机关利用公权力对公民财产权的侵犯,其设立是否必要、合理与合法,直接关系到广大

---

① 江德平:《法治视野下的行政收费》,载《黑河学刊》2008年第2期。

社会公众的利益,因此,在制定行政收费法时,应该明确规定设定行政性收费前,必须经过听证程序。

4. 明确行政性收费的设定权

在国外大多数国家,对政府收费大都实行法律保留,由最高立法机关以法律规定。① 如澳大利亚的政府收费项目审批权分别被赋予中央和州两级政府,并具有严格的法律审批程序。若要设立新的收费项目,需按收费机构的隶属关系,向联邦政府国库部或州政府国库部提出申请,属于中央政府机构的收费,经联邦政府国库部审核,报总理内阁讨论通过,然后再报国会讨论通过,最终以联邦法律形式颁布实施;属于州或地方政府机构的收费,需经州政府国库部门审核,报州议会讨论通过,并最终以州法律的形式颁布实施。收费标准限定在一定的限额内,有关部门只能在法定的标准范围内作适当调整。②

我国目前的行政性收费项目,不但没有专门的行政收费法以约束,就连规定了单项行政性收费的法律也少之又少,因而"行政审批仍是设立收费项目的主要途径"。换言之,我们今天被所强行索取的"行政性收费"绝大部分均来源于行政机关的自我授权。③

其实,《立法法》第 8 条已经规定,凡涉及公民最基本的权利如财产权只由法律和法规加以规定。《行政许可法》第 59 条也明确规定,行政机关实施行政许可,依照法律、行政法规收费用的,应当按照法定的项目和标准收费;所收取的费用必须全部上缴国库,任何机关或者个人不得以任何形式截留、挪用、私分或变相私分。财政部门不得以任何形式向行政机关返还或者变相返还实施行政许可所收取的费用。

我们认为,《行政许可法》的做法可以推广到所有的行政性收费。行政性收费的设立权应该专属于法律和行政法规,规章和规章以下规范性文件不能设定行政性收费。唯有如此,才能有效遏制我国当前存在的行政乱收费问题。

5. 明确界定行政性收费的范围

政府公共收费应以政府提供相应的特定公共物品或特定服务为前提,体现受益的直接性和受益与付费的对称性,对同一特定公共物品或特定服务,不能重复收费。原则上,收费应界定在政府提供准公共物品的领域,但并非所有的准公共物品领域都只能采取收费形式。对于准公共物品,由于存在受益上的差异,究竟采取收费还是税收制度,应根据具体情况加以确定:一般来说,对于边际生产成本递增或递减变动的准公共物品,应采取收费的方式。同时,还必须符合效率

---

① 江德平:《法治视野下的行政收费》,载《黑河学刊》2008 年第 2 期。
② 靳俐:《澳大利亚政府收费管理:理论分析与借鉴意义》,载《亚太经济》2003 年第 6 期。
③ 王琳:《行政收费立法中的公众参与》,载《海南日报》2007 年 5 月 8 日。

原则,如果某种准公共物品采用税收方式所引起的交易费用大于收费方式所产生的交易费用,应选择收费方式。从外部效应看,对特定公共物品及公共服务的受益者实施收费,而非向全体成员征收税收,使其更加具有隐蔽性、间接性,社会负效应要小得多。对于政府提供纯公共物品的领域,应通过税收予以满足。根据政府收费范围的界定原则,应对我国目前的收费加以清理,彻底取消纯公共物品领域的收费,对于纯私人商品领域的收费,应作为经营性收费与政府脱钩,只保留准公共物品领域的收费。①

6. 建立有效的监督制约机制

不受监督的权力必然导致滥用,实践也充分证明了这一点。以往对行政性收费采取的内部监督实施的办法经实践证明具有很大的缺陷,基本上不能使行政主体乱收费得到有效的控制,为此,必须在严格内部监督的基础上建立和健全行政性收费的外部监督机制。在此方面,发达国家的经验值得我们借鉴,即不管行政行为的实体内容,只要违反体现正当程序或自然正义要求的行政程序,即可导致整个行为无效,当事人就可拒交费用,从而在事前就起到了一个监管作用。除此之外,我们还必须完善行政性收费的救济制度,通过行政复议制度和行政诉讼制度给予相对人充分的救济。尤其是要进一步完善行政诉讼制度,对行政性收费进行司法审查,审查行政性收费是否有法定依据,审查行政性收费是否越权、是否滥用职权、是否违反法定程序。对行政主体违法行使收费侵犯公民、法人或其他组织合法权益并造成损害的,可以按照《国家赔偿法》第 4 条的规定,受害人可以通过司法程序取得国家赔偿,从而使相对人得到充分的法律救济。②此外,还有必要将行政性收费完全纳入预算,贯彻"收支两条线"原则。通过预算监督和审计监督,制止行政性收费资金使用中的种种违纪、违法行为。

当然,除上述举措外,我国行政性收费领域各种问题的解决还需要相关配套制度的建设与完善。如:进一步完善分税制财政管理体制,解决地方事权过大、财权过小的问题;进一步深化费税改革,将一些具有税功能的费明确改为税。

拓展阅读

我国台湾地区规费法

在我国台湾地区,学术界对规费的概念目前尚未有统一的界定。葛克昌教授认为,规费者,系以国家之特别公务服务(给付)为前提,所负金钱对待给付义务,

---

① 傅道忠:《政府收费规范化研究》,载《财经理论与实践》2000 年第 21 卷。
② 江德平:《法治视野下的行政收费》,载《黑河学刊》2008 年第 2 期。

用以满足国家财政需求,而以公权力所为课征者。① 陈清秀教授认为,规费乃是为满足国家或地方自治团体的财政需要,而以高权的方式,加以课征之金钱给付,亦即个人对于公共设施以特定的方式实际上加以使用的对价或享受行政机关之特别给付的对价。② 陈敏教授认为,规费是指政府机关因提供特定服务设备或设定某种权利,或为达成某种管制政事目的,而向特定对象按成本或其他标准所计收之款项。③ 规费是否包括管制性规费,是后一种规费概念与前两者区别之所在。

我国台湾地区于 2002 年通过的"规费法"未就规费的概念加以界定。其第 6 条规定:"规费分为行政规费及使用规费";第 7 条规定:"各机关学校为特定对象之权益办理下列事项,应征收行政规费。但因公务需要办理者,不适用之:一、审查、审定、检查、稽查、稽核、查核、勘查、履勘、认证、公证、验证、审验、检验、查验、试验、化验、校验、校正、测试、测量、指定、测定、评定、鉴定、检定、检疫、丈量、复丈、鉴价、监证、监视、加封、押运、审议、认可、评鉴、特许及许可。二、登记、权利注册及设定。三、身份证、证明、证明书、证书、权状、执照、证照、护照、签证、牌照、户口簿、门牌、许可证、特许证、登记证及使用证之核发。四、考试、考验、检核、甄选、甄试、测验。五、为公共利益而对其特定行为或活动所为之管制或许可。六、配额、频率或其他限量、定额之特许。七、依其他法律规定应征收行政规费之事项";第 8 条规定:"各机关学校交付特定对象或提供其使用下列项目,应征收使用规费:一、公有道路、设施、设备及场所。二、标志、数据(讯)、誊本、复印件、抄件、公报、书刊、书状、书表、简章及图说。三、数据(讯)之抄录、邮寄、传输或档案之阅览。四、依其他法律规定应征收使用规费之项目"。依此规定,我国台湾地区"规费法"采取的是广义的规费概念,亦即将管制性规费纳入其中。

关于规费的特征,台湾地区有的学者认为,其具有如下特征:(1)国家或地方自治团体所课征;(2)有特定对待给付;(3)为获取收入以支应行政给付费用;(4)向获得行政给付之人强制课征;(5)以金钱为内容;(6)法定的给付义务。④ 应该说,其对规费特征的描述比较全面、深入,值得我们借鉴。其中,规费之所以为特定对待给付,主要在于:鉴于国家资源有限,必须考量国家之经济及财产状况,依资源有效利用之原则,注意与一般国民间平等关系。如国家资源用于仅有利群体者,其正当性应取决于,该个别群体是否负有对等报偿或相当之负担,而非归由全民负担。因个人或个别群体所产生之费用,亦宜使该等人透过规费支付之,而非取之于一般纳税人。尤其是国家资源,如能增加受益人之市场竞

---

① 葛克昌:《行政程序与纳税人基本权》,北京大学出版社 2005 年版,第 43 页。
② 陈清秀:《税法总论》,台湾元照出版公司 2006 年版,第 74 页。
③ 陈敏:《宪法之租税概念及其课征限制》,载《政大法学评论》1981 年第 24 期。
④ 郑为元:《公课理论之研究——以收取原则为中心》,台湾大学法律学研究所 2008 年硕士论文,第 85 页。

争能力,则有害于市场经济,受益人付出等值之对价,有助于市场之公平竞争。①换言之,如果规费不是由受益人而是由财政支付,则不仅损害其他纳税人之利益,而且也会产生不公平之效果。

关于规费的类型,葛克昌教授认为,依国家之对待给付义务,可以将其分为行政规费、使用规费和管制特许规费三种。陈清秀教授将其分为行政规费、使用规费和特许规费三种。其中,行政规费乃是为个人的利益或受个人委托所采取职务行为的对价。亦即是对于行政机关之特别给付的对价,此种特别给付包括:(1)职务上的行为,例如证明书、核准、许可以及使用执照之核发等;(2)其他活动。使用规费乃是对于公共营造物或设施之使用的对价,而在公法上的利用关系的范围内,以公权力加以课征的金钱给付。特许规费乃是核发特许或使用特许权利的对价,例如专利权人应缴纳之专利年费。② 而台湾地区"规费法"第6条所规定的规费,则包括行政规费及使用规费两种。

中国大陆地区相关法律法规中并未使用规费概念,而是采用行政性收费或者行政事业性收费的提法。有学者认为,规费是指各级政府为公众提供某种特定服务所收取的特殊报偿。狭义的规费仅指行政规费和司法费。广义的规费除上述两类规费外,还包括学校、医院、道路、港湾、公园等一切公共设施的使用费。③ 有的认为,规费是公共经济部门的行政、司法机构向个人或单位提供某种特定服务或实施行政、司法管理时所收取的手续费和工本费。④ 有的认为,规费是公共部门(主要是政府行政部门)为个人或企业提供某种特定服务或实施行政管理所收取的手续费和工本费。规费通常包括行政规费和司法规费。⑤ 我们认为,所谓规费,是指国家(包括某些团体)基于公共管理以及向某些特定的个人或者单位提供特别公共服务之目的而依法向其所课征的以金钱为内容的法定给付义务。

三、政府性基金法

(一) 政府性基金的内涵、特征

我国政府性基金产生于20世纪80年代。实施经济体制改革之后,制造加工工业发展迅猛,造成能源短缺,交通基础设施落后,成为经济发展的瓶颈。对这些基础产业仅仅靠税收收入投资建设显得力不从心,政府性基金便应运而生。政府基金对缓解财政压力、调节经济、加强基础设施建设、保障人民生活等方面,

---

① 葛克昌:《行政程序与纳税人基本权》,北京大学出版社2005年版,第43页。
② 陈清秀:《税法总论》,台湾元照出版公司2006年版,第74—76页。
③ 杨之刚:《公共财政学:理论与实践》,上海人民出版社1999年版,第166页。
④ 胡乐亭主编:《财政学》,中国财政经济出版社2002年版,第315页。
⑤ 解学智、刘尚希:《公共收入》,中国财政经济出版社2000年版,第205页。

发挥了重要作用。①

关于政府性基金，财政部《关于加强政府性基金管理问题的通知》（财综字[2000]22号）将其界定为，"本通知所称政府性基金，是指各级人民政府及其所属部门根据法律、国家行政法规和中共中央、国务院有关文件的规定，为支持某项事业发展，按照国家规定程序批准，向公民、法人和其他组织征收的具有专项用途的资金。包括各种基金、资金、附加和专项收费。"财政部《关于加强政府非税收入管理的通知》将其界定为："政府性基金是指各级政府及其所属部门根据法律、行政法规和中共中央、国务院有关文件规定，为支持某项公共事业发展，向公民、法人和其他组织无偿征收的具有专项用途的财政资金"。与前者相比，后者的界定，一是突出了政府性基金是为了支持公共事业发展；二是突出了政府性基金的无偿性。

学术界对政府性基金的表述不完全相同。有的认为，政府性基金是指各级政府及其所属部门根据法律、行政法规和中共中央、国务院有关文件规定，为支持某项公共事业发展，向公民、法人和其他组织无偿征收的具有专项用途的财政资金。与政府性收费相同，政府性基金也是政府为提供特定社会公共产品和公共服务，参与国民收入分配的一种形式，是财政收入的组成部分，但两者在收取方式、收入来源、资金使用及取得收入是否具有补偿性等方面都存在一定区别。② 有的认为，政府性基金，是指各级政府及其所属部门根据法律、行政法规的规定，为专项支持某项事业的发展，按照国家规定程序批准而征收的具有专项用途的资金。政府性基金具有典型的非补偿性，政府凭借行政权力强制、无偿征收，与具有特定目的的税收性质相似，具有"准税收"性质。③有的认为，政府性基金作为一种基于特定政策目的而向特定群体征收的专款专用的费用。④

将"中共中央、国务院有关文件规定"作为政府性基金的征收依据，我们认为不尽妥当。政府性基金虽然不同于税收，但也是对公民私有财产的征收，如果不强调依法征收，那么公民财产权就无法得到有效之保护。另外，有的表述未将政府性基金与行政性收费相区别，未突出其无偿性，这也是不妥的。我们认为，所谓政府性基金，是指各级政府及其所属部门基于支持某些特定的社会公共事业发展之目的而凭借公权力依法向公民、法人和其他组织无偿征收的具有专项用途的财政资金。政府性基金具有以下几个特征：

1. 专用性

在我国，政府性基金是为了支持某项特定的社会公共事业的发展而设立的，

---

① 施祖麟、徐润华主编：《非税收入规范化管理与制度创新（上卷）》，中国言实出版社2008年版，第144—145页。
② 王为民：《我国政府性基金及附加收入规范管理研究》，载《改革与战略》2007年第12期。
③ 贾康、刘军民：《非税收入规范化管理研究》，载《公共经济评论》2003年第12期。
④ 刘剑文主编：《民主视野下的财政法治》，北京大学出版社2006年版，第108页。

带有很强的目的性,而且政府性基金具有专项用途,专款专用,实行独立预算,并由专门机构进行运作。专款专用是政府性基金最为突出的特征。

2. 无偿性

政府性基金征收主体与征收对象之间不存在直接的服务与被服务关系,同时,受益者与征收对象也没有必然的联系,这与各级政府部门或单位向特定服务对象提供特别服务并按成本补偿原则收取的行政事业性收费有明显的区别。①

3. 强制性

政府性基金体现为政府凭借行政权力,依据法律、法规而强制征收,单位和个人必须依法、足额缴纳。通常,政府性收费被称为是一种典型的"准税收"。②

4. 法定性

政府性基金的法定性,主要表现为政府性基金的征收必须要有明确的法律依据,且必须按照法定的程序进行。

政府性基金和行政性收费虽然都是非税收入的重要组成部分,但两者有一定区别:第一,行政性收费带有补偿性,亦即对政府提供准公共产品或者服务所支出费用的补偿;而政府性基金是无偿征收的,具有无偿性。第二,行政性收费的收入来源于接受政府提供准公共产品或者服务的特定受益者,遵循"受益者负担原则"。而政府性基金的收入来源相对较为复杂,征收的形式多样,征收的依据也不同。有的以征税为依据,如附加在农业税上征收的基金;有的以销售收入或营业收入为依据,如以销售收入和营业收入为对象征收的文化事业建设基金;有的以价格为依据,而有的以固定资产原值为依据等。③ 第三,行政性收费的目的主要在于补偿行政支出的成本;而政府性基金的征收则是为了支持某项特定的社会公共事业的发展。第四,行政性收费一般应纳入预算统一管理、使用,而政府性基金具有专门用途,实行专款专用,不得挪作他用。

政府性基金按资金使用划分,可分为工业发展基金、交通建设基金、教育事业基金、城市建设基金等;按筹集方式划分,可分为附加在税收上征收的基金,如教育费附加等,附加在价格上征收的基金,如电力建设基金、三峡工程建设基金、邮电附加等,以销售(营业)收入为对象征收的基金,如文化事业建设费、碘盐基金等。④

(二) 政府性基金存在的主要问题

1. 政府性基金缺少基本的法律依据

迄今为止,我国有关政府性基金的规定只是国务院以及财政部等发布的各

---

① 施祖麟、徐润华主编:《非税收入规范化管理与制度创新》,中国言实出版社2008年版,第155—156页。
② 赵雪恒:《财政学》,中国财经出版社2005年版,第306页。
③ 同上书,第308—309页。
④ 寇铁军主编:《财政学教程》,东北财经大学出版社2006年版,第186页。

项规范性文件。如国务院发布的《关于加强预算外资金管理的决定》、《关于加强非税收入管理的决定》以及财政部发布的《政府性基金预算管理办法》、《关于加强政府性基金管理问题的通知》、《关于清理整顿各种政府性基金的通知》、《关于将部分行政事业性收费和政府性基金纳入预算管理的通知》等。政府性基金的征收、使用、管理等仅依据规范性文件，不仅稳定性、操作性较差，而且约束力也大打折扣。

2. 政府性基金的审批存在重大瑕疵

《国务院关于加强预算外资金管理的决定》（国发[1996]29号）规定，征收政府性基金必须严格按国务院规定统一报财政部审批，重要的报国务院审批。地方无权批准设立基金项目，也不得以行政事业性收费的名义变相批准设立基金项目。财政部2004年发布的《关于加强政府非税收入管理的通知》也明确规定，征收政府性基金必须按照国务院规定统一报财政部审批，重要的政府性基金项目由财政部报国务院审批。严禁各地区、各部门越权审批行政事业性收费和政府性基金项目、扩大征收范围、提高征收标准，禁止以行政事业性收费的名义变相批准征收政府性基金。

我们认为，将政府性基金的审批权完全赋予国务院以及财政部是不合适的。以机场建设费为例，机场建设费于1992年开始征收，尽管当时没有任何法律依据，但1995年国务院办公厅转发的财政部、国家计委、民航总局《关于整顿民航机场代收各种机场建设基金的意见》规定"国内航班另收50元，出境航班另收90元的机场建设费"，从而使其征收合法化。根据财政部文件规定，机场建设费本应于2005年年底停止收取，但财政部却在2006年6月下发通知确认，将包括民航机场管理建设费在内的17项政府基金的政策执行期延至2006年底。此后，尽管社会公众强烈质疑并呼吁取消机场建设费，但经民航总局努力争取，国务院已批准延续机场建设费征收政策至2010年。与此相关的还有旅游发展基金。姑且不论机场建设费、旅游发展基金的征收是否合理，现存的问题是，作为涉及众多社会公众利益的机场建设费、旅游发展基金，其征收以及延期前为什么不征求社会公众的意见？而从国外来看，不少国家明确规定，政府性基金的征收必须经议会批准。

3. 政府性基金规模偏大

根据财政部《关于2008年中央和地方预算执行情况与2009年中央和地方预算草案的报告》揭示，全国政府性基金收入15636.35亿元，增加4467.2亿元，增长40%。全国政府性基金支出14984.7亿元，增加5300.26亿元，增长54.7%。其中，中央政府性基金收入2525.66亿元，增长78%，增幅高主要是彩票公益金收入纳入预算管理及中央财政外汇经营基金财务收入增加较多。地方政府性基金收入13110.69亿元，增长34.5%，增幅高主要是土地出让收入全额纳入预算管理。尽管国务院于近年来相继取消了不少政府性基金项目,但从总体上来看,我国政府性基金规模还是偏大。

4. 对基金运行未能进行有效监督,致使其效益低下

在基金支出程序上,财政部门对基金的使用不能实施有效的管理和监督,只是依照部门提出的计划被动拨付。作为政府监督的主要部门,很多时候,财政部门对使用基金的企业经营状况和基金的投资效益不能做到事前了解,事后监督,只是充当一个出纳的角色。这是目前基金管理中的一个共性问题。有部分基金既未纳入预算内,也未纳入预算外管理,游离于财政监督之外,造成了部分基金使用效益不理想。[①] 据审计署审计公告披露,2005年,财政部批复商务部某政府性基金项目预算为6.54亿元,商务部实际支出3.11亿元,仅占预算批复金额的47%,有23个项目预算执行率不到30%;财政部批复商务部另一政府性基金项目预算为5.01亿元,商务部实际支出1.17亿元,仅占预算批复金额的23%。[②]

5. 对政府性基金的预算管理不到位

尽管对政府性基金收入实行"收支两条线"管理,但实质上只是把收与支分离,并没有做到真正意义上的"收支脱钩"。实行部门预算以后,虽然各单位的收支全部纳入年初预算,但仍然存在预算内外"两张皮"的问题,预算内支出的安排一般都有明确的适用范围和开支标准,而对单位预算外支出这一块的核定还很粗略,而且准确核定政府性基金收入的征收成本也比较困难,因此安排支出基本上还是依照上年基数作为预算支出指标的参考。可以说,目前实施的部门预算尚未达到预算内外资金统筹安排之目的,只是从形式上将政府性基金收入纳入预算管理,其实质仍然未完全做到收支脱钩。基本上仍维持"谁收谁用、多收多用、多罚多返"的分配格局,这是部门预算和财政综合预算改革难以到位的主要障碍。[③]

(三) 我国政府性基金的法律规制

1. 制定《政府性基金法》

其目的旨在规范、约束政府性基金征收行为,加强政府性基金的收支管理,提高政府性基金的使用效益,维护社会公众的合法权益。其内容至少应当包括政府性基金征收的主体及其职责、政府性基金的范围和征收标准、政府性基金的审批、政府性基金的收支管理、政府性基金拨付的程序、法律责任等。

2. 将政府性基金的审批权归为全国人大常委会

政府性基金是对社会公众财产的无偿征收,其涉及社会公众的利益,由财政

---

① 张建文、张韬:《政府性基金管理对策》,载《山西财税》2002年第1期。
② 《42个部门单位2005年度预算执行审计结果公告(上)》,http://politics.people.com.cn/GB/8198/4804528.html,2009年6月28日访问。
③ 杜玉川、余慧玲:《对政府性基金管理问题的调查与思考》,载《西部金融》2008年第11期。

部或者国务院审批,不仅不符合分权制衡的原则,而且也很难约束政府性基金的征收行为。例如,为支持三峡工程建设,国务院决定自1992年开始在全国电网按0.3分/度的标准征收三峡工程建设基金(扶贫地区及农业排灌用电除外),1994年起征收标准改为0.4分/度,1996年起,在原征收基金的基础上,对三峡工程直接受益地区及经济发达地区,将征收标准提高到0.7分/度。截止1995年底,三峡建设基金为工程提供的建设资金占整个工程建设资金总需量的一半左右,成为三峡工程建设最主要的资金来源。"南水北调"工程中,中央财政(包括国债资金)直接投入也只占总投入的20%左右,40%通过银行贷款筹集,余下的部分则要通过水费加价征收"南水北调工程基金"来补充。① 为维护社会公众的利益,防止以经济发展为名而损害社会公众的利益,将政府性基金的审批权交由全国人大常委会就显得十分必要。

3. 适当压缩政府性基金的规模

在我国,政府基金的设立往往是根据现实的需求而定,即根据经济的大环境来设立基金项目。例如,1990年以前,据不完全统计,全国各种政府性基金最多时近500项,其中,只有40多项是经国务院或财政部批准设立的。1990年以后,国家规定基金的审批权集中在财政部,由财政部会同有关部门审批,重要的报国务院批准。1995年,国家对各种基金进行了清理整顿,陆续取消了一批不合法、不合理的基金项目。1997年结合减轻企业负担工作,再次明确并重申了基金由财政部统一审批,重要的报国务院审批的规定。1998财政部等六部委为贯彻落实《中共中央、国务院关于治理向企业乱收费、乱罚款和各种摊派等问题的决定》精神,切实减轻企业负担,经国务院减轻企业负担部际联席会议批准,并请示国务院领导同意,联合发布了《关于公布第二批取消的各种基金(附加、收费)项目的通知》,取消147个基金项目。2002年,经国务院批准,财政部颁发了《关于公布取消部分政府性基金项目的通知》,取消大约85%的全国政府性基金项目,共计277项,自2002年6月1日起被取消。② 尽管政府性基金项目不断压缩,但2008年全国政府性基金项目目录仍然多达30多项,政府性基金收入增长速度明显偏高。鉴此,有必要继续适当压缩政府性基金的规模。

4. 加强对政府性基金的预算管理

关于政府性基金预算,迄今为止,只有财政部1996年发布的《政府性基金预算管理办法》,财政部、国家计委、水利部1997年联合发布的《中央水利建设基金预算管理暂行办法》,以及财政部2008年发布的《汶川地震灾后恢复重建资金(基金)预算管理办法》。政府性基金预算的规定不仅效力层次过低,而且不

---

① 贾康、刘军民:《非税收入规范化管理研究》,载《公共经济评论》2003年第12期。
② 王为民:《我国政府性基金及附加收入规范管理研究》,载《改革与战略》2007年第12期。

少规定过于原则。与此同时,从实践来看,各级政府于近年来虽然加强了对政府性基金的预算管理,但一些政府性基金未完全纳入预算统一管理。2007年,审计署对北京、天津、上海、重庆、哈尔滨、合肥、济南、长沙、广州、南宁和成都11个市及其所辖28个县(市、区)2004年至2006年国有土地使用权出让金的征收、管理、使用及相关政策执行情况进行了审计调查。审计调查发现,有2.46%的出让金未按规定纳入财政专户管理,71.18%的土地出让净收益未按规定纳入基金预算管理。① 此外,还存在支出管理不规范等问题。鉴此,有必要在未来《政府性基金法》中,就政府性预算的编制、审批、执行、决算以及监督等作出详细规定,将政府性基金全部纳入预算。

第四节 公 债 法

一、公债的内涵与特征

(一)公债的内涵

关于公债,有的认为,是指政府以其信用为基础,按照债的一般原则,通过向社会筹集资金所形成的债权债务关系。在这种债权债务关系中,中央政府或地方政府作为债务人,根据还本付息的信用原则,通过在国内外发行债券或向外国政府、金融机构借款方式筹集财政资金,取得财政收入。② 有的认为,公债,即公共债务,系政府部门举借的债务,是政府部门筹集、取得政府收入的一种有偿形式。③ 还有的认为,公债即政府的债务,是一国政府依据借贷原则,从社会上吸收资金来满足政府支出需要的一种形式。④

上述有关公债概念的表述,并无多大的差异。第一,公债以政府信用为基础;第二,公债具有有偿性;第三,公债是政府筹集或者取得财政收入的一种重要方式。鉴此,我们可以将公债界定为,所谓公债,是指政府以其信用为基础,基于弥补财政赤字等目的,依法向社会发行,按约定承担还本付息责任的一种债。

公债按照不同的标准,可以划分为不同的类型。如按照发行的主体,可以分为中央政府公债和地方政府公债;按照偿还的期限,可以划分为定期公债和不定期公债;按照发行的地域,可以划分为国内公债和国家外债;按照发行的性质,可以划分为自由公债和强制公债;按照是否具有流通性,可以划分为上市公债和非上市公债;按公债的用途,可以划分为建设公债和财政公债。

---

① 王光平:《七成土地出让净收益未纳入基金预算管理》,http://www.cs.com.cn/xwzx/03/200806/t20080605_1483196.htm,2008年6月5日访问。
② 刘剑文、熊伟:《财政税收法》,法律出版社2007年版,第71—72页。
③ 高培勇、宋永明:《公共债务管理》,经济科学出版社2004年版,第3页。
④ 杨之刚:《公共财政学——理论与实践》,上海人民出版社1999年版,第472页。

公债现象由来已久。据有关史料记载，早在公元前4世纪，希腊和罗马就出现了国家向商人、高利贷者和寺院借债的现象。不过那种情况是公债发展的雏形，它的发行是零星的，更谈不上有系统的公债制度。进入封建社会以后，公债的发行量有所增加，而且开始有了相应的公债制度。国家主要依靠赋税形式取得财政收入，但为了满足不断增长的开支需要，封建主和帝王每当发生财政困难时，就通过发行公债来弥补赋税收入的不足。而商品经济的发展，也使公债的较多发行成为可能。到了资本主义社会，公债得到了很快的发展。17世纪末，荷兰政府为进一步对外扩张，大量发行公债，以筹集军备资金。到了19世纪末、20世纪初，资本主义由自由竞争阶段进入垄断阶段，资产阶级国家也从"夜警国家"一跃而成为"全能统治者"。国家的职能空前扩大了，国内外战争和经济危机频繁发生，财政危机接踵而至，加上资产阶级经济学家对公债倍加吹捧，公债进入了一个新的发展时期，公债规模越来越大，公债制度日趋健全。在第一次世界大战期间，由于参战国军费支出庞大，公债就成了筹集军费的重要途径，大约有70%—80%的军费来自公债。第二次世界大战后，西方各国政府纷纷奉行凯恩斯主义的赤字财政政策，公债成为弥补财政赤字、干预经济的主要手段。[1]

与西方国家相比，我国公债历史相对较短。1840年以后，随着鸦片战争的失败，中国逐步沦为半殖民地半封建的社会。为了满足战争费用的开支或战争赔款支出的需要，1894年，清政府发行了第一次公债。从1894年清政府第一次发行公债，到新中国成立之前的1949年，公债在旧中国的产生和发展，大体上经历了四个不同的历史时期，即清政府时期、北洋军阀政府时期、广东和武汉国民政府时期、国民党政府时期。[2] 新中国建立后，为了解决财政赤字问题，1949年12月2日，中央人民政府委员会第四次会议上正式决定，自1950年发行一批"人民胜利折实公债"，以安定民生和发展经济。除了发行"人民胜利折实公债"之外，1951—1952年，政府还向外国借款15.27亿元。这些款项为恢复国民经济和实施"一五"计划打下了坚实基础。1953年12月9日，中央人民政府第二十九次会议通过了《1954年国家经济建设公债条例》。此后，又分别颁发了《1955年国家经济建设公债条例》、《1956年国家经济建设公债条例》、《1957年国家经济建设公债条例》、《1958年国家经济建设公债条例》。从1958年和1959年起，我国先后停止了国外公债和国内公债的举借活动。并且，随之进入了1959—1978年为期长达20年的"既无内债，又无外债"的公债空白时期。文革结束后，百废待兴，为了改变财政困难的局面，国务院于1981年通过了《国库券条例》，决定从1981年开始发行国库券。

---

[1] 胡关金：《公债经济论》，杭州大学出版社1991年版，第5—6页。
[2] 蔡妙友：《公债》，学林出版社1991年版，第9页。

(二) 公债的特征

公债和私债尽管都具有自愿性和有偿性的特征，但两者在主体、举债目的、信用基础等方面差异较大。公债具有以下几个形式特征：

第一，国家信用性。国家信用是指以国家为主体的借贷活动，属于财政分配的范畴。在现代经济社会中，国家干预经济已是普遍现象，国家的职能日益扩大，政府的公共支出愈来愈多，对经济发展和社会生活产生重要的作用。而政府的公共开支受财政收入的限制，当财政收入不足以弥补财政支出时，就产生了财政赤字。这时，经常使用的手段就是由政府举债，即用国家信用为政府增加财源。① 由于公债以国家信用为基础，因此具有较高的安全性。

第二，有偿性。公债发行后，在政府与公债持有人之间形成债权债务关系。而作为债务人的中央政府、地方政府，必须履行还本付息的义务。

第三，自愿性。亦即社会公众是否购买公债、购买何种公债以及购买多少数量的公债，都应当由社会公众自行决定，任何人不得强制。特定情况下的强制，毕竟是特殊现象，不代表公债的一般特征。

拓展阅读

公债的经济职能

了解公债的经济职能是法律对其进行规范的前提。目前，业界比较公认的结论是，公债具有以下职能：

1. 弥补财政赤字

为国家财政筹集资金，以弥补财政赤字是公债的一个重要功能，也是公债产生的重要原因。公债作为政府筹集资金的途径，其起源比政府的税收制度要晚。它是在政府职能不断扩大，财政支出日益增加，仅靠税收已不能满足财政支出的基础下迅速发展成熟的。因此，公债是与财政赤字相联系的财政收入形式，是为弥补财政收支差额而产生的。弥补财政赤字是公债最原始和最基本的政策目标。弥补财政赤字的方式有增加税收、增发货币和发行公债三种。以发行公债的方式弥补财政赤字，只是社会资金使用权的暂时转移，既不会像增加税收那样引起纳税人的不满，也不会像增发货币那样使流通中货币供应量的增加而造成通货膨胀，还可以迅速、灵活和有效地筹集所需要的资金。因此，发行公债被各国政府作为弥补财政赤字的最基本方式。②

---

① 王春华等主编：《现代信用管理理论与实务》，武汉大学出版社1993年版，第313页。
② 刘华：《公债的经济效应研究》，中国社会科学出版社2004年版，第245—246页。

2. 调剂季节性资金余缺

就一国政府财政收支预算来看,即使某个财政年度里财政收支平衡甚至盈余,政府的财政收支也会发生季节性的不平衡,出现财政赤字。这是因为,政府财政收入在一年中往往不是以均衡的速率流入国库的,而财政支出则往往以较为均衡的速率进行。① 通过发行公债,可以将社会上的一部分临时性闲散资金有效地集中到政府手中,从而实现对政府财政收支中季节性资金余缺调剂之目的。

3. 对国民经济进行宏观调控

从经济的角度看,公债是政府调控经济的重要政策工具:(1)调节积累与消费,促进两者比例关系合理化。公债采用信用的方式,只是获得了一定时期内资金的使用权、没有改变资金的所有权,适当发行公债,可以使二者的比例关系趋于正常;(2)调节投资结构、促进产业结构优化;(3)调节金融市场、维持经济稳定。公债是一种金融资产、一种有价证券,公债市场可以成为间接调节金融市场的政策工具;(4)调节社会总需求,促进社会总供给与总需求在总量和结构上的平衡。②

值得一提的是,国债虽然具有上述诸多功能,但公债的发行如果不当,或不加限制地过量发行,会导致通货膨胀。公债的偿还资金主要来自税收,发行公债会造成未来税收负担的增加和社会财富分配的不公平。此外,由于公债发行较容易,可能导致使用上的浪费,从而产生偿还的困难。公债的交易有可能引起投机行为,妨碍正常的投资。公债规模扩大可能带来的最大问题是政府与私人部门争夺资金,即产生排挤效应。③

二、中国国债法律制度

国债是国家公债的简称,是指中央政府基于履行公共职能等目的以自身信用为担保而依法向社会公开发行的并按约定承担还本付息责任的一种债。在现代社会,国债的购买听从私人投资者的自主意愿,是私人投资者自己为自己的利益而计算,购买者的意志不受国家的强制与左右,因而属于平等之下的利益交换,此时国债的性质更接近于私法上的债务契约。但与私法上的债务契约不同的是,国债的发行程序受到严格的法律控制。国债是否发行、发行多少,需要列入政府的财政预算,接受立法机关的审查,并得到法律的授权。④

---

① 刘剑文、熊伟:《财政税收法》,法律出版社2007年版,第75页。
② 郑洁:《公债的地位与作用》,载《集团经济研究》2004年第1期。
③ 张泰峰、〔美〕Eric Reader:《公共部门经济学》,郑州大学出版社2004年版,第202页。
④ 刘剑文主编:《财税法学》,高等教育出版社2004年版,第106页。

(一) 中国国债立法的必要性

1981年1月,国务院通过了《国库券条例》,决定发行国库券来弥补财政赤字,结束了我国长达20多年既无外债又无内债的历史。时至今日,我国发行的国债规模和数量不断增加。2007年末国债余额为53365.53亿元。2007年财政部共发行国债35期(含续发行1期),总计发行面值23483.44亿元,同比激增14600.14亿元。2007年一共兑付到期国债5812.5亿元。与此同时,自1990年代初开始建立国债市场以来,我国相继颁布了一些规范国债市场的法律规范。主要有:国务院颁布的《国库券条例》、《特种国债条例》[①];财政部、中国人民银行、中国证监会发布的《国债一级自营商管理办法》、《国债一级自营商资格审查与确认实施办法》;财政部发布的《国债托管管理暂行办法》、《国债跨市场转托管业务管理办法》、《凭证式国债质押贷款办法》,以及每年发布的《国库券发行工作若干具体事项的规定》、《到期国债还本付息办法》;中国证监会、财政部发布的《国债期货交易管理暂行办法》;财政部、中国人民银行、中国证券监督管理委员会发布的《国债承销团成员资格审批办法》;国务院证券委员会发布的《证券交易所管理办法》、《中国证券交易系统有限公司业务规则》;中国人民银行发布的《跨地区证券交易管理暂行办法》、《商业银行柜台记账式国债交易管理办法》等。

上述法律规范的颁行,对于规范国债的发行、流通等以及发挥国债的功能具有积极意义。但须指出的是,我国虽然颁布了《国库券条例》,但其适用范围仅限于国库券,而不能对所有的国债类型都予以规范,使得国债诸多基本问题缺乏立法规范。《预算法》对国债的发行也没有具体明确的规定。与此同时,从现行国债法律规范来看,除《国库券条例》外,其他均是国务院相关部委发布的行政规章。显然,国债法律规范效力层次过低。再次,由于没有规范有关国债发行的审批程序,使得国债更多被当作弥补财政赤字的手段,国债风险过大的问题一直缺乏法律的有效约束。最后,由于对国债资金的使用尤其是国债领域违纪违法行为的处理缺乏严格的法律规定,使得国债资金使用尤为混乱。

鉴于上述分析,我们认为,我国有必要尽快研究制定规范国债领域的基本法——《国债法》。从境外来看,不少国家或者地区都颁行了有关国债方面的法律规范。如美国就制定了有关国债的专门法律、法规。比如,1917年9月14日的《自由公债法》,主旨是授权财政部发行债券、限制债务面值余额的量;1942年的《公共债务法》,主要是授权财政部订定政府债券的法律条款;1986年的《政府

[①] 到1992年为止,国家每年都颁布一个国库券条例,对发行对象与方式、发行数额及利率、还本付息的期限、国库券及其他债券的贴现、抵押和转让、国债法律责任、国债管理机构等内容予以规定。1989—1991年,国家每年还颁布了一个特种国债条例,对特种国债的发行对象、发行数额、发行期限、利率及偿还期等内容予以规定。

债券法》,主要是在以前国债法的基础上,针对国债二级市场的中间商和交易商作出规范;1993年的《国债法修订案》,主要是对国债自营商、中间商及其客户、交易商、国债交易大户的持仓量、国债拍卖过程和国债限额作出新的规定。韩国在开始发行和利用国债的1949年,就首先制定了专门的《国债法》,并于1994年对1949年《国债法》进行了修订。日本于1956年就专门制定了《关于中央政府债权管理等的法律》(2004年6月9日最终修订)。我国台湾地区也颁行了"公共债务法"。

(二)国债的发行

国债的发行是指国债契约的订立这一过程,通常主要是指国债的售出或国债被企业和个人认购的过程。它是国债运行的起点和运用国债进行宏观调控的前提,也是国债法中极为重要的内容。[1]

1. 国债发行的数量

为防止国债发行数量过大且超出偿还能力而给一国带来债务危机和财政风险,不少国家或者地区都对国债发行的数量加以适当限制。如我国台湾地区"公共债务法"第4条规定,"中央"及各地方政府在其总预算、特别预算及在营业基金、信托基金以外之特种基金预算内,所举借之一年以上公共债务未偿余额预算数,合计不得超过"行政院"主计处预估之前三年度名目国民生产毛额平均数之48%。其中,"中央"为40%。美国从1917年起即开始实行对国债筹资设置最高限额的方式,国会不再审批国债发行额度。在德国、法国、日本以及加拿大等国家,其立法机关通常在审批政府预算报告时一并审批预算赤字或预算盈余,只控制国债规模的增减量,将国债借新还旧部分授权财政部自行运作。[2]

我国自2006年起,参照国际通行做法,采取国债余额管理方式管理国债发行活动,以科学地管理国债规模,有效防范财政风险,并将2006年中央财政国债余额设定为35568亿元,抛弃了以前采取逐年审批年度发行额的方式。实行余额管理以后,财政部可以在一年的期间内,根据赤字和金融市场等实际情况,灵活地制定发行国债的期限和频率。国债余额管理相比以前的逐年审批年度发行额的方式具备更大的灵活性和主动性,这使得国债发行的可控性和限制性相应降低。在此背景下,如果余额设限过松,那么国债发行增量可能会出现相对过大的局面,对债券市场内的企业债券发行将产生潜在的挤出效应。[3] 故如何合理控制国债规模,就值得深入研究。

与此同时,目前我国采取的国债余额绝对数的年度审批制度存在的缺点是:

---

[1] 张守文:《财税法学》,中国人民大学出版社2007年版,第118页。
[2] 马洪范:《国债余额管理国库现金运作与货币政策协调》,载《中国金融》2006年6期。
[3] 程实:《国债余额管理调节的影响》,载《世界经济学人》2005年12月30日。

第一,国债余额调整过于频繁,政策多变;第二,年度审批制可能使国债余额上限设置服从于该年度财政预算的安排,降低了国债限额决策的独立性,起不到限制政府支出规模的作用。① 根据《马斯特里赫特条约》,欧盟成员国当年发债规模(用于弥补财政赤字和支付国债利息部分)占 GDP 的比重不能超过 3%,债务余额占 GDP 的比例不能超过 60%;美国实行对国债筹资设置最高限额的方式;在德国、法国、日本以及加拿大等国家,其立法机关通常在审批政府预算报告时一并审批预算赤字或预算盈余,控制国债规模的增减量。② 欧盟比例上限方法值得我国借鉴。此外,由于央行与财政部门各自的、职责、立场不完全相同,因此也需要研究如何在央行与财政部门之间建立协调、沟通机制,以确保政府财政、货币政策的协调执行。

2. 国债发行的审批

全国人大及其常委会是国家权力机关,在国债管理方面应享有发行的审查和批准权,并对政府的国债调控行为享有监督权。我国的国债发行是每年国家预算报告的内容之一,应当由全国人大审查和批准。未经批准,不得发行。随着我国国债宏观调控功能的凸现,全国人大审查和批准的有关国债的内容应不限于国债发行规模,还要包括国债发行的大体结构与使用方向。在全国人大闭会期间,政府如需要增加年度国债的发行额,则由全国人大常委会审查批准。全国人大常委会监督国债宏观调控工作。③ 但最高权力机关如何依法审批国债,则需要立法加以规范。

3. 国债发行的方式

公债发行方式是指作为公债发行主体的中央财政代表国家与广大公债投资者之间推销与购买公债的方式。④ 从发达国家实践来看,目前所采用的国债发行方式主要有直接发行、连续发行、承购包销和公募招标四种方式。中国 20 世纪 50 年代和 80 年代发行的国债主要是对个人发行的。1981 年恢复发行国债到 1990 年,是通过行政分配发行国债的时期,国债利率高于存款利率。20 世纪 80 年代初期,国债主要向国营企业发行,对企业发行的债券和对个人发行的债券采取不同的利率,即对企业发行的债券的利率低于对个人发行的债券,发行方式基本上是依靠政治动员和行政分配相结合的办法。1991 年,财政部第一次组织了国债发行的承购包销,有 70 家证券中介机构参加了承购包销团,1995 年实现了国债招标发行的试点,1996 年国债发行全面实现招标方式,受到国债市场

---

① 郑春荣:《论建立比例上限的常态国债余额管理制度》,载《上海财经大学学报》2007 年第 2 期。
② 王伟、李艳:《国外的国债运行和监管机制》,载《学习时报》2007 年第 3 期。
③ 张永忠:《宏观调控视角下的我国国债立法研究》,载《暨南学报(哲学社会科学版)》2006 年第 5 期。
④ 常永莲:《国债发行方式亟待改革》,载《经济论坛》2001 年第 5 期。

参与人的广泛拥护,1998年国债恢复了招标方式发行,在拍卖方式方面,采用过单一价格拍卖、多价格拍卖以及混合拍卖(西班牙模式)。① 但我国现行国债发行方式尚存在一些问题,如我国对国债拍卖参与者的资格限制比较严格,规定只有银行间债券市场和交易所债券市场的国债承购包销团成员,才分别有权参加财政部通过全国银行间债券市场和交易所债券市场发行的记账式国债拍卖,包括竞争性投标和非竞争性投标。社会个人及其他机构投资者只能购买凭证式国债,或向参与国债投标的承销商认购国债,不能直接参加国债投标。② 而这往往不利于降低国债发行的成本。因此,有必要取消对国债拍卖参与者的资格限制。

(三) 国债的流通

国债要能够以合理的价格在一级市场顺畅发行,必须依赖于一个完善的国债二级市场,也只有高流动性的国债二级市场,才能够形成较为合理的国债收益率曲线,促进利率的市场化进程,实现财政政策与货币政策的有效协调配合。同时,高流动性的国债二级市场还是投资者进行资产管理、有效规避金融风险和确定金融产品价格的良好场所。在国债的交易问题上,场外交易已经成为一种最主要的交易方式。作为证券交易市场的一个重要组成部分,发达国家基本上建立了市场信息公开化、投资者专业化、层次多元、交易手段多样的国债二级市场。尤为重要的是,在国债较为发达的国家,普遍建立了比较健全的场外交易报价、托管清算系统和完善的做市商制度,场外交易市场较为发达。在美国和日本,大多数政府债券都是在场外市场交易流通的。③

目前,我国国债流通存在不少问题,主要表现为:一是市场分割严重。目前的银行间国债市场与交易所国债市场是两个相互分割的市场,两个市场的参与者类型、交易方式、结算制度等都有较大的差异,唯一可以把两个市场联系起来的是一些跨市交易的机构,如保险公司、基金管理公司和部分证券公司。银行间市场与交易所市场的这种分割不仅造成成本增加,市场效率低下,而且还极大地影响了国债财政功能和金融功能的发挥。④ 二是托管清算体系存在缺陷。我国国债托管清算公司有三家,即沪、深两市各自的国债托管公司和中央国债登记结算有限公司 STAQ。三足鼎立的托管清算体系直接导致了市场运行效率低下的局面。⑤ 三是主席位下的券商托管导致挪用债券成为可能。券商是市场投资者之一,而主席位制却潜在地赋予券商监管的职能,这种允许券商既当运动员又当裁判员的做法,必然产生巨大漏洞。券商凭借托管和清算的便利欺瞒客户挪用

---

① 谢志军:《国债发行方式比较研究》,载《特区经济》2006年6月。
② 郭玲、张志超:《完善中国国债发行机制探讨》,载《现代财经》2005年第1期。
③ 王伟、李艳:《国外的国债运行和监管机制》,载《学习时报》2007年第3期。
④ 姜志宇、施惟:《国债功能与我国国债市场发展》,载《统计教育》2005年第3期。
⑤ 郭颖:《我国国债市场流动性研究》,载《商业经济》2008年第3期。

国债的行为,已逐渐演变成行业内一个公开的秘密,相反其他投资者和交易所却无法对券商的行为进行实时监督。主席位集中托管清算产生的制度缺失还导致了跨账户回购,部分国债持有者与券商合谋,默认其托管在证券公司的国债被挪用,而相应的交易记录却不能反映这个过程,逃避了单位内部和上级单位的财务审计监管。另外,制度缺失还体现在不能培养融券方的风险意识。与银行间市场不同,交易所市场回购资金结算严重依赖交易所和证券登记清算公司,如果融资方支付有困难,登记清算公司会先行垫出资金,因此融券方根本不考虑国债回购是否存在风险,容易导致资金清算等风险的大规模集中爆发。[1]

为解决上述问题,我们建议:

其一,建立统一的国债市场。其关键是要实现国债在两个市场的连通和自由流动,即统一两个市场的后台系统,上市交易的国债均在中央国债登记结算有限责任公司进行统一托管和结算,交易所不再进行国债托管,银行间债券市场一对一的谈判式交易和交易所市场的集中撮合竞价交易这两种交易方式依然保留,所有投资者均可自由出入这两个市场买卖债券,银行间债券市场逐渐发展为场外市场,而沪深交易所市场为场内市场。[2]

其二,建立统一的国债托管清算体系。债券托管结算机构是一国金融市场重要基础设施建设,在无纸化、网络化的现代债务工具市场形态中处于市场基础设施的核心地位。正因为如此,G30组织在1989年提出证券结算九条建议,关于各国均应实现中央托管的建议获得国际普遍接受。集中统一托管是市场最高层次和最大范围内的统一,是提高结算效率和降低结算风险的基础。可以,说托管结算机构作为特殊的金融中介,其作用不可或缺,其地位不可替代。[3] 为了促进债券市场的发展,在托管结算系统建设方面,最终目标应当是在遵循市场化原则的前提下,统一两类托管清算结算系统,建立真正统一高效的债券托管清算结算系统,否则,债券市场的统一发展目标难以切实实现。[4]

其三,进一步完善做市商制度。2007年1月,中国人民银行发布了《全国银行间债券市场债券做市商管理规定》,对我国银行间债券市场的做市商制度作了进一步完善,直接将"双边报价业务"及"双边报价商"的称谓改用"做市商业务"及"做市商",重新确定了银行间债券市场做市商制度的基本框架,全面规范了对银行间债券市场做市商的管理,这对提高债券市场流动性、促进债券市场价格发现及推动我国债券市场的发展将具有深远意义。但今后仍然需要制定有关

---

[1] 杨学兵:《对国债回购风险的反思及对策研究》,载《湖北经济学院学报》2005年第2期。
[2] 姜志宇、施惟:《国债功能与我国国债市场发展》,载《统计教育》2005年第3期。
[3] 中央国债登记结算有限责任公司研发部:《完善我国债券托管结算体系》,载《上海证券报》2004年2月25日。
[4] 刘铁峰、田鹏:《国债跨市场转托管现状及对策研究》,载《证券市场导报》2004年第5期。

强化对于债券交易市场的风险管理以及债券投资者行为管理的配套法规,要做到既鼓励和活跃债券市场交易,又要作出借鉴期货交易中诸如持仓限额制度、保证金制度、交割替代制度,并强化市场参与者的内部风险控制制度,防止单边市的频繁发生,从而避免做市商面临更大的市场风险,从而取得在相对稳定的条件下推动做市商制度的完善和发展。①

其四,适时恢复国债期货交易。国债期货交易是指国债买卖双方在交易场所通过公开竞价,就在将来某一时期按成交价格交割标准数量的特定国债达成的合约交易。国债期货交易是在西方国家国债现货市场发育成熟的前提下为了规避国债利率风险而产生的,并随着西方国家国债现货市场的不断完善而发展。国债期货交易始于1976年的美国,随后,英、法、德、日等西方国家相继推出各自的国债期货交易,并获得巨大成功。② 1992年12月,上海证券交易所最先开放了国债期货交易。上交所共推出12个品种的国债期货合约,只对机构投资者开放。1993年10月25日,上交所对国债期货合约进行了修订,并向个人投资者开放国债期货交易。1995年,国债期货市场上投机气氛,透支、超仓、内幕交易、恶意操纵等现象十分严重,国债期货价格仍继续狂涨,恶性违规事件屡次发生。1995年5月17日下午,中国证监会发出通知,决定暂停国债期货交易。我国首次国债期货交易试点以失败而告终。但随着利率市场化的节奏和金融对外开放的步伐不断加快,市场主体对管理利率风险的需求不断增强,没有国债期货这样的金融衍生品,国内企业和金融机构在应对外来竞争时缺乏避险工具,市场脆弱性加强,会影响我们金融市场开发的进程。③ 相反,国债期货的推出可以规避发行风险,提高一级市场效率。国债期货的推出还可以增加二级市场流动性,丰富主体资产管理手段。当然,恢复国债期货交易,还需要就如何设计科学的合约制度、结算制度、交割制度和风险控制制度加以研究。

(四)国债的使用

从我国国债资金的使用来看,挤占、挪用、侵占国债资金,编造项目骗取国债资金,国债资金使用效率低下等问题屡见不鲜。故国债的使用是我国目前亟须立法规范和监管的重点。为此,建议:第一,制定《国债法》,对国债资金使用的原则、范围、方式、监管以及违法使用国债资金的法律责任等加以规定。第二,从国债资金的公共财政属性出发,重新界定其使用范围。"公共性"是公共财政最根本、最突出特征。公共性所强调的是,财政着眼于满足社会公共需要。就国债而言,其使用就应当由经济建设领域转向公共服务领域,突破原有的单一建设投

---

① 肖雄伟:《解读〈我国银行间债券市场做市商管理规定〉》,载《时代金融》2008年第4期。
② 刘邦驰、何迎新:《西方国家国债期货交易及其启示》,载《广东商学院学报》2005年第1期。
③ 林薇:《关于恢复我国国债期货的思考》,载《财政研究》2002年9期。

资范围,适当增加国债对政府转移性支出和消耗性支出的投入,以弥补政府财力不足,强化政府在公共服务领域的职能以及效率与公平的权衡。如上所述,既然国债资金属于政府财政资金,而且除长期建设性国债以外,一般国债资金都纳入政府预算统筹安排使用,这就要求拓宽国债资金的使用范围,要从狭隘的经济建设领域转向公共服务领域。①

（五）国债的偿还

国债的偿还,是指国家依法定和约定,对到期国债支付本金和利息的过程。它是国债运行的终点。在国债的偿还方面。主要涉及两个方面的问题,一个是国债的偿还方法,一个是国债偿还的资金来源。②

关于国债的偿还方法,各国做法不尽相同。美国国债的到期偿还主要是以发行转换债来进行的,即发新债来偿还旧债。对本金的偿还,从到期偿还的方式来说,主要是现金偿还、转账偿还和到期再投资等形式;对利息的支付,不同种类的国债的付息次数是不同的,并且国债的利息支出列入美国联邦预算,这样,国债的利息开支就有了可靠的保证。加拿大国债的还本付息加拿大偿还国债的政策是强制性政策,到期必须偿还,即使在财政十分困难的条件下,也不采取违约推迟偿还的做法。③

在我国,国债的偿还方法主要有市场购销法和直接偿还法。前者是指在国债到期前,由一国中央银行直接从证券市场上买回国债;后者是指在国债到期时由政府直接向国债持有人偿还。其中,最值得研究的是市场购销法,因为其是一个国家实现宏观调控的一个重要途径。《中国人民银行法》第 23 条规定,中国人民银行为执行货币政策,可以在公开市场上买卖国债和其他政府债券及外汇。在央行的诸多货币政策工具中,公开市场操作与其他工具相比具有明显的优势:第一,公开市场操作的主动权由央行控制,买卖时间和规模完全由央行决定;第二,公开市场操作可以大规模进行也可以是微调;第三,公开市场操作可以连续进行;第四,公开市场操作灵活性强,央行既可买进也可卖出,便于调整;第五,公开市场操作作用迅速。公开市场业务的上述优势使得许多国家中央银行已经把公开市场操作作为一种重要的货币政策工具而经常使用。④ 另一方面,财政部拟定国债政策和管理制度、编制国债发行计划、管理国债的发行和兑付,调控宏观经济运行。因此,在国债偿还方面,还有必要建立起科学、合理的中央银行与财政部之间的权责分工与协调制度。

---

① 陈秀山、张启春:《政府国债资金使用与区域社会福利增进》,载《经济理论与经济管理》2004 年第 11 期。
② 张守文:《财税法学》,中国人民大学出版社 2007 年版,第 120 页。
③ 初立苹:《完善国债偿还机制》,载《合作经济与科技》2008 年第 8 期。
④ 左毓秀:《完善国债市场功能与货币政策操作》,载《中央财经大学学报》2000 年第 6 期。

关于国债偿还的资金来源,一般来说,主要包括通过预算列支(政府将每年的国债偿还数额作为财政支出的一个项目列入当年支出预算,由正常的财政收入保证国债的偿还)、动用财政盈余(在预算执行结果有盈余时,动用这种盈余来偿付当年到期国债的本息)和设立偿债基金(政府预算设置专项基金用于偿还国债,每年从财政收入中拨付专款设立基金,专门用于偿还国债)三种。多年来,我国一直采用的是举新债还旧债偿付国债本息。虽然这种方法比较简单,但由于利息也列入其中,这就在相当程度上造成了国债规模越滚越大。因此,应该建立合理的本息偿付机制。而建立偿债基金制度则是政府推行强制性偿还方式的一项有力措施。具体办法是将国债利息支出纳入预算,而对本金的偿还建立偿债基金,每年按照一定的比例从预算收入或发债收入中提取偿债基金,由特定机关管理,专作偿付国债之用,不用作其他用途。[①] 一般地说,偿债基金有四项职能,即担保职能、偿付或防御职能、调整与减债职能、市场调节职能。另外,偿债基金通过干预金融市场,还可派生出增值职能,从而有利于扩大偿债能力和增强财政后备,成为促使债务良性循环、避免和缓解还债高峰压力的重要因素。[②] 我国虽然于1999年已建立了中央财政偿债基金,但规模过小,难以应对庞大的债务支出。因此,适当扩大偿债基金的规模势在必行。与此同时,有必要加强对偿债基金的管理,防止出现偿债基金的挪用与滥用。

(六) 国债的监管

我国在国债监管方面存在不少问题,主要表现为:一是对国债资金使用的监督模式是典型的行政型监督,也就是以国务院、财政部及各地财政部门、国家发改委及各省市区发改委、各地方政府、各相关部委及各行业主管部门的行政监督为主,以审计部门监督为辅的监督模式。该模式具有一些固有的优势,比如有足够的专业知识水平和技术力量对国债资金及其使用情况进行监督,能及时地组织专业技术人员对各种异常情况进行监督检查,防患于未然,同时侧重对微观主体及其行为的监督,可根据国债资金的运转情况把监督触角延伸到各领域、各部门。然而,尽管如此,该模式也具有许多明显的缺点,主要表现在它具有浓厚的内部监督色彩,对违反财政秩序、法规的行为处罚不力或无力处罚。甚至可以说,我国国债资金使用与管理中存在的种种问题,很大程度上都与我们采用行政型监督模式有关。[③] 二是缺乏明确、统一、独立的政府管理部门,导致多头管理、多重管理以及规则不统一。中国人民银行负责管理金融机构,证监会是对证券市场和期货市场进行监管的国务院直属单位,而财政部则是国债的发行机关,对

---

① 陈伟:《论国债规模的控制》,载《全国商情(经济理论研究)》2006年11期。
② 张家伦:《关于我国公债问题新探》,载《浙江金融》1995年7期。
③ 黎昭:《我国国债资金监督体系优化研究》,载《金融与经济》2008年第4期。

于国债的发行和交易问题都要监管。① 三是缺乏国债监管的法律规范。在我国,有关国债监管方面的规定不仅效力层次过低,而且规定不全,如监管的主体、目标、原则、方式等都缺少明确的法律规定。

为解决上述问题,我们建议:

1. 设立统一的独立的国债管理机构

尽管世界上大多数国家都实行财政为主导的国债管理体制,但近年来,很多发达市场国家开始采取相对独立的国债监管体制,从而使国债管理更有效率,更有针对性。目前,新西兰、瑞典、爱尔兰、英国等国家成立了独立的债务管理办公室。如1998年,英国成立了债务管理办公室,该机构负责政府债券市场的所有官方决策。英国债务管理办公室在法律上从属于财政部,但作为一个决策执行机构,其运作不受财政大臣的管辖,而是直接对议会负责。② 从机构设置上看,虽然债务管理办公室形式上都隶属于财政部或中央银行,而且要依法向财政部长汇报工作,但实际上都拥有较高的自主权。③

与财政政策相比,公债管理政策的最大特点在于它不仅服务于宏观经济目标,还要着眼于债务风险、成本等具体操作目标,主要由财政部门负责公债管理工作可能使政府因追求短期经济目标而置债务风险和成本于不顾。另一方面,如果由中央银行承担实施货币政策和债务管理政策的双重职责,那么央行可能不再愿意通过提高利率来控制通货膨胀,因为提高利率将不利于债务风险最小化。不仅如此,为了降低公债的实际价值,中央银行可能还会在公债到期之前通过降低市场利率或向社会注入流动性来制造通货膨胀,这显然为经济的稳定运行埋下了隐患。既然公债管理政策与财政政策、货币政策相区别,那么公债管理政策的实施机构也就不能完全听命于财政部或中央银行,否则就会引起政策目标之间的相互掣肘。④

2. 完善国债行业自律监管制度

单纯的行政监管体制难以实现对国债的有效监管,故充分发挥国债行业协会等自律性管理组织的作用就显得尤为重要。1991年8月,中国国债协会成立,作为国家债券业的自律性管理组织,其在实施国家债券业自律管理中发挥了重要作用。但目前还缺少有关这方面的法律规定,而仅有2008年4月22日中国国债协会会员大会表决通过的《中国国债协会章程》。故以立法的形式对国债行业协会等自律性组织的性质、职责等加以规定就显得尤为必要。

---

① 陈丕:《市场经济呼唤〈国债法〉》,载《中共福建省委党校报》2004年第10期。
② 王伟、李艳:《国外的国债运行和监管机制》,载《学习时报》2007年第3期。
③ 王文刚、宋永明:《相对独立的公债管理体制:分析与借鉴》,载《经济体制改革》2004年第2期。
④ 同上。

3. 加强对国债的审计监督

近年来,我国审计监督虽然取得了一定成效,但仍然存在监督难的问题。主要原因在于各级审计机关隶属于政府,很难依法独立行使审计监督权。从国外来看,不少国家如法国、英国、美国、澳大利亚、新西兰、印度、爱尔兰、卢森堡、荷兰、挪威等国的审计机关均直接隶属于议会。在我国,把审计机关直接归属人大,不仅有利于弥补人大监督力量的不足,而且可以使审计机关更加独立、有效地对财政监督实施再监督,可以使财政监督的执法主体更加明确,能够更好地理顺长期以来悬而未决的财政监督与审计监督之间的关系,充分发挥各监督主体的监督职责。

4. 明确国债监管的目标

国债是财政与货币政策的结合点,但不能简单地把财政、货币政策的目标就当作是国债管理目标。随着国债规模的扩大和功能的演变,国债应该有自己独立的目标。当然,独立的国债管理目标也不能与财政、货币政策目标相悖,而是要相互协调,相互支撑。为此,国债管理的目标在一定时期只能是一个,不能有多个。如果有多个目标,往往就会相互矛盾,在实际操作中就会顾此失彼,无所适从。[1] 众所周知,国债是以政府信誉为担保的金边债券,而安全性是其最本质的特点。如果政府因财政困难和筹资能力下降无法如约偿付债务,这将会极大地损害政府信誉,进一步增加融资和再融资的困难,以至于导致债务违约。这种情况一旦出现,就可能产生连锁反应,导致债务链条的损毁,这不仅将危及政府债务的可持续性,还会严重破坏整个市场经济的信用体系,甚至波及政局稳定。相比之下,债务成本提高所造成的福利损失对经济的破坏力则要小得多,至于经济稳定增长等衍生目标,完全可通过其他经济政策和手段来实现。由此可见,政府债务风险(特别是融资风险)最小化是实现其他政策目标的基础和保障,它是国债管理目标的重中之重。[2]

三、中国地方债法律制度

(一)地方公债的概念

地方公债,简称地方债,在美国被称为市政债券(Municipal Bond)。然而何谓地方公债,目前未见相关法律规定。在我国学界,有的认为,地方公债,是指地方政府在经常性财政资金不足的情况下,为满足地方经济与社会公益事业的需要,按照有关法律的规定向社会发行的一种债券。它是地方政府依据信用原则,

---

[1] 冯彦明:《对中国国债管理目标的探讨》,载《经济师》2007年第8期。
[2] 油晓峰 宋永明:《论国债管理的目标》,载《经济科学》2003年第2期。

从社会上筹措地方建设资金的一种手段,也是政府公债体系的重要组成部分。①有的认为,所谓地方债券,是一个与国债相对应的概念。它是地方政府和地方政府机构根据本地区社会经济发展状况和资金短缺程度,在承担还本付息的基础上向社会公众发行的债务凭证。② 我们认为,所谓地方公债,是指地方政府以自身信用为担保而依法向社会公开发行的并按约定承担还本付息责任的一种债。

地方公债作为西方发达国家的一种融资工具,已经有一百多年的历史,它是地方政府筹集地方建设资金的一种有力的工具。地方公债以其良好的信用、较低的融资成本、易于流动的特点,被誉为仅次于国债的"银边债券"。③ 据统计,目前世界 53 个主要国家中,有 37 个允许地方政府举债。如美国的州与地方债券、日本的公募债券与私募债券、英国的地方当局债等。而在我国,发行地方公债的实践则不多见。

中华人民共和国成立初期,为了稳定物价和重大经济建设的需要,从 1950年起开始发行公债到 1958 年(包括 1950 年的"人民胜利折实公债"和 1953—1958 年的"国家经济建设公债"),所筹资金稳定了物价,支援了经济建设。在此期间,我国也发行了两种地方公债,一是 1950 年前东北人民政府为了筹措建设资金发行的"东北生产建设折实公债",二是 1950 年代末 1960 年代初部分地方政府根据 1958 年 6 月国家颁布的"中华人民共和国地方经济建设公债条例"不同程度地发行了"地方经济建设公债",这是我国严格意义上的地方公债发行时期。到了 1960 年之后,经历了十年"文革"及特殊的国际环境,国债停止了发行,地方公债也销声匿迹了。④

1994 年《预算法》第 28 条规定:"地方各级预算按照量入为出、收支平衡的原则编制,不列赤字。除法律和国务院另有规定外,地方政府不得发行地方政府债券。"从该规定来看,地方政府债券并没有被绝对禁止。就法律程序而言,只要有特别立法,或者国务院特别许可,地方政府就可以发债。2008 年,由美国次贷危机而引发的全球性金融危机也给我国经济发展带来了严重的不利影响。在此背景下,国务院同意地方发行 2000 亿元债券,由财政部代理发行,列入省级预算管理。这是继 1998 年之后,中国再次通过中央代地方发债方式帮助地方政府融资。实际上,在此之前,围绕是否允许地方发行公债,学术界争议一直没有停止过。而这次 2000 亿元地方公债的发行,似乎宣告了学术界争议的终止,但其毕竟是在没有地方债立法的前提下进行的,故无论是地方公债的发行、销售、流

---

① 高奎明:《地方政府发行公债的必要性分析》,载《辽东学院学报》2006 年第 3 期。
② 杨远军:《地方债"堵"不如"疏"》,http://www.eeo.com.cn/eeo/yourmoney/2006/08/22/37609.html,2006 年 8 月 22 日访问。
③ 周艳:《比较国际经验探讨我国地方公债发行问题》,载《黑龙江对外经贸》2007 年第 8 期。
④ 牛吉平:《刍议发展我国地方公债的制度障碍及革新》,载《中国管理信息化》2006 年第 7 期。

通还是地方债的监管,都有不少问题值得研究。

(二) 地方公债发行的必要性

是否允许地方发行公债,我国学术界一直存在争议,不少人对此持反对意见。有的认为,我国地方政府的投资饥渴仍然十分严重,为了追求当前的政绩,不惜动用一切可以动用的资源,却很少考虑投资的效率和未来的偿债能力。对于一些的政府官员来说,投资是迅速提高经济增长统计数据的不二法门,在短期内也确实能够收到增加居民收入,减少失业的效果。既可以积累政治资本,又可以博得一个好名声,至于未来的还款压力,却是由后任的政府来承担。在这样的利益驱动下,有多少的资金都是不够用的。可以预料,如果地方政府取得举债权,不加滥用几乎是不可能的。打开负债的方便之门,结果可能只是助长了地方政府的盲目投资行为。① 有的认为,独立的财政权、分税制与地方政府的约束是地方政府发债的制度保障。而在我国,中央政府—地方政府事权划分模糊,公共品的供应边界有待明确;"分税制"的改革不彻底;地方政府存在"软约束",赋予地方政府"发债权"可能被滥用。②

我们认为,应该允许地方发行地方债。其理由在于:

第一,这是完善我国分税制财政体制的客观要求。举债权是规范化的分税制体制下地方政府应有的财权之一。1994 年,我国通过分税制改革初步建立起了分级财政体制,但存在地方事权过大、财权过小的问题,在财政困难的情况下,地方政府无力向本辖区的居民提供公共产品和公共服务。鉴此,赋予地方政府以发债权,对于在"事权与财权相一致"原则下完善我国分税制财政体制不无意义。

第二,这是规范地方政府融资行为的现实需要。改革开放以来,地方基础设施建设资金短缺的压力使一些地方政府采取规避措施,绕开《预算法》的限制,主要是通过以市政工程公司的名义发行收入债券,筹集资金用于市政建设,由项目收益偿还借款。例如,1999 年 2 月上海市城市建设投资开发总公司发行 5 亿元浦东建设债券,筹集资金用于上海地铁二号线一期工程;1999 年 4—5 月济南市自来水公司发行 1.5 亿元供水建设债券,为城市供水调蓄水库工程筹资。青岛、重庆等地都发行过专门用于城市基础建设的收入债券。这些收入债券通常以企业债券的形式出现,特别是那些由政府部门转型而来的国有企业,比如路桥建设、供电、供暖、供汽、交通等。这些债券最终都是以地方财政为担保的,这些企业发行的债券名为企业债券,实质上相当于地方公债的一种准地方公债。③

---

① 冉璐:《发行地方政府债券的利弊分析》,载《经济师》2004 年第 8 期。
② 刘华、余维彬、张云峰:《我国地方政府发债的可行性思考》,载《财贸经济》2003 年第 2 期。
③ 高奎明:《地方政府发行公债的必要性分析》,载《辽东学院学报》2006 年第 3 期。

因此,赋予地方政府以发债权,可以将无序融资转变为有序融资,从而规范地方融资行为。

第三,这是化解地方债务的一个有效途径。根据财政部的测算,截至2007年底,中国地方政府性债务总额达到4万多亿元,其中直接债务占80%,剩余20%为担保性债务。而隐性债务则无法统计。① 而允许地方政府发债,则有利于化解地方政府债务。

第四,这有利于减少中央政府的财政风险。中央代地方发债增大了中央财政风险,不利于拓展积极财政政策的空间。实施积极的财政政策5年多来,中央财政累计发行长期建设国债8000亿元,其中中央代地方政府发债累计为2200亿元,占全部国债的比例为27.5%,这无疑增大了中央财政风险。从反映中央财政风险的指标来看,这些年来,我国中央财政债务依存度和中央财政偿债率均超过国际上经验性的安全控制线(西方发达国家中央财政债务依存度一般为25%—35%,中央财政偿债率一般为7%—10%)的一个主要原因就是分子偏大。显然,这和中央财政每年均要代地方政府发行一定规模的国债有关,由于这部分国债的直接债务主体是中央政府,使用者却是各级地方政府,从而导致了国家所有债务都集中在中央财政,中央财政收支比重又偏低。受此影响,我国中央财政风险逐步增大,积极财政政策的空间也越来越窄。②

第五,这是满足居民投资愿望的需要。从个人投资者来看,进入20世纪90年代以来,我国居民储蓄存款余额上升很快,平均每年以27%的幅度递增。截至2005年12月末,我国城乡居民储蓄存款达到141050.99亿元,个人投资意愿和潜力是巨大的。多年来国债一直是投资者热衷的品种,但鉴于中央财政本身的实力,发行规模有限,并不能完全满足投资者的需求,适度发行地方债可以提供更广阔的投资渠道。从机构投资者来看,证券投资基金、保险基金、社保基金、商业银行等,对地方债券也都有着巨大的投资需求,希望提供更多的资本市场投资品种,既可以分散投资风险,又为获得较为稳定的投资回报创造更多的机会。③ 至于地方公债的风险,则可以通过加强监管等加以避免。

需指出的是,关于地方公债的发行,有的认为,可以弥补地方财政赤字。我们认为,该观点不甚妥当。由于现在地方财政存在大量隐性赤字,通过发行地方公债似乎可以顺理成章的解决这一问题,但是实际上这是不可行的。地方财政

---

① 汪洋:《地方债 控制风险是关键》,http://www.p5w.net/stock/bond/zsxw/200904/t2290552.htm,2009年4月16日访问。

② 陈纪瑜、赵合云:《发行地方公债是我国积极财政政策转型的一个可行选择》,载《云南财经大学学报》2004年第3期。

③ 杨远军:《地方债"堵"不如"疏"》,http://www.eeo.com.cn/eeo/yourmoney/2006/08/22/37609.html,2006年8月22日访问。

赤字的存在原因是多方面的,既有财政举债过度的问题,又有财政包袱过重而导致的欠拨支出挂账等问题。用地方公债弥补赤字无疑相当于承认了这些问题存在的合理性,这不但不能解决地方财政支出结构不合理和地方政府职能不到位的问题,反而会因为公债资金不能获得收益而导致偿债危机,所以是不可取的。实际上,发行地方公债的目的主要就是通过规范地方财政收支体系,为地方政府提供一种财政补偿机制,使其继续承担相应的职能,一方面为经济提供必要的公共产品,另一方面也通过公债资金的有偿性、规范性,解决地方政府预算的软约束,降低其对市场的过度干预,增强其经济建设支出的效益。①

拓展阅读

地方公债发行的理论依据

(1) 公共产品理论

按照公共产品理论,公共产品根据受益范围的不同可以分为全国性公共产品和地方性公共产品。受益范围遍及全国的是全国性公共产品;受益范围仅限于特定地域空间消费者的是地方性公共产品。地方性公共产品在其受益范围内,无法排除他人从消费中受益,一旦超出这个范围,就具有排他性。虽然部分地方公共产品具有外部性,其受益范围不仅局限于本地,但地方公共产品的成本和收益基本上在一个区域之内,其供给着眼于满足本地居民的需求,成本也应由本地居民负担。从理论上说,中央政府也可以提供区域性公共产品。然而不同地区之间的居民对一定的区域性公共产品的偏好程度通常是不同的,因而需求量也是不同的,地方政府在了解居民需求信息、提供地方性公共产品等方面处于有利地位,这会有助于地方政府更好地执行地方性经济政策和提供地域性公共产品。而中央政府几乎无法将来自某一地区的税收与该地区的利益切实结合起来,因此很容易造成某一地区居民的公共产品偏好与实际受益之间的差异。公共产品的层次性为进一步界定市场经济条件下中央政府和地方政府提供公共产品的范围提供了依据,同时也为地方政府运用经济属性分配手段之一的发行地方公债筹集资金、履行地方政府经济建设职能、提供地方准公共产品提供了理论依据。②

---

① 陈锋:《我国发行地方公债的理论依据和可行性研究》,载《内蒙古财经学院学报》2003年第1期。
② 高静:《地方政府改革视野中的政府公债》,载《学海》2007年第3期。

（2）财政分权理论

根据财政分权理论，政府的职责包括资源配置、经济稳定、收入分配三个方面。政府履行职责的方式是提供纯公共产品和混合公共产品。但是在多级政府体系中，纯公共产品和混合公共产品受益范围的地域空间差异性往往会导致各级政府特别是中央和地方政府之间在责权方面的矛盾。为了协调矛盾，中央政府常常在财政体制上实行分权。中央政府着重提供那些直接关系国计民生、关系国民经济发展全局的全国性纯公共产品和准公共产品，主要承担经济稳定和收入分配职能；地方政府在管理和调节地方事务的基础上，通过提供地方纯公共产品和准公共产品来提高本地区的资源配置效率，满足本地区居民的多样化需求。中央和地方各级财政之间相对独立，各级政府财政都有相对独立的收入作为行使事权的保证。财政分权理论强调了地方政府在资源配置方面弥补市场缺陷、提高本地区的资源配置效率、满足本地区居民对准公共产品多样化需求的作用，要求健全地方政府职能。而地方政府通过举债筹资将有助于提高地方准公共产品的提供水平，更好地发挥地方政府的职能作用。[①]

（三）地方公债立法的模式

我国2009年地方公债发行，对于缓解金融危机的影响等具有积极意义，但也存在不少问题：一是其目的带有阶段性特征，亦即是解决配套资金不足。在4万亿的投资计划中，两年内列入中央财政预算的只有1.18万亿元，其余则为地方财政和社会资本配套。根据国家发改委有关部门测算，2009年，地方政府须为中央投资项目提供配套资金约6000亿元，而地方政府自身仅能够提供3000亿元，缺口近3000亿元。[②] 二是在地方公债立法缺位的情况下发行地方公债，使其运作不甚规范，如未对地方政府发行公债进行信用评级。三是地方公债偿还的保障机制未建立。四是如何对地方公债进行有效监管也值得进一步探索。鉴此，制定有关地方公债方面的法律规范，规范地方公债的发行、流通、转让、还本付息以及资金使用行为，就显得迫在眉睫。

关于地方公债立法，可以选择的模式主要包括：一是制定统一的公债法，将中央公债和地方公债都纳入；二是制定单行的地方公债法；三是修改证券法，增加有关公债方面的内容，如美国市政债券与国债、企业债券、股票、投资基金等一起，共同构成了证券法调整的内容。

就上述第一种模式而言，由于国债与地方债都属于公债的范畴，某些规则也

---

① 高奎明：《地方政府发行公债的必要性分析》，载《辽东学院学报》2006年第3期。
② 邢少文：《2000亿元地方债引人关注 许多地方早已债台高筑》，http://news.sohu.com/20090317/n262844579.shtml，2009年3月17日访问。

是相同的,将两者都纳入统一公债法的调整范围,有利于立法体例的完整。但在我国,两者在发行主体、发行程序、发行的种类等方面都存在较大差异,故放在一起加以规定不尽合适。就第三种模式而言,公债与企业债券、股票、投资基金虽然都属于证券的范畴,但在目的、性质以及发行、审批、使用、监管等方面差异较大,故很难将其纳入《证券法》的范畴。相反,制定单行的《地方公债法》,则可以就地方公债作出详细、具体的规定,实现通过立法规范地方政府公债发行行为之立法宗旨。

(四) 地方公债的发行

1. 地方公债发行的原则

第一,依法发行原则。亦即地方公债的发行主体不仅应当具有法律规定的发债权,而且必须按照法律规定的规则和程序发债。强调依法发行,对于规范、约束地方政府公债发行行为,维护地方公债购买者的合法权益,避免财政风险等都具有十分重要的意义。

第二,公开原则。亦即地方公债无论是采取公募还是私募的方式发行,都必须通过一定方式向社会公开。地方公债的发行遵循公开原则,对于实现社会公众的知情权,对于实现对地方政府公债发行行为的有效监督,从而避免"暗箱操作"是十分必要的。

第三,偿债能力原则。地方政府举债筹资必须要有一定的限额,必须与其经济发展水平相适应。地方政府发行债券后,地方政府便取得了这笔资金的使用权,同时也承担了到期还本付息的义务。这要求地方政府在申报举债时必须结合自身的收入状况、还债能力等慎重权衡,而不能盲目争指标、争项目、争资源,若到期无法归还本息,将会给中央财政以及地方财政的正常运行带来不利影响,甚至影响中央财政自身的举债。[①]

2. 地方公债发行的主体

关于地方公债发行的主体,从国外来看,有些国家对此没有什么特别的限制,只要符合法定的条件,就可以发行地方公债。如日本就允许都、道、府、县以及市、町、村发行地方债;美国各州及州以下地方政府和任何特税区或市政机构均允许举借地方债;法国1982年推行中心与地方分权,实行中心、大区、省和市镇四级财政体制,各级预算相对独立,各级政府也均可以举债。[②]

在我国,2009年地方公债的发行主体为省、自治区、直辖市和计划单列市政府。作这样的限制,是非常必要的。一是我国大规模发行以地方政府为偿还主

---

① 肖惠海、邱真:《开放地方公债发行权的探讨》,载《价格月刊》2005年第7期。
② 2003年3月28日,法国国会通过宪法性法律《关于共和国地方分权化组织法》,将分权改革的成果以宪法的形式固定下来,明确法国是一个地方分权的单一制国家。

体的地方公债还是第一次,缺乏对地方公债监管等实践经验;二是省级以下地方政府大多财政比较困难,基于财政风险的考虑,也不能将发行主体的范围无限扩大。但随着地方公债法律制度、监管制度的完善,未来可以考虑将地方公债的发行主体扩大到省级以下较大的市。

3. 地方公债发行的程序

允许地方发行公债的国家对地方公债的发行都有严格的审批制度。一般来说,联邦制国家的地方政府发行地方债,须经本级议会审批,而在单一制国家,除由本级议会审批外,通常还要报中央政府审批或备案。如日本《地方自治法》第250条规定:"发行地方债以及变更发债、偿债方法、调整利率时,必须根据政府规定经自治大臣或都道府县知事批准",都道府县知事批准是针对市町村债券而言的,市町村发债必须经所属都道府县知事同意后报中央政府,实际上,所有地方债的批准权都在中央政府。日本对地方债实行由中央政府审批的目的在于:防止地方债的膨胀,确保地方财政的健全运营;防止资金过分向富裕地方政府倾斜,确保合理的资金分配;统一协调中央、地方政府及民间资金的供求关系。[1]

根据国务院《关于发行 2009 年地方政府债券有关问题的通知》以及财政部《财政部代理发行 2009 年地方政府债券发行兑付办法》、《2009 年地方政府债券预算管理办法》、《关于做好报送 2009 年地方政府债券发行计划建议有关工作的通知》的相关规定,我国 2009 年地方公债的发行程序是:地方政府向财政部提出发行公债规模的申请;国务院对申请予以审查;国务院批准发行规模的申请后,报经同级权力机关审批[2];在国务院批准的债券规模内向财政部报送政府债券发行计划建议;地方政府与财政部协商确定地方政府债券每期发行数额、发行时间等要素。依此规定,可以看出,对地方公债的发行,中央政府不仅进行严格的规模限制,而且对每期发行的数额、时间等要素都加以严格控制。从宏观调控以及控制财政风险的角度来说,确属必要,但也存在一些问题:一是程序时间较长、手续比较繁杂;二是权力过度集中于中央可能会出现寻租行为;三是地方债发行规模的制定权应该明确规定属于地方政府。因为,地方政府对于每一时期需要其承担的支出最为清晰,对于每一时期能够得到的地方财政收入也有最精确的估计,从而,它制定的地方债发行规模也能够比较合理。反之,如果让中央政府来决定地方债数量,就容易产生两个弊端:一是中央政府无法全面掌握各地方的具体情况,所作的决策可能偏离实际;二是中央政府代替地方政府决策,损

---

[1] 陈志勇:《地方公债问题研究》,载《湖北财税》(理论版)2000 年第 10 期。
[2] 财政部《2009 年地方政府债券预算管理办法》(财预[2009]21 号)规定,地方政府债券收支实行预算管理。2009 年度政府预算已经同级人大审查批准的,要及时编制预算调整方案,报同级人大常委会审查批准。

害了地方的自主权。① 鉴此,建议在将来《地方公债法》中取消有关规模的限制,并适当简化发行程序。

4. 地方公债发行的种类

从担保品来看,西方国家地方债主要分为:(1) 一般责任债券。它是由州、县、特区、城市、镇及学院区所发行的、以其无限征税能力和征税权力为保证的债务凭证,其特点是以地方的税收来源作为还款的保障。由于西方国家实行分税制,地方各级政府的征税范围不同,因此,不同级别的地方债的担保能力也不同。(2) 收入债券。地方政府发行的、以某一特定的收入来源作为还款来源的债务凭证,主要是为某一项目融资并以项目的收入还款,不受政府税收权力的保证和支持,所以收入债券依赖的基础是项目的盈利能力。有些市政债券的担保具有一般责任债券和收入债券的共同特征,如投保债券、银行担保市政债券、再融资债券等。② 一般责任债券由于要以政府无限的税收收入作为担保,在我国地方税体系没有建立起来、地方税主体税种不明确的情况下,是不适合采取的。③《2009年地方政府债券预算管理办法》第5条规定,资金主要用于中央投资地方配套的公益性建设项目及其他难以吸引社会投资的公益性建设项目支出,严格控制安排用于能够通过市场化行为筹资的投资项目,不得安排用于经常性支出。④ 作这样的限制规定,主要在于地方公债投资属于公共投资的范畴,在资金来源上区别于一般公共投资。

5. 地方公债发行的方式

我国2009年地方政府债券统一由财政部代理,按照记账式国债发行方式,面向记账式国债承销团甲类成员招标发行。之所以由中央代理发行,按照财政部有关负责人的解释,主要在于尽管近年来我国债券市场发展迅速,但针对地方政府债券的信用评级、发行渠道等还没有建立,制定统一的地方政府债券管理制度框架尚需时日,为此,国务院决定,2009年地方政府债券由财政部通过现行国债发行渠道代理发行。财政部代理发行地方政府债券,有利于充分利用财政部多年来发行国债积累的丰富经验、成熟的技术以及与投资者之间形成的良好关系;有利于降低地方政府融资成本,提高债券发行效率;有利于保障投资者按时收到本金和利息,提升地方政府债券信用等级,充分保护投资者利益;有利于根

---

① 龚仰树:《关于我国地方债制度设计的构想》,载《财经研究》2007年第11期。
② 刘华、余维彬、张云峰:《我国地方政府发债的可行性思考》,载《财贸经济》2003年第2期。
③ 陈锋:《我国发行地方公债的理论依据和可行性研究》,载《内蒙古财经学院学报》2003年第1期。
④ 经常性支出是指维持公共部门正常运转或保障人们基本生活所必需的支出,主要包括人员经费、公用经费及社会保障支出。

据地方政府需求和债券市场情况,统筹安排发行节奏,促进债券市场稳定。①

我们认为,采取中央代理而不是由地方政府自己发行的方式,只是我国目前情况下的权宜之计。在将来我国地方公债法律制度、监管制度日趋完善的情况下,完全可以采取地方政府自行发债的方式。与此同时,在地方债发行中,则可以视不同的债券采取不同的办法。对于那些社会影响大,在全国性市场发行的债券,可以采用招标发行。对于那些社会影响不大,在地区性市场发行的债券,可以采用定价发行。②

（五）地方公债的使用

从日本地方债制度的实际运行情况来看,地方公债主要用于以下地方公共品领域:交通、煤气和水道等公营企业所需经费;对地方公营企业提供的资本金和贷款;灾害紧急事业费、灾害后的生产恢复事业费和灾害救济事业费;既发债的调期;所有地方普通税的税率都高于标准税率的地方政府从事的文教、卫生、消防及其他公共设施的建设。③ 在美国,联邦和许多州以法律的形式严格禁止州和地方政府通过债务融资来弥补赤字。

根据《2009 年地方政府债券预算管理办法》第 5 条规定,我国 2009 年地方政府债券资金主要安排用于中央投资地方配套的公益性建设项目及其他难以吸引社会投资的公益性建设项目支出。投资项目资金使用范围主要包括:保障性安居工程,农村民生工程和农村基础设施,医疗卫生、教育文化等社会事业基础设施,生态建设工程,地震灾后恢复重建以及其他涉及民生的项目建设与配套等。为使上述规定更具可操作性,财政部还配套下发了 2009 年地方政府债券资金项目安排管理办法,进一步细化了债券资金的使用方向。

（六）地方公债的偿还

我国 2000 亿地方公债的发行,如前所述,并没有建立在对地方政府信用评级基础之上。这就意味着,地方政府于本次地方公债三年期届满后是否具有偿还能力是不确定的。在美国、日本,曾经多次发生地方政府因为不能偿还到期地方公债清偿义务而破产的情形。我国地方政府虽然不会发生破产之情事,但其对地方政府信用以及社会秩序的稳定均会产生重大影响。因此,建立起地方公债偿还的保障机制,就显得尤为必要。

关于地方公债的偿还,财政部《关于做好报送 2009 年地方政府债券有关工作的通知》之 4 规定,对地方政府未按时交付发行费和还本付息资金的,财政部将按逾期数额和预期天数,以当期债券票面利率的两倍计算罚息,并通过与地方

---

① 《财政部就代理发行 2000 亿地方债答记者问》,http://www.mof.gov.cn/mof/zhengwuxinxi/caizhengxinwen/200903/t20090317_123652.html,2009 年 7 月 9 日访问。
② 龚仰树:《关于我国地方债制度设计的构想》,载《财经研究》2007 年第 11 期。
③ 石绍宾:《地方债为公共品融资:条件与效应分析》,载《税务与经济》2007 年第 2 期。

财政结算扣回。《财政部代理发行2009年地方政府债券发行兑付办法》第21条规定,地方财政部门未按时足额向中央财政专户缴入还本付息资金的,财政部(国库司)采取中央财政垫付方式代为办理地方政府债券还本付息。我们认为,这些规定不足以保证地方政府到期还本付息,采取中央财政垫付方式也会加大中央财政的风险。

从国外来看,对此采取的举措主要有三种方式:一是在发行地方公债时,由地方财政提供担保。二是建立地方公债保险制度。如美国地方公债的保险业务始于1971年美国地方公债保险公司的成立,目前已有数十家专业的地方公债保险公司,并成立了行业性组织"金融担保保险协会(AFG)"。20世纪90年代以来,50%以上的地方公债都参加了保险。三是建立地方公债偿债基金。四是发新债还旧债。这几种方式对我国未来具有一定的借鉴意义。但目前,在我国,地方财政为地方公债发行提供担保为《担保法》所严格禁止,地方公债保险制度短期也很难建立。而发新债还旧债虽然不失为一种路径选择,但在目前缺乏有效制度约束的情况下,如果允许发新债还旧债,无疑会加大地方政府发债冲动,从而引发更为严重的地方财政危机。其结果很有可能是中央政府为地方公债买单。鉴此,建立地方公债偿债基金,确保到期债务的及时偿还,则为一种比较好的选择。地方各级政府部门应通过年度预算安排、财政结余调剂以及债务投资项目效益的一定比例的划转等途径,建立财政偿债基金,专项用于地方政府公债的偿还。

(七) 地方公债的监管

财政部《2009年地方政府债券预算管理办法》第4条规定:"地方政府债券收支实行预算管理。地方政府债券收入全额纳入省级财政预算管理,市、县级政府使用债券收入的,由省级转贷,纳入市、县级财政预算。地方政府债券收入安排的支出纳入地方各级财政预算管理。用地方政府债券发行收入安排支出的部门和单位,要将支出纳入部门预算和单位预算,严格按照预算制度管理。"第11条规定:"财政部门要加强对地方政府债券收支的管理和监督,建立和完善债务项目申报、审批、绩效考评和监督等制度,提高资金管理的科学化、精细化水平,不得挤占、截留和挪用债务资金。"

我们认为,对地方公债仅靠地方预算管理和财政监管是难以奏效的。一方面,无论是地方预算管理还是财政监管,目前都存在不敢监督、监督不力等问题;另一方面,无论采取什么样的严格监管措施,都无法完全保证地方预算管理、财政监管对地方公债的全方位监管。鉴此,有必要建立起市场约束和政府约束相互配合的监督机制。亦即在强化预算监督、财政监督和审计监督的同时,通过信用评级、信息披露等市场约束的方式加强对地方公债的监管。

1. 信用评级制度

由于我国各地方政府大量隐性债务的事实存在,以及地区财政实力的差距较大,各地方政府的财政风险差异也较大,投资者也必然非常重视和关注债券的风险信息,而信用评级机构正好能解决政府与投资者之间的信息不对称,有利于地方债的顺利发行。债券的发行引入信用评级制度,实质是让债券发行人的信用状况、募集资金使用、收益和风险等信息公开化。对于地方债而言,则是对地方政府在地方债使用上的监督市场化,这必然促使地方政府规范其行为,有效率地使用所募集资金,这也将带动政府行为的公开化、透明化,提高政府的执政能力。[①] 为保证信息评级的独立、客观、公正,我们认为,应当由中央政府挑选的独立的政府信用评级机构对地方政府发债信用进行评级,公布拟发债地方政府的信用等级。

2. 信息披露制度

地方公债虽然以地方政府信用为担保而具有较高信用,但仍有较大风险。在我国,一方面,地方政府有强烈的投资冲动;另一方面,对地方政府的行为缺乏有效的约束机制、法律责任机制。鉴此,建立与地方公债有关的信息披露制度,将地方公债发行的目的、发行的数量、方式和类型、发行者的债务余额、还本付息的方式及资金来源等向社会公开,就显得尤为必要。通过信息披露制度,可以确保公众的知情和监督权,约束政府非理性的发债行为。

3. 预警制度

美、日政府对地方债券的风险防范机制亦十分健全,公债发行一旦出现风险,中央政府不会为其"兜底",这样就迫使地方政府不会轻易发行债务,以便树立起良好的"信誉"。例如,美国政府建立了地方公债发行的预警机制,当债务利息达到总预算的20%—25%时,就达到了警戒线,要求地方政府及时进行补救,如果情况比较严重,还可以依据联邦破产法提出破产请求。[②] 美国地方公债预警制度,值得我国借鉴。该制度的建立,对于及时化解地方政府财政风险,对于维护地方公债投资者的权益,具有十分重要的意义。

需指出的是,仅仅依靠一部《地方公债法》还不足以起到规范和约束地方公债的作用。在此之外,有必要进一步完善我国分税制财政管理体制,让地方政府享有与事权相一致的财权;有必要建立起完善的预算法律制度,使得预算能够真正起到约束政府财政收支行为的作用;有必要建立起完善的审计法律制度,充分发挥审计对地方公债的审计监督职能。

---

① 邓少平:《地方债不能忽视信用评级》,载《中国证券报》2009年3月26日。
② 周艳:《比较国际经验探讨我国地方公债发行问题》,载《黑龙江对外经贸》2007年第8期。

第五节 国有资产收益法

国有资产收益是指国家凭借资产所有权取得的各种收益的总称,既包括经营性国有资产收益,也包括非经营性国有资产收益和资源性国有资产收益。狭义的国有资产收益是指经营性国有资产收益。由于非经营性国有资产在实际运作中也会产生一些收益,如行政事业单位出租其占用的非经营性国有资产取得租金收入,而资源性国有资产在我国目前市场化程度不高,国有资源还没有成为独立性产业,资源性资产开发、出让、转让收入还没有进入市场,所以,经营性国有资产收益是我们所要研究的侧重点和立法规制的重点。而所谓国有资产收益,是指国家凭借资产所有者的身份依法就经营性国有资产取得的收益。

一、建立国有资产收益制度的必要性

建国初期至1983年前,我国对国有企业利润分配实行统收统支的分配制度,即企业利润全部上缴财政,而企业所需的各项资金由财政拨付。在1983年和1984年,国家分两步在全国范围内实行"利改税"制度。所谓利改税,是指将国有企业向国家缴纳的纯收入由利润上缴形式改为缴纳所得税和调节税等税收形式,将国家与国有企业的利润分配关系用税法的形式固定下来。企业纳税后剩余的利润,全部留归企业支配使用。从1987年开始,国家在利改税的基础上对国有企业普遍实行"包死基数、确保上缴、多收多留、欠收自补"的多种形式的承包经营责任制,用上缴承包费的办法取代了利改税中向企业征收所得税的办法。1994年税制改革,考虑到当时企业承担的离退休职工费用、承担社会职能等历史包袱沉重,作为阶段性措施,国家暂停了向企业收缴利润,企业应上缴的利润全部留在企业,用于其改革和发展。

近年来,国家在支持国有企业改革和发展方面采取了一系列政策措施,取得了明显成效,现代企业制度初步建立,企业历史包袱基本解决。2006年,国有企业实现利润达12193亿元,税后利润达6252亿元。国有企业从总体上已经走出困境,步入了正常发展的轨道。在这种情况下,如果国家仍然不向国有企业收缴利润,必然会带来极大的弊端。第一,1993年12月31日以前注册的国有全资老企业多数已经改革,现存国有企业(公司)大多是1994年以后改组新设的。国有资本投资收益不能完全按照"同股同利"原则收缴入库,被企业列作"国家独享资本公积"或者长年挂在"应付股利"账户无偿使用,导致国家丧失了国有资本收益的分配权,不符合"同股同权"原则。第二,石油、电力、通信等企业,既垄断了国有资源,又享受税收返还等财政支持政策,对处于竞争性领域的其他企业来说无疑是不公平的。近年来,由于市场等因素变化,经营收益大幅增长,自

行消化人员、债务等历史包袱的能力已经明显增强,应当适时调整相关财政政策。第三,在国家尚未建立国有资本收益收缴制度的情况下,企业拥有国有资本收益自由支配权,效益好的企业职工收入不断膨胀,而困难企业的职工却收入下降,由此产生了企业内部分配秩序混乱的弊端,日益导致社会分配不公,并积重难返。

近年来,随着国有经济战略性调整的深入,国有产权出售转让收益与日俱增,但没有一个部门掌握这项收益的规模。从目前46000余亿的国有资本规模看,即使转让很小一部分,数额也是相当可观的。由此不难推测,在转让过程中国有资本收益的显性流失现象是比较严重的。仅以住房制度改革为例,1993年出售的3200万平方米公房仅回收资金234.51亿元,平均每平方米仅收回73.34元。

除经营性国有资产外,我国还有大量的非经营性国有资产,即行政事业单位的国有资产。这些单位普遍存在利用非经营性国有资产建立所属独立核算的经营单位或将非经营性国有资产对外联营、投资、出租、出售等现象,但目前这种收益的规模无从查起,多数进入部门、单位的"小金库",具有很强的隐蔽性。

在国外,国企红利均通过财政预算体系上交国库,是不少市场经济国家的选择。在美国,不少州则对公有资产的收益对居民直接进行分红。美国阿拉斯加州政府利用该州的石油资源收入于1980年成立了资源永久基金。每年,该州政府要将至少50%的矿产资源租赁及所得收入划拨到这个资源永久基金之中,收益主要用于给公民发放社会分红。该州从1982年开始发放社会分红,发放对象是在阿拉斯加州连续居住达半年以上的该州公民。截止到2006年,已经连续24年为该州公民发放社会分红,视收益情况每年发放几百美元到数千美元不等。[①] 世界银行也认为,国有企业的红利和私有化收入应该上缴给财政部,纳入正规的预算程序,并用于公共支出。[②]

1993年发布的《国务院关于实行分税制财政管理体制的决定》中规定,国有企业要"逐步建立国有资产投资收益按股分红、按资分利或税后利润上交的分配制度"。1994年财政部、原国家国有资产管理局、中国人民银行发布了《国有资产收益收缴管理办法》,把国有企业应上交的利润纳入了国有资产收益的范围。1995年2月,财政部发布了《关于〈国有资产收益收缴管理办法〉有关问题解答的通知》。2002年,党的十六大提出了"建立中央政府和地方政府分别代表国家履行出资人职责,享有所有者权益,权利、义务和责任相统一,管资产和管人、管事相结合的国有资产管理体制"的改革任务。这些都对政府参与国有企

---

① 吴国玖:《国有资产收益分红机制的国际比较与借鉴》,载《科技创新导报》2008年第6期。
② 赵凤彬、韩丽:《基于公平的国有企业利润分配问题》,载《经济导刊》2008年2月1日。

业分红提出了要求。

为增强政府的宏观调控能力,完善国有企业收入分配制度,促进国有资本的合理配置,推动国有企业的改革和发展,国务院于 2007 年 9 月发布了《国务院关于试行国有资本经营预算的意见》。2007 年 12 月,经国务院批准,财政部会同国资委发布《中央企业国有资本收益收取管理办法》,规定纳入收益上交试点范围的 116 家企业要按时完成 2006 年度国有资本收益的申报上交工作,从而宣告了国有企业不上缴利润这一历史的结束。2008 年 10 月全国人大通过了《中华人民共和国企业国有资产法》,该法第 18 条第 2 款规定:"国家出资企业应当依照法律、行政法规以及企业章程的规定,向出资人分配利润";第 58 条规定:"国家建立健全国有资本经营预算制度,对取得的国有资本收入及其支出实行预算管理"。

依法取得国有资本收益,是国家作为国有资本投资所有者应当享有的权利,也是建立国有资本经营预算的基础。对国有资本收益进行收缴,有利于保障国家利益的完整性,更有效地维护国家所有者权益,有利于企业间的公平竞争以及建立起公平的收入分配制度,有利于形成政府作为出资人对企业有效制约的监督机制。

二、国有资产收益的分配制度

(一)国有资产收益分配的原则

依法取得国有资产收益,是国家作为国有资产投所有者应当享有的权利,但国有资产收益分配涉及国家、企业、投资者、职工等多方面的利益关系,因此国有资产收益分配必须遵循以下原则:

1. 依法分配原则

亦即对法定范围内的国有资产收益按照法定的比例、程序进行分配。其目的在于依法规范国家与企业等相关主体之间的利益关系,保障国有资产收益分配的规范、有序进行。

2. 统筹兼顾原则

亦即统筹兼顾企业自身积累、发展和国有经济结构调整及国民经济宏观调控的需要,合理确定国有资本收益分配比例。

3. 谁投资谁受益的原则

根据所有权的一般原理,作为全体人民之代表的中央政府无疑最终享有国有资产收益权,但根据分级财政管理体制,地方国有资产收益应当由各级政府享有收益权。对此,2008 年《企业国有资产法》第 3 条规定:"国有资产属于国家所有即全民所有。国务院代表国家行使国有资产所有权";第 4 条规定:"国务院和地方人民政府依照法律、行政法规的规定,分别代表国家对国家出资企业履行出资人职责,享有出资人权益。国务院确定的关系国民经济命脉和国家安全的大型国家出资企业,重要基础设施和重要自然资源等领域的国家出资企业,由国务院代表国家履行出资人职责。其他的国家出资企业,由地方人民政府代表国家履行出资人职责"。

4. 公平原则

亦即在国家决定国有资产收益的分配关系时,应当根据企业之间的平等竞争,地区之间平衡发展的原则加以确定。[①]

(二) 国有资产收益分配的范围

国有资产收益分配的范围,指的是对哪些国有资产收益依法予以分配。一般而言,国有资产收益的征收对象是特定的,只有经营使用国有资产的才负有向国家上缴国有资产收益的义务。对此,《国有资产收益收缴管理办法》、《关于试行国有资本经营预算的意见》作了比较详细的规定。

《国有资产收益收缴管理办法》第2条规定,用于分配的国有资产收益具体包括:(1) 国有企业应上缴国家的利润;(2) 股份有限公司中国家股应分得的股利;(3) 有限责任公司中国家作为出资者按照出资比例应分取的红利;(4) 各级政府授权的投资部门或机构以国有资产投资形成的收益应上缴国家的部分;(5) 国有企业产权转让收入;(6) 股份有限公司国家股股权转让(包括配股权转让)收入;(7) 对有限责任公司国家出资转让的收入;(8) 其他非国有企业占用国有资产应上缴的收益;(9) 其他按规定应上缴的国有资产收益。

《关于试行国有资本经营预算的意见》规定,各级人民政府及其部门、机构履行出资人职责的企业上交的国有资本收益,主要包括:(1) 国有独资企业按规定上交国家的利润;(2) 国有控股、参股企业国有股权(股份)获得的股利、股息;(3) 国有产权(含国有股份)转让收入;(4) 国有独资企业清算收入(扣除清算费用)及国有控股、参股企业国有股权(股份)分享的公司清算收入;(5) 其他收入。

从上述规定来看,国有资产收益主要针对的是经营性国有资产收益,亦即国有企业上缴的税后利润。

三、国有资产收益的收缴制度

财政部1995年发布的《关于〈国有资产收益收缴管理办法〉有关问题解答的通知》规定,国有企业应上缴国家的利润,根据国务院国发[1993]85号《关于实行分税制财政管理体制的决定》,近期"对1993年底以前注册的多数国有全资老企业实行税后利润暂不上交的办法",少数国有企业应上缴国家的利润按

---

① 陈东浩:《对国有资产收益管理若干问题的思考》,载《法学杂志》1996年第4期。

企业财务隶属关系分别由财政部和各省、自治区、直辖市、计划单列市财政部门会同国有资产管理部门根据企业和财政情况确定。亦即国家对国有资产收益上缴的比例未作统一规定,而是由各地根据企业和财政情况自行确定。从各地规定来看,国有资产收益收缴的比例不一。2007年12月,财政部、国资委联合发布了《中央企业国有资本收益收取管理暂行办法》。根据该办法,国有企业应缴利润的比例,按行业分三类执行:第一类为烟草、石油石化、电力、电信、煤炭等具有资源型特征的企业,上交比例为10%;第二类为钢铁、运输、电子、贸易、施工等一般竞争性企业,上交比例为5%;第三类为军工企业、转制科研院所企业,上交比例3年后再定。

我们认为,第一,收缴标准及收缴比例的确定具有很强的政策性,既要确保国有资本收益的足额及时收缴,又要考虑国有企业的实际运营情况和承受能力。就国有资本收益的收缴标准而言,可以选择净利润,也可以选择可供投资者分配的利润。就国有资本收益的收缴比例而言,应视国有资本收益的不同类别而有所差异。[①]

第二,应当根据企业的经营现状采取浮动比例。相反,如果无视企业的经营现状,而采取统一标准的话,不仅对部分公益性企业起不到应有的保护作用,而且也会使少数高利润企业逃避应有的责任,在这种情况下,财政部门在向中央企业收取资本收益金就完全有必要采取浮动比例制的方式,也即对盈利较高的企业实行较高的收取比例,对盈利较低的企业实行相对低一些的收取比例。这样,才更加有利于实现国家、垄断企业和社会公众三者的共赢。[②]

第三,国有资本收益收缴的比例,应根据企业所处的竞争程度和同行的盈利水平来确定。就石油石化、电力、电信等垄断性企业而言,我们认为,10%的上交比例显然过低。中国石油年报显示,2008年度实现净利润1144.31亿元,比上年少赚300多亿,但仍保住了"亚洲最赚钱的公司"称号。稍早些时,中国移动公布,2008年盈利1127.93亿元,成为全球最赚钱电信公司。仔细分析中石油、中移动具体的经营、盈利途径会发现,垄断格局下的政策性、制度性力量,仍是其"日进斗金"、享受饕餮般的利润盛宴的基本途径和方式。如中石油,国家发改委一声令下宣布上调成品油价格,仅此一项调价政策,中石油"每月的新增收入将达到12.6亿元",也即一年新增150亿元以上的利润。[③] 与此同时,垄断性国有企业高管、职工收入、福利仍然居高不下。作为独占垄断国家资源的垄断企业上缴如此低比例的利润,显然侵蚀了国家作为所有者的权益,削弱了公众的福

---

① 陈艳利:《国有资本收益管理问题研究》,载《国有资产管理》2008年第10期。
② 徐光木:《国有资本收益金可否实行浮动比例》,载《经济参考报》2007年12月14日第9版。
③ 张贵峰:《全球最赚钱的中国企业为谁赚钱》,载《中国青年报》2009年3月27日。

祉。此外,既无法体现"同股同权"的市场法则,也使不同的企业处于不公平的竞争环境,并导致不同企业存在先天性的分配不公。

四、国有资产收益的使用制度

关于国有资产收益的使用,存有较大争议。争议的焦点是,国有资产收益专门用于国有企业改革还是纳入财政统一使用？对此,国资委坚持国有资产收益"专款专用"性质,单独编制预算,亦即应当主要专门用于国有企业改革。最后,国资委意见显然占据上风。《国务院关于试行国有资本经营预算的意见》规定,国有资本收益的使用范围包括三个方面：(1) 资本性支出。根据产业发展规划、国有经济布局和结构调整、国有企业发展要求,以及国家战略、安全等需要,安排的资本性支出。(2) 费用性支出。用于弥补国有企业改革成本等方面的费用性支出。(3) 其他支出。

我们认为,在国有资本收益体制改革初期,为了支持国有企业改革,对国有资本收益使用作上述规定是必要的。但随着国有企业改革的进一步深化以及国有资本经营预算制度的完善,应当将国有资本收益纳入公共财政收入的范畴,由政府统筹安排使用。国资及其收益从本质上讲,都是一种公共资源。国有资本收益也应当属于财政收入的范畴。在社会主义市场经济条件下,财政收入主要来源于全社会纳税人的贡献,应当按照公共财政的要求统筹使用,支持经济发展部分不能仅限于国有企业,而国有企业改革与发展的财力需要也不能完全依赖国家的财政支持,否则将对非公有经济造成不公平待遇。因此,将国有资本收益纳入预算管理,可以改善国有资本收益资金长期由企业分散使用的状况,发挥国家财政推动国有企业改革与发展的作用,有助于实现国有经济布局和结构战略调整的目标。[①]

第六节 彩 票 法

新中国的彩票业是改革开放的产物。新中国成立后,一直将彩票活动归类于"黄、赌、毒"而加以禁止。改革开放后,百废待兴,包括公益事业在内的社会各项事业的发展都面临严重的资金短缺。为解决公益事业资金不足的问题,1986 年 12 月 20 日,国务院批复了民政部《关于开展社会福利有奖募捐活动的请示》,同意由民政部组织一个社会福利有奖募捐委员会,在全国范围内开展有奖募捐活动。1987 年 6 月 3 日,中国社会福利有奖募捐委员会在北京成立。

---

① 中国致公党中央委员会：《关于建立国有资本收益管理制度的建议》,http://www.sina.com.cn,2008 年 3 月 4 日访问。

1987年7月27日,第一批福利彩票在河北省石家庄市销售,标志着中国当代彩票业的诞生。1988年,国务院批准国家体委(现国家体育总局)发行"第十一届亚洲运动会集资奖券"。1992年,"国家体委体育彩票筹备组"成立。1994年4月,中国体育彩票管理中心成立,体育彩票正式登台。① 自此,我国彩票业获得了迅速发展,截止到2008年11月10日,福利彩票销量突破500亿元;到2008年11月23日,体育彩票销量也突破了400亿元。二者的总量达到900亿元,对促进社会公益事业的发展发挥了十分重要的作用。但与此同时,我国彩票业发展过程中也存在不少问题,违纪违法行为屡见不鲜,彩票纠纷也大量发生。有鉴于此,对彩票的发行、销售、开奖等予以立法规范显得尤为必要。

一、彩票的法律概念、性质

(一)彩票的法律概念

1. 国务院《彩票管理条例》及其相关部门规范性文件中有关"彩票"概念的规定

民政部1994年12月2日发布的《中国福利彩票管理办法》第2条将福利彩票定义为:"本办法所称福利彩票,是指以筹集社会福利资金为目的而发行的,印有号码、图形或文字供人们自愿购买并按特定规则确定购买人获取或不获取奖金的有价凭证。"原国家体委1994年发布的《体育彩票发行管理办法》第2条将彩票规定为"以筹集国际和全国性大型体育运动会举办资金等名义发行的、印有号码、图形或文字的、供人们自愿购买并能够证明购买人拥有按照特定规则获取奖励权利的书面凭证"。中国人民银行1995年12月20日发布的《关于加强彩票市场管理的紧急通知》将彩票定义为:"印有号码、图形或者文字供人们填写、选择、购买并按照特定规则取得中奖权利的凭证。"财政部2002年发布的《彩票发行与销售管理暂行规定》第2条规定:"彩票是国家为支持社会公益事业而特许专门机构垄断发行,供人们自愿选择和购买,并按照事前公布的规则取得中奖权利的有价凭证。"国务院2009年5月4日颁布的《彩票管理条例》第2条规定:"本条例所称彩票,是指国家为筹集社会公益资金,促进社会公益事业发展而特许发行、依法销售,自然人自愿购买,并按照特定规则获得中奖机会的凭证"。与《彩票发行与销售管理暂行规定》相比,《彩票管理条例》关于彩票概念的界定,一是强调依法发行;二是将购买者限制为自然人;三是将彩票持有人的权利界定为一种期待权即"中奖机会";四是将彩票界定为一种凭证。相比较而言,《彩票管理条例》对彩票的界定比较妥当。

---

① 冯百鸣:《彩票20年》,载《中国经济周刊》2007年第37期。

2. 学术界有关"彩票"概念的界定

在我国学术界,对何谓"彩票",可以说是众说纷纭,莫衷一是。有的认为,所谓彩票,是指政府或政府批准的发行机构为了某种特定的筹资目的发行的并设定规则为购买者购买的,以抽签、摇奖方式决定授奖范围的,不还本、不计息的特殊的有价证券。① 有的认为,彩票是指政府或其授权机构为支持社会公益事业而发行的、由社会公众自愿购买的、并按照事前公布的规则取得中奖权利的有价证券。②

从上述规定来看,《中国福利彩票管理办法》与《体育彩票发行管理办法》只是从本部门彩票亦即福利彩票和体育彩票的角度对彩票进行界定,无疑其范围过于狭窄,且对彩票发行主体未作规定。中国人民银行《关于加强彩票市场管理的紧急通知》对彩票也只是作了一般性的描述,未明确其公益性等特征。相对而言,财政部《彩票发行与销售管理暂行规定》对彩票的界定相对比较科学,突出了彩票的公益性、国家垄断性、自愿性,但其将彩票界定为有价证券是否妥当,值得商榷。

从上述学术界对彩票概念的界定来看,大多揭示了彩票的国家垄断性、公益性、自愿性以及期待性。但不同的是,有的将其界定为"凭证",有的将其界定为"有价证券"。这表明学术界对彩票是否为有价证券还存在分歧。此外,无论是彩票的发行、销售、开奖、兑奖还是资金管理都必须依法进行,才能实现彩票业的有序发展,才能实现对彩票购买者合法权益的维护。这也是彩票区分于赌博之处。而学术界的上述观点显然对此有所忽视。值得一提的是,2008 年 3 月 11 日,国务院法制办公室向社会公开征求意见的《彩票管理条例(征求意见稿)》,未规定彩票的概念。此后正式颁布的《彩票管理条例》则弥补了这个缺憾。

鉴于上述分析,我们认为,所谓彩票是指基于筹集社会公益资金、促进社会公益事业发展之目的而由国家依法特许发行的供自然人自愿购买并据以取得中奖期待权的凭证。

(二) *彩票的性质*

1. 公益性

从个人购买彩票的动机来看,通过购买彩票获得巨额报偿无疑是大多数彩民之直接动机。彩票的私益性决定了彩票与赌博在外在形式上并无多大差异。但就彩票的本质而言,却带有极强的公益性。这也是彩票的首要属性。在任何一个国家,彩票的公益性都是彩票立法以及彩票发行的首要宗旨,其奠定了彩票的合法性基础,从而将其与单纯的赌博严格区分。所谓彩票的公益性,是指彩票

---

① 宋一欣:《彩票法律制度初探》,载《政治与法律》1999 年第 3 期。
② 邢军:《彩票法律问题探微》,载《法学评论》2005 年第 3 期。

的发行以筹集社会公益资金,从而促进社会公益事业的发展为目的,如支持福利、体育、文教卫生等公益事业发展等。

2. 国家垄断性

国家垄断性是彩票业区别于其他博彩业的又一个重要特征。彩票的垄断性,又称彩票的特许性,是指彩票由国家垄断发行和管理,其他任何单位和个人不得发行彩票,实现政府对彩票发行的有效控制。人们购买彩票虽然是基于获利目的的自愿行为,但从本质上看,发行公益彩票是国家进行利益再分配的一种手段。为此,大多数国家的立法例对博彩业采取特许主义。《彩票管理条例》第3条规定:"国务院特许发行福利彩票、体育彩票。未经国务院特许,禁止发行其他彩票。禁止在中华人民共和国境内发行、销售境外彩票"。彩票发行由国家垄断有两个主要原因:一是因为它是一种成本低的社会再分配手段;二是它具有的高回报、低风险容易诱使发行人的欺诈行为以及社会公众投机行为过度。这样,国家垄断就成为必然。

3. 自愿性

彩票无论是发行还是销售,都必须遵循自愿原则,亦即是否购买、购买何种彩票以及何时购买、购买多少彩票,都由民事主体自主决定,任何人不得强制。《彩票管理条例》第2条也特别强调了彩票由"自然人自愿购买"。

4. 期待性

彩票作为一种投资手段,具有博弈性,亦即彩票持有人中奖就可以获得比其支付的金额高得多的回报,但是否中奖却是不确定的。从这个意义上来说,尽管彩票持有人持有彩票享有获得收益的权利,但这种权利不是现实就可以立即行使的,而且将来能否实际行使也是不确定的。《彩票管理条例》第2条将彩票持有人的权利表述为"中奖机会",亦即彩票持有人所享有的权利为期待权,亦即将来有取得与实现的可能性的权利。

5. 凭证性

关于彩票的性质,不少学者将其界定为"有价证券"。我们认为不尽妥当。证券的"有价",是指在一定条件下,权利直接体现为一定数量的金钱,或权利的对象可以用一定金钱来表示其价值。而彩票票面记载的金钱指彩票购买人为获得彩票及相关权利、机会而支付的对价,其不是权利而是义务。在彩票人中奖后,彩票购买者获得的权利(一般来说是债权)为彩票销售前承诺的金钱或实物。但是在彩票购买者购买彩票后中奖前,彩票购买者所获得的只是一种机会。不仅如此,在彩票销售中彩票未中奖是常态,中奖是一种几率极小的状态。因此,彩票只在几率极小的情形下所表彰的才是金钱或实物,它与有价证券相距较远。此外,彩票也不能变现。鉴于此,将彩票界定为一种凭证较为妥当,亦即彩票是彩票持有人中奖后可以凭此取得彩票收益的凭证。值得一提的是,《彩管理条例》明确将彩票界定为一种"凭证",从而结束了学术界的纷争。

二、彩票法律关系

彩票法律关系是指由彩票法律规范调整的发生于彩票发行者、销售者与购买者等主体之间的具有权利义务内容的社会关系。与民事法律关系等不同的是,彩票法律关系则比较复杂,是一种多重法律关系。具体来说,主要包括以下几个方面:

(一)发行人与彩票购买人之间的权利义务关系

该法律关系是彩票法律关系的核心。就该关系的性质而言,双方之间属于平等民事主体之间的合同关系。在该合同关系中,彩票发行人的义务主要有:

(1)彩票发行人的主给付义务,即给付彩票并在彩票中奖场合给付奖金或者奖品。彩票是一个特殊的交易对象,一方面有纸彩票具有物的属性;另一方面,彩票中奖机会作为一种期待权,也集成于彩票上面,与彩票具有不可分割的一体关系。作为彩票发行人给付义务的重要内容,彩票发行人还应当承担瑕疵担保义务。具体而言,一方面彩票发行人应当担保权利的实际存在,即担保中奖机会确实存在,而不可以欺诈公众,将没有中奖机会的彩票向公众发行,这称为"权利实存之担保"。彩票发行人也不可以作虚假的或夸大的宣传,将有较少中奖机会的彩票宣传为具有较多中奖机会的彩票,这称为"权利无缺之担保";另一方面,自物的角度而言,彩票发行人还应当担保彩票本身作为一种物不具有瑕疵,彩票销售人员交付给彩票购买者的彩票应当是完好无缺的,在兑奖时不致发生问题的。

(2)彩票发行人的从给付义务。彩票发行人的从给付义务,并不是在每种彩票都有体现,在传统型或者即开型彩票就体现不出来,但在电脑彩票场合,彩票销售人员应当向彩票购买者提供投注单,供其填写,这种义务是在双方达成合意之后发生的,应该属于合同义务中的从给付义务而非先合同义务。另外,彩票发行人还负有开奖义务。彩票的开奖活动必须公开进行,并有公证人员现场公证。

(3)彩票发行人的附随义务。对于彩票合同而言,在合同履行过程中,根据诚实信用原则的要求和上述法律规定,同样会存在若干附随义务,比如,通知义务、保密义务等。[①]

彩票购买者的义务,主要是按照购买的彩票数量和金额支付价款。

(二)发行人与中彩人之间形成的权利义务关系

就该关系的性质而言,双方之间也属于平等民事主体之间的合同关系。在

---

① 韩世远、邢军:《彩票合同四题》,载《清华大学学报(哲学社会科学版)》2005年第3期。

这层法律关系中,中彩人具有双重法律身份,既是购彩人又是中彩人。正因为他是购彩人,他才有可能成为中彩人。因此,他除了拥有购彩人的权利义务外,还拥有获取奖金、奖品的权利。① 但同时也负有遵循中奖规则、交回所持彩票的义务。

(三)发行人与彩票承销人之间的权利义务关系

就该关系性质而言,双方之间系彩票委托代销关系。其中,彩票发行机构为委托方,而彩票销售机构为受托方,彩票销售机构对外以发行机构的名义销售彩票。双方的权利义务适用《民法通则》、《合同法》有关委托及代理的相关规定。对彩票销售机构来说,其主要权利是享有从彩票发行人获得佣金,其义务主要是遵守有关彩票销售的有关规定并接受发行人的监督。

(四)政府彩票主管部门与彩票发行机构之间的权利义务

就该关系性质而言,双方之间系行政管理和被管理的关系。彩票发行机构发行彩票必须取得政府彩票部门的批准,且就彩票发行工作主动接受政府彩票管理机关的管理和监督。《彩票管理条例》第7条规定:"彩票发行机构申请开设、停止福利彩票、体育彩票的具体品种(以下简称彩票品种)或者申请变更彩票品种审批事项的,应当依照本条例规定的程序报国务院财政部门批准。国务院财政部门应当根据彩票市场健康发展的需要,按照合理规划彩票市场和彩票品种结构、严格控制彩票风险的原则,对彩票发行机构的申请进行审查。"

就上述主体之间彩票法律关系而言,可以将其界定为民事法律关系、行政法律关系。但从财政收入的角度,可以将其界定为财政法律关系。因为彩票收入属于一国财政收入的范畴,彩票公益金在我国目前也已经被纳入非税收入管理。

拓展阅读

中国彩票业的现状与问题

自1987年彩票发行至今,我国彩票业获得了迅速发展。1987年—2007年,我国累计发行彩票超过4670亿元,筹集彩票公益金超过1560亿元。2007年,福利彩票为国家筹集福彩公益金217亿余元,首次突破200亿元,同比增幅超过26%。彩票公益金的投入和使用,极大地促进了社会公益事业的发展。这些公益事业包括民政福利事业、公共体育事业、青少年学生校外活动场所建设、红十字事业、残疾人事业,以及补助地方农村医疗救助资金、地方城市医疗救助基

---

① 刘剑文、熊伟:《财政税收法》,法律出版社2007年版,第80页。

金和补充全国社会保障基金等。彩票公益金已成为国家为支持各项社会事业发展筹措资金的重要渠道之一。① 但与此同时,也存在不少问题:

1. 福利彩票与体育彩票发行机构无序竞争

按照国家的规定,民政部门和体育部门是两个唯一具有发行彩票权力的官方机构。对于这两个系统的各级机构来说,部分返还的彩票公益金已经成为其重要的收入来源。随着彩票发行规模的不断扩大和所筹集资金的不断增长,许多地方政府和部门也开始试图涉足这个产业,以更快速地从社会筹集资金,填补活动增加造成的资金紧张。1993—1994年间,一些地方和部门不经国务院批准,擅自决定发行彩票,大量非法彩票充斥市场,展开了"彩票大战"。中办、国办不得不联合下发了《关于严格彩票市场管理禁止擅自批准发行彩票的通知》。虽然多头无序竞争的局面有所缓解,但是二个部门之间的竞争却不断加剧,因为要扩大彩票发行数量,必须要占领更大的市场。占领市场的基本手段就是人为降低设奖奖级、提高获奖概率。因此,在一些地方出现了二个部门之间恶意竞争的局面。为了遏制这种现象,2002年4月30日财政部曾下发了《财政部关于加强彩票市场监管的紧急通知》。②

2. 彩票公益金的使用不合理

按照最初的体制安排,发行彩票所得的公益金全部用于体育和社会福利领域的开支。国务院于2001年在《国务院关于进一步规范彩票管理的通知》(国发[2001]35号)中对公益金的分配方案进行了适当调整:由财政部会同民政部、国家体育总局分别确定民政部门和体育部门的彩票公益金基数,基数以内的彩票公益金,由民政和体育部门继续按规定的范围使用;超过基数的彩票公益金,20%由民政和体育部门分别分配使用,80%上交财政部,纳入全国社会保障基金,统一管理和使用。而纳入全国社保基金的部分,由财政部在助学、残疾、环保、社保及奥运会等八大领域分配。问题在于,一方面,由体育和社会福利领域分享公益金大头的正当性依据是否具备? 另一方面,除了已经享受公益金的八大领域之外(不包括体育和福利),其他如教育、建设、西部开发等领域的利益又如何平衡?③

3. 彩票公益金违法使用屡见不鲜

如前所述,公益性是彩票的首要特征,也是彩票区别于赌博而具有合法性的基础。但问题是,彩票公益金该如何使用? 谁来监督彩票公益金的使用? 令人遗憾的是,在我国,违法、违规使用彩票公益金的现象屡见不鲜。国家审计署对

---

① 郑猛、史晓龙:《彩票大奖800注 缴纳个税逾8亿》,载《中国税务报》2008年1月23日。
② 杨雪冬:《风险的制度化与制度的风险——以彩票业为例》,载《公共管理学报》2006年第4期。
③ 朱新力、唐明良:《政府对彩票业的法律规制——问题、成因及和谐社会理念下的制度面应对》,载《浙江大学学报(人文社会科学版)》2006年第2期。

国家体育总局2005年度预算执行审计结果揭示,国家体育总局2005年集中使用体育彩票公益金预算中,安排"全民健身"项目2.25亿元。截至2005年底,国家体育总局实际拨付1.97亿元,尚有2814万元预算未批复下拨。与此同时,2000年2月,国家体育总局所属体育基金管理中心未经批准动用彩票专项资金2787.4万元用于股票投资。① 彩票公益金的违规使用,破坏了人们对彩票公益性的信任,影响了彩票市场的发展,更重要的是危害了社会公共财产利益。

4. 缺乏统一的专业化监管机构,导致监管乏力

根据国务院有关规定,我国彩票市场监管机构为财政部。但与此同时,国家体育总局和民政部又分别是体育彩票和福利彩票的"主管部门"。这使得民政部和国家体育总局在实际上分享了相当一部分的彩票监管权。实践证明,这种"三足鼎立"的监管制度安排监管效果非常有限。财政部门对于彩票的监管,无论是对发行和销售行为,还是对彩票资金的使用,都只能做到名义上的监管,而体育和民政部门内部监管并不能有效防范违规行为的发生。因此,在"深圳彩世塔公司福彩舞弊案"和"西安体彩舞弊案"发生后,财政部除了"停止相关彩票的发行"外,没有能力推动任何消除上述违规行为的改革措施。而对那些得到体育或民政行政管理部门许可的彩票资金违规使用行为,就几乎谈不上"监督"。②

5. 彩票纠纷案件频繁发生

随着彩票逐渐走入人们的生活,有关彩票的法律纠纷近年来也不断出现,如彩民与发行方之间的纠纷、彩民与投注站业主之间的纠纷、彩民之间的纠纷屡见不鲜。其中,比较典型的如2001年3月辽宁大连"彩金计算纠纷案"③、2001年4月湖北"体彩假球案"④、2004年2月发生的福彩"双色球事件"⑤、2004年3月发生的陕西西安"宝马案"⑥等。

6. 私彩屡禁不止

私彩是指私人坐庄,由个人或组织发行的以诈取钱财为目的的非法彩票。私彩因具有返奖率高、刺激性大的特点,吸引了大批彩民的涌入,故虽经多次专

---

① 《体育总局挪用彩票公益金炒股被查》,http://biz.cn.yahoo.com/06-09-/41/j48z.html,2009年6月27日访问。
② 朱彤:《我国彩票市场存在的问题、原因与对策》,载《中国经贸导刊》2006年第16期。
③ 《全国首例福彩奖金纠纷案再次开庭不同算法相差70万》,http://www.cnhubei.com/aa/ca23077.htm,2009年6月22日访问。
④ 《湖北"4·20"体彩假球案的三大焦点》,http://hunan.voc.com.cn/content/2002-09/04/content_1565724.htm,2009年6月23日访问。
⑤ 《巨奖地下室开出 双色球事件考验彩票业》,http://sports.sohu.com/2004/03/04/86/news219298632.shtml,2009年6月23日访问。
⑥ 《陕西省正式宣布"3.25"彩票造假案已全案告破》,http://sports.sina.com.cn/s/2004-06-03/1846918926.shtml,2009年6月23日访问。

项治理,但在一些地方仍然屡禁不止,严重冲击了国家彩票,损害了彩民利益,甚至扰乱社会治安、破坏社会稳定。

我国彩票业之所以出现上述问题,与彩票法的长期缺位不无关系。从国外来看,西方博彩业之所以发达是与其健全的立法和监管体制分不开的。彩票是利用人们的投机心理筹集社会闲散资金并用于公益事业的一种特殊金融凭证,被誉为"无痛的税收"和"微笑的纳税女神"。在我国,彩票发行迄今的实践证明,其对于促进公益事业的发展、增加国家税收和就业机会以及带动相关产业发展等具有积极意义。但彩票也有许多负面效应,如助长了人们投机心理,诱发了诸多社会问题,产生了"挤出效应",抑制了实体经济的发展等。因此,2009年5月4日《彩票管理条例》的颁布,对于加强彩票监管,维护彩票市场秩序,维护广大彩民合法权益,促进我国彩票业以及公益事业的健康、有序发展,都具有十分重要的意义。

三、中国彩票立法的主要内容

(一) 彩票法的立法宗旨

关于彩票法的立法宗旨,《彩票管理条例》第 1 条规定:"为了加强彩票管理,规范彩票市场发展,维护彩票市场秩序,保护彩票参与者的合法权益,促进社会公益事业发展,制定本条例。"相比较而言,《彩票管理条例》关于立法宗旨的规定较《中国福利彩票管理办法》、《彩票发行与销售管理暂行规定》更加合理,因为其突出了彩票的公益性。此外,由于我国彩票市场存在私彩泛滥、彩票业竞争无序等问题,故规范彩票的发行、销售、开奖、兑奖和资金管理,就成为当务之急。

(二) 彩票法的原则

《彩票管理条例》第 4 条规定:"彩票的发行、销售和开奖,应当遵循公开、公平、公正和诚实信用的原则。"我们认为,其关于彩票法原则的规定不尽全面,如未突出彩票公益性原则、合法原则等。我们认为,彩票法的原则至少应当包括以下几个方面:

1. 公益性原则

如前所述,彩票的公益性是任何一个国家发行彩票首要确立的宗旨,其奠定了彩票的合法性基础。公益性原则指彩票的发行只能以公共利益为目的,否则,彩票就会演绎成纯粹的赌博。强调公益性原则,对于抑制彩民博彩心理,防止彩票公益金的滥用等,都具有积极意义。当然,强调彩票的公益性,也不能忽视彩民的利益。

2. 国家垄断原则

国家垄断原则是彩票公益性原则的逻辑延伸。国家垄断原则包括国家对彩票审批权、管理权和经营权的垄断。彩票业的高替代性与发行销售主体强烈的利润驱动力的存在,使得彩票业的发展不以竞争为必要要件,完全垄断的市场结构仍可以是有效率的。世界上发行彩票的国家和地区基本上都是实行彩票发行的全国性垄断或地区性垄断。彩票的国家立法,首先就是要明确彩票在国家政治、经济生活中的地位,要明确彩票是国家授权进行的通过社会筹集公益资源的一项非营利事业,它的发行是一种政府行为,而不是一般意义的经营活动。①

3. 国家公信原则

社会公众之所以购买彩票,是因为充分相信彩票业为向社会募集公益资金的公益事业,彩票游戏规则是公平、公正且能够得到制度保障的,产生结果的过程也完全是由概率决定的。可以说,国家公信力是维系彩票事业生存和发展的命脉,也是我国彩票法必须确立的一项基本原则。

4. 公开、公平和公正原则

所谓公开原则,是指彩票的规则以及发行、销售、中奖、开奖、彩票公益金的使用以及彩票监管都应当通过一定形式向社会公开。彩票作为一种社会公众参与的游戏,坚持公开性原则,有利于实现彩民的知情权以及在此基础之上的监督权,维护广大彩民的合法权益;有利于规范彩票发行、销售、中奖、开奖尤其是彩票公益金使用等行为,防止"暗箱操作"等违法行为的发生,确实实现彩票的公益性;有利于确保公平、公正,没有公开也就谈不上公平、公正。

所谓公平原则,是指通过规则的公平设计,使得彩民在"机会面前人人平等",如享有平等的购买彩票的权利,彩票购买者享有平等的中奖机会,彩票发行机构和彩票购买者之间权利义务对等。

所谓公正原则,包括实体公正和程序公正两个方面。实体公正是指彩票法所确立的各项规则如开奖规则、中奖规则等应当合乎正义理念和精神,平等对待所有的彩票购买者、中奖者。作为狭义的形式公正,程序公正是"看得见的公正",是指应当按照正当程序平等保护彩票购买人利益、公平处理有关彩票纠纷,切实做到不偏不倚、客观公正。既然彩票是一种广泛公开的,并且带有很强投机性的"游戏",就必须有一套广泛认同,而且被严格遵守的游戏规则。这套规则的核心就是公正和公平。②

5. 合法原则

所谓合法原则,是指彩票的发行、销售、中奖、开奖,彩票公益金的使用以及

---

① 蒋先福、廖东隽:《论我国彩票法创制的基本原则》,载《湖南商学院学报》2004 年第 5 期。
② 陈宪:《彩票的经济学透视》,载《探索与争鸣》2004 年第 10 期。

彩票监管应当依法进行,不得违反法律、行政法规的强制性规定和公序良俗原则,违法者将承担相应的法律责任。相反,如果彩票的发行、销售、中奖、开奖、彩票公益金的使用等不依法进行,那么其就会因丧失公益性而沦为赌博,正常的社会经济秩序必将受到损害,彩票购买人的权益也无法得到保障。此外,该原则还强调彩票监管主体必须依法监管,这不仅是依法行政的要求,还有利于防止监管权的滥用。

6. 诚实信用原则

就彩票而言,所谓诚实信用原则,一是强调彩票发行机构、彩票销售机构等在彩票的发行、销售等环节应当诚实守信,并应当按照批准的彩票品种的规则和开奖操作规程开奖。这也是彩票公信力的必然要求。二是强调彩票的购买者在彩票购买、兑奖等过程中应当诚实守信,如不得伪造、变造彩票或使用伪造、变造的彩票兑奖。

(三) 彩票的发行

1. 彩票发行机构

因彩票发行数额巨大,奖项数额巨大,牵扯人数众多,法律又不能明文限定公众购买的权利,所以只能严格限定发行主体的资格,以防止不合格的人员或单位有可乘之机,亵渎了公益事业的形象和政府部门的名声,并损害广大彩民的利益。[①] 但就彩票发行主体而言,各国做法不完全一致。国外的彩票发行体制,大致可分为三种模式:一是政府自营模式。在这种体制下政府设立专门的国营彩票公司负责发行。这种方式一方面较便于政府对彩票发行工作的监管;另一方面,国有或国营的发行公司也有完全的经营自主权,可以按照市场的规则和公司制度的要求来经营彩票业务。二是发照经营模式。政府根据本国需要,颁发特许经营牌照,获得彩票发行牌照的企业、公司可以经营彩票发行业务。这种方式市场化程度较高。政府依靠严格的资格审查和监管来保证彩票发行业务的合法开展。三是企业承包模式。政府授权企业承包发行,政府颁发许可证交由私人公司发行。[②]

我国在20世纪90年代初,国务院将彩票监管职能赋予中国人民银行,央行继而成为彩票管理的主管机关。但事实上,当时的中国社会福利有奖募捐委员会和国家体育总局仍旧保留了部分审批权,因此形成了多头审批和多头管理的局面。监管体制上的不顺实肇端于此。1999年年底彩票监管职能从央行移交到财政部之后,局面有所改观,作为监管者的财政部采行了一些改革措施。但当其准备出台旨在推动"部门彩票"向"国家彩票"转变的两项大手笔改革措施(即

---

① 田开友、徐梅:《彩票立法问题研究》,载《昆明理工大学学报·社科(法学)版》2008年第3期。
② 许雪娟、王琳:《我国彩票业发展中的政府监管问题探析》,载《经济与社会发展》2007年第2期。

彩票发行机构脱离行政依附和公益金分配的国家化)时,却遭遇了重大阻力。部门权力角逐的最后结果是,由国务院作出的折中式改革方案:现行彩票管理和发行体制维持不变,调整公益金比例并调整其分配政策。有鉴于现有行政依附式发行体制的种种弊端,早在财政部全面接管彩票管理工作之初,就提出了彩票管理体制的改革方案,其首要内容便是将福利和体育两个彩票机构从其所属的行政部门中分离出来,改制成企业化的彩票发行机构。随后,国务院体改办于2000年11月提出了相类似的改革方案。但国务院出于平衡各方面利益的考虑,并未下决心对彩票发行体制作出根本的变革。

事隔多年之后,一方面,现有发行体制的弊端进一步暴露,尤其是其间接造成的监管疲软、发行成本巨大以及在人事制度和分配制度上的计划经济色彩等已成为整个彩票业发展的障碍,从"部门彩票"到"国家彩票"转化的呼声不断高涨;另一方面,近年来我国在诸多公用事业领域的市场化改革已经提供了许多可资借鉴的经验,彩票业市场化运作的时机已经逐步成熟。[①] 但令人遗憾的是,《彩票管理条例》未对现行不合理的彩票发行体制作出任何调整,其第6条规定:"国务院民政部门、体育行政部门依法设立的福利彩票发行机构、体育彩票发行机构(以下简称彩票发行机构),分别负责全国的福利彩票、体育彩票发行和组织销售工作。省、自治区、直辖市人民政府民政部门、体育行政部门依法设立的福利彩票销售机构、体育彩票销售机构(以下简称彩票销售机构),分别负责本行政区域的福利彩票、体育彩票销售工作。"

我们认为,为避免部门利益之争,也为了使彩票发行机构与其行政主管部门完全脱钩,可以借鉴部分国家的做法,在彩票的发行和销售方面实行市场化原则,组建国家彩票公司,授权其负责彩票的发行、销售等工作。

2. 彩票发行的类型

根据《彩票管理条例》第3条规定,经国务院批准发行的彩票有两种,即福利彩票和体育彩票。《彩票公益金管理办法》第9条规定:"公益金应主要用于社会福利、体育和经批准的其他社会公益性支出。"从近几年情况来看,彩票公益金的使用已不限于社会福利、体育,而是用于社会福利、体育、社会保障、教育、抗震救灾等诸多领域,与这两类彩票的名称不完全吻合。

我们认为,将彩票仅限于福利彩票和体育彩票未免范围过窄,建议适当拓宽彩票的类型,如条件成熟时,可以发行教育彩票等。近年来,我国对教育的财政投入逐年增加,但与教育对财政资金的需求相比还有相当差距,故发行教育彩票可以缓解教育资金不足的问题。

[①] 朱新力、唐明良:《政府对彩票业的法律规制——问题、成因及和谐社会理念下的制度面应对》,载《浙江大学学报(人文社会科学版)》2006年第2期。

（四）彩票公益金

1. 彩票公益金的管理模式

从具体管理模式来看，世界各国的彩票公益金管理大致可以分为集中管理、统收统支管理模式，集中筹资、分项专用管理模式，集中筹款、混合使用模式三类。集中管理、统收统支管理模式是把全部彩票公益金纳入政府预算，由财政部门统一支配使用。因而，这种模式又被称为"第一财政"模式，采用这种管理模式的有法国、韩国等国家。集中筹资并分项专用管理模式又叫"第二财政"模式，它与"第一财政"模式正好相反，它的全部彩票资金都不纳入国家或地方的预算，而是直接转入各有关部门，用于各类具体用途，如日本、瑞士、巴西和澳大利亚等国家。集中筹款、混合使用模式又称之为"混合财政"模式，它是上述两种模式的混合体，即将一部分彩票公益金交给国家或地方财政部门，纳入国家或地方的财政预算，又将剩余部分用于其他用途。世界上有不少国家和地区都采用这一模式来使用和管理彩票公益金，如比利时、丹麦和我国的香港特别行政区。这又分两种情况：一种情况是将大部分彩票公益金上交国家或地区财政，小部分投向具体用途，如美国马萨诸塞州将 98.5% 的彩票公益金上交州财政，而将 1.5% 的彩票公益金用于直接文化艺术事业。中国香港特别行政区类似，它将 89.6% 的彩票公益金上交给特区财政，而将 10.4% 的彩票公益金用于公益与慈善事业。另一种情况则是把大部分彩票资金用于具体事业，而将不到 50% 的彩票资金上交到国家或地区财政，用于统收统支，如保加利亚和丹麦等国家。①

在我国，由于彩票公益金长期缺乏制度约束，致使其被滥用的情形时有发生。为此，财政部从 2008 年起将彩票公益金纳入政府性基金预算，按项目进行管理，专项用于国家规定的社会公益事业。《彩票公益金管理办法》第 2 条规定："彩票公益金是从彩票发行收入中按规定比例提取的，专项用于社会福利、体育等社会公益事业的资金，按政府性基金管理办法纳入预算，实行'收支两条线'管理，专款专用，结余结转下年继续使用，不得用于平衡一般预算。"《彩票管理条例》第 33 条规定："彩票公益金专项用于社会福利、体育等社会公益事业，不用于平衡财政一般预算。彩票公益金按照政府性基金管理办法纳入预算，实行收支两条线管理。"

2. 彩票公益金的分配

《彩票公益金管理办法》第 3 条规定："彩票公益金按 50∶50 的比例在中央与地方之间分配，由各省、自治区、直辖市彩票机构（以下简称省级彩票机构）分别上缴中央财政和省级财政。"而《彩票管理条例》第 35 条对此仅规定："彩票公

---

① 刘寒波、苏知立：《彩票公益金管理的国际比较》，载《湖南财经高等专科学校学报》2003 年第 4 期。

益金的分配政策,由国务院财政部门会同国务院民政、体育行政等有关部门提出方案,报国务院批准后执行。"我们认为,将过去中央占大头、地方占小头的彩票公益金的分配比例调整为 50∶50 的比例,虽然有利于促进地方社会公益事业的发展,但鉴于我国现行分税制财政体制下地方事权过大、财权过小而导致地方财政困难的现状,有必要适当增加地方对彩票公益金的分成比例,以解决地方公益事业发展所面临的资金短缺问题。

3. 彩票公益金的使用范围

从彩票公益金的使用范围来看,世界各国间存在较大的差异,大致可分为有具体专项用途和没有规定具体专项用途两类。没有规定具体专项用途的国家主要是法国和韩国。如果不规定公益金的具体用途,那么,彩票公益金的使用范围就存在较大的随意性,或存在较大的弹性。因此,凡是没有规定公益金具体用途的国家,其彩票公益金都纳入了政府财政,即 100% 的上缴政府财政,通过政府预算来对其进行管理。这是确保彩票公益金的使用能够用于社会公共事业的必然选择。

规定具体专项用途的国家又可分为两种:一是有多项用途;二是只有单项用途。多项用途的这类国家有德国、新西兰、比利时、芬兰、丹麦和挪威等,这类国家的彩票公益金具体用途至少在三个以上,特别是德国和新西兰,其具体用途包括了文化艺术、教育、科学、卫生和社会福利与慈善事业等社会公共事业。对于这类国家,由于彩票公益金的使用范围广泛,因而,在彩票公益金的管理上,如何将公益金分配于用途不一的社会公共事业是公益金管理中的主要困难所在。解决这一问题的办法大致有两个:一是明确规定各用途占公益金的比例,如挪威就规定彩票公益金在文化艺术、体育和科学研究三个方面的使用数量为各 1/3。二是采用混合管理模式,即在规定部分项目的使用比例的基础上将公益金的一部分纳入政府预算,通过政府预算来进行分配。只有单项用途的国家有日本、瑞士等国家。相对而言,由于这类的公益金只有单项用途,因而公益金的管理比较简单,通常并不将公益金纳入政府财政,而是采用分项专用模式,即实行专款专用,直接将公益金在各具体项目间进行分配。[①]

目前,我国的彩票公益金主要用于民政和体育部门的社会公益事业,其他社会公益事业则必须征得民政和体育部门的许可,公益金的社会性体现得不够充分。彩票是国家发行的,筹集的资金应该归国家所有,资金如何使用应该由政府根据社会公益事业的发展情况统筹安排,而不应该仅限于某几个部门的使用,形

---

① 刘寒波、苏知立:《彩票公益金管理的国际比较》,载《湖南财经高等专科学校学报》2003 年第 4 期。

成部门资金。① 与此同时,彩票公益金作为国家财政收入的一部分,其使用和分配应体现社会正义。鉴于此,有必要拓宽彩票公益金的使用范围。值得一提的是,近年来,我国彩票公益金使用领域逐步拓宽,从用于民政福利和体育事业逐步拓展到青少年学生校外活动场所建设、2008年北京奥运会、红十字事业、残疾人事业、城市医疗救助、农村医疗救助等领域。

（五）彩票监管

1. 彩票监管体制

目前,世界各国对彩票的经营管理各有不同。概括说来,大体上可分为以下三种模式:第一种是由政府所属的有关部门主管,由国营企业垄断经营。如法国的预算部是彩票主管机构,经营机构是法国的国家游戏集团;美国各州的彩票主管机构是各州的彩票委员会,经营机构是彩票公司。第二种是由政府指定的中央银行主管和经营。如日本政府指定第一劝业银行全权管理全国的彩票发行业务。第三种是成立彩票管理局统一管理和经营。如香港的奖券管理局。②

我国《彩票管理条例》第5条规定:"国务院财政部门负责全国的彩票监督管理工作。国务院民政部门、体育行政部门按照各自的职责分别负责全国的福利彩票、体育彩票管理工作。省、自治区、直辖市人民政府财政部门负责本行政区域的彩票监督管理工作。省、自治区、直辖市人民政府民政部门、体育行政部门按照各自的职责分别负责本行政区域的福利彩票、体育彩票管理工作。县级以上各级人民政府公安机关和县级以上工商行政管理机关,在各自的职责范围内,依法查处非法彩票,维护彩票市场秩序。"我们认为,规定民政部门、体育部门、工商部门、公安部门都负有彩票监管职责,使得监管过于分散,容易导致管理上的混乱和管理上的真空。与此同时,虽然国务院规定财政部是彩票的监管部门,但民政部和国家体育总局实际上分享了彩票监管的部分权力;财政部在制定与福利彩票和体育彩票有关的政策与规章需要与两个行政部门协调方能得到较好的贯彻,地方彩票发行企业出现了违反彩票政策的行为也很难得到及时有效的制止;并且,公益金的分配与使用方向为民政和体育部门掌握和使用,财政部很难对其使用效果进行监督。③ 最后,财政部的彩票监管具体由综合司的彩票处负责,级别低、人员少,在省市一级财政部门缺乏专门的职能机构和人员配置,进一步制约了彩票监管职能的发挥,因此,与其说财政部在行使监管职能,不如

---

① 王为民:《关于我国彩票管理问题的探讨》,载《经济导刊》2007年第11期。
② 蒋先福、廖东隽:《论我国彩票法创制的基本原则》,载《湖南商学院学报》2004年第5期。
③ 朱彤、余晖:《彩票市场的竞争性质与我国彩票监管体制的重构》,载《中国工业经济》2004年第4期。

说民政部和国家体育总局两个职能部门在自我监管。①

为解决上述问题，建议在条件成熟时，设立一个隶属于国务院的彩票监督管理委员会，由其对全国彩票业实施统一监管。

2. 彩票监管体系

虽然政府监管是不可或缺的，但根据"公共选择"理论，政府也存在失灵之处，因此，有必要在政府监管之外，建立起包括彩票发行、销售机构行业自律监管、社会公众监管、舆论监管在内的监管网络，以弥补政府监管之不足。其中，最主要的有以下两个方面：

第一，强化信息披露。在"彩世塔案"以及"西安宝马体育彩票"事件中，我们可以看到新闻媒体的调查起到了社会监督作用。但是我们必须意识到，建立常规意义上的内部和外部信息披露制度，构建完整的信息披露体系，才是信息披露监管的重要组成部分，才是彩票业信息披露管理的发展方向。在彩票营销的信息披露方面，世界各国与地区的法律法规亦作出了严格的规定，信息披露的及时性、透明度及方便的查阅制度与商业秘密的保护、信息的安全是相辅相成的。例如，在美国，彩票公司除特别规定以外的所有记录都应视为公共记录并接受公众审查；在英国，每个财政年度末尾，有关彩票的报告应提交政府，并给议会备案。国外的做法无疑值得我国借鉴。因此，我们认为，规范的监管程序、完整的获奖者档案、各期营销审计记录等都应该逐步地建立起来，并包括在信息披露监管体系之中。② 与此前有关彩票规章相比，《彩票管理条例》在信息披露方面作了一些强制性规定，其第 11 条规定："经批准开设、停止彩票品种或者变更彩票品种审批事项的，彩票发行机构应当在开设、变更、停止的 10 个自然日前，将有关信息向社会公告"；第 20 条规定："彩票发行机构、彩票销售机构应当及时将彩票发行、销售情况向社会全面公布，接受社会公众的监督"；第 24 条规定："彩票发行机构、彩票销售机构应当在每期彩票销售结束后，及时向社会公布当期彩票的销售情况和开奖结果"。

值得研究的是，在信息披露的过程中，如何保障彩票购买者尤其是中奖者的隐私权？这实际上涉及公权力与私权利之间的利益平衡。社会公众的知情权是彩票法公开原则的体现和要求，但社会公众的知情权与中奖者的隐私权难免会发生冲突。对此，有的认为，尽管中奖者所获的收入正当合法，但毕竟不是其劳动所得，而是直接来自于广大购买彩票的社会公众，公众自然有权知道大奖究竟归属于哪位幸运者。这是一个简单的道理，也是一个基本的权利。中奖者的安

---

① 中国经济体制改革研究会：《公共政策研究所我国彩票业监管形同虚设 谁来保护彩民正当权益》，http://news.xinhuanet.com/newscenter/2005-04/04/content_2784617.htm，2005 年 4 月 15 日访问。

② 易晓洁：《从"彩世塔案"说起——兼评我国当前的彩票体制》，载《金融法苑》2005 年第 2 期。

全固然应受保护,但其"隐私权"并不能构成剥夺公众知情权的理由。透明不仅在于过程,更应体现于结果,以"保护隐私权"之名褫夺社会公众的知情权,正是孳生重重疑问的温床。① 但问题是,如果将中奖者的有关信息向社会公开,那么势必会给中奖者带来人身和财产安全的潜在危险,中奖所得毕竟属于中奖者合法的个人财产,公众行使知情权也不能以牺牲别人的隐私权为代价。鉴于此,我们认为,《彩票管理条例》第 27 条"彩票发行机构、彩票销售机构、彩票代销者以及其他因职务或者业务便利知悉彩票中奖者个人信息的人员,应当对彩票中奖者个人信息予以保密"之规定比较妥当。而社会公众则主要限于对中奖规则、开奖的过程、彩票公益金的使用等享有知情权。至于开奖、中奖过程中的"暗箱操作"等违法行为,则可以通过加强监管来解决。

第二,强化对彩票公益金使用的监督。一是建立起彩票公益金使用的公开制度。阳光是最好的消毒剂,灯光是最称职的警察。唯有将彩票公益金的使用情况向社会公开,才能最大限度地避免彩票公益金使用中的种种违法行为。对此,《彩票管理条例》第 37 条也明确规定:"国务院财政部门和省、自治区、直辖市人民政府财政部门应当每年向本级人民政府报告上年度彩票公益金的筹集、分配和使用情况,并向社会公告。"二是加强对彩票公益金使用的审计监督。与其他监督方式相比,由于审计具有独立、客观等特点,因此,审计机关可以通过现场监督和事后监督相结合、及时发布审计公告等方式对彩票发行以及彩票公益金筹集、分配和使用情况进行审计监督。通过审计监督,可以及时发现和制止彩票公益金使用中的违纪违法行为,保障我国彩票业的健康发展。

思考题

1. 试论税收法律关系的性质。
2. 我国行政性收费存在的问题及其法律规制。
3. 我国政府性基金存在的问题及其法律规制。
4. 我国国债立法的现状及其评析。
5. 试论国有资产收益的内涵及其性质。
6. 试论彩票的法律内涵及其性质。

参考文献

1. 〔日〕金子宏:《日本税法原理》,刘多田等译,中国财政经济出版社 1989 年版。

---

① 杭程:《彩票中奖者身份应当公之于众》,载《新京报》2007 年 12 月 4 日。

2. 葛克昌:《行政程序与纳税人基本权》,北京大学出版社 2005 年版。

3. 施祖麟、徐润华主编:《非税收入规范化管理与制度创新(上卷)》,中国言实出版社 2008 年版。

4. 刘华:《公债的经济效应研究》,中国社会科学出版社 2004 年版。

5. 汤贡亮:《对制定我国税法通则的思考》,载《中央财经大学学报》2003 年第 3 期。

6. 王源扩:《论财政法的民主原则》,载《安徽师范大学学报(人文社会科学版)》2007 年第 3 期。

7. 向东:《论我国中央政府债券法律制度的完善(上)》,载《湖北民族学院学报(哲学社会科学版)》2007 年第 1 期。

8. 贾康、刘军民:《非税收入规范化管理研究》,载《公共经济评论》2003 年第 12 期。

9. 龚仰树:《关于我国地方债制度设计的构想》,载《财经研究》2007 年第 11 期。

10. 陈东浩:《对国有资产收益管理若干问题的思考》,载《法学杂志》1996 年第 4 期。

第五章 财政支出法

财政支出法是体现财政法价值、实现财政法功能的核心法律部门,财政收入法和财政管理法在某种意义上都是为财政支出法服务的,财政支出法的完善程度标准着一个国家整个财政法的完善程度。财政支出法主要规范政府支出财政资金过程中所发生的各种关系,包括政府采购法、财政投资法、财政拨款法和财政贷款法。其中,政府采购是政府按照市场等价交换的原则进行的财政支出形式,财政投资是政府运用财政资金以股东或者债权人的身份进行的财政支出形式,财政拨款法是政府无偿将财政资金运用于各项预算事项的财政支出形式,而财政贷款则是全部或者部分有偿地将财政资金借给其他主体的财政支出形式。

目前,财政支出法在整个财政法体系中属于发展比较落后的一个部门法,除政府采购法以外,其他几个组成部分均没有基本的法律予以规范。财政支出法是未来我国财政法建设的重要领域。财政支出法的完善涉及财政法的各个方面,与财政收入法、财政监督法都具有密切的联系。目前完善的重点是建立各个领域的基本制度,以实现财政支出的公开、透明,并最终实现纳税人的财政监督权。

第一节 财政支出法概述

一、财政支出的概念与类型

财政支出是政府为了履行其公共服务职能而进行的资金支付行为。财政支出是与财政收入相对的财政行为,后者是从社会中获取财政资金的行为,前者是将财政资金用于社会的行为。与财政收入相比,财政支出显得更加重要。

根据不同的标准,可以将财政支出进行不同的划分。国外财政支出的形式,一般由宪法或法律、财政支出惯例以及市场缺陷决定,因此各国具体的财政支出项目不尽相同。① 在理论和实践中具有较大价值的分类方法有以下

---

① 参见马拴友:《财政支出职能结构的国际比较》,载《中央财经大学学报》1999年第11期。

四种：

第一，根据财政支出能否直接产生经济效益，可以将财政支出划分为生产性支出和非生产性支出。生产性支出是指与社会物质生产直接相关、能够直接产生经济效益的支出，如支持农村生产支出、农业部门基金支出、企业挖潜改造支出等。非生产性支出是指与社会物质生产无直接关系、不能直接产生经济效益的支出，如国防支出、武装警察部队支出、文教卫生事业支出、抚恤和社会福利救济支出等。

第二，根据财政支出是否遵循等价交换的原则，可以将财政支出划分为购买性支出和转移性支出。购买性支出又称消耗性支出，是指政府遵循等价交换原则购买商品和劳务，包括购买进行日常行政管理活动所需要的或者进行财政投资所需要的各种物品和劳务的支出。购买性支出由社会消费性支出和财政投资支出组成。转移性支出是指政府不遵循等价交换原则，将财政资金无偿地、单方面转移给其他层级的政府、居民或者其他受益者。转移性支出主要由财政转移支付、社会保障支出和财政补贴组成。

第三，根据财政支出最终用于积累还是消费，可以将财政支出划分为积累性支出和消费性支出。积累性支出是指最终用于社会扩大再生产和增加社会储备的支出，如基本建设支出、工业交通部门基金支出、国家物资储备支出等，这部分支出是社会扩大再生产的保证；消费性支出是指用于行政管理、社会福利救济等的支出，这部分支出对提高整个社会的物质文化生活水平起着重大的作用。

第四，根据国家预算收支科目，可以将财政支出划分为一般预算支出、基金预算支出、专用基金支出、资金调拨支出和财政周转金支出。其中，一般预算支出包括基本建设支出、科技三项费用、农林气象等部门事业费、工业交通等部门事业费、商业部门事业费、城市维护费、文教事业费、科学事业费、抚恤和社会福利救济费、国防支出、行政管理费、武装警察部队支出、公检法支出、政策性补贴支出、卫生经费等。基金预算支出包括工业交通部门基金支出、商贸部门基金支出、文教部门基金支出、农业部门基金支出、土地有偿使用支出、其他部门基金支出、地方财政税费附加支出、基金预算调拨支出等。专用基金支出是财政部门用专用基金收入安排的相应支出，如粮食风险基金支出。资金调拨支出是按财政管理体制规定在中央与地方、地方各级财政之间因共享收入的分配、体制结算和转移支付等原因引起上下级财政资金调拨，以及同级财政因平衡预算收支而引起资金调拨事项所产生的支出，包括补助支出、上解支出、调出资金。财政周转金支出是因有偿使用周转金而发生的支出，具体包括周转使用过程中支付资金占用费、手续费及管理机构的费用。

第五，根据财政支出与国家履行职能的关系，可以将财政支出划分为经济建设费支出、社会文教费支出、行政管理费支出以及其他支出。其中,经济建设费支出包括基本建设支出、流动资金支出、地质勘探支出、国家物资储备支出、工业交通部门基金支出、商贸部门基金支出等;社会文教费支出包括科学事业费和卫生事业费支出等;行政管理费支出包括公检法支出、武警部队支出等;其他支出包括国防支出、债务支出、政策性补贴支出等。

拓展阅读

2007年中央财政支出决算表 （单位:亿元）

项目	预算数		决算数		决算数为预算数的%
	金额	各类支出占本年支出合计%	金额	各类支出占本年支出合计%	
一般公共服务	2160.53	8.0	2160.17	7.3	100.0
其中:国内外债务付息	1036.76		990.84		95.6
外交	230.43	0.9	213.78	0.7	92.8
其中:对外援助	107.85		111.54		103.4
国防	3472.32	12.9	3482.32	11.8	100.3
公共安全	593.48	2.2	607.83	2.1	102.4
其中:武装警察	417.16		462.16		110.8
教育	509.30	1.9	395.26	1.3	77.6
科学技术	847.23	3.2	924.60	3.1	109.1
文化体育与传媒	109.56	0.4	127.21	0.4	116.1
社会保障和就业	175.58	0.7	342.63	1.2	195.1
医疗卫生	34.93	0.1	34.21	0.1	97.9
环境保护	30.50	0.1	34.59	0.1	113.4
城乡社区事务	2.47		6.20		251.0
农林水事务	261.99	1.0	313.70	1.1	119.7
交通运输	502.78	1.9	782.25	2.6	155.6
其中:车辆购置税支出	417.00		487.68		116.9
工业商业金融等事务	1212.98	4.5	1442.45	4.9	118.9
其他支出	917.92	3.4	574.86	1.9	62.6
其中:预备费	150.00				
中央本级支出	11062.00	41.2	11442.06	38.7	103.4

（续表）

项目	预算数		决算数		决算数为预算数的%
	金额	各类支出占本年支出合计%	金额	各类支出占本年支出合计%	
对地方税收返还和转移支付	15809.08	58.8	18137.89	61.3	114.7
中央财政支出	26871.08	100.0	29579.95	100.0	110.1
安排中央预算稳定调节基金			1032.00		

注：1. 本表所列教育 395.26 亿元是指中央本级教育支出，对地方税收返还和转移支付 18137.89 亿元中也有教育支出 681.09 亿元，两项合计 1076.35 亿元，为中央财政安排的全部教育支出。

2. 本表所列科学技术 924.60 亿元是指中央本级科学技术支出，对地方税收返还和转移支付中也有科学技术支出 75.01 亿元，两项合计 999.61 亿元，为中央财政安排的全部科学技术支出。

3. 本表所列社会保障和就业 342.63 亿元是指中央本级社会保障和就业支出，对地方税收返还和转移支付中也有社会保障和就业支出 1959.73 亿元，两项合计 2302.36 亿元，为中央财政安排的全部社会保障和就业支出。

4. 本表所列医疗卫生 34.21 亿元是指中央本级医疗卫生支出，对地方税收返还和转移支付中也有医疗卫生支出 630.09 亿元，两项合计 664.30 亿元，为中央财政安排的全部医疗卫生支出。

5. 本表所列环境保护 34.59 亿元是指中央本级环境保护支出，对地方税收返还和转移支付中也有环境保护支出 747.52 亿元，两项合计 782.11 亿元，为中央财政安排的全部环境保护支出。

6. 本表所列农林水事务 313.70 亿元是指中央本级农林水事务支出，对地方税收返还和转移支付中也有农林水事务支出 954.65 亿元，两项合计 1268.35 亿元，为中央财政安排的全部农林水事务支出。

资料来源：财政部网站。

财政支出政策是财政政策的重要组成部分，也是国家宏观调控的重要手段。① 我国财政支出正逐渐走向规范，各项基本制度建设正在得到加强，但目前仍基本处于不太规范和无法可依的状况。

目前，我国财政支出最大的问题有两个：一是"取之于民"的财政收入并未"用之于民"，二是财政支出的社会监督缺位。

关于财政支出"用之于民"的问题主要体现在各类公款消费上，如公款吃喝、旅游、出国，政府建造豪华办公大楼、超标准配备公车等。这类问题比较容易引起社会公愤，也容易被社会所发现和曝光。最近几年，各地政府纷纷出台政策规范政府各类公款消费和政府办公楼建设等社会比较关注的政府财政支出不规

---

① 参见苏明：《政府职能与财政支出政策》，载《财政研究》1999 年第 12 期。

范问题。

关于财政支出的监督问题,主要表现在财政支出不透明,社会缺乏监督途径。即使发现一些违反规定的财政支出现象,普通公民也无法通过法律途径来维护。我国三部诉讼法都并未明确授予普通纳税人对政府财政支出行为进行监督的权利。纳税人只享有向相关部门,如人大、监察部门、纪检部门、财政部门进行举报和检举的权利,由于这种举报和检举行为并不会必然引起相关部门的监督检查,因此,这种权利往往流于形式,难以发挥实效。

拓展阅读

中国第一起"纳税人诉讼"

2007年4月3日上午,湖南常宁一位村主任蒋石林,以一名普通纳税人的身份将常宁市财政局告上了法庭,要求法院认定它超出2005年度财政预算购买两台小车的行为违法,并将违法购置的轿车收归国库,以维护纳税人的合法权益。

之前,在2006年2月28日,蒋给常宁市财政局寄了一封《关于要求常宁市财政局对违法购车进行答复的申请》。信中称,根据《宪法》规定的权利,他有权利要求财政局将对此事的处理情况及其他相关事宜给予答复。但此信石沉大海,未有回音。没有得到正式答复的蒋被激怒了,他聘请了衡阳市天戈律师事务所罗秋林律师,准备对此事起诉。律师的调查结论是,常宁市财政局2005年购买的两台车价值近40万元,而且这两台车超出了科级干部配车标准。此外,他从衡阳市车辆管理所得知,常宁市财政局一共有5台车,而财政局的车辆编制只有4台。在经过一段时间的准备后,4月3日,蒋石林来到了法院。当天下午,常宁市人民法院立案庭签收了诉状。法官告诉他,根据《行政诉讼法》的规定,他们会在收到诉状后的7个工作日内作出受理或者不受理的决定。

常宁市人大常委会财经工委副主任邓桂平介绍说,在2005年常宁市人大常委会通过的市本级财政预算中,市财政局的预算经费是62万元,其中包括两万元的教育经费,里面没有购买车辆的项目。常宁市财政局局长周年贵认为,蒋的这种起诉应该是没有道理的,因为该局没有违规购车。他反问,如果每个人都起诉,那岂不是给购车的单位带来很多的麻烦?他同时质疑,原告蒋石林是一个农民,现在已经取消农业税,他是否具有纳税人的资格呢?当记者告诉他,蒋时林在取消农业税之前每年都缴农业税,去年和今年也缴过劳务税等其他的税之后,他再次提出疑问:"他缴的税到底够不够买一台车,够不够发工资呢?"

2006年4月10日,常宁市人民法院向蒋石林送达行政裁定书,裁定起诉人蒋石林所诉事项不属于人民法院行政诉讼受理范围,不符合起诉条件,故法院不予受理。

(资料来源:根据《中国青年报》以及其他相关媒体的报道整理而成,http://news.xinhuanet.com/newscenter/2006-04/05/content_4384849.htm)

二、财政支出法的调整范围

(一) 财政支出法的概念

财政支出法是调整财政支出关系的法律规范的总称。财政支出法所规范的主要是财政支出的基本形式、基本条件和基本程序以及在财政支出中相关主体的权利义务和对财政支出的监督等事项。从形式意义上来讲,财政支出法是指国家以法典的形式制定的《财政支出法》;从部门法意义上来讲,财政支出法是指规范财政支出事项的各类法律规范的有机体。目前,专门制定《财政支出法》的国家基本上没有,财政支出法都分散在不同的法律、法规和规范性文件中。

(二) 财政支出法的调整对象

财政支出法的调整对象是财政支出关系。财政支出关系根据不同的标准可以划分为不同的种类。以财政支出的流程为标准,财政支出关系可以划分为财政支出决策关系、财政支出程序关系和财政支出监督关系。财政支出决策关系是指相关决策主体对财政支出进行决策过程中所形成的社会关系。财政支出程序关系是指相关主体进行财政支出的过程中遵守相关程序所形成的社会关系。财政支出监督关系是指相关监督主体在对财政支出进行检查监督的过程中所形成的社会关系。以财政支出的种类为标准,财政支出关系可以划分为政府采购关系、财政投资关系、财政拨款关系和财政贷款关系。政府采购关系是指在政府运用财政资金从事货物和服务的采购过程中所形成的社会关系。财政投资关系是指相关投资主体在运用财政资金从事生产性和建设性投资的过程中所形成的社会关系。财政拨款关系是指政府在向相关主体拨付财政资金的过程中所形成的社会关系。财政贷款关系是指政府在运用财政资金向相关主体提供贷款或者对相关主体的贷款行为予以资助的过程中所形成的社会关系。

三、我国财政支出法的立法现状

从财政支出法的立法体系来看,我国财政支出法的各个组成部分都不完善,特别是有关财政支出的法律和行政法规。在财政支出宪法层面,我国宪法中已经有一些关于财政支出的规范,例如《宪法》第62条规定:"全国人民代表大会行使下列职权:……(十)审查和批准国家的预算和预算执行情况的报告……"

这就明确了全国人民代表大会作为财政支出最高决策机关的地位。在财政支出法律层面,我国仅在《预算法》中对财政支出事项作出了规定。《预算法》第19条规定:"预算支出包括:(一)经济建设支出;(二)教育、科学、文化、卫生、体育等事业发展支出;(三)国家管理费用支出;(四)国防支出;(五)各项补贴支出;(六)其他支出。"但关于财政支出的基本程序等方面尚无法律作出明确规定。另外,《政府采购法》对政府采购的基本制度进行了规范,形成了比较规范的政府采购制度。在财政支出行政法规层面,我国仅在《预算法实施条例》中就财政支出的基本形式和基本程序进行了非常原则的规定,尚无具有可操作性的财政支出行政法规。在财政支出部门规章层面,财政部制定了一些部门规章和规范性文件,如2006年12月7日财政部发布的《中央部门财政拨款结余资金管理办法》、2002年4月9日原对外贸易经济合作部、财政部发布的《技术更新改造项目贷款贴息资金管理办法》等。在财政支出地方法规的层面,各地也出台了一些规范财政支出事项的地方性法规和规范性文件,如2005年5月28日青海省第十届人民代表大会常务委员会第十六次会议审议通过的《青海省实施〈中华人民共和国政府采购法〉办法》、2007年8月31日永兴县第十四届人民代表大会常务委员会第37次会议审议通过的《永兴县人大常委会关于县人民政府财政性贷款的监督办法》等。

从财政支出法的部门法体系来看,目前已经比较完善的是财政采购法,已经有了法律(如《政府采购法》)、行政法规(如《国务院办公厅关于印发中央预算单位2009—2010年财政集中采购目录及标准的通知》)、部门规章(如《自主创新产品政府采购评审办法》)、地方性法规(如《浙江省省级政府采购预算管理工作规程》)来予以规范,但在财政投资法、财政拨款法和财政贷款法领域,法律规范相对比较欠缺,目前尚无专门规范上述事项的法律和行政法规,仅有一些部门规章和规范性文件以及地方性法规对财政投资法、财政拨款法和财政贷款法的部分事项有所规范。整体来看,我国财政支出法领域的立法工作仍然是任重而道远。

第二节 财政采购法

财政采购也可以称为政府采购,从理论上讲,财政采购是指政府以及其他组织机构运用财政资金采购商品的行为。《政府采购法》所规范的财政采购,是指各级国家机关、事业单位和团体组织,使用财政性资金采购依法制定的集中采购目录以内的或者采购限额标准以上的货物、工程和服务的行为。可见,财政采购概念中有两个核心要素:第一,财政采购的主体是政府以及类似政府的组织机构(包括全部或者主要依靠财政拨款的事业单位和团体组织);第二,财政采购使用的经费是财政资金,财政资金主要是指来自国库的资金。

一、中国财政采购法概况

(一)财政采购法的法律框架

我国目前规范财政采购的基本法律是九届全国人大常委会 1999 年 8 月 30 日通过并于 2000 年 1 月 1 日开始实施的《招标投标法》,以及 2002 年 6 月 29 日通过并于 2003 年 1 月 1 日开始实施的《政府采购法》。除此以外,还有国务院、财政部等部门颁布的关于财政采购的规范性文件,如 1999 年 6 月 1 日国务院办公厅转发的《国务院机关事务管理局关于在国务院各部门机关试行政府采购意见的通知》,2002 年 10 月 7 日国务院办公厅印发的《中央国家机关全面推行政府采购制度实施方案》,2007 年 4 月 3 日财政部发布的《自主创新产品政府采购合同管理办法》,2007 年 12 月 27 日财政部发布的《政府采购进口产品管理办法》等。

根据《政府采购法》的规定,在中华人民共和国境内进行的政府采购都要适用该法。对因严重自然灾害和其他不可抗力事件所实施的紧急采购和涉及国家安全和秘密的采购,不适用该法。军事采购法规由中央军事委员会另行制定,可以参照《政府采购法》,但《政府采购法》对军事采购无约束力。政府采购工程进行招标投标的,适用《招标投标法》,但仍然要遵守《政府采购法》的相关规定。

根据《招标投标法》的规定,在中华人民共和国境内进行招标投标活动,适用该法。在中华人民共和国境内进行下列工程建设项目包括项目的勘察、设计、施工、监理以及与工程建设有关的重要设备、材料等的采购,必须进行招标:大型基础设施、公用事业等关系社会公共利益、公众安全的项目;全部或者部分使用国有资金投资或者国家融资的项目;使用国际组织或者外国政府贷款、援助资金的项目。法律或者国务院对必须进行招标的其他项目的范围有规定的,依照其规定。任何单位和个人不得将依法必须进行招标的项目化整为零或者以其他任何方式规避招标。

财政采购制度改革是财政支出管理改革的重要内容,对提高财政资金使用效益,支持国内企业发展,从源头上防止和治理腐败,具有十分重要的意义。近年来,财政采购制度改革工作取得了较大进展,但也存在一些问题,主要是一些地区和部门对财政采购制度改革还存在观望态度,干预具体采购活动的现象时有发生,采购行为不够规范透明,采购程序不够科学严密,管理体制尚不健全,采购管理人员和执行人员素质有待进一步提高等。

中国加入 WTO 后,政府采购面临着诸多严峻挑战。政府采购工作应从我国国情出发,建立与国际法及国际通行做法要求相衔接、符合市场经济规范和公共财政框架要求的政府采购制度,逐步建立政府采购的法律体系,依法管理、监督政府采购行为。①

(二) 财政采购法的基本原则

财政采购法的基本原则是对财政采购的整个过程和所有参与主体具有指导性的一般性规范,是对财政采购的一般制度和具体规范所体现出的具有共同性的指导思想的概括和总结。财政采购法的基本原则包括公开透明原则、公平竞争原则、社会政策原则、公正原则和诚实信用原则。

公开透明原则是指财政采购的整个过程,包括参与主体、采购信息、采购过程以及事后的监督都应当采取公开的方式进行,向社会公开,允许社会公众参与和监督。为保障公开透明原则的实现,《政府采购法》规定,政府采购的信息应当在政府采购监督管理部门指定的媒体上及时向社会公开发布,但涉及商业秘密的除外。

公平竞争原则是指政府采购的供应商应当在公平的环境中进行竞争,任何主体都不能歧视部分供应商,不应当给他们参与财政采购施加障碍。为保障公平竞争原则的实现,《政府采购法》规定,任何单位和个人不得采用任何方式,阻挠和限制供应商自由进入本地区和本行业的政府采购市场。

社会政策原则是指政府采购应当有利于国家相关社会政策的执行,应当为国家的相关社会政策服务。在社会政策允许的范围内,可以适当偏离公平竞争原则。为保障社会政策原则的实现,《政府采购法》规定,政府采购应当有助于实现国家的经济和社会发展政策目标,包括保护环境,扶持不发达地区和少数民族地区,促进中小企业发展等。《政府采购法》还规定,政府采购应当采购本国货物、工程和服务。但有下列情形之一的除外:需要采购的货物、工程或者服务在中国境内无法获取或者无法以合理的商业条件获取的;为在中国境外使用而进行采购的;其他法律、行政法规另有规定的。本国货物、工程和服务的界定,依照国务院有关规定执行。

公正原则是指财政采购的整个过程应当以公平和公正为准则,全面保障财政采购各方主体的权利,不偏向任何一方,不从事任何违背公平正义的行为。为了保障公正原则的实现,《政府采购法》规定,在政府采购活动中,采购人员及相关人员与供应商有利害关系的,必须回避。供应商认为采购人员及相关人员与其他供应商有利害关系的,可以申请其回避。相关人员包括招标采购中评标委员会的组成人员,竞争性谈判采购中谈判小组的组成人员,询价采购中询价小组的组成人员等。

诚实信用原则是指财政采购活动的当事人在财政采购活动中应讲信用,恪守诺言,诚实不欺,在追求自己利益的同时不损害他人和社会利益,要求各方当

---

① 参见杨惠芳:《应对入世挑战完善我国政府采购制度》,载《当代财经》2003年第3期。

事人在财政采购活动中维持双方的利益以及当事人利益与社会利益的平衡。为了保障诚实信用原则的实现,《政府采购法》规定,政府采购当事人不得相互串通损害国家利益、社会公共利益和其他当事人的合法权益,不得以任何手段排斥其他供应商参与竞争。

二、财政采购的主体

财政采购的主体也称为财政采购当事人,是指在政府采购活动中享有权利和承担义务的各类主体,包括采购人、供应商和采购代理机构等。

(一)采购人

采购人是指依法进行政府采购的国家机关、事业单位和团体组织,简单地说,也就是政府采购中的购买方。在招标投标程序中,采购人也称为招标人,即依照《招标投标法》规定提出招标项目、进行招标的法人或者其他组织。

《政府采购法》虽然并未对采购人的资格作出明确限制,但对采购人的采购能力作出明确规定:采购人采购纳入集中采购目录的政府采购项目,必须委托集中采购机构代理采购;采购未纳入集中采购目录的政府采购项目,可以自行采购,也可以委托集中采购机构在委托的范围内代理采购。纳入集中采购目录属于通用的政府采购项目的,应当委托集中采购机构代理采购;属于本部门、本系统有特殊要求的项目,应当实行部门集中采购;属于本单位有特殊要求的项目,经省级以上人民政府批准,可以自行采购。采购人可以委托经国务院有关部门或者省级人民政府有关部门认定资格的采购代理机构,在委托的范围内办理政府采购事宜。采购人有权自行选择采购代理机构,任何单位和个人不得以任何方式为采购人指定采购代理机构。采购人依法委托采购代理机构办理采购事宜的,应当由采购人与采购代理机构签订委托代理协议,依法确定委托代理的事项,约定双方的权利义务。

《招标投标法》对于招标人的招标能力也进行了规范:招标项目按照国家有关规定需要履行项目审批手续的,应当先履行审批手续,取得批准。招标人应当有进行招标项目的相应资金或者资金来源已经落实,并应当在招标文件中如实载明。

(二)供应商

供应商是指向采购人提供货物、工程或者服务的法人、其他组织或者自然人。供应商参加政府采购活动应当具备下列条件:具有独立承担民事责任的能力;具有良好的商业信誉和健全的财务会计制度;具有履行合同所必需的设备和专业技术能力;有依法缴纳税收和社会保障资金的良好记录;参加政府采购活动前三年内,在经营活动中没有重大违法记录;法律、行政法规规定的其他条件。采购人可以根据采购项目的特殊要求,规定供应商的特定条件,但不得以不合理的条件对供应商实行差别待遇或者歧视待遇。

两个以上的自然人、法人或者其他组织可以组成一个联合体,以一个供应商的身份共同参加政府采购。以联合体形式进行政府采购的,参加联合体的供应商均应当具备《政府采购法》对供应商所规定的条件,并应当向采购人提交联合协议,载明联合体各方承担的工作和义务。联合体各方应当共同与采购人签订采购合同,就采购合同约定的事项对采购人承担连带责任。

在招标投标程序中,供应商也叫投标人,它是响应招标、参加投标竞争的法人或者其他组织。依法招标的科研项目允许个人参加投标的,投标的个人适用本法有关投标人的规定。投标人应当具备承担招标项目的能力;国家有关规定对投标人资格条件或者招标文件对投标人资格条件有规定的,投标人应当具备规定的资格条件。

(三)采购代理机构

采购代理机构是接受采购人的委托,代理采购人从事财政采购活动的主体。集中采购机构为采购代理机构。设区的市、自治州以上人民政府根据本级政府采购项目组织集中采购的需要设立集中采购机构。集中采购机构是非营利事业法人,根据采购人的委托办理采购事宜。集中采购机构进行政府采购活动,应当符合采购价格低于市场平均价格、采购效率更高、采购质量优良和服务良好的要求。采购代理机构不得以向采购人行贿或者采取其他不正当手段谋取非法利益。

在招标投标程序中,招标代理机构是依法设立、从事招标代理业务并提供相关服务的社会中介组织。招标人有权自行选择招标代理机构,委托其办理招标事宜。任何单位和个人不得以任何方式为招标人指定招标代理机构。招标人具有编制招标文件和组织评标能力的,可以自行办理招标事宜。任何单位和个人不得强制其委托招标代理机构办理招标事宜。依法必须进行招标的项目,招标人自行办理招标事宜的,应当向有关行政监督部门备案。

三、财政采购方式

财政采购方式是指财政采购所采取的基本步骤、程序、形式和方法的总称。财政采购使用的是财政资金,应当通过财政采购方式来确保财政采购的公平、公正和公开。因此,财政采购的方式应具备公平、公正和公开的特征。根据《政府采购法》的规定,我国政府采购采用以下方式:公开招标;邀请招标;竞争性谈判;单一来源采购;询价;国务院政府采购监督管理部门认定的其他采购方式。

(一)公开招标

公开招标是招标的基本形式之一,是指招标人以招标公告的方式邀请不特定的法人或者其他组织投标。由于公开招标最能体现公平、公正和公开的特征,因此,《政府采购法》规定,公开招标应作为政府采购的主要采购方式。

公开招标虽然具有公平、公正和公开的特征,但也需耗费较大的人力、财力以及较长的时间,一般只适用于采购数额较大的商品。《政府采购法》规定,采购人采购货物或者服务应当采用公开招标方式的,其具体数额标准,属于中央预算的政府采购项目,由国务院规定;属于地方预算的政府采购项目,由省、自治区、直辖市人民政府规定;因特殊情况需要采用公开招标以外的采购方式的,应当在采购活动开始前获得设区的市、自治州以上人民政府采购监督管理部门的批准。

(二) 邀请招标

邀请招标,是指招标人以投标邀请书的方式邀请特定的法人或者其他组织投标。邀请招标的公开性、公正性和公平性比公开招标稍逊,但也有其特定的适用范围。国务院发展计划部门确定的国家重点项目和省、自治区、直辖市人民政府确定的地方重点项目不适宜公开招标的,经国务院发展计划部门或者省、自治区、直辖市人民政府批准,可以进行邀请招标。符合下列情形之一的货物或者服务,可以采用邀请招标方式采购:具有特殊性,只能从有限范围的供应商处采购的;采用公开招标方式的费用占政府采购项目总价值的比例过大的。一般而言,只有在公开招标方式无法使用的情况下才选择邀请招标方式。

(三) 竞争性谈判

竞争性谈判,是指采购人或者采购代理机构直接邀请三家以上供应商就采购事宜进行谈判的方式。竞争性谈判作为一种独立的采购方式,已经被各地广泛应用于政府采购项目中,它是除招标之外最能体现采购竞争性原则、经济效益原则和公平性原则的一种方式。

竞争性谈判也具有特定的适用范围,不能普遍采用。根据《政府采购法》的规定,符合下列情形之一的货物或者服务,可以依法采用竞争性谈判方式采购:招标后没有供应商投标或者没有合格标的或者重新招标未能成立的;技术复杂或者性质特殊,不能确定详细规格或者具体要求的;采用招标所需时间不能满足用户紧急需要的;不能事先计算出价格总额的。

(四) 单一来源采购

单一来源采购是一种没有竞争的采购方式。采购实体在适当的条件下向单一的供应商、承包商或服务提供者征求建议或报价来采购货物、工程或服务。单一来源采购的局限性导致了其适用条件更加苛刻,不具有普遍适用性。根据《政府采购法》的规定,符合下列情形之一的货物或者服务,可以依法采用单一来源方式采购:只能从唯一供应商处采购的;发生了不可预见的紧急情况不能从其他供应商处采购的;必须保证原有采购项目一致性或者服务配套的要求,需要继续从原供应商处添购,且添购资金总额不超过原合同采购金额百分之十的。

（五）询价

询价又称询盘,是指交易的一方为购买或出售某种商品,向对方口头或书面发出的探询交易条件的过程。其内容可繁可简,可只询问价格,也可询问其他有关的交易条件。询价对买卖双方均无约束力,接受询价的一方可给予答复,亦可不做回答。但作为交易磋商的起点,商业习惯上,收到询价的一方应迅速作出答复。询价的局限性导致其适用条件也非常苛刻,不具有普遍适用性。根据《政府采购法》的规定,采购的货物规格、标准统一、现货货源充足且价格变化幅度小的政府采购项目,可以依法采用询价方式采购。

四、财政采购程序

（一）集中财政采购的一般程序

集中财政采购一般包括以下五个程序:编制政府采购预算、制定政府采购计划、组织采购、履行合同、支付采购资金。

集中财政采购的第一步是编制政府采购预算。各部门编制政府采购预算,列明采购项目及资金预算,并按照预算管理权限汇总上报财政部（或者其他各级政府财政主管部门,下同）审核。

集中财政采购的第二步是制定政府采购计划。财政部依据批复的部门预算,汇总编制各部门当年政府采购计划,下达给各部门执行,并抄送中央国家机关政府采购中心（或者其他各级政府设立的政府采购中心,下同）。

集中财政采购的第三步是组织采购。各部门根据财政部下达的政府采购计划,向中央国家机关政府采购中心报送采购清单。采购中心根据采购清单制定具体操作方案并报财政部备案。各部门与采购中心应当签订委托代理协议,确定委托代理事项,约定双方的权利和义务。采购中心实施公开招标采购的,应当在指定媒体上公布招标信息,随机确定评标专家,按程序进行评标、签订合同。

集中财政采购的第四步是履行合同。采购合同签订后,当事人应当按照合同规定履行各自的权利和义务。中央国家机关政府采购中心或采购部门负责验收,需要时应请质检部门或其他有关单位参加验收。

集中财政采购的第五步是支付采购资金。根据政府采购计划,属于财政直接支付资金的采购项目,采购部门应按照签订的合同和财政部有关规定,填报采购资金支付申请书并报财政部。财政部审核无误后,按合同约定将资金支付给供应商;不属于财政直接支付的采购项目,由采购部门按现行资金管理渠道和合同规定付款。

（二）公开招标采购程序

公开招标是最具备公开、公正和公平的程序,因此,也是最复杂的一套程序。一个完整的公开招标采购程序包括招标、投标、开标、评标和中标。

1. 发布招标公告

招标人采用公开招标方式的,应当发布招标公告。依法必须进行招标的项目的招标公告,应当通过国家指定的报刊、信息网络或者其他媒介发布。招标公告应当载明招标人的名称和地址、招标项目的性质、数量、实施地点和时间以及获取招标文件的办法等事项。货物和服务项目实行招标方式采购的,自招标文件开始发出之日起至投标人提交投标文件截止之日止,不得少于20日。

招标人对已发出的招标文件进行必要的澄清或者修改的,应当在招标文件要求提交投标文件截止时间至少15日前,以书面形式通知所有招标文件收受人。该澄清或者修改的内容为招标文件的组成部分。招标人应当确定投标人编制投标文件所需要的合理时间;但是,依法必须进行招标的项目,自招标文件开始发出之日起至投标人提交投标文件截止之日止,最短不得少于20日。

2. 投标

投标人应当按照招标文件的要求编制投标文件。投标文件应当对招标文件提出的实质性要求和条件作出响应。投标人应当在招标文件要求提交投标文件的截止时间前,将投标文件送达投标地点。招标人收到投标文件后,应当签收保存,不得开启。投标人少于3个的,招标人应当依法重新招标。

投标人在招标文件要求提交投标文件的截止时间前,可以补充、修改或者撤回已提交的投标文件,并书面通知招标人。补充、修改的内容为投标文件的组成部分。

两个以上法人或者其他组织可以组成一个联合体,以一个投标人的身份共同投标。联合体各方均应当具备承担招标项目的相应能力;国家有关规定或者招标文件对投标人资格条件有规定的,联合体各方均应当具备规定的相应资格条件。由同一专业的单位组成的联合体,按照资质等级较低的单位确定资质等级。联合体各方应当签订共同投标协议,明确约定各方拟承担的工作和责任,并将共同投标协议连同投标文件一并提交招标人。联合体中标的,联合体各方应当共同与招标人签订合同,就中标项目向招标人承担连带责任。招标人不得强制投标人组成联合体共同投标,不得限制投标人之间的竞争。

投标人不得相互串通投标报价,不得排挤其他投标人的公平竞争,损害招标人或者其他投标人的合法权益。投标人不得与招标人串通投标,损害国家利益、社会公共利益或者他人的合法权益。禁止投标人以向招标人或者评标委员会成员行贿的手段谋取中标。投标人不得以低于成本的报价竞标,也不得以他人名义投标或者以其他方式弄虚作假,骗取中标。

3. 废标与重新组织招标

在招标采购中,出现下列情形之一的,应予废标:符合专业条件的供应商或者对招标文件作实质响应的供应商不足3家的;出现影响采购公正的违法、违规行为的;投标人的报价均超过了采购预算,采购人不能支付的;因重大变故,采购任务取消的。

废标后,采购人应当将废标理由通知所有投标人。废标后,除采购任务取消情形外,应当重新组织招标;需要采取其他方式采购的,应当在采购活动开始前获得设区的市、自治州以上人民政府采购监督管理部门或者政府有关部门批准。

4. 开标

开标应当在招标文件确定的提交投标文件截止时间的同一时间公开进行,开标地点应当为招标文件中预先确定的地点。开标由招标人主持,邀请所有投标人参加。开标时,由投标人或者其推选的代表检查投标文件的密封情况,也可以由招标人委托的公证机构检查并公证;经确认无误后,由工作人员当众拆封,宣读投标人名称、投标价格和投标文件的其他主要内容。招标人在招标文件要求提交投标文件的截止时间前收到的所有投标文件,开标时都应当当众予以拆封、宣读。开标过程应当记录,并存档备查。

5. 评标

评标由招标人依法组建的评标委员会负责。招标人应当采取必要的措施,保证评标在严格保密的情况下进行。任何单位和个人不得非法干预、影响评标的过程和结果。评标委员会可以要求投标人对投标文件中含义不明确的内容作必要的澄清或者说明,但是澄清或者说明不得超出投标文件的范围或改变投标文件的实质性内容。

评标委员会应当按照招标文件确定的评标标准和方法,对投标文件进行评审和比较;设有标底的,应当参考标底。评标委员会完成评标后,应当向招标人提出书面评标报告,并推荐合格的中标候选人。招标人根据评标委员会提出的书面评标报告和推荐的中标候选人确定中标人。招标人也可以授权评标委员会直接确定中标人。国务院对特定招标项目的评标有特别规定的,从其规定。

6. 中标

中标人的投标应当符合下列条件之一:能够最大限度地满足招标文件中规定的各项综合评价标准;能够满足招标文件的实质性要求,并且经评审的投标价格最低;但是投标价格低于成本的除外。评标委员会经评审,认为所有投标都不符合招标文件要求的,可以否决所有投标。依法必须进行招标的项目的所有投标被否决的,招标人应当依法重新招标。

中标人确定后,招标人应当向中标人发出中标通知书,并同时将中标结果通知所有未中标的投标人。中标通知书对招标人和中标人具有法律效力。中标通知书发出后,招标人改变中标结果的,或者中标人放弃中标项目的,应当依法承担法律责任。

招标人和中标人应当自中标通知书发出之日起 30 日内,按照招标文件和中标人的投标文件订立书面合同。招标人和中标人不得再行订立背离合同实质性内容的其他协议。招标文件要求中标人提交履约保证金的,中标人应当提交。依法必须进行招标的项目,招标人应当自确定中标人之日起15日内,向有关行政监督部门提交招标投标情况的书面报告。

中标人应当按照合同约定履行义务,完成中标项目。中标人不得向他人转让中标项目,也不得将中标项目肢解后分别向他人转让。中标人按照合同约定或者经招标人同意,可以将中标项目的部分非主体、非关键性工作分包给他人完成。接受分包的人应当具备相应的资格条件,并不得再次分包。中标人应当就分包项目向招标人负责,接受分包的人就分包项目承担连带责任。

(三)邀请招标采购程序

邀请招标的程序仅次于公开招标,邀请招标的基本程序与公开招标基本相同,也包括招标、开标、评标和中标几个阶段。在招标阶段的要求相对简化一些,在其他阶段与公开招标基本相当。

招标人采用邀请招标方式的,应当向3个以上具备承担招标项目的能力、资信良好的特定的法人或者其他组织发出投标邀请书。投标邀请书应当载明招标人的名称和地址、招标项目的性质、数量、实施地点和时间以及获取招标文件的办法等事项。

根据《政府采购法》的规定,货物或者服务项目采取邀请招标方式采购的,采购人应当从符合相应资格条件的供应商中,通过随机方式选择3家以上的供应商,并向其发出投标邀请书。

(四)其他采购方式的基本程序

1. 竞争性谈判采购程序

采用竞争性谈判方式采购的,应当遵循下列程序:第一,成立谈判小组。谈判小组由采购人的代表和有关专家共3人以上的单数组成,其中专家的人数不得少于成员总数的三分之二。第二,制定谈判文件。谈判文件应当明确谈判程序、谈判内容、合同草案的条款以及评定成交的标准等事项。第三,确定邀请参加谈判的供应商名单。谈判小组从符合相应资格条件的供应商名单中确定不少于三家的供应商参加谈判,并向其提供谈判文件。第四,谈判。谈判小组所有成员集中与单一供应商分别进行谈判。在谈判中,谈判的任何一方不得透露与谈判有关的其他供应商的技术资料、价格和其他信息。谈判文件有实质性变动的,谈判小组应当以书面形式通知所有参加谈判的供应商。第五,确定成交供应商。谈判结束后,谈判小组应当要求所有参加谈判的供应商在规定时间内进行最后报价,采购人从谈判小组提出的成交候选人中根据符合采购需求、质量和服务相等且报价最低的原则确定成交供应商,并将结果通知所有参加谈判的未成交的供应商。

2. 单一来源采购程序

采取单一来源方式采购的,采购人与供应商应当遵循《政府采购法》规定的原则,在保证采购项目质量和双方商定合理价格的基础上进行采购。

3. 询价采购程序

采取询价方式采购的,应当遵循下列程序:第一,成立询价小组。询价小组由采购人的代表和有关专家共3人以上的单数组成,其中专家的人数不得少于成员总数的三分之二。询价小组应当对采购项目的价格构成和评定成交的标准等事项作出规定。第二,确定被询价的供应商名单。询价小组根据采购需求,从符合相应资格条件的供应商名单中确定不少于三家的供应商,并向其发出询价通知书让其报价。第三,询价。询价小组要求被询价的供应商一次报出不得更改的价格。第四,确定成交供应商。采购人根据符合采购需求、质量和服务相等且报价最低的原则确定成交供应商,并将结果通知所有被询价的未成交的供应商。

(五)验收与资料保存

无论采取哪种采购方式,都少不了两个必要的程序:验收与资料保存。验收是为了确保供应商提供的商品符合采购人的要求,而资料保存是为了确保财政采购的公平、公开和公正而对必要的事后监督所保存的证据。通过对财政采购各个阶段相关资料的审查就可以在一定程度上判断该采购是否遵循了公平、公开和公正的原则。

采购人或者其委托的采购代理机构应当组织对供应商履约的验收。大型或者复杂的政府采购项目,应当邀请国家认可的质量检测机构参加验收工作。验收方成员应当在验收书上签字,并承担相应的法律责任。

采购人、采购代理机构对政府采购项目每项采购活动的采购文件应当妥善保存,不得伪造、变造、隐匿或者销毁。采购文件的保存期限为从采购结束之日起至少保存十五年。采购文件包括采购活动记录、采购预算、招标文件、投标文件、评标标准、评估报告、定标文件、合同文本、验收证明、质疑答复、投诉处理决定及其他有关文件、资料。采购活动记录至少应当包括下列内容:采购项目类别、名称;采购项目预算、资金构成和合同价格;采购方式,采用公开招标以外的采购方式的,应当载明原因;邀请和选择供应商的条件及原因;评标标准及确定中标人的原因;废标的原因;采用招标以外采购方式的相应记载。

五、财政采购合同

财政采购合同是指在财政采购中,采购人和供应商所签订的规定双方在财政采购中权利义务的协议。财政采购合同是财政采购中的一项重要制度,是保证财政采购顺利完成的核心制度之一。

(一) 财政采购合同的法律适用

财政采购合同虽然是财政采购过程中所签订的协议,但财政采购合同也适用《合同法》。采购人和供应商之间的权利和义务,应当按照平等、自愿的原则以合同方式约定。采购人可以委托采购代理机构代表其与供应商签订政府采购合同。由采购代理机构以采购人名义签订合同的,应当提交采购人的授权委托书,作为合同附件。就财政采购合同的性质来看,公共工程采购合同及由行政机关决定执行特定经济社会政策目标的货物采购合同、服务采购合同和其他工程采购合同类似行政合同,其余则为民事合同。从发展趋势来看,作为民事合同的政府采购合同占较大比重。①

(二) 财政采购合同的形式与条款

政府采购合同应当采用书面形式。国务院政府采购监督管理部门应当会同国务院有关部门,规定政府采购合同必须具备的条款。使用国际组织和外国政府贷款进行的政府采购,贷款方、资金提供方与中方达成的协议对采购的具体条件另有规定的,可以适用其规定,但不得损害国家利益和社会公共利益。使用国际组织或者外国政府贷款、援助资金的项目进行招标,贷款方、资金提供方对招标投标的具体条件和程序有不同规定的,可以适用其规定,但违背中华人民共和国的社会公共利益的除外。

(三) 财政采购合同的签订与备案

采购人与中标、成交供应商应当在中标、成交通知书发出之日起30日内,按照采购文件确定的事项签订政府采购合同。中标、成交通知书对采购人和中标、成交供应商均具有法律效力。中标、成交通知书发出后,采购人改变中标、成交结果的,或者中标、成交供应商放弃中标、成交项目的,应当依法承担法律责任。政府采购项目的采购合同自签订之日起七个工作日内,采购人应当将合同副本报同级政府采购监督管理部门和有关部门备案。

(四) 财政采购合同的履行与变更、终止

经采购人同意,中标、成交供应商可以依法采取分包方式履行合同。政府采购合同分包履行的,中标、成交供应商就采购项目和分包项目向采购人负责,分包供应商就分包项目承担责任。政府采购合同履行中,采购人需追加与合同标的相同的货物、工程或者服务的,在不改变合同其他条款的前提下,可以与供应商协商签订补充合同,但所有补充合同的采购金额不得超过原合同采购金额的百分之十。政府采购合同的双方当事人不得擅自变更、中止或者终止合同。政府采购合同继续履行将损害国家利益和社会公共利益的,双方当事人应当变更、中止或者终止合同。有过错的一方应当承担赔偿责任,双方都有过错的,各自承

---

① 参见王文英:《试论政府采购合同的性质》,载《行政法学研究》2003年第3期。

担相应的责任。

六、财政采购的质疑与投诉

（一）询问与质疑

供应商对政府采购活动事项有疑问的,可以向采购人提出询问,采购人应当及时作出答复,但答复的内容不得涉及商业秘密。供应商认为采购文件、采购过程和中标、成交结果使自己的权益受到损害的,可以在知道或者应知其权益受到损害之日起7个工作日内,以书面形式向采购人提出质疑。采购人应当在收到供应商的书面质疑后7个工作日内作出答复,并以书面形式通知质疑供应商和其他有关供应商,但答复的内容不得涉及商业秘密。采购人委托采购代理机构采购的,供应商可以向采购代理机构提出询问或者质疑,采购代理机构应当就采购人委托授权范围内的事项作出答复。投标人和其他利害关系人认为招标投标活动不符合《招标投标法》有关规定的,有权向招标人提出异议或者依法向有关行政监督部门投诉。

（二）投诉与复议、诉讼

质疑供应商对采购人、采购代理机构的答复不满意或者采购人、采购代理机构未在规定的时间内作出答复的,可以在答复期满后15个工作日内向同级政府采购监督管理部门投诉。政府采购监督管理部门应当在收到投诉后30个工作日内,对投诉事项作出处理决定,并以书面形式通知投诉人和与投诉事项有关的当事人。政府采购监督管理部门在处理投诉事项期间,可以视具体情况书面通知采购人暂停采购活动,但暂停时间最长不得超过30日。投诉人对政府采购监督管理部门的投诉处理决定不服或者政府采购监督管理部门逾期未作处理的,可以依法申请行政复议或者向人民法院提起行政诉讼。

七、财政采购的监督检查

各级人民政府财政部门是负责政府采购监督管理的部门,依法履行对政府采购活动的监督管理职责。各级人民政府其他有关部门依法履行与政府采购活动有关的监督管理职责。财政部是中央国家机关政府采购工作的监督管理部门,主要履行下列职责:制定中央国家机关政府采购管理规章制度;编制政府采购计划;拟定政府集中采购目录、集中采购限额标准和公开招标数额标准(不包括工程公开招标),报国务院批准公布;负责集中采购资金的缴拨管理;负责从事中央国家机关政府采购业务的社会招标代理机构的登记备案;负责集中采购机构的业绩考核;管理政府采购信息的统计和发布工作;负责政府采购管理人员的培训;按法律规定权限受理政府采购活动中的投诉事项;办理其他有关政府采购管理事务。

政府采购监督管理部门应当加强对政府采购活动及集中采购机构的监督检查。监督检查的主要内容是：有关政府采购的法律、行政法规和规章的执行情况；采购范围、采购方式和采购程序的执行情况；政府采购人员的职业素质和专业技能。

政府采购监督管理部门不得设置集中采购机构，不得参与政府采购项目的采购活动。采购代理机构与行政机关不得存在隶属关系或者其他利益关系。集中采购机构应当建立健全内部监督管理制度。采购活动的决策和执行程序应当明确，并相互监督、相互制约。经办采购的人员与负责采购合同审核、验收人员的职责权限应当明确，并相互分离。集中采购机构的采购人员应当具有相关职业素质和专业技能，符合政府采购监督管理部门规定的专业岗位任职要求。集中采购机构对其工作人员应当加强教育和培训；对采购人员的专业水平、工作实绩和职业道德状况定期进行考核。采购人员经考核不合格的，不得继续任职。

政府采购监督管理部门应当对政府采购项目的采购活动进行检查，政府采购当事人应当如实反映情况，提供有关材料。政府采购监督管理部门应当对集中采购机构的采购价格、节约资金效果、服务质量、信誉状况、有无违法行为等事项进行考核，并定期如实公布考核结果。依照法律、行政法规的规定对政府采购负有行政监督职责的政府有关部门，应当按照其职责分工，加强对政府采购活动的监督。

审计机关应当对政府采购进行审计监督。政府采购监督管理部门、政府采购各当事人有关政府采购活动，应当接受审计机关的审计监督。监察机关应当加强对参与政府采购活动的国家机关、国家公务员和国家行政机关任命的其他人员实施监察。任何单位和个人对政府采购活动中的违法行为，有权控告和检举，有关部门、机关应当依照各自职责及时处理。

拓展阅读

遏制政府采购违法需完善监督主体

2006年9月，审计署发布了《42个部门单位2005年度预算执行审计结果公告》，公告中所披露的教育部等四部门违法进行政府采购达3.8亿元的结果令社会公众大为关注。我国的《政府采购法》早在2003年1月1日就开始实施，而且，为了进一步规范中央单位的政府采购行为，财政部在2004年7月还发布了《中央单位政府采购管理实施办法》，其中关于政府采购的标准、程序等问题都规定得非常清楚,但众多中央单位仍然视而不见,公然违法,视纳税人的钱为儿戏。这种状况不能不让我们深思,到底是我国的《政府采购法》出问题了,还是我国的部分中央机关出问题了?

有人认为,《中央单位政府采购管理实施办法》没有规定违法行为的法律责任导致这一规定的实施大打折扣。这有一定道理,但《政府采购法》对政府采购违法行为已经明确规定了法律责任,对采购人的法律责任就有责令限期改正、警告、罚款、行政处分、通报批评、没收违法所得、追究刑事责任等近十种形式。如果能够真正追究相关责任人的上述法律责任,《政府采购法》的威慑力仍然是不可小视的。一位不愿透露姓名、长期从事政府采购的官员指出,惩罚手段和措施成了一个"空架子",是违规行为屡禁不止的症结所在。这一现象在审计署的上述公告中也有所体现,针对教育部等部门的政府采购违法行为,审计署所给出的处理建议仅仅是"要求今后按规定真实、完整地编报政府采购预算,全面执行政府采购制度",教育部虽然"对审计发现的问题非常重视",但"对执行政府采购制度中存在的问题"所采取的对策也仅仅是"今后将严格按照有关规定,真实、完整地编报政府采购预算,认真执行政府采购制度"。丝毫没有看到《政府采购法》所规定的法律责任的身影,更没有看到有相关的人员为此而受到处分。这种处理结果怎么可能杜绝政府采购违法行为?再次违法又有何妨?不过是等下一年再认真执行而已。

导致上述有法不依、执法不严现象的根本原因在于《政府采购法》缺乏相应的执法监督机关。虽然《政府采购法》第13条明确规定:"各级人民政府财政部门是负责政府采购监督管理的部门,依法履行对政府采购活动的监督管理职责。各级人民政府其他有关部门依法履行与政府采购活动有关的监督管理职责。"但实际上财政部门根本担当不起《政府采购法》的执法监督职责。因为政府采购违法行为大多出在政府部门身上,而作为政府部门之一的财政部门并不比其他的政府部门高,怎么能去真正监督其他政府部门的违法行为呢?现实中,一旦某政府部门出现了政府采购违法行为,往往是由该政府部门自身进行处理,如上述教育部等部门的违法行为就是由各部门自己进行处理的。自己处理自己是严重违背法治原则的,也是根本不可能解决问题的。且不说这些违法行为很可能具有相关部门领导的内部指示或者默许,就是责任全部在所属单位的情况下,哪个部门又愿意将板子打在自己孩子的屁股上呢?在自己处理自己的制度下,出现有法不依、违法不究的现象也就不足为怪了。

解决问题的唯一途径就是还政府采购的本来面目,赋予广大纳税人监督权。政府采购在本质上是运用纳税人缴纳的税款来购买公共产品的行为,政府采购的资金来源于纳税人,政府采购的产品最终也是服务于纳税人,因此,纳税人应当在政府采购中承担重要的监督职责。政府采购的整个过程应当透明、公开,纳税人在这个过程中应当享有充分的知情权,纳税人既可以通过各级人大及其常委会,也可以通过各级党委来监督政府部门的政府采购行为。

(摘自《法制日报》2006 年 9 月 20 日第 3 版,作者:翟继光)

第三节 财政投资法

财政投资是指具有财政投资权的主体将财政资金投入生产性和建设性项目以实现一定财政目的的活动。一般而言,政府和政府授权的企事业单位和其他社会组织才具有财政投资主体资格。另外,财政投资所运用的资金必须是财政资金。不过,部分使用财政资金、部分使用非财政资金的投资项目,也应遵守财政投资的相关法律制度。

财政投资法可以划分为财政投资体制法、财政投资评审法以及财政投资监管法。目前,财政投资体制方面的法律几乎是空白,财政投资评审和财政投资监管也尚未制定法律和行政法规,仅有部分部门规章予以规范,如《财政投资评审管理暂行规定》、《财政性基本建设资金效益分析报告制度》以及《中央企业投资监督管理暂行办法》等。因此,财政投资法是财政法中需要重点完善的领域。

一、财政投资评审制度

为切实履行财政职能,强化财政支出预算管理,规范财政投资评审行为,财政部于 2001 年 10 月 12 日发布了《财政投资评审管理暂行规定》。

(一)财政投资评审的含义与范围

财政投资评审是财政职能的重要组成部分,是财政部门对财政性资金投资项目的工程概算、预算和竣工决(结)算进行评估与审查,以及对使用科技三项费[1]、技改贴息[2]、国土资源调查费等财政性资金项目情况进行专项检查的行为。财政投资评审工作由财政部门委托财政投资评审机构进行。

财政投资评审的范围包括:财政预算内各项建设资金安排的建设项目;政府性基金安排的建设项目;纳入财政预算外专户管理的预算外资金安排的建设项目;政府性融资安排的建设项目;其他财政性资金安排的项目支出;对使用科技三项费、技改贴息、国土资源调查费等财政性资金项目的专项检查。财政部门根据预算编制和预算执行的要求,确定每年的评审重点和任务。

---

[1] 科技三项费用是政府为支持科技事业发展而设立的新产品试制费、中间试验费和重大科技项目补助费。科技三项费用是财政科技经费的重要组成部分,是实施重点科技计划项目的重要资金来源。

[2] 技改贴息是技术改造贷款项目贴息的简称,国家对按规定条件申请经批准、实际落实到项目承担单位的技术改造贷款,予以全额贴息,时间一年,贴息资金直接补贴到项目承担单位。

（二）财政投资评审的内容与程序

财政投资评审的内容包括：项目基本建设程序和基本建设管理制度执行情况；项目招标标底的合理性；项目概算、预算、竣工决（结）算；建设项目财政性资金的使用、管理情况；项目概、预算执行情况以及与工程造价相关的其他情况；对使用科技三项费、技改贴息、国土资源调查费等财政性资金项目进行的专项检查；财政部门委托的其他业务。对财政性投资项目评审，可以采取以下两种方式：对项目概、预、决（结）算进行全过程评审；对项目概、预、决（结）算单项评审。

财政投资评审机构开展财政投资评审的程序是：接受财政部门下达的委托评审任务；根据委托评审任务的要求制定评审计划，安排项目评审人员；向项目建设单位提出评审所需的资料清单并对建设单位提供的资料进行初审；进入建设项目现场踏勘，调查、核实建设项目的基本情况；对建设项目的内容按有关标准、定额、规定逐项进行评审，确定合理的工程造价；审查项目建设单位的财务、资金状况；对评审过程中发现的问题，向项目建设单位进行核实、取证；向项目建设单位出具建设项目投资评审结论，项目建设单位应对评审结论提出书面意见；根据评审结论及项目建设单位反馈意见，出具评审报告；在规定时间内，按规定程序向委托评审的财政部门报送评审报告。如不能在规定时间完成投资评审任务，应及时向委托评审的财政部门汇报，并说明原因。

（三）财政部门在财政投资评审中的职责

财政部门是财政投资评审工作的行政主管部门，履行下列职责：制定财政投资评审规章制度，指导财政投资评审业务工作；确定财政投资评审项目；向财政投资评审机构委托评审任务，提出评审的具体要求；负责协调财政投资评审机构在财政投资评审工作中与项目主管部门、建设单位等方面的关系；审查批复财政投资评审机构报送的评审报告，并会同有关部门对经确认的评审结果进行处理；安排科技三项费、技改贴息、国土资源调查费等财政性资金项目的专项检查，对检查结果进行处理；加强对财政投资评审工作的管理和监督，并根据实际需要对委托财政投资评审项目的评审结论进行抽查复核；按照"谁委托，谁付费"的原则，向承担财政投资评审任务的机构支付评审费用。

（四）项目建设单位在财政投资评审中的义务

项目建设单位在接受财政投资评审机构对建设项目进行评审的过程中，应当履行下列义务：应向财政投资评审机构提供投资评审所需相关资料，并对所提供资料的真实性、合法性、完整性负责；对评审中涉及需要核实或取证的问题，应积极配合，不得拒绝、隐匿或提供虚假资料；对于财政投资评审机构出具的建设项目投资评审结论，项目建设单位应在自收到日起5个工作日内签署意见，并由项目建设单位和项目建设单位负责人盖章签字；若在评审机构送达建设项目评审结论5个工作日内不签署意见，则视同同意评审结论。项目建设单位应积极配合财政投资评审机构开展工作,对拒不配合或阻挠投资评审工作的,财政部门将予以通报批评,并根据情况暂缓下达基本建设预算或暂停拨付财政资金。

二、财政性基本建设资金效益分析报告制度

为准确、及时反映和分析财政性基本建设资金使用情况和效益情况,加强财政性基本建设资金管理,有效实施宏观调控,财政部于 1999 年 1 月 27 日颁布了《财政性基本建设资金效益分析报告制度》。

财政性基本建设资金是指财政预算内和财政预算外用于基本建设项目投资的资金,包括:财政预算内基本建设资金;财政预算内其他各项支出中用于基本建设项目投资的资金;纳入财政预算管理的专项建设基金中用于基本建设项目投资的资金;财政预算外资金中用于基本建设项目投资的资金;其他财政性基本建设资金。

凡使用和管理上述资金的部门、地方和单位,都要履行财政性基本建设资金效益分析报告制度的相关规定,编制和报送财政性基本建设资金使用效益分析报告(以下简称分析报告)。中央各部门要在汇总的基础上向财政部报送本部门财政性基本建设资金效益分析报告;地方各省、自治区、直辖市和计划单列市财政厅(局)要在汇总的基础上向财政部报送本地区财政性基本建设资金效益分析报告。

中央各部门,各省、自治区、直辖市和计划单列市财政厅(局)向财政部报送的分析报告要以书面文件的形式报送。编报分析报告的基本要求是:报送要及时;数据和内容要完整、真实、准确;分析要深入、透彻。

效益分析报告期为每年度的 1 月 1 日至 12 月 31 日。中央各部门和各省、自治区、直辖市和计划单列市财政厅(局)向财政部报送本部门或本地区年度财政性基本建设资金效益分析报告的时间为次年 2 月 1 日,并于每年 8 月 1 日之前报送一次半年情况简要分析。效益分析报告按照上述规定,由有财政性资金投资的大中型项目为基础编制单位,按资金渠道由中央各部门和各省、自治区、直辖市和计划单列市财政厅(局)负责汇总、审核、考核并向财政部编报。

三、中央企业投资监督制度

为依法履行出资人职责,规范中央企业投资活动,提高中央企业投资决策的科学性和民主性,有效防范投资风险,国务院国有资产监督管理委员会于 2006 年 9 月 26 日颁布了《中央企业投资监督管理暂行办法》。该制度所称中央企业,是指国务院国有资产监督管理委员会(以下简称国资委)履行出资人职责的企业(以下简称企业)。所称投资主要包括企业在境内的下列投资活动:固定资产投资;产权收购;长期股权投资。

(一)中央企业投资监管的原则

国资委依法对企业投资活动进行监督管理,指导企业建立健全投资决策程序和管理制度。企业是投资活动的主体,企业必须制定并执行投资决策程序和管理制度,建立健全相应的管理机构,并报国资委备案。

企业投资活动和国资委对企业投资活动的监督管理应当遵循以下原则:符合国家发展规划和产业政策;符合企业布局和结构调整方向;符合企业发展战略与规划;突出主业,有利于提高企业核心竞争能力;非主业投资应当符合企业调整、改革方向,不影响主业的发展;符合企业投资决策程序和管理制度;投资规模应当与企业资产经营规模、资产负债水平和实际筹资能力相适应;充分进行科学论证,预期投资收益应不低于国内同行业同期平均水平。主业是指由企业发展战略和规划确定的并经国资委确认公布的主要经营业务;非主业是指主业以外的其他经营业务。

(二)投资计划监管制度

企业应当依据其发展战略和规划编制年度投资计划,企业的主要投资活动应当纳入年度投资计划。企业年度投资计划应当主要包括下列内容:总投资规模、资金来源与构成;主业与非主业投资规模;投资项目基本情况(包括项目内容、投资额、资金构成、投资预期收益、实施年限等)。企业年度投资计划中的投资项目是指按照企业投资管理制度规定由董事会或总经理办公会议研究决定的投资项目(包括子企业投资项目)。企业应当按国资委要求,在规定时间内报送年度投资计划。企业年度投资计划的统一报送格式、报送时限等要求,由国资委另行规定。

国资委对企业投资活动实行分类监督管理:按照国资委有关规定建立规范董事会的国有独资公司,国资委依据企业年度投资计划对投资项目实行备案管理。未建立规范董事会的国有独资企业、国有独资公司,国资委依据企业年度投资计划对主业投资项目实行备案管理;对非主业投资项目实行审核,在20个工作日内作出审核决定。国有控股公司,应按照本办法的规定向国资委报送企业年度投资计划。其他类型的企业,参照国有控股公司执行。企业在年度投资计划外追加项目,应当及时将有关情况报告国资委,国资委按上述规定管理。

(三)重大投资事项报告制度

企业对以下重大投资事项应当及时向国资委报告:按国家现行投资管理规定,需由国务院批准的投资项目,或者需由国务院有关部门批(核)准的投资项目,企业应当在上报国务院或国务院有关部门的同时,将其有关文件抄送国资委;企业投资项目实施过程中出现下列情形的,应当重新履行投资决策程序,并将决策意见及时书面报告国资委:对投资额、资金来源及构成进行重大调整,致使企业负债过高,超出企业承受能力或影响企业正常发展的;股权结构发生重大变化,导致企业控制权转移的;投资合作方严重违约,损害出资人权益的;以及需报告国资委的其他重大投资事项。

(四) 其他监管制度

国资委建立企业投资统计分析制度,企业应当按照国资委要求报送年度投资完成情况和分析材料,其中部分重点企业应当报送季度投资完成情况。企业应当对投资项目实施后评价管理,具体工作内容与要求,参照《中央企业固定资产投资项目后评价工作指南》执行。国资委根据需要,对企业已完成的投资项目,有选择地开展项目后评价。国资委对企业依据本办法报送的资料负有保密义务。

(五) 相关法律责任

企业违反《中央企业投资监督管理暂行办法》和其投资决策程序规定的,国资委应当责令其改正;情节严重、致使企业遭受重大损失的,依照有关规定追究企业有关人员的责任。国资委相关责任人员违反《中央企业投资监督管理暂行办法》规定的,国资委应当责令其改正;情节严重的,依法给予行政处分。

第四节 财政拨款法

我国现行财政拨款制度包括财政直接支付制度、财政授权支付制度以及中央政府对地方政府的专项拨款制度。① 财政直接支付制度是指由国库统一、直接向收款人或用款单位支付财政资金的制度,直接支付便于财政部门对财政支出进行统一管理,减少了财政资金的流转环节,提高了财政支出的效率,同时也有助于防止财政支出过程中的腐败现象。财政授权支付制度是指对未纳入财政直接支付的项目,由财政部门授权预算单位向收款人或者用款单位支付财政资金的制度。授权支付解决了部分小额支出和紧急支出的需要,也在一定程度上提高了财政支出的效率。中央政府对地方政府的专项拨款则是为了宏观调控以及其他政策目的而由中央政府向地方政府就特定项目所进行的针对性拨款,其性质属于财政转移支付。

一、财政直接支付制度

实行国库管理制度改革后,根据不同的支付主体及资金的使用性质,财政资金支付分为财政直接支付和授权支付两种方式。财政直接支付是指由财政部门

---

① 财政拨款本来对应政府采购或者财政贷款,是指非购买性或融资性的财政支出。不过,在我国现行法律体系中,除了预算法外,财政拨款的标准几乎是空白,程序规则也没有系统的规定。考虑到上述困难,本节侧重于从财政资金拨付的角度展开论述,主要关注程序方面的事项,而且内容涵盖了有偿性资金支付。

签发支付令,代理银行根据财政部门的支付指令,通过国库单一账户体系将资金直接支付到收款人或用款单位账户。

目前,我国仅在中央财政支出层面有比较完善的直接支付制度。根据《中央单位财政国库管理制度改革试点资金支付管理办法》的规定,预算单位实行财政直接支付的财政性资金包括工资支出、工程采购支出、物品和服务采购支出。基层预算单位填写《中央基层预算单位财政直接支付申请书》,一级预算单位审核汇总后,填写《财政直接支付汇总申请书》附《中央基层预算单位财政直接支付申请书》报财政部国库支付执行机构。《中央基层预算单位财政直接支付申请书》和《财政直接支付汇总申请书》按款分项填写,基本建设支出、科技三项费、专项类支出按项目填写。

基层预算单位的财政直接支付申请在报一级预算单位之前,应当由其所在省、自治区、直辖市或计划单列市财政监察专员办事处(以下简称财政专员办)审核签署意见。基层预算单位所在省、自治区、直辖市或计划单列市有省级主管单位的,其财政直接支付申请由省级主管单位审核后报财政专员办签署意见;无省级主管单位的,由基层预算单位直接报财政专员办签署意见。财政专员办对基层预算单位的财政直接支付申请,根据审核情况,按照规定签署"同意上报"、"同意部分上报"、"不同意上报"等三种审核意见并核定相应的金额;财政专员办对基层预算单位申请支付金额核减的,要注明原因。对预算单位手续齐全的财政直接支付申请,一级预算单位以下的各主管单位和财政专员办均应在2个工作日内审核完毕。财政专员办与中央单位的省级管理单位对基层预算单位财政直接支付申请的审核意见不一致时,由双方按规定进行协商;经协商后意见仍不一致的,应当分别签署意见上报一级预算单位,由一级预算单位与财政部确定是否支付。

财政部国库支付执行机构审核一级预算单位提出的汇总支付申请无误后,开具《财政直接支付汇总清算额度通知单》和《财政直接支付凭证》,经财政部国库管理机构加盖印章后,分别送中国人民银行和代理银行。代理银行根据收到的《财政直接支付凭证》及时将资金支付到收款人或用款单位,并在支付资金的当日将支付信息反馈给财政部。代理银行依据财政部国库支付执行机构的支付指令,将当日实际支付的资金,按一级预算单位分预算科目(款级)汇总,附实际支付清单与国库单一账户进行资金清算。代理银行根据《财政直接支付凭证》办理资金支付后,开具《财政直接支付入账通知书》发一级预算单位和基层预算单位,作为一级预算单位和基层预算单位收到和付出相应款项的凭证。一级预算单位有所属二级或多级次预算单位的,由一级预算单位负责向二级或其他级次预算单位提供收到和付出款项的凭证。

预算单位根据收到的支付凭证做好相应会计核算工作;财政部国库支付执

行机构根据代理银行的回单,记录各用款单位的支出明细账,并向财政部国库管理机构提供预算内外资金按一级预算单位汇总的付款信息。财政直接支付的资金,因凭证要素填写错误而在支付之前退票的,由财政部核实原因后通知代理银行办理更正手续;财政直接支付的资金由代理银行支付后,因收款单位的账户名称或账号填写错误等原因而发生资金退回财政部零余额账户的,代理银行在当日(超过清算时间在第二个工作日)将资金退回国库单一账户并通知财政部,由中国人民银行国库局恢复相应的财政直接支付额度。对需要支付的资金,财政部与有关单位核实后通知代理银行办理支付手续。

二、财政授权支付制度

财政授权支付是指采购人按照财政部门的授权,自行向代理银行签发支付指令,代理银行根据支付指令,在财政部门批准的预算单位的用款额度内,通过国库单一账户体系将资金支付到收款人账户。

(一)财政授权支付的范围

财政授权支付适用于未纳入工资支出、工程采购支出、物品、服务采购支出管理的购买支出和零星支出。包括单件物品或单项服务购买额不足10万元人民币的购买支出;年度财政投资不足50万元人民币的工程采购支出(含建设单位管理费);特别紧急支出;经财政部批准的其他支出。

(二)财政授权支付的程序

财政授权支付的基本程序如下:每月25日前,财政部根据批准的一级预算单位用款计划中各基层预算单位的月度财政授权支付额度,分别向中国人民银行和代理银行签下月《财政授权支付汇总清算额度通知单》和《财政授权支付额度通知单》。代理银行在收到财政部下达的《财政授权支付额度通知单》的1个工作日内,将《财政授权支付额度通知单》所确定的各基层预算单位财政授权支付额度通知其所属各有关分支机构。各分支机构在接到《财政授权支付额度通知单》的1个工作日内,向相关预算单位发出《财政授权支付额度到账通知书》。基层预算单位凭据《财政授权支付额度到账通知书》所确定的额度支用资金。代理银行凭据《财政授权支付额度通知单》受理预算单位财政授权支付业务,控制预算单位的支付金额,并与国库单一账户进行资金清算。《财政授权支付额度到账通知书》确定的月度财政授权支付额度在年度内可以累加使用。年度终了,代理银行和基层预算单位对截至12月31日财政授权支付额度的下达、支用、余额等情况进行对账签证。代理银行将基层预算单位零余额账户财政授权支付额度余额全部注销,银行对账签证单作为基层预算单位年终余额注销的记账凭证。代理银行要将财政授权支付额度注销的明细及汇总情况在下年度的第二个工作日报送财政部和一级预算单位。财政部下达的下年度财政授权支额度,由预算单位按规定使用。

预算单位支用财政授权支付额度时,填写财政部统一印制的《财政授权支付凭证》并及时送交代理银行。《财政授权支付凭证》要填写完整、清楚,印章齐全,不得涂改。代理银行根据支付结算凭证及所附《财政授权支付凭证》,通过预算单位零余额账户及时办理资金支付。代理银行对预算单位填写无误的支付结算凭证及所附《财政授权支付凭证》,不得做退票处理;对预算单位超出财政授权支付额度签发的支付指令,不予受理。预算单位支用财政授权支付额度可通过转账或现金等方式结算;代理银行根据预算单位《财政授权支付凭证》确定的结算方式,通过支票、汇票等形式办理资金支付。预算单位需要从银行支取现金时,必须按照《现金管理暂行条例》等有关规定从零余额账户提取。预算单位使用支票方式结算时,如果不能确定收款人全称、账号、开户银行和支付金额,《财政授权支付凭证》中相关栏目可以不填写,但必须在结算方式栏中填写所使用的支票号码。预算单位零余额账户需办理同城特约委托收款业务的,可与代理银行签订授权协议,授权代理银行在接到煤、电、水等公用企业提供的收费通知单后,从预算单位零余额账户的财政授权支付额度内划拨资金,并相应扣减预算单位对应项级科目(项目)下的财政授权支付额度。

(三) 公务卡制度

目前,中央预算单位已经全面推广公务卡制度,各地方也在逐渐推广公务卡制度。公务卡,是指各级预算单位工作人员持有的,主要用于日常公务支出和财务报销业务的信用卡。各级预算单位财政授权支付业务中原使用现金结算的公用经费支出,包括差旅费、会议费、招待费和5万元(以人民币为单位,下同)以下的零星购买支出等,一般应当使用公务卡结算。各级预算单位应根据银行卡受理环境等情况,积极扩大公务卡使用范围,尽量减少现金支出。

公务卡的发卡银行(以下简称发卡行)是指办理国库集中支付业务的代理银行,预算单位在确定的代理银行范围内,自行选择本单位公务卡发卡行。公务卡由中央预算单位统一组织本单位工作人员向发卡行申办。公务卡申办成功后,经预算单位确认核实,由发卡行将持卡人姓名和卡号等信息统一录入公务卡支持系统管理。预算单位在工作人员新增或调动、退休时,应及时组织办理公务卡的申领或停止使用等手续,并通知发卡行及时维护公务卡支持系统。现有工作人员涉及公务卡的相关信息变动时,应及时通知发卡行维护公务卡支持系统。公务卡应当使用银联标准信用卡。试点阶段,公务卡原则上仅用于办理人民币支出结算业务。公务卡主要用于公务支出的支付结算。公务支出发生后,由持卡人及时向所在单位财务部门申请办理报销手续。公务卡也可用于个人支付结算业务,但不得办理财务报销手续,单位不承担私人消费行为引致的一切责任。

公务卡的信用额度,由预算单位根据银行卡管理规定和业务需要,与发卡行协商设定。原则上每张公务卡的信用额度不超过 5 万元、不少于 2 万元。持卡人在规定的信用额度和免息还款期内先支付,后还款。发卡行可根据持卡人资信情况对其公务卡信用额度进行调整,并及时通知持卡人和持卡人所在单位财务部门。其中,调增信用额度的,须事前商持卡人所在单位财务部门同意。公务卡的卡片和密码均由个人负责保管。公务卡遗失或损毁后的补办等事项由个人自行到发卡行申请办理,并通过单位财务部门及时通知发卡行维护公务卡支持系统。发卡行应按月向持卡人提供公务卡对账单,并按照与持卡人约定的方式,及时向持卡人提供公务卡账户资金变动情况和还款提示等重要信息。持卡人对公务消费交易发生疑义,可按发卡行的相关规定等提出交易查询。

三、中央对地方专项拨款制度

中央对地方专项拨款,指中央财政为实施特定的宏观政策目标而设立的补助地方专项资金。专项拨款的对象、数额根据中央宏观调控需要由中央财政确定。

(一) 中央对地方专项拨款的范围和原则

专项资金包括基本建设支出、企业挖潜改造资金、地质勘探费、科技三项费用、支援农村生产支出、农业综合开发支出、各项事业费支出、抚恤和社会福利救济费、社会保障补助支出、行政管理费、公检法司支出、城市维护和环境保护支出、政策性补贴支出、支援不发达地区支出、其他支出等一般预算支出中的专项资金。

中央对地方专项拨款管理的基本原则是:坚持客观、公平、公正、公开、科学、效率的原则;集中资金,突出重点,择优安排,专款专用,任何单位和个人不得以任何理由或方式挤占和挪用;充分发挥中央政府特定政策的宏观导向作用;依法行政,规范管理。

(二) 专项拨款的申请、审批

申请专项拨款时,应报送申请专项资金的报告;实行项目管理的专项资金,申请时必须报送可行性研究报告。报告的主要内容包括:申请中央财政补助资金的理由、申请中央财政补助的数额和时间期限、申请中央财政补助资金的计算标准及计算方法、地方财政自筹资金或配套资金的数额、中央财政补助资金达到的预期目标、经济和社会效益、中央财政补助资金的使用方向及管理方法、财政部要求提供的其他资料。

申请专项拨款的程序如下:财政部直接管理分配的专项拨款,申请专项拨款的报告由各省、自治区、直辖市、计划单列市财政厅(局)直接报送财政部;财政部与中央主管部门共同管理分配的专项拨款,申请专项拨款的报告由各省、自治区、直辖市、计划单列市财政厅(局)和地方主管部门联合报送财政部和中央主管部门;确有特殊情况需直接报送国务院的申请专项拨款报告,应同时抄送财政部。凡属于下列情况的,财政部不安排专项拨款:按照现行中央与地方政府财权事权划分,属于地方政府事权,原则上应由地方财政安排资金的项目;没有经过省、自治区、直辖市、计划单列市财政厅(局)批准,各地越级申报的项目;经查实以前年度使用该专项拨款有二次以上(含二次)出现过违规或违纪的;按规定应由地方按一定比例安排配套资金或地方已承诺配套资金而在执行中不按规定比例或承诺安排配套资金的项目;其他财政部认为不能安排的专项拨款。财政部根据国民经济发展的需要、宏观政策目标的要求以及年度预算安排的实际情况,对各省、自治区、直辖市、计划单列市财政厅(局)报送申请安排专项拨款的报告,进行充分论证和认真审核,必要时直接或委托财政部驻当地专员办事处实地验证,综合平衡后提出安排意见。

(三) 专项拨款的分配、使用

根据不同情况,专项拨款的分配采取"基数法"、"因素法"相结合的分配方法,以"因素法"为主,并逐步向规范的专项转移支付分配方法过渡,具体是:已确定补助基数的专项拨款,按原定基数分配;已确定单位标准定额的专项拨款,按照已定的标准定额和相关因素进行分配;定额标准需要调整的,按照财政部审核批准后的定额标准分配;已确定有补助期限和数额的专项拨款,按照确定的期限和数额分配;按照项目进行分配的专项拨款,项目要经过充分的评估和论证,应有充分的理由和依据;按照"因素法"进行分配的,选取的因素应具有客观性、普遍性和可操作性,设立的计算公式应规范、简便,要准确反映因素量化的要求。各项专项拨款的分配要坚持公开、公正、民主、集中的原则,分配方法、分配数额和分配地区要经过集体讨论,不得个人决定。各省、自治区、直辖市、计划单列市财政厅(局)接到财政部下达的专项拨款后,应按财政部规定的专项拨款用途、对象,及时向下分配,不得挤占挪用,不得任意改变和扩大使用范围,不得变更预算支出科目。应由地方安排配套资金的,应该足额安排。

(四) 专项拨款的执行和监督管理

中央对地方专项拨款的支付,逐步实行国库集中支付制度。中央财政拨付各地的专项拨款,原则上应于当年完成;确因政策性因素等造成当年完成不了预算的,应向财政部报告说明。专项资金的具体组织执行和管理工作,由资金(或项目)所在省、自治区、直辖市、计划单列市财政厅(局)负责。

各省、自治区、直辖市、计划单列市财政厅(局)应加强对专项拨款预算执行的监督和管理,及时向财政部报送专项拨款执行情况,对其使用管理及时进行总结,并及时抄送财政部驻当地财政监察专员办事处。财政部驻各地财政监察专员办事处对专项拨款预算执行情况实施就地监督检查。财政部,各省、自治区、直辖市财政厅(局)每年对专项拨款的使用要进行定期或不定期的检查,检查的数额不少于中央专项拨款项目总数的10%。对在专项拨款监督检查中发现没有按照本办法管理和使用的问题,应及时予以纠正或处理;涉及违反财经法规问题或案件,必须依照《预算法》和国务院《关于违反财政法规处罚的暂行规定》有关条款进行严肃处理。

四、财政拨款结余资金管理

财政拨款结余资金,是指同各级财政有缴拨款关系的行政、事业单位(含企业化管理的事业单位)、企业在预算年度内,按照财政部门批复的本部门预算,当年尚未支用的财政拨款资金。财政拨款结余资金按支出性质划分为基本支出结余和项目支出结余。财政拨款结余资金按形成时间划分为当年结余和累计结余。当年结余是指部门当年财政拨款形成的结余;累计结余是指部门截止到某一年度年底形成的累计财政拨款结余资金。

(一)基本支出结余的管理

基本支出结余包括人员经费结余和公用经费结余。基本支出结余原则上可以结转下年继续使用,但人员经费和公用经费间不得挪用,不得改变用途。各部门在编制下一年度支出预算时,如要求新增基本支出,应优先动用基本支出结余资金,结余资金不够时再向财政部门提出申请增加预算。各部门在预算执行中产生的零星增人增编等人员经费支出和日常公用经费支出,应首先通过部门结余资金来安排,但不得用于提高人员经费开支标准。对累计基本支出结余资金规模较大的中央部门,财政部门可以按照一定比例对其结余资金进行统筹,作为安排该部门下一年度基本支出预算的资金来源。

(二)项目支出结余的管理

项目支出结余资金分为净结余资金和专项结余资金。项目支出净结余资金包括:项目当年已完成形成的结余资金;由于受政策变化、计划调整等因素影响,项目中止或撤销形成的结余;某一预算年度安排的项目支出连续两年未动用、或者连续三年仍未使用完形成的结余。专项结余资金是指项目当年已执行但尚未完成而形成的结余,或项目因故当年未执行,需要推迟到下年执行形成的结余资金。

有项目支出净结余资金的部门,在申报下年预算时,应将净结余资金全部作为本部门下一年度预算的首要来源,统筹用于本部门重点项目支出。有项目支出专项结余资金的部门,尤其是延续项目有结余资金的部门,在申报下一年度预算时,应主动统筹部分结余资金,再向财政部门申请增加预算。对延续项目有结余的部门,财政部门在下一年度可适当少安排预算。各部门在年度预算执行过程中,动用净结余资金安排项目支出,或调整项目支出专项结余资金使用用途的,均应报财政部门审批。

（三）结余资金消化的激励措施

财政部门建立部门消化累计结余资金的激励机制，即对部门累计结余资金比上年减少的部门，财政部门允许其在不违反部门预算管理规定和财务制度的前提下，动用一定金额的净结余资金解决应由本级财政负担的本部门历史遗留问题的支出，具体动用时报财政部门审批。对部门累计结余资金比上年增加，且增长速度超过一定比例的部门，财政部门在下达"一下"①控制数时，可以视部门结余资金增长情况，降低部门项目支出预算增幅或压缩部门财政拨款预算总额。

（四）结余资金安排使用的程序

财政拨款结余资金经财政部门批准确认后，项目支出净结余需财政部门批准后方可动用；专项结余资金，可以结转下年继续使用，但各部门不得自行改变资金和项目用途。预算执行中，各部门申请追加预算时，应结合本部门结余资金情况提出申请追加报告，优先动用其结余资金，再要求本级财政追加预算。

预算编制阶段，部门结余资金使用按以下程序处理：按照财政部门关于编制部门预算的要求，各部门在下一年度预算编制阶段，将本部门结余资金（包括基本支出结余和项目支出结余）结转下年安排使用计划，以及拟统筹动用本部门净结余资金安排下一年度有关项目支出预算情况，随部门"一上预算"报送财政部门；财政部门根据本级财政预算平衡情况，结合部门"一上"预算、部门累计结余资金情况、部门提出的结余资金下一年度安排使用计划等情况，对部门财政拨款结余资金安排使用计划进行审核，提出部门下一年度预算财政拨款结余资金安排使用建议，并随"一下"预算控制数发各部门；各部门根据财政部门下达的"一下"预算控制数和结余资金安排使用建议数，调整编制基本支出和项目支出"二上"预算。

第五节　财政贷款法

一、财政贷款的概念

财政贷款是指国家运用财政资金向其他社会主体提供贷款或者对其他主体的商业贷款行为进行担保和贴息的制度。财政贷款是一种特殊形式的财政支出，是一种介于有偿和无偿之间的财政支出形式。政府采购是典型的有偿财政支出，财政转移支付是典型的无偿财政支出，财政贷款既有有偿的成分，也有无

---

① 我国部门预算实行"两上两下"的编制程序。一上：各预算单位按政府确定的预算编制口径编制部门预算建议数上报财政部门。一下：财政部门对各预算单位上报的预算建议数进行初审并提出修改意见后返回给各预算单位。二上：各预算单位根据财政部门提出的修改意见进行修改后再报财政部门。二下：财政部门对各部门上报的预算草案进行二审，无误后进行汇总，报经政府审批后，提交人大审议。人大审议通过后，再由财政部门统一批复。

偿的成分。从财政贷款需要贷款者偿还本金以及全部或部分利息或者支付全部或部分费用的角度来看,它是一种有偿财政支出。从财政贷款所支付的利息低于市场利息或者不支付利息、所支付的费用低于市场费用或者不支付费用的角度出发,它又是一种无偿财政支出。财政贷款正由于其这种介于有偿和无偿之间的特殊属性,造就了其特别适宜为那些具有盈利能力但目前无法通过市场方式融入足够资本的企业和个人提供资助。

财政贷款的主要形式包括政策性贷款、财政贷款担保和财政贷款贴息。[1] 财政性贷款主要是通过为社会主体提供免利息或者低利息的贷款来解决其融资难的问题,财政贷款担保主要是通过为社会主体的商业贷款行为提供担保来解决其融资难的问题,而财政贷款贴息则是通过对社会主体的商业贷款行为支付部分利息的方式来解决其融资难的问题。三种制度各有不同的适用范围,政策性贷款适用于无法取得商业贷款的社会主体,财政贷款担保适用于可以取得商业贷款并负担利息但无法提供足额担保的社会主体,财政贷款贴息则适用于可以取得商业贷款但无力全额承担商业利息的社会主体。

财政贷款法由政策性贷款法、财政贷款担保法和财政贷款贴息法组成。目前,我国尚未制定财政贷款方面的法律和行政法规,仅有一些法律规范涉及财政贷款事项,另外,也有部分规章和其他规范性文件对财政贷款事项进行了具体的规范。我国财政贷款法是财政支出法中需要重点加强的领域之一。

二、政策性贷款制度

(一) 政策性贷款的概念

政策性贷款是指国家根据某项特殊政策要求形成具有特殊用途体现政府意图的资助性和强制性的贷款。[2] 国家一般通过设立政策性银行来专门为政府提供政策性贷款。政策性银行,是指由政府创立或担保、以贯彻国家产业政策和区域发展政策为目的、具有特殊的融资原则、不以营利为目标的金融机构。1994年,我国组建了三家政策性银行,即国家开发银行、中国进出口银行、中国农业发展银行,均直属国务院领导。

(二) 政策性贷款的方向

目前我国政策性贷款的方向主要是三个领域:基础建设和重大项目开发领域、农业和农村发展领域以及进出口领域。

基础建设和重大项目开发领域的政策性贷款由国家开发银行来完成,国家

---

[1] 从广义来讲,中央对地方的借款、中央发行国债转贷地方以及中央转贷外国政府贷款等也是财政贷款的形式,但上述事项主要由规范政府间财政关系的法律法规以及规范国债、外债的法律法规来规范,本节不予阐述。

[2] 参见张国庆:《企业欠息的成因及对策》,载《经济体制改革》1999年第2期。

开发银行的主要任务是按照国家有关法律、法规和宏观经济政策、产业政策、区域发展政策,筹集和引导境内外资金,重点向国家基础设施、基础产业和支柱产业项目以及重大技术改造和高新技术产业化项目发放贷款;从资金来源上对固定资产投资总量和结构进行控制和调节。国家开发银行资金运用领域主要包括:制约经济发展的"瓶颈"项目;直接关系增强综合国力的支柱产业中的重大项目;重大高新技术在经济领域应用的项目;跨地区的重大政策性项目等。

农业和农村发展领域的政策性贷款由中国农业发展银行来完成,中国农业发展银行的主要任务是按照国家有关法律、法规和方针、政策,以国家信用为基础,筹集农业政策性信贷资金,承担国家规定的农业政策性金融业务,代理财政性支农资金的拨付。业务范围主要是向承担粮棉油收储任务的国有粮食收储企业和供销社棉花收储企业提供粮棉油收购、储备和调销贷款。

进出口领域的政策性贷款由中国进出口银行来完成,中国进出口银行的主要任务是执行国家产业政策和外贸政策,为扩大我国机电产品和成套设备等资本性货物出口提供政策性金融支持。业务范围主要是为成套设备、技术服务、船舶、单机、工程承包、其他机电产品和非机电高新技术的出口提供卖方信贷和买方信贷支持。

(三) 政策性贷款的资金来源

政策性贷款的资金来源主要包括国家财政支付的注册资本金、发行金融债券以及中央银行的再贷款。我国三家政策性银行的注册资本均由国家财政全额拨付,如国家开发银行注册资本金为500亿元人民币,中国农业发展银行注册资本金为200亿元人民币,中国进出口银行注册资本金为33.8亿元。这是各家政策性银行开展政策性贷款业务的初始资金。

金融债券是依法设立的金融机构法人发行的、按约定还本付息的有价证券。目前,三家政策性银行都以发行金融债券作为其政策性贷款资金的主要来源。根据《全国银行间债券市场金融债券发行管理办法》的规定,政策性银行发行金融债券,应按年向中国人民银行报送金融债券发行申请,经中国人民银行核准后方可发行。政策性银行金融债券发行申请应包括发行数量、期限安排、发行方式等内容,如需调整,应及时报中国人民银行核准。政策性银行发行金融债券应向中国人民银行报送下列文件:金融债券发行申请报告;发行人近三年经审计的财务报告及审计报告;金融债券发行办法;承销协议;中国人民银行要求的其他文件。金融债券可在全国银行间债券市场公开发行或定向发行。金融债券的发行可以采取一次足额发行或限额内分期发行的方式。发行人分期发行金融债券的,应在募集说明书中说明每期发行安排。金融债券的发行应由具有债券评级能力的信用评级机构进行信用评级。金融债券发行后信用评级机构应每年对该金融债券进行跟踪信用评级。如发生影响该金融债券信用评级的重大事项,信用评级机构应及时调整该金融债券的信用评级,并向投资者公布。发行金融债券时,发行人应组建承销团,承销人可在发行期内向其他投资者分销其所承销的金融债券。

各家政策性银行的主要资金来源不尽相同,如中国农业发展银行的运营资金来源长期以来主要依靠中国人民银行的再贷款,从2005年开始加大了市场化筹资的力度,目前暂未开展境外筹资业务。截至2006年12月末,中国农业发展银行向中国人民银行再贷款余额3870亿元,金融债券余额3131亿元。

(四) 政策性贷款的主要形式

我国三家政策性银行的政策性贷款的主要形式各不相同。国家开发银行的贷款分为两部分。一是软贷款,即国家开发银行注册资本金的运用,其主要按项目配股需要贷给国家控股公司和中央企业集团,由其对企业参股、控股。二是硬贷款,即国家开发银行借入资金的运用。国家开发银行在项目总体资金配置的基础上,将借入资金直接贷给项目,到期收回本息。目前国家开发银行的贷款主要是硬贷款。

中国农业发展银行依据国家有关法律、法规、产业政策,实行"库贷挂钩、钱随粮走、购贷销还、封闭运行"的信贷原则,即发放的收购贷款额要与收购的粮棉油库存值相一致,销售粮棉油收入中所含贷款要全部收回,防止收购资金被挤占挪用,保证收购资金及时、足额供应,保护农民的生产积极性,促进粮棉油生产和粮食购、销、调、存等方面工作的顺利开展。贷款形式主要包括中央储备类贷款、地方储备类贷款和调控类贷款。中央储备类贷款是中国农业发展银行为国家采用储备机制进行粮棉油宏观调控所需资金而发放的贷款,用于支持承担中央储备的企业顺利实施中央储备的收购、轮换、进出口计划,目前主要包括粮食、棉花、油料、糖等主要农副产品的国家专项储备贷款。地方储备类贷款是中国农业发展银行为解决承储企业执行地方政府储备储存计划所需资金而发放的贷款,目前包括粮食、棉花和油料地方储备贷款。调控类贷款是中国农业发展银行为各级政府采用储备之外的手段对粮棉油市场进行调控所需资金而发放的贷款,目前这类贷款主要是最低收购价贷款,用于支持粮食主产区粮食企业接受政府指令执行最低收购价政策。

中国进出口银行依据国家有关法律、法规、外贸政策、产业政策和自行制定的有关制度,独立评审贷款项目。主要贷款形式包括出口卖方信贷、出口买方信贷、对外优惠贷款等。出口卖方信贷是指中国进出口银行为出口商制造或采购出口机电产品、成套设备和高新技术产品提供的信贷,主要解决出口商制造或采购出口产品或提供相关劳务的资金需求。中国进出口银行办理的出口买方信贷是向境外借款人发放的中长期信贷,用于进口商(业主)即期支付中国出口商(承包商)商务合同款,促进中国产品、技术和服务的出口。对外优惠贷款是指中国政府指定中国进出口银行向发展中国家政府提供的具有援助性质的中长期低息贷款。

三、财政贷款担保制度

（一）财政贷款担保的概念

财政贷款担保是指国家运用财政资金设立专业贷款担保机构，对于国家鼓励的产业和投资主体的商业贷款行为进行担保。财政贷款担保制度可以解决那些有创业前景、有创业意愿，但无法提供适当担保的企业和个人融资难的问题。对于这类主体，创业的前景往往比较乐观，但目前无法提供符合商业银行贷款条件的担保，对此，国家往往不需要直接向他们提供贷款，只需要为其向商业银行融资的行为提供担保，就足以支持其发展。目前我国的财政贷款担保主要包括下岗失业人员小额贷款担保和中小企业融资担保。

（二）下岗失业人员小额贷款担保制度

下岗失业人员小额贷款担保制度是指国家对符合一定条件的下岗失业人员自助创业中的小额贷款行为所提供的财政担保的制度。根据《下岗失业人员小额担保贷款管理办法》的规定，凡年龄在60岁以内、身体健康、诚实信用、具备一定劳动技能的下岗失业人员，自谋职业、自主创业或合伙经营与组织起来就业的，其自筹资金不足部分，在贷款担保机构承诺担保的前提下，可以持劳动保障部门核发的"再就业优惠证"向商业银行或其分支机构申请小额担保贷款。小额担保贷款按照自愿申请、社区推荐、劳动保障部门审查、贷款担保机构审核并承诺担保、商业银行核贷的程序，办理贷款手续。商业银行自收到贷款申请及符合条件的资料之日起，应在三周内给予贷款申请人正式答复。借款人应将贷款用作自谋职业、自主创业或合伙经营和组织起来就业的开办经费和流动资金。

小额担保贷款金额一般掌握在两万元左右，还款方式和计结息方式由借贷双方商定，对下岗失业人员合伙经营和组织起来就业，可根据人数，适当扩大贷款规模。贷款期限一般不超过两年，借款人提出展期且担保人同意继续提供担保的，商业银行可以按规定展期一次，展期期限不得超过一年。

小额担保贷款利率按照中国人民银行公布的贷款利率水平确定，不得向上浮动。从事微利项目的小额担保贷款由中央财政据实全额贴息，展期不贴息。微利项目是指由下岗失业人员在社区、街道、工矿区等从事的商业、餐饮和修理等个体经营项目，具体包括：家庭手工业、修理修配、图书借阅、旅店服务、餐饮服务、洗染缝补、复印打字、理发、小饭桌、小卖部、搬家、钟点服务、家庭清洁卫生服务、初级卫生保健服务、婴幼儿看护和教育服务、残疾儿童教育训练和寄托服务、养老服务、病人看护、幼儿和学生接送服务。每年年底，国有独资商业银行各地市经办银行的贴息发生额度经当地财政部门审核同意后，经财政部专员办核准后,由经办银行上报其总行汇总,总行汇总后报财政部审核后拨付;股份制商业银行的各地市经办银行向当地财政部门据实报告贴息发生额度,经当地财政部门审核,并报财政部专员办核准后,由省级财政部门报财政部审核后拨付。

各省、自治区、直辖市以及地级以上市都要建立下岗失业人员小额贷款担保基金,所需资金主要由同级财政筹集,专户储存于同级财政部门指定的商业银行,封闭运行,专项用于下岗失业人员小额担保贷款。小额担保贷款责任余额不得超过贷款担保基金银行存款余额的五倍。贷款担保基金收取的担保费不超过贷款本金的1%,由地方政府全额向担保机构支付。

下岗失业人员小额贷款担保基金委托各省(自治区、直辖市)、市政府出资的中小企业信用担保机构或其他信用担保机构运作,尚未建立中小企业信用担保机构的地区,由同级财政部门会同商务部门、劳动保障部门报经当地政府批准后可成立新的担保机构。受托运作的信用担保机构应建立贷款担保基金专门账户,贷款担保基金的运作与信用担保机构的其他业务必须分开,单独核算。

(三) 中小企业融资担保制度

中小企业融资担保制度是指国家出资设立专门的担保机构对符合一定条件的中小企业的融资行为提供担保的制度。中小企业融资担保机构是政府出资(含政府与其他出资人共同出资)设立的以中小企业为服务对象的融资担保机构。设立中小企业融资担保机构需依照法律及有关规定办理注册。中小企业融资担保机构经注册后方可开展业务。中小企业融资担保机构应建立完善的法人治理结构和内部组织结构。鼓励中小企业融资担保机构采取公司形式。目前难以采用公司形式的担保机构,应按照上述要求逐步规范,在条件成熟时改组为公司。中小企业融资担保机构应自主经营,独立核算,依照规定程序对担保项目自主进行评估和作出决策。中小企业融资担保机构有权不接受各级行政管理机关为具体项目提供担保的指令。

中小企业融资担保机构应为受托运作的担保基金设立专门账户,并将担保基金业务与担保机构自身业务分开管理、核算。中小企业融资担保机构收取担保费可根据担保项目的风险程度实行浮动费率,为减轻中小企业负担,担保费费率一般控制在同期银行贷款利率的50%以内。中小企业融资担保机构对单个企业提供的担保责任金额最高不得超过担保机构自身实收资本的10%;中小企业融资担保机构担保责任余额一般不超过中小企业融资担保机构自身实收资本的5倍,最高不得超过10倍。

中小企业融资担保机构的业务范围主要是:对中小企业向金融机构贷款、票据贴现、融资租赁等融资方式提供担保和再担保,以及经主管财政部门批准的其他担保和资金运用业务。中小企业融资担保机构不得从事存、贷款金融业务及财政信用业务。中小企业融资担保机构要按照"利益共享,风险共担"的原则与贷款金融机构建立业务合作关系,对贷款实行比例担保。中小企业融资担保机构应与贷款金融机构密切协作,及时交换和通报投保企业的有关信息,加强对投保企业的监督,共同维护双方的权益。

中小企业融资担保机构应建立严格的担保评估制度,配备或聘请经济、法律、技术等方面的相关专业人才,采用先进的项目评价系统,提高评估能力,加强对担保项目的风险评估审查;注重建立长期、稳定的客户群,积累完整、翔实的客户资料,为项目评估建立可靠的信息基础;严格执行科学的决策程序,切实防止盲目决策;加强对担保项目的跟踪,完善对投保企业的事前评估、事中监控、事后追偿与处置机制;强化内部监控,防范道德风险,保证合规经营。中小企业融资担保机构应积极采取反担保措施,可要求投保企业以其合法的财产(包括股权)抵押或质押,提供反担保。

四、财政贷款贴息制度

(一)财政贷款贴息的概念

财政贷款贴息是指国家对企业用于国家鼓励项目的中短期贷款(不含流动资金贷款)利息给予的适当资助。财政贷款贴息制度的目的在于发挥贴息资金的宏观导向作用,促进企业从事国家鼓励的项目和活动,如技术更新改造、产品研究开发、到境外开展加工贸易业务、鼓励奶制品企业收购生鲜奶等,最终达到推动产业升级,优化产品结构,促进经济社会协调发展的目的。

关于财政贷款贴息的最早的规范性文件是民政部于1988年7月7日颁布的《民政部社会福利企业技术改造贷款贴息办法》,该办法由于适用对象过期已经废止。目前仍然有效的规范财政贷款贴息的规章包括《技术更新改造项目贷款贴息资金管理办法》、《原料奶收购贷款中央财政贴息管理办法》、《小额担保贷款财政贴息资金管理办法》等。

我国曾经实行但目前已经废止的财政贷款贴息政策包括社会福利企业技术改造贷款贴息、司法部劳改系统企业技术改造专项贷款贴息、乡镇供水专项贷款贴息、扶持粮棉大县发展经济专项贷款贴息、国家救灾备荒种子储备贷款贴息、大装备国产化创新研制项目贷款贴息、国家科技攻关计划项目贷款贴息、中央民航和旅游企业特定短期贷款贴息等。目前仍然在执行的财政贷款贴息政策包括技术更新改造项目贷款贴息、电子信息产业发展基金"倍增计划"贷款贴息、境外加工贸易企业周转外汇贷款贴息、原料奶收购贷款中央财政贴息以及小额担保贷款财政贴息。

(二)财政贷款贴息的条件与审批

1. 技术更新改造项目贷款贴息的条件与审批

在技术更新改造项目贷款贴息制度下,安排贴息资金的原则是:有利于技术创新和产品结构的调整,增强产品竞争力;有利于节能降耗,提高企业技术装备水平;有利于高新技术企业产品的研究开发和在国际上具有比较优势产业的技术更新改造;有利于激发、调动企业进行技术更新改造与产品研究开发的积极性。安排贴息资金的项目范围是:高新技术产品研究开发项目;节能降耗,减少污染、促进环境保护的项目;提高产品质量和档次、增加品种规格、增强市场竞争力的项目;推动产品结构调整的项目。

企业申请贴息的项目应符合以下条件:属于贴息资金的项目范围;项目贷款经国家商业银行或政策性银行批准同意,企业与承贷银行已签订贷款合同;项目竣工后,按规定经项目立项审批部门或项目立项主管部门验收合格;项目在合理工期内竣工;项目投资决算不超过概算的20%;项目未列入其他贴息计划。企业申请贴息的项目应提供以下材料:《技术更新改造项目贷款贴息资金申请表》;项目可行性研究报告及项目立项审批部门对项目可行性研究报告的批复文件或项目立项主管部门对项目的备案许可;项目竣工验收报告及项目立项审批部门或项目立项主管部门对项目竣工验收报告的批复文件;承贷银行出具的项目贷款合同及合同项下的借据和利息结算清单。

贷款项目的贴息率最高不超过该项目当期的银行贷款利率,贴息期限最多不超过3年。对借款单位逾期不归还银行贷款产生的逾期贷款利息、加息、罚息,不予贴息。

2. 电子信息产业发展基金"倍增计划"贷款贴息的条件与审批

电子发展基金"倍增计划"贷款贴息安排的基本原则包括:符合国家产业政策和电子信息产业发展规划;有利于提高电子信息产业研发能力,加快我国自主知识产权的技术和产品开发;有利于促进科研成果转化,引导高新技术企业加快技术创新;有利于电子信息技术推广应用,促进产业结构升级,形成规模经济;公开、公正、公平。

"倍增计划"贷款贴息申报条件包括:各单位请按《关于申报2008年度电子发展基金项目的通知》(信基办[2007]013号文)、《2008年"倍增计划"贷款贴息项目指南》的有关要求,认真组织"倍增计划"项目承担单位做好贷款贴息项目申报工作。企事业单位申请贴息支持的贷款项目必须是已列入信息产业部2005—2007年度信息技术应用"倍增计划"项目计划,且竣工验收合格的信息技术应用"倍增计划"项目。企事业单位"倍增计划"贷款项目申请贴息支持须经地方或行业信息技术应用主管部门向全国电子信息系统推广办公室推荐。

"倍增计划"贷款贴息申报材料包括:信息技术应用"倍增计划"项目贴息资金申请表;信息技术应用"倍增计划"项目竣工验收报告及验收合格文件;项目承担单位营业执照、财务审计报告,以及能够说明其技术和经营能力的有关文件;项目开户银行出具的贷款合同和利息结算清单;地方或行业信息技术应用主管部门的推荐意见。

贷款贴息方式,主要对已具备一定技术水平、规模和效益的项目单位采取这种方式以支持其使用银行贷款,扩大生产规模,推广技术应用,一般按照承担企业申请项目贷款额年利息的50%—100%确定贴息额度,每个项目贴息额度一般不超过200万元,个别重大项目最高不超过400万元。

3. 境外加工贸易企业周转外汇贷款贴息的条件与审批

周转外汇贷款是指到境外开展加工贸易的企业从境内中资银行取得的短期外汇现汇贷款中的流动资金贷款(以下简称外汇贷款),贷款期限不超过一年。从事境外加工贸易的企业应当按照我国外汇管理的有关规定筹借、使用和偿还外汇贷款。

经国家批准从事境外加工贸易的企业,取得商务部颁发的《中华人民共和国境外带料加工装配企业批准证书》之后得到的银行外汇贷款,均可申报外汇贷款贴息。从事加工贸易的企业申请批准的外汇贷款,银行按正常的贷款利率执行,由中央外贸发展基金对企业外汇贷款年贴息2个百分点。贴息金额一律以人民币计算支付,元以下金额不计。汇率指银行结息日所在月份国家外汇管理局当月此种外汇折人民币加权平均价。贴息的计算时间与银行收取企业贷款利息的计算时间相一致。正常贷款期限之外的加息、罚息等不包括在内。贴息资金(以下简称息金)每半年核拨一次。

4. 小额担保贷款财政贴息的条件与审批

小额担保贷款财政贴息(以下简称贴息),是指国家对符合规定条件的小额担保贷款借款人(以下简称借款人)用于从事微利项目的小额担保贷款、经办银行对符合规定条件的劳动密集型小企业(以下简称小企业)发放的小额担保贷款给予的财政贴息。根据国家规定,贴息资金可用于支持完善地方担保基金的风险补偿机制和小额担保贷款奖励机制。除东部沿海七省市(北京、上海、山东、江苏、浙江、福建、广东,以下简称七省市)外,其他省(区、市)所需贴息资金中由中央财政负担部分,由财政部根据贷款预计发放额度和国家规定的贴息标准,安排专项资金,列入中央财政预算;贴息资金中由地方负担部分,由地方财政预算安排。七省市所需贷款贴息资金,由地方财政预算安排。

小额担保贷款展期和逾期不贴息。小额担保贷款贴息,在规定的借款额度和贴息期限内,按实际借款额度和计息期限计算。借款人和小企业须凭劳动保障部门审核确认意见,向经办银行办理贴息贷款申请。经办银行对借款人和小企业的贷款申请进行审核,符合有关规定的,发放贴息贷款,在贷款合同中加盖贴息贷款专用章,并在与担保机构签订的担保合同中注明。

（三）财政贷款贴息的监管

1. 技术更新改造项目贷款贴息的监管

商务部负责技术更新改造贷款项目的规划、组织、实施和管理工作。财政部负责贴息资金的审核、拨付、监督检查工作。财政部和商务部共同负责技术更新改造贷款项目的追踪问效工作。

各省、自治区、直辖市及计划单列市商务主管部门和财政厅（局）应定期对技术更新改造贷款项目的执行和贴息资金的落实情况进行监督、检查，确保贴息资金及时到位，并负责于每年3月1日以前向商务部和财政部联合报送上一年度贴息资金的年度使用报告。报告应包括贴息资金的拨付、使用、贷款项目预期效益与实际效益比较等情况的科学分析和评价。

申请或取得贴息资金企业有以下情形之一的，属于违法行为：擅自改变贷款用途、挪作他用；采取各种不正当手段骗取贷款贴息资金；挪用或截留侵占贴息资金；拒绝有关部门依法监督、检查，或对有关部门依法监督、检查不予配合。

对上述违法行为，视情节轻重，依法进行以下处理：警告并责令限期改正；对非经营活动中的违法行为，处以1000元以下的罚款；对经营活动中的违法行为，没有违法所得的，处以10000元以下的罚款，有违法所得的，处以30000元以下罚款；收回已取得的贴息资金；上级行政机关或者有关部门对直接责任人员给予行政处分；触犯刑律的，移交司法机关处理。有关企业对行政处罚决定不服的，可以依法申请行政复议或提起行政诉讼。

2. 电子信息产业发展基金"倍增计划"贷款贴息的监管

财政部和工业和信息化部负责对电子发展基金项目承担单位进行考核与监督，项目承担单位要主动将项目执行的有关情况报告财政部和工业和信息化部。财政部和工业和信息化部要对项目执行情况进行考评，考评的内容主要是项目的执行过程、技术水平、经济效益、社会效益等几个方面。财政部和工业和信息化部委托中介机构对承担单位实施不定期检查。

项目因故撤销或终止，电子发展基金管理办公室应停止拨款，项目承担单位进行项目清算，并将电子发展基金已拨款未用资金如数上交基金管理办公室。电子发展基金项目承担单位必须执行国家有关财务与会计制度，严格执行项目合同预算。对弄虚作假、截留、挪用电子发展基金等违反财经纪律的行为，除按照国家有关法律法规对有关项目单位和责任人进行处罚外，对项目承担单位还给予以下处理：终止项目合同；停止拨款并收回已拨资金；取消项目申报资格。

3. 境外加工贸易企业周转外汇贷款贴息的监管

省级商务主管部门、财政厅（局）要定期对息金的落实情况进行监督、检查，确保息金及时到位，并于每年3月31日和9月30日前向商务部、财政部报告贴息的执行情况和息金的落实情况。商务部、财政部将对各地外汇贷款贴息的执行情况和息金的落实情况进行抽查。

经批准享受外汇贷款贴息的企业,不得有下列行为:擅自改变外汇贷款的用途、挪作他用;擅自改变息金的用途;采取各种不正当手段骗取息金;拒绝有关部门的监督、检查或对监督、检查不予配合。企业有上述所列前两种行为的,取消申请贴息的资格;有所列第三种行为的,取消从事境外加工贸易企业资格,对直接负责的主管人员和其他直接责任人员,建议有关部门领导给予行政处分;构成犯罪的,依法追究刑事责任;有所列第四种行为的,给予警告,责令限期纠正;限期内仍不改正的,取消申请贴息的资格。

4. 小额担保贷款财政贴息的监管

经办银行应认真履行以下职责:对贷款项目是否属于贴息项目进行审核;对贴息贷款的使用方向进行监督,确保贴息贷款用于微利项目和符合要求的小企业;单独设置贴息贷款业务台账,妥善保管贷款合同及相关业务凭证,配合有关部门检查;认真做好贷款贴息的审核、申报工作;根据有关规定需要履行的其他职责。担保机构应积极做好对借款人的担保服务工作,对担保的贷款项目、贷款金额、发放时间、期限、利率等进行认真核对和确认。

财政部门应认真履行以下职责:指导辖区内贷款贴息的申请、审核工作;做好与有关部门及经办银行的协调、配合工作;按有关规定认真审核贴息申请,及时拨付贴息资金,提高贴息资金使用效率;加强对贴息资金的监督与管理,保证贴息资金专款专用。定期或不定期检查贴息资金使用情况,及时处理和反映工作中存在的问题,确保贴息政策落到实处;加强对担保基金风险补偿资金和贷款奖励性补助资金的管理;根据规定需要履行的其他职责。专员办负责对当地贴息资金拨付和使用情况的监督管理,不定期地开展检查。

借款人和小企业提供虚假证明材料,劳动保障部门和经办银行等有关机构未能认真履行审核职责,导致骗取财政贴息资金的,由劳动保障部门和经办银行等机构按各自的职责承担责任,并共同负责追回贴息资金,登记借款人和小企业的不良信用记录。对经办银行虚报材料,骗取财政贴息资金的,财政部门应追回贴息资金,同时按国家有关规定进行处罚,并通过媒体予以曝光。各级财政部门和担保机构未认真履行职责,或虚报材料、骗取挪用财政贴息资金的,财政部将采取责令纠正、追回已贴息资金等措施,并按国家有关规定进行处罚。

思考题

1. 财政支出的形式有哪些分类?各种分类有什么作用?
2. 政府采购法和招标投标法在适用中如何衔接?
3. 如何进一步完善政府采购法的监督机制?

4. 如何进一步完善我国的财政投资体制?

5. 要实现财政支出的公开、透明,还需要完善哪些制度?

参考文献

1. 周敏倩:《财政投资问题研究》,载《江海学刊》1996 年第 3 期。

2. 余小林、刘丹彤、刘护越:《财政投资体制创新的若干构想》,载《新疆财经》1997 年第 1 期。

3. 张国庆:《企业欠息的成因及对策》,载《经济体制改革》1999 年第 2 期。

4. 马拴友:《财政支出职能结构的国际比较》,载《中央财经大学学报》1999 年第 11 期。

5. 苏明:《政府职能与财政支出政策》,载《财政研究》1999 年第 12 期。

6. 张中华、谢升峰:《我国财政投资效应分析》,载《投资研究》2001 年第 10 期。

7. 杨惠芳:《应对入世挑战完善我国政府采购制度》,载《当代财经》2003 年第 3 期。

8. 王文英:《试论政府采购合同的性质》,载《行政法学研究》2003 年第 3 期。

9. 翟继光:《论纳税人对免费公共产品的权利》,载《时代法学》2006 年第 1 期。

10. 翟继光:《遏制政府采购违法需完善监督主体》,载《法制日报》2006 年 9 月 20 日第 3 版。

第六章 财政管理法

财政管理法是财政法体系中的重要组成部分。广义的财政管理法,包括国有资产管理法、财政许可管理法、财政储备管理法、国库管理法和预算会计法。我国在财政管理方面,存在严重的立法缺失,除经营性国有资产由《企业国有资产法》调整以外,其余制度基本上都是限于行政法规甚至是部门规章的层次。因此,加快财政管理立法是我国财政法治建设的重要内容。

本章第一节介绍国有资产管理法的基本内容,涵盖了企业国有资产管理、行政事业单位国有资产管理和资源性国有资产管理三个方面的法律制度,对现行制度进行了分析,并提出了立法的改进方向。本章第二节分析国库管理法,主要关注的是国库管理体制的选择、国库集中收付制度的完善。本章第三节探讨预算会计法,重点分析了权责发生制与政府预算会计改革,并对我国预算会计法律制度的基本内容进行了介绍。

第一节 国有资产管理法

一、国有资产的界定与国有资产管理法体系

（一）国有资产的界定

国有资产的概念,是伴随着经济体制改革而出现并逐渐为人们所熟悉的。我国经济体制改革中出现的一些规范性文件,陆续对国有资产的含义进行了界定。例如,《国有资产产权界定和产权纠纷处理暂行办法》(1993 年)第 2 条规定:"国有资产。系指国家依法取得和认定的,或者国家以各种形式对企业投资和投资收益、国家向行政事业单位拨款等形成的资产。"《企业国有资产监督管理暂行条例》(2003 年)第 3 条规定:"本条例所称企业国有资产,是指国家对企业各种形式的投资和投资所形成的权益,以及依法认定为国家所有的其他权益。"《企业国有资产法》(2008 年)第 2 条规定:"本法所称企业国有资产,是指国家对企业各种形式的出资所形成的权益。"

上述界定表述上存在较大差异,各自的内涵与外延也不尽相同,主要是因为这些法律和规范性文件都有特定的调整范围,对国有资产的界定也主要是从法

律和规范性文件的调整范围出发考虑的。因此,有必要从理论上对国有资产进行一个重新的界定。

我们认为,国有资产是指国家基于国家权力的行使而依法取得和认定的、国家以各种形式对企业投资及投资收益形成的,以及国家通过拨款、接受赠与等形成的各种财产和财产性权利。① 国有资产一般可以分为三种类别:

1. 企业国有资产,即国家对企业的出资所形成的权益,也称为经营性国有资产。

2. 行政事业单位国有资产,即由国家机关、国有事业单位等组织使用管理的国有资产,亦称为非经营性国有资产。

3. 资源性国有资产,即属于国家所有的土地、矿藏、森林、水流等国有资产。

(二) 国有资产管理法的体系

国有资产管理法的体系,是指所有调整国有资产管理的法律规范的有机构成和组合框架。鉴于企业国有资产、行政事业性国有资产和资源性国有资产的基本功能、来源和使用方法各不相同,我国现行的国有资产管理法采取了分类立法和分类管理的模式。因此,国有资产管理法的体系由以下几个方面构成:

1. 企业国有资产管理法律制度

我国通过《企业国有资产监督管理暂行条例》(2003 年)、《企业国有资产法》(2008 年)等一系列法律和规范性文件,确立了企业国有资产管理法律制度,主要包括企业国有资产的权属管理、产权交易、监管体制、监管机构、国有资本经营预算和国有资产监督等内容。

2. 行政事业性国有资产管理法律制度

我国通过财政部发布的《行政单位国有资产管理暂行办法》(2006 年)等规范性文件,确立了行政单位国有资产管理法律制度,主要涉及行政单位国有资产的管理机构、资产配置、资产使用、资产处置、资产评估、产权界定、产权登记、产权纠纷调处、资产清查、资产统计报告和监督检查等基本内容。财政部发布的《事业单位国有资产管理暂行办法》(2006 年)等规范性文件,确立了事业单位国有资产管理法律制度,主要涉及管理机构、资产配置及使用、资产处置、产权登记和产权纠纷处理、资产评估与资产清算、资产信息管理与报告等基本内容。

3. 资源性国有资产管理法律制度

资源性国有资产管理的法律制度,主要规定管理体制,资源占有、开发、利用、管理和保护的责、权、利,实现资源产业化的措施,破坏和浪费资源的法律责

---

① 刘剑文主编:《财税法学》,高等教育出版社 2004 年版,第 258 页。

任等。涉及土地、水流、矿产等国有资源的相关法律依据分散在不同的规范性文件之中。

拓展阅读

《企业国有资产法》的适用范围

《企业国有资产法》在起草过程之初，确立的法律名称是《国有资产法》。对于这部法律的调整范围，一直存在不同意见。"大国资法"提倡者认为，该法应当将经营性国有资产、行政事业单位国有资产和资源性国有资产都包括在内，而"小国资法"主张者则认为该法应主要针对经营性国有资产即企业国有资产。

立法机关在汇集各方面的意见，并经过反复研究论证，最终通过的法律名为《企业国有资产法》，所调整的国有资产法范围限定为企业国有资产（经营性国有资产），即国家对企业的投资所形成的权益。这主要是给予以下考虑：

一是从可行性看，三类国有资产在功能和监管方式等方面有较大不同：企业国有资产作为投资性资产，要求通过经营获得取得投资回报、实现保值增值，需要有出资人代表行使出资人权利、维护出资人利益。行政事业单位国有资产作为非投资性资产，由国家机关和事业单位占有使用，主要是要求占有使用单位按照国家有关规定节约和合理使用，避免损失和浪费，通常并无保值增值的要求，也不发生需设立出资人代表的问题。资源性国有资产即国家所有的自然资源，作为国家的不动产，已有物权法、自然资源保护和开发利用的法律规范来调整。如果将三类在表现形态、实现功能和监管方式等方面有很大不同的国有资产都纳入一部"大而全"的法律全面调整，立法难度会大大增加，缺乏可行性。

二是从立法迫切性看，目前对行政性国有资产的管理，已有国务院及国务院有关部门制定的相关行政法规、规章和有关规范性文件加以规范；有关国有自然资源的权属及其保护和开发利用等，除物权法外，已有土地管理法、矿产资源法、森林法、水法、海域使用管理法等相关的专门法律调整；而经营性国有资产在国有资产中占有很大比重，具有特殊的地位和作用，实践中迫切需要专门立法的问题突出，各方面对国有资产的关注，也主要是集中在确保企业国有资产的保值增值上。因此，立法机关决定，先制定一部适用于经营性国有资产，即企业国有资产的法律。

此外，国家对金融类企业的出资形成的权益，也属于企业国有资产的一部分，应当纳入《企业国有资产法》的统一规范和保护范围。同时，考虑到对金融类资产监管的一些特殊问题应适用中国人民银行法、银行业监督管理法、证券法、保险法等有关金融方面的法律、行政法规的规定,因此,《企业国有资产法》第76条规定:"金融企业国有资产的管理与监督,法律、行政法规另有规定的,依照其规定。"

(摘自安建主编:《中华人民共和国企业国有资产法释义》,法律出版社2008年版,第8—10页。)

二、企业国有资产管理法律制度

(一) 企业国有资产的管理体制

国有资产管理体制,是在中央与地方之间及地方各级政府之间划分国有资产管理权限,建立国有资产经营管理机构与体系的一项根本制度。它是我国经济管理体制的重要组成部分。

对于企业国有资产,长期以来我国一直实行"国家统一所有,中央、地方分级管理"的国有资产管理体制。中共中央十五届四中全会提出了"国家所有、分级管理、授权经营、分工监督"的原则,进一步确认了统一所有、分级管理的体制。这种管理体制有其历史渊源和历史合理性。但经过二十多年的改革发展,这种体制已不能完全适应国有资产监管的需要。为此,党的"十六大"报告与时俱进,适应市场经济条件下国有资产管理的新形式、新需要,发展、突破了"统一所有、分级管理"的原则,确立了"国家统一所有,分级行使出资人职责"的原则和体制。

根据"十六大"报告的精神,《企业国有资产法》遵循"国家统一所有,分级行使出资人职责"的原则,确立了企业国有资产属于国家所有即全民所有,国务院代表国家行使国有资产所有权,国务院和地方人民政府分别代表国家对国家出资企业履行出资人职责,享有出资人权益,权利、义务和责任相统一,管资产和管人、管事相结合的管理体制。其中,"国家出资企业"是指国家出资的国有独资企业、国有独资公司,以及国有资本控股公司、国有资本参股公司。

我国现行企业国有资产管理体制包括三个层面的要义:

1. 企业国有资产实行国家统一所有制

我国《宪法》第2条和第7条规定:"中华人民共和国的一切权力属于人民","国有经济,即社会主义全民所有制经济"。《民法通则》第73条规定:"国家财产属于全民所有。"《物权法》第45条规定:"法律规定属于国家所有的财产,属于国家所有即全民所有。"《企业国有资产法》第3条规定:"国有资产属于国家所有即全民所有。"由此可见,企业国有资产的所有权属于国家即全体人民。换言之,国家对企业国有资产,实行"国家统一所有制"。

对于"国家统一所有制",学术界存在不同的观点。例如,有学者认为,我国现行国有制或国家所有权的理论认为,国有财产属于全民所有,只有国家整体上作为其唯一、统一的所有权主体,中央和地方在分级管理中由政府就其管辖的国有财产分别代表国家行使所有权职能,但不承认地方所有,因此财产在"国有"范围内可以任意上收、下放、调拨、合并等。这是传统的社会主义国家所有制概念,与市场经济所要求的产权明晰是相悖的,实际上否定了国有制内应有不同的产权主体,及在此基础上正常地开展交易和竞争。不打破这种"大一统"的国有制,社会主义市场经济就很难向前迈进,可能半途而废。而突破"大一统"国有制的方式就是实行"中央与地方分别所有",其理由在于:首先,它是社会主义市场经济需要国有制内有不同的利益和产权主体的客观要求;其次,实行中央与地方分别所有,与我国的财政体制相一致,财政权中的财权和物权是不可分的;再次,这是减少国有财产管理经营代理成本的要求;最后,它是民主和法治的必然要求。① 中央与地方分别所有的国有制思路是:与财政体制相应,"一级政权、一级(个)财政、一级(个)所有权",凡未依法确定为地方所有的国有财产均为国家(中央)所有,无主财产也属国家(中央)所有。当然,"分别所有的主体是国家和地方政权,而不是政府,政府只是代表本级政权及辖内的人民行使所有权而已"。②

我们认为,中央与地方分别所有的理论是一种创新,但这种创新理论若要付诸实施,需通过对宪法、物权法等相关法律作出修改方可。也就是说,在现行法律规定前提下,《企业国有资产法》确立的"国家统一所有制"是有其合理性的,也保障了现行法律体系的统一性。

2. 国务院代表国家行使企业国有资产所有权

在明确了企业国有资产属于国家所有即全民所有之后,在法律上需要解决的难题就是由谁来代表国家行使所有权。《宪法》第 2 条规定:"中华人民共和国的一切权力属于人民。人民行使国家权力的机关是全国人民代表大会和地方各级人民代表大会。"有学者据此认为,全国人民代表大会和地方各级人民代表大会应是国有资产潜在的最终所有权人和委托人。③ 但在立法和法律实践中,

---

① 史际春:《关注地方财产权——地方能够与中央平等地所有吗?》,载史际春等主编:《经济法学评论》(第 4 卷),中国法制出版社 2004 年版,第 351—373 页。
② 史际春、姚海放:《国有制革新的理论与实践》,载《华东政法学院学报》2005 年第 1 期。
③ 李曙光:《论〈企业国有资产法〉中的"五人"定位》,载《政治与法律》2009 年第 4 期。该文还指出:究竟是全国人大还是国务院作为国有财产最终所有权人或委托人的地位,这本是当代中国宪法应对时下中国问题的一个立法政策的选择,问题是由于《企业国有资产法》的立法仓促,对一些概念没有作法理的区分,使"委托人"这个术语没有成为立法的基本出发点。其第 4 条规定:"国务院和地方人民政府依照法律、行政法规的规定,分别代表国家对国家出资企业履行出资人职责,享有出资人权益。"这就把"委托人"概念延伸为"出资人"概念,又进而把地方政府作为国有财产"出资人"的地位予以确定,使"委托人"与"出资人"概念既有所重叠,又有所区分,模糊了"委托人"与"出资人"权力(权利)与义务的区别体系与概念体系,也模糊了全国人大、国务院、地方人大与地方政府对国有财产的所有权关系。

代表国家行使所有权的是国务院。最早的法律依据见于《全民所有制工业企业转换经营机制条例》第41条:"企业财产属于全民所有,即国家所有,国务院代表国家行使企业财产的所有权。"《物权法》和《企业国有资产法》沿袭了这一立法思路。现行《企业国有资产法》第3条明确规定:"国务院代表国家行使国有资产所有权。"

我们认为,在"国家统一所有制"的前提下,授权国务院来代表国家行使所有权是合理的选择,但是,国务院在行使国有资产所有权时,必须依法对全国人大负责,接受全国人大的监督。

3. 国务院和地方人民政府分别代表国家履行出资人职责,享有出资人权益

我国国有资产无论是地域的分布,还是行业的分布,都很广泛,国家出资企业的规模大小差异也很大,全部都由国务院履行出资人职责难以做到。因此,《企业国有资产法》第4条规定,国务院和地方人民政府依照法律、行政法规的规定,分别代表国家对国家出资企业履行出资人职责,享有出资人权益。国务院确定的关系国民经济命脉和国家安全的大型国家出资企业、重要基础设施和重要自然资源等领域的国家出资企业,由国务院代表国家履行出资人职责。其他的国家出资企业,由地方人民政府代表国家履行出资人职责。国务院和地方人民政府应当按照政企分开、社会公共管理职能与国有资产出资人职能分开、不干预企业依法自主经营的原则,依法履行出资人职责。

上述规定贯彻了党的"十六大"报告确立的"分级行使出资人职责"原则和十六届三中全会决定提出的"坚持政府公共管理职能和国有资产出资人职能分开"的原则,符合企业国有资产管理的实际需要,有利于充分发挥中央与地方两个积极性,针对不同规模不同类型的企业,实行有效的监管,确保出资人代表履行职责到位。

拓展阅读

《企业国有资产法》对"国资委"的重新定位

企业国有资产管理体制中还涉及一个非常复杂的问题,即国资委如何定位。"国资委"的全称是国有资产监督管理委员会,根据第十届全国人民代表大会第一次会议关于国务院机构改革方案的决定,于2003年成立,并试图通过国务院发布的《企业国有资产监督管理暂行条例》明确国资委的监管职责。但实际上,自成立以来,国资委就面临着诸多质疑:到底是出资人机构还是监管出资人的机构?应该直接当企业的股东还是由中间层公司当企业的股东?

中国政法大学李曙光教授指出,党的十六大以后,中央和地方两级国资委成立运转五年的实践表明,完整的出资人制度并未建立起来,国资委一方面作为股东代表政府履行出资人职责,拥有企业高层的任免权、薪酬决定权、重大经营事项的决定权、资产处置权和收益分配权等一系列"老板"的权力;另一方面作为国有资产的主管部门,其又拥有诸如国资规章的制定、国有资产的基础管理、安置下岗职工、派出监事会等庞大的"婆婆权",成了企业名正言顺的"老板加婆婆"。实践中出资人与经营人、立法人、监督人的法律关系混淆不清,而且出资人制度也没有法律依据,许多产权纠纷与投资经营中利益冲突由此而生。从法律角度说,出资人的权利、义务、责任关系一直是不明晰的。[1]

国务院发展研究中心企业所副所长张文魁研究员指出,在国有资产管理实践中,资产监管(或财产监管)与公共监管之间的本质区别没有被分清楚,从而将资产监管与公共监管混淆起来了,进而容易将国资委与公共行政机构混淆起来。如果说对国有资产履行出资人职责也可以被称为对国有资产进行监管的话,或者说出资人职责也包含监管的话,那么这种监管是所有者对其财产的监督和管理,与公共行政部门对涉及公共利益行为的监管有本质区别。前者的理论基础是委托代理,后者的理论基础是公共选择;前者的解决方案在于公司治理,后者的解决方案在于管制体系;前者的出发点是财产安全和财产增值与回报,其核心是效率,而后者的出发点是公众利益特别是所谓的外部性问题,其核心是公平。目前国资委的定位及其引起的管控模式问题,并不是理论上不清楚,而是实践与理论之间存在偏差。那么,到底应该如何解决这个问题呢?无非有两种选择。一是屈从实际,将国资委定位为监管者。二是矫正实际,将国资委定位为出资人。张文魁研究员认为,在中央政府和国有企业比较多的省、直辖市、自治区政府,将国资委定位为出资人是合适的。在国有企业比较少、行政事业单位国有资产比较多的地方政府,国资委如何定位,甚至是否需要设立专门的国资委,可以进行自己的探索和尝试。[2]

《企业国有资产法》在众人期待之下,事实上对国资委进行了重新界定,即将国资委定位为"纯粹"、"干净"的出资人法律地位。具体表现:首先,《企业国有资产法》第6条规定,国务院和地方人民政府应当按照政企分开、社会公共管理职能与国有资产出资人职能分开、不干预企业依法自主经营的原则,依法履行出资人职责。其次,在第七章特别规定了国有资产监督由人大常委会、政府及政府审计机关、社会公众监督等构成。这实际上是朝剥离国资委现有的行政监督职能与立法职能方向迈出了清晰的一步。国资委的监督职能只是内部的监督,

---

[1] 李曙光:《论〈企业国有资产法〉中的"五人"定位》,载《政治与法律》2009年第4期。
[2] 张文魁:《国资委角色求解》,载《21世纪经济报道》2006年1月2日第34版。

是作为股东对其资产的监督,这与政府行政机关的监管是截然不同的。因此,李曙光教授认为,根据《企业国有资产法》,国资委的法律定位应是一个"法定特设出资人机构",是"特殊的企业法人"(或称"特殊商业目的法人"),由此,"国有资产监督管理委员会"应改名为"国有资产经营管理委员会"。①

(二)企业国有资产管理的主要法律制度

1. 企业国有资产产权界定制度

国有资产产权界定,是指对全部或部分占用国有资产单位的产权、全民所有制单位与其他所有制单位之间以及全民所有制单位之间的产权,依法划分归属国家享有的资产所有权和企业享有的经营权及其他相关权利,明确各类产权主体行使权利的财产范围及管理权限的法律行为。国有资产产权界定是巩固社会主义公有制经济的重要措施,是明确企业产权关系、深化国有企业改革的重要手段,是加强国有资产管理的重要保证,是维护企业合法权益的重要方式,对于维护其他产权所有者的合法权益也具有重要作用。②

我国企业国有资产产权界定的主要法律依据是1993年国家国有资产管理局于1993年发布的《国有资产产权界定和产权纠纷处理暂行办法》和《集体企业产权界定办法》,1996年2月国家科委和国家国有资产管理局联合发布的《集体科技企业产权界定若干问题的暂行规定》。这些法规明确规定了国有企业、集体企业、集体科技企业、中外合资企业、中外合作企业、联营企业、股份制企业等的产权界定原则、标准、组织实施、法律责任及纠纷处理等问题,是我们界定产权,保护国有资产不受侵犯,明确各类产权主体的权利义务关系的法律依据。

根据上述法规的规定,占有、使用国有资产的单位,发生下列情形的,应当进行产权界定:(1)与外方合资、合作的;(2)实行股份制改造和与其他企业联营的;(3)发生兼并、拍卖等产权变动的;(4)国家机关及其所属事业单位创办企业和其他经济实体的;(5)国有资产监督管理机构认为需要界定的其他情形。对国有资产所有权的界定应遵循国家统一所有、政府分级分工管理的原则。

2. 企业国有资产产权登记制度

企业国有资产产权登记,是指国有资产管理部门代表政府对占有国有资产的各类企业的资产、负债、所有者权益等产权状况进行登记,依法确认产权归属关系的法律行为。我国现行调整企业国有资产产权登记的主要法律依据是国务院于1996年1月25日发布的《企业国有资产产权登记管理办法》(国务院令第192号)。

根据现行法律的规定,国有企业、国有独资公司、持有国家股权的单位以及

---

① 李曙光:《论〈企业国有资产法〉中的"五人"定位》,载《政治与法律》2009年第4期。
② 徐孟洲:《经济法学原理与案例教程》,中国人民大学出版社2006年版,第247—248页。

以其他形式占有国有资产的企业（统称企业），应当依照规定办理产权登记。县级以上各级人民政府国有资产管理部门按照产权归属关系办理产权登记。

3. 企业国有资产评估制度

国有资产评估是指资产评估机构根据国家的法律、政策和特定目的，遵循一定的原则和法定程序，采用科学的方法，对国有资产现时价格进行评定和估算。在企业国有资产的流转、交易等过程中，合理评估相关资产的价值，是企业国有资产管理的一项重要的基础性工作。

根据《企业国有资产法》的规定，国有独资企业、国有独资公司和国有资本控股公司合并、分立、改制，转让重大财产，以非货币财产对外投资，清算，或者有法律、行政法规以及企业章程规定应当进行资产评估的其他情形的，应当按照规定对有关资产进行评估。

4. 企业国有资产转让制度

企业国有资产转让，是指依法将国家对企业的出资所形成的权益转移给其他单位或者个人的行为。《企业国有资产法》调整的国有资产转让行为，是指转让国有股东权益的行为，不包括按照国家规定无偿划转国有资产的行为，也不包括国家出资企业转让其机器设备、知识产权等财产的行为。企业依法处分属于企业法人财产的实物资产、知识产权等财产，属于企业经营自主权范畴。

根据《企业国有资产法》的规定，企业国有资产转让应当有利于国有经济布局和结构的战略性调整，防止国有资产损失，不得损害交易各方的合法权益。国有资产转让由履行出资人职责的机构决定。履行出资人职责的机构决定转让全部国有资产的，或者转让部分国有资产致使国家对该企业不再具有控股地位的，应当报请本级人民政府批准。

企业国有资产转让应当遵循等价有偿和公开、公平、公正的原则。除按照国家规定可以直接协议转让的以外，企业国有资产转让应当在依法设立的产权交易场所公开进行。转让方应当如实披露有关信息，征集受让方；征集产生的受让方为两个以上的，转让应当采用公开竞价的交易方式。① 转让上市交易的股份依照《中华人民共和国证券法》的规定进行。国有资产转让应当以依法评估的、经履行出资人职责的机构认可或者由履行出资人职责的机构报经本级人民政府

---

① 实践证明，阳光是最好的防腐剂，通过公开、竞争的市场交易，禁止"暗箱"操作，不仅可以有效防止国有资产转让过程中的舞弊行为，防止国有资产流失，还能充分运用市场发现价格的机制，尽可能实现国有资产转让价格的最大化。例如，福建雪津啤酒公司通过福建省产权交易中心公开转让其国有股权，该公司的净资产账面价值为4.7亿元，全部股权评估价格为6.67亿元，在产权交易中心的挂牌转让价为10亿元。由于有北京燕京啤酒、比利时英博集团、荷兰喜力集团等多家知名企业竞争，最终比利时英博集团以58.86亿元的高价购得，成交价是公司净资产账面价值的10倍多，分别是评估价格和挂牌价格低8.8倍和5.9倍。参见安建主编：《中华人民共和国企业国有资产法释义》，法律出版社2008年版，第23页。

核准的价格为依据,合理确定最低转让价格。

法律、行政法规或者国务院国有资产监督管理机构规定可以向本企业管理层(本企业的董事、监事、高级管理人员或者其近亲属,或者这些人员所有或者实际控制的企业)转让的企业国有资产,在转让时,上述人员或者企业参与受让的,应当与其他受让参与者平等竞买;转让方应当按照国家有关规定,如实披露有关信息;相关的董事、监事和高级管理人员不得参与转让方案的制订和组织实施的各项工作。

5. 企业国有资产监督制度

根据《企业国有资产法》的规定,国资委作为履行出资人职责的机构,代表本级人民政府对国家出资企业依法享有资产收益、参与重大决策和选择管理者等出资人权利。履行出资人职责的机构应当维护企业作为市场主体依法享有的权利,除依法履行出资人职责外,不得干预企业经营活动。据此可知,国资委的职责仅限于出资人的权利范围。而企业国有资产的监督制度主要包括以下五个方面的内容:

(1) 立法机关的监督:各级人民代表大会常务委员会通过听取和审议本级人民政府履行出资人职责的情况和国有资产监督管理情况的专项工作报告,组织对企业国有资产法实施情况的执法检查等,依法行使监督职权。

(2) 政府的监督:国务院和地方人民政府应当对其授权履行出资人职责的机构履行职责的情况进行监督。

(3) 审计机关的监督:国务院和地方人民政府审计机关依照审计法的规定,对国有资本经营预算的执行情况和属于审计监督对象的国家出资企业进行审计监督。

(4) 社会监督:国务院和地方人民政府应当依法向社会公布国有资产状况和国有资产监督管理工作情况,接受社会公众的监督。任何单位和个人有权对造成国有资产损失的行为进行检举和控告。

(5) 委托中介机构进行审计监督:履行出资人职责的机构根据需要,可以委托会计师事务所对国有独资企业、国有独资公司的年度财务会计报告进行审计,或者通过国有资本控股公司的股东会、股东大会决议,由国有资本控股公司聘请会计师事务所对公司的年度财务会计报告进行审计,维护出资人权益。

三、行政事业单位国有资产管理法律制度

行政事业单位国有资产,属于非经营性国有资产[①],是指各级行政事业单位

---

① 另有学者指出,非经营性国有资产不等同于行政事业单位国有资产,因为除此之外,还包括社会大众共同占用的公共设施和公共工程等国有资产。参见邵秉仁:《创建国有资产管理新体制》,中国财政经济出版社2003年版,第105页。

占有、使用的,依法确认为国家所有的各种经济资源的总称。此类国有资产不以营利为目的,不参与市场经营,不直接参与生产和流通过程,是用于政府公共管理和为公共事业服务的资产。[①]

行政事业单位国有资产是我国国有资产结构中的重要组成部分[②],是行政事业单位履行职能、提供公共服务的物质基础。加强行政事业单位国有资产管理,有利于完善资产管理体制,提高政府为民理财能力,有利于提高财政资金使用效益,促进服务型、节约型政府建设。但目前我国尚未制定专门的行政事业单位国资产法,《企业国有资产法》也不调整此类国有资产。因此,现行法律依据主要是国务院财政部于2006年5月发布的《行政单位国有资产管理暂行办法》、2006年6月发布的《事业单位国有资产管理暂行办法》以及2008年3月颁布的《中央级事业单位国有资产管理暂行办法》等规范性文件。

(一)行政事业单位国有资产管理体制

在我国经济体制的市场化进程中,对于国有资产管理体制的改革,人们始终将注意力集中在经营性国有资产的管理上,认为经营性国有资产的管理应该是我国国有资产管理的重点。但随着市场经济体制的确立和公共财政的建立,我国国有资产管理体制的重点转向非经营性国有资产的管理已经成为一种历史趋势。[③] 学者还指出,经营性国有资产退出以后将主要以非经营性国有资产的形式存在,非经营性国有资产无论是在质量上还是在数量上都将超过经营性国有资产,成为国有资产的主要部分,国有资产管理的重点,应该从我们已经习惯的经营性国有资产,转移到非经营性国有资产。[④]

实际上,国有资产管理的重点转移在中央文献中也有反映。党的"十六大"报告和十六届三中全会决定提及的国有资产管理体制改革,都是以企业国有资产为重点,但党的"十七大"报告则明确提出要"完善各类国有资产管理体制和

---

① 西方国家一般称之为公有资产(public-owned assets)、政府资产(government assets)或非营利性资产(non-profit assets)。参见伍海泉、田秋蓉:《国有资产研究的新视野——非经营性国有资产国内研究进展与评述》,载《长沙理工大学学报(社会科学版)》2005年第3期。

② 财政部2008年1月公布了全国行政事业单位资产清查结果。截至2006年12月31日,全国行政事业单位国有资产总额达到8.01万亿元,其中净资产总额达到5.31万亿元,占国有净资产总额的35.14%。从单位类别(按照所执行的财务会计制度划分)看,行政单位占25.63%,事业单位占74.37%;从级次看,中央级占15.24%,省级占26.26%,地市级占21.76%,县级占27.70%,乡级占9.04%;从资产构成看,流动资产37.75%,固定资产(净值)占52.19%,对外投资占2.14%,无形资产占1.09%,其他资产占6.83%。全国行政事业单位固定资产总额为4.18万亿元,从单位类别看,行政单位占28.07%,事业单位占71.93%;从级次看,中央级占15.18%,省级占26.19%,地市级占21.20%,县级占30.18%,乡级占7.25%;在固定资产中,土地、房屋及构筑物所占比例最大,为66.45%,其次为交通运输设备,占8.22%。参见《财政部新闻发言人就行政事业单位资产清查答问》,http://www.gov.cn/zwhd/2008-01/23/content_866414.htm,2009年5月26日访问。

③ 国务院国资委"非经营性国有资产监督管理研究"课题组:《非经营性国有资产监督管理研究》,载《经济研究参考》2005年第3期。

④ 王敏敏:《论国有资产管理的重点转移》,载《思想理论双月刊》2003年第3期。

制度"。《国民经济和社会发展第十一个五年规划纲要》要求,"建立健全国有金融资产、非经营性资产和自然资源资产等的监管体制,防止国有资产流失"。在立法机关层面,全国人大常委会在审议《企业国有资产法》过程中,不少代表提出要加强行政事业单位国有资产的管理;在国务院层面,国资委、财政部等部门对行政事业单位国有资产管理问题进行了很多调研和探索,财政部还专门针对行政单位国有资产和事业单位国有资产分别颁布了管理办法;在地方政府层面,很多省市政府都在积极尝试行政事业国有资产管理制度的改革。例如,上海早在1997年就进行了探索,构建了地方行政事业单位非经营性国有资产委托授权管理的体机,形成了"上海模式"①;广东南海市从2002年6月起,把过去由各单位分散管理改革为由政府委托财政部门统一管理运筹的方式;与上述改革相比,广西南宁市对行政事业单位非经营性国有资产改革的步伐迈得最大。2002年4月,南宁成立了威宁资产经营有限责任公司,由其分期分批统一接收、管理和运营授权范围内的南宁市行政事业单位国有资产及相关经济实体,任何部门和单位不得再从事或参与任何形式的经营活动,南宁市此举事实上是在不改变国有资产属性的前提下,将非经营性国有资产转变为经营性国有资产。"南宁模式"虽然并未成熟,但却成为全国同行业中的亮点,对其他地方规范行政事业性国有资产管理、提高政府的理财水平,具有较强的现实借鉴意义。②

根据《行政单位国有资产管理暂行办法》和《事业单位国有资产管理暂行办法》的规定,我国目前对行政事业单位国有资产实行"国家统一所有,政府分级监管,单位占有、使用的管理体制"。③其中,"国家统一所有"是指行政事业单位国有资产属于国家所有即全民所有;"政府分级监管"是指国家对行政事业单位国有资产实行分级分工管理和监督;"单位占有、使用"是指单位对其占有、使用的国有资产拥有自主支配和使用的权利。

我国是社会主义国家,国有资产属全民所有,在法律上只能由国家作为国有资产的唯一所有者,这一原则已在《企业国有资产法》第3条中得到了充分体现,在行政事业单位国有资产立法中也必须予以坚持。同样,我国的行政事业单位国有资产数量巨大,不可能都由中央政府直接管理,实施"政府分级监管"势在必行。行政事业单位国有资产是为国家机关、事业单位等正常开展工作而配置的必要资产,这些单位通过占有和使用这些资产为社会提供公共服务,因此单

---

① 申海平:《非经营性国有资产管理上海模式之法律思考——以上海市市级机关国有资产管理体制为例》,载《经济体制改革》2009年第1期。

② 国务院国资委"非经营性国有资产监督管理研究"课题组:《非经营性国有资产监督管理研究》,载《经济研究参考》2005年第3期。

③ 这一管理体制首见于财政部、国家国有资产管理局于1995年发布的《行政事业单位国有资产管理办法》中第5条,2006年财政部发布的《行政单位国有资产管理暂行办法》和《事业单位国有资产管理暂行办法》沿袭了这一规定。

位占有、使用体制与行政事业单位国有资产存在的目标是一致的,"国家统一所有,政府分级监管,单位占有、使用的管理体制"在现实中具有法律依据,亦符合管理实际的需要。但是,这一管理体制也暴露出了许多问题,主要是这种体制使得依靠财政资金积累下来的行政事业单位国有资产分散在各个部门,虽然名义上是国家所有,但实际上是各个单位行使着资产的所有权。此外,目前确立的管理模式还只是一个总的原则,在具体实施上,如何构建科学合理的监管体制,需要在立法时详加考虑,特别是在具体监管机构的设置上,更要认真考虑和论证。①

在行政事业单位国有资产的监管机构设置方面,我国进行了很多探索。1988年,国务院正式组建国家国有资产管理局,归口财政部管理,其中内设行政事业资源司专门机构,统一归口行使行政事业单位国有资产所有权管理职能。1998年中央政府机构改革后,国有资产管理局撤销,中央国家机关各部门国有资产管理划归国务院机关事务管理局负责,财政部负责"拟定政府公共财产管理的规章制度并对执行情况进行监督"。财政部2006年发布的《行政单位国有资产管理暂行办法》第8条规定,"各级财政部门是政府负责行政单位国有资产管理的职能部门,对行政单位国有资产实行综合管理"。《事业单位国有资产管理暂行办法》第6条规定,"各级财政部门是政府负责事业单位国有资产管理的职能部门,对事业单位的国有资产实施综合管理"。

由此可见,目前财政部门是行政事业单位国有资产管理的职能部门。但这一监管体制仍需要继续完善。我们认为,在行政事业单位国有资产管理体制和监管机制的改革,应当区分行政单位国有资产与事业单位国有资产管理,区分行政管理和专业管理,并在公共财政的框架下,将行政事业单位国有资产管理体制与预算管理体制改革和绩效预算制度的建立结合起来进行。在行政单位国有资产管理方面,应发挥各级政府机关事务管理局和财政部门的作用,协调二者的关系,在两者之间合理配置行政管理与专业管理的权限;在事业单位国有资产管理方面,可以考虑"专门设立一个非行政性的事业性国有资产管理署"。②

(二)行政事业单位国有资产管理的主要法律制度

1. 行政事业单位国有资产的配置

行政事业单位国有资产的配置,是指财政部门和主管部门,根据行政、事业单位履行职能的需要,按照国家有关法律、法规和规章制度规定的程序,通过购置或者调剂等方式为行政、事业单位配备资产的法律行为。

---

① 申海平:《关于制定〈行政事业性国有资产法〉的若干问题》,载《山东社会科学》2009年第3期。
② 参见《财政部研究员文宗瑜:应设事业性国有资产管理署》,载《21世纪经济报道》2008年3月29日。

行政单位国有资产配置应当遵循以下原则:(1)严格执行法律、法规和有关规章制度;(2)与行政单位履行职能需要相适应;(3)科学合理,优化资产结构;(4)勤俭节约,从严控制。对有规定配备标准的资产,应当按照标准进行配备;对没有规定配备标准的资产,应当从实际需要出发,从严控制,合理配备。财政部门对要求配置的资产,能通过调剂解决的,原则上不重新购置。

事业单位国有资产配置应当符合以下条件:(1)现有资产无法满足事业单位履行职能的需要;(2)难以与其他单位共享、共用相关资产;(3)难以通过市场购买产品或者服务的方式代替资产配置,或者采取市场购买方式的成本过高。事业单位国有资产配置应当符合规定的配置标准;没有规定配置标准的,应当从严控制,合理配置。

2. 行政事业单位国有资产的使用

行政事业单位国有资产的使用,是指行政、事业单位在法律法规规定的情况下,遵循在切实防止国有资产流失的同时充分发挥国有资产使用效益的目标,依法将所占有的国有资产运用到单位自用、出租、出借等用途的法律行为。

行政单位应当建立健全国有资产使用管理制度,规范国有资产使用行为,做到物尽其用,充分发挥国有资产的使用效益;行政单位对所占有、使用的国有资产应当定期清查盘点,做到家底清楚,账、卡、实相符,防止国有资产流失;行政单位应当建立严格的国有资产管理责任制,将国有资产管理责任落实到人。现行规定还对行政单位国有资产的使用作出了特殊限制:(1)行政单位不得用国有资产对外担保,法律另有规定的除外。(2)行政单位不得以任何形式用占有、使用的国有资产举办经济实体。早前已经用占有、使用的国有资产举办经济实体的,应当按照国家关于党政机关与所办经济实体脱钩的规定进行脱钩。脱钩之前,行政单位应当按照国家有关规定对其经济实体的经济效益、收益分配及使用情况等进行严格监管。财政部门应当对其经济效益、收益分配及使用情况进行监督检查。(3)行政单位拟将占有、使用的国有资产对外出租、出借的,必须事先上报同级财政部门审核批准。未经批准,不得对外出租、出借。同级财政部门应当根据实际情况对行政单位国有资产对外出租、出借事项严格控制,从严审批。行政单位出租、出借的国有资产,其所有权性质不变,仍归国家所有;所形成的收入,按照政府非税收入管理的规定,实行"收支两条线"管理。(4)对行政单位中超标配置、低效运转或者长期闲置的国有资产,同级财政部门有权调剂使用或者处置。

事业单位国有资产的使用包括单位自用和对外投资、出租、出借、担保等方式。事业单位应当建立健全资产购置、验收、保管、使用等内部管理制度。事业单位应当对实物资产进行定期清查,做到账账、账卡、账实相符,加强对本单位专利权、商标权、著作权、土地使用权、非专利技术、商誉等无形资产的管理,防止无形资产流失。

3. 行政事业单位国有资产的处置

行政单位国有资产处置,是指行政单位国有资产产权的转移及核销,包括各类国有资产的无偿转让、出售、置换、报损、报废等。行政单位需处置的国有资产范围包括:(1)闲置资产;(2)因技术原因并经过科学论证,确需报废、淘汰的资产;(3)因单位分立、撤销、合并、改制、隶属关系改变等原因发生的产权或者使用权转移的资产;(4)盘亏、呆账及非正常损失的资产;(5)已超过使用年限无法使用的资产;(6)依照国家有关规定需要进行资产处置的其他情形。行政单位国有资产处置应当按照公开、公正、公平的原则进行。资产的出售与置换应当采取拍卖、招投标、协议转让及国家法律、行政法规规定的其他方式进行。行政单位国有资产处置的变价收入和残值收入,按照政府非税收入管理的规定,实行"收支两条线"管理。

事业单位国有资产处置,是指事业单位对其占有、使用的国有资产进行产权转让或者注销产权的行为。处置方式包括出售、出让、转让、对外捐赠、报废、报损以及货币性资产损失核销等。事业单位处置国有资产,应当严格履行审批手续,未经批准不得自行处置。事业单位国有资产处置应当遵循公开、公正、公平的原则。事业单位出售、出让、转让、变卖资产数量较多或者价值较高的,应当通过拍卖等市场竞价方式公开处置。事业单位国有资产处置收入属于国家所有,应当按照政府非税收入管理的规定,实行"收支两条线"管理。

4. 行政事业单位国有资产的产权纠纷处理

产权纠纷是指由于财产所有权、经营权、使用权等产权归属不清而发生的争议。

行政单位之间的产权纠纷,由当事人协商解决。协商不能解决的,由财政部门或者同级政府调解、裁定。行政单位与非行政单位、组织或者个人之间发生产权纠纷,由行政单位提出处理意见,并报经财政部门同意后,与对方当事人协商解决。协商不能解决的,依照司法程序处理。

事业单位应当向同级财政部门或者经同级财政部门授权的主管部门申报、办理产权登记,并由财政部门或者授权部门核发《事业单位国有资产产权登记证》。事业单位与其他国有单位之间发生国有资产产权纠纷的,由当事人协商解决。协商不能解决的,可以向同级或者共同上一级财政部门申请调解或者裁定,必要时报有管辖权的人民政府处理。事业单位与非国有单位或者个人之间发生产权纠纷的,事业单位应当提出拟处理意见,经主管部门审核并报同级财政部门批准后,与对方当事人协商解决。协商不能解决的,依照司法程序处理。

5. 行政事业单位国有资产的评估与清查

行政事业单位国有资产的评估是防止国有资产流失的重要制度;行政事业

单位国有资产的清查是推进预算管理改革、完善公共财政体系、实现科学化、精细化管理的重要制度。通过资产清查,有利于摸清行政事业单位的"家底",为编制部门预算和建设资产管理信息系统提供真实可靠的基础数据;有利于推进资产管理与预算管理、财务管理相结合,不断完善资产管理制度,逐步建立适应社会主义市场经济和公共财政体系要求的行政事业单位国有资产管理体制。财政部于2006年12月至2007年10月,在全国范围内组织开展了行政事业单位资产清查工作。

行政单位有下列情形之一的,应当对相关资产进行评估:(1)行政单位取得的没有原始价格凭证的资产;(2)拍卖、有偿转让、置换国有资产;(3)依照国家有关规定需要进行资产评估的其他情形。行政单位国有资产评估项目实行核准制和备案制。

事业单位有下列情形之一的,应当对相关国有资产进行评估:(1)整体或者部分改制为企业;(2)以非货币性资产对外投资;(3)合并、分立、清算;(4)资产拍卖、转让、置换;(5)整体或者部分资产租赁给非国有单位;(6)确定涉讼资产价值;(7)法律、行政法规规定的其他需要进行评估的事项。事业单位有下列情形之一的,可以不进行资产评估:(1)经批准事业单位整体或者部分资产无偿划转;(2)行政、事业单位下属的事业单位之间的合并、资产划转、置换和转让;(3)发生其他不影响国有资产权益的特殊产权变动行为,报经同级财政部门确认可以不进行资产评估的。事业单位国有资产评估项目实行核准制和备案制。事业单位不得以任何形式干预资产评估机构独立执业。

事业单位有下列情形之一的,应当进行资产清查:(1)根据国家专项工作要求或者本级政府实际工作需要,被纳入统一组织的资产清查范围的;(2)进行重大改革或者整体、部分改制为企业的;(3)遭受重大自然灾害等不可抗力造成资产严重损失的;(4)会计信息严重失真或者国有资产出现重大流失的;(5)会计政策发生重大更改,涉及资产核算方法发生重要变化的;(6)同级财政部门认为应当进行资产清查的其他情形。事业单位进行资产清查,应当向主管部门提出申请,并按照规定程序报同级财政部门批准立项后组织实施,但根据国家专项工作要求或者本级政府工作需要进行的资产清查除外。

6. 行政事业单位国有资产的信息管理与报告

行政单位应当建立资产登记档案,并严格按照财政部门的要求作出报告。财政部门应当对行政单位资产统计报告进行审核批复,必要时可以委托有关单位进行审计。经财政部门审核批复的统计报告,应当作为预算管理和资产管理的依据和基础。财政部门、行政单位应当建立和完善资产管理信息系统,对国有资产实行动态管理。财政部门与行政单位应当对国有资产实行绩效管理,监督资产使用的有效性。

事业单位国有资产占有、使用状况,是主管部门、财政部门编制和安排事业单位预算的重要参考依据。事业单位应当按照国有资产管理信息化的要求,及时将资产变动信息录入管理信息系统,对本单位资产实行动态管理,并在此基础上做好国有资产统计和信息报告工作。事业单位国有资产信息报告是事业单位财务会计报告的重要组成部分。各级财政部门、主管部门应当充分利用资产管理信息系统和资产信息报告,全面、动态地掌握事业单位国有资产占有、使用状况,建立和完善资产与预算有效结合的激励和约束机制。

7. 行政事业单位国有资产的监督检查

财政部门、主管部门、行政事业单位及其工作人员,应当依法维护行政事业单位国有资产的安全完整,提高国有资产使用效益;应当建立健全科学合理的行政事业单位国有资产监督管理责任制,将资产监督、管理的责任落实到具体部门、单位和个人。

行政事业单位国有资产监督应当坚持单位内部监督与财政监督、审计监督、社会监督相结合,事前监督与事中监督、事后监督相结合,日常监督与专项检查相结合。

拓展阅读

行政事业单位国有资产管理的问题与改进

根据国务院财政部在2006—2007年组织的行政事业单位国有资产清查发现,行政事业单位国有资产管理中存在的问题,突出表现在五个方面:一是账实不符,存在基础工作较为薄弱,家底不清、账实不符等现象;二是人均资产相差悬殊,不同地区、不同级次、不同部门、不同单位之间,资产配置水平差距较大;三是资产使用效益需进一步提高,资产闲置、低价出租、无偿出借等现象较为普遍,资源整合、共享共用水平较低;四是存在资产流失风险,一些单位存在资产处置不按规定程序报批、往来款项长期得不到清理、对外投资管理较为混乱等问题;五是资产管理体制有待进一步理顺,部分部门、地方和单位没有设立或明确专门机构、专职人员负责资产管理工作,职责分工不够明确。

财政部门作为各级政府负责行政事业单位国有资产管理的职能部门,将采取一系列措施进一步加强行政事业单位国有资产管理,逐步建立适应社会主义市场经济和公共财政体系要求的行政事业单位国有资产管理体制。一是加强相关法制建设,规范行政事业单位国有资产管理,进一步理顺行政事业单位国有资产管理体制。二是建立资产管理与预算管理有效结合的机制,实行绩效管理。

各级财政部门要认真研究行政事业单位国有资产的评价方法、评价标准和评价机制,将行政事业单位国有资产占有使用情况的评价结果,作为安排行政事业单位预算的参考依据,对资产实行绩效管理,建立和完善资产管理与预算管理有效结合的激励和约束机制。财政部从 2009 年度开始,将新增资产配置纳入当年部门预算,进行专项审核。三是加大资产监管力度,确保资产管理的安全性和有效性。各级财政部门、主管部门和行政事业单位应根据监管职责,依法行政,严格执行资产配置、使用、处置、产权变动等规定,做好资产监管工作。四是加快资产管理信息化建设,全面推进行政事业单位国有资产动态管理。财政部将建立"财政部门—主管部门—行政事业单位"三级资产管理平台,涵盖资产配置、使用、处置、收益、清查、统计、产权登记、产权纠纷等各项管理内容,以满足不同层次的管理需要,实现资产管理业务的规范化、流程化、网络化。建立资产管理动态数据库和资产预警信息系统,控制资产运营风险,防止国有资产流失。统筹考虑信息系统与"金财工程"其他子系统及部门、单位其他系统之间的有效对接,实现中央与地方之间,财政部门与主管部门、行政事业单位之间的资产管理信息畅通。在摸清行政事业单位"家底"的基础上,将尽快建立信息系统,实现对行政事业单位国有资产从"入口"到"出口"各个环节的动态管理。

(摘自《财政部新闻发言人就行政事业单位资产清查答问》,http://www.gov.cn/zwhd/2008-01/23/content_866414.htm,2009 年 5 月 6 日访问。)

四、资源性国有资产管理法律制度

(一) 资源性国有资产的界定

理论界多数观点认为,资源性国有资产是指自然界天然形成的,且为人力所能控制,成为资产以供人类利用的自然资源,包括土地、森林、矿藏、草原、水资源、野生动植物资源等。也就是说,关于资源性国有资产的界定,往往都是指向自然资源。但随着社会经济的发展变化以及理论研究的不断深入,资源性国有资产的内涵和外延也在逐步扩展。有学者提出,资源不仅包括自然资源,也包括物质文化遗产和非物质文化遗产资源,如公园、古迹、民族文化、风俗、传统等。因此,将文化遗产资源列为资源性国有资产加以保护,有其必要性和可操作性。从必要性讲,这些国有资产,不论是无形资产还是有形资产,虽然在现阶段经济效益不高,但其作为一种特殊资产代表着一个国家的历史、文化等人文环境,是一个国家、一个民族自尊心、自豪感的体现,是国际形象、地位的体现,也是带动文化产业发展的重要途径。国际上许多国家和地区近年来对于文化资产进行了产业化经营,即所谓文化创意产业,取得了很大的效果。从可操作性看,这种资产作为资源来利用和保护更恰当。因为作为一种资产,如果把它列为经营性资产,由于它效益的不确定性而可能失去它的被保护的可能。如果把它列为行政事业性资产,由于财政拨款的限制而失去其维护的经费。如果把它列为一种资源,由于同其他自然资源在法律保护的价值理念的一致性,所以,不论在立法、执法、守法还是监督中都有利于更好的操作。①

我们认为,资源性国有资产是我国国有资产的重要组成部分,对其范围界定应该根据经济社会发展和认识的深化及时进行更新。鉴于目前文化遗产资源在发达国家和国际组织都深受重视,且我国作为具有五千年文明历史的国家,具有丰富的文化遗产资源,而对这种遗产资源的保护又存在很多问题,因此,我们建议国家在制定资源性国有资产管理的法律规定时,扩大适用范围,将物质文化遗产与非物质文化遗产纳入法律的保护范围,并充分发挥文化遗产资源的社会经济效用。

(二)资源性国有资产管理法律制度的完善

1. 更新资源性国有资产管理的立法理念

新中国成立以来,我国一直很重视对国有资源的利用和保护,《民法通则》对国有资源归属、利用和保护作出了详尽的规范。随后,《水法》、《森林法》、《草原法》、《海洋法》、《矿产资源法》、《土地管理法》等一些重要的单行法规也相继出台,立法速度之快、数量之多都是前所未有的。但是,我国现行的资源法律法规,大都制定于20世纪80年代中期,不可避免地带有时代局限性,存在许多缺陷。一方面,单就《民法通则》来看,资源规范具有浓厚的计划经济和政治色彩,表现在:(1)忽视甚至否认资源的财产属性,未将其作为民法上财产的一种,其直接后果是使资源长期处于闲置或粗放利用状态,造成极大的浪费。(2)在分散利用权利安排上,资源利用权或使用权仍然受到身份的限制,开放式契约式分散利用方式还没有建立起来。(3)即使存在分散利用机制,但并没有因此形成可处分的使用权。(4)以所有制来区别对待,当事人处于不平等地位,完全背离了市场经济的内在要求。另一方面,我国现行的资源法律规范体系无一例外的都是采用管理法思路对资源的利用和保护加以规范,而这一思路是与资源的市场效益要求根本相悖的。除了经过修改的《矿产资源法》之外,其他纯粹是从行政管理的角度进行立法,规范行政机关如何监督管理,而不是从赋予分散利用人物权,规范和限制权利行使的角度达到资源利用规范的目的。②

另有学者指出,国有自然资源的管理条块分割,缺少统筹的规划和使用。

---

① 滕晓慧:《资源性国有非物质文化遗产权界定与保护》,中国政法大学硕士学位论文,2007年3月;滕晓慧、姜言文:《资源性国有资产保护的法的价值取向》,载《法学杂志》2006年第6期;姜言文、滕晓慧:《论国有非物质文化遗产的法律保护》,载《法学杂志》2007年第5期。

② 王敏:《论我国资源性国有资产产权制度》,载《法制与经济》2007年第12期。

从收入的角度看,一方面国家作为国有资源的所有者,从资源的开发和利用中所得到的收益微乎其微,国家利益被部门利益、集体利益和个体利益所取代;另一方面,资源富裕地区也并没有从其所拥有的资源中得到应有的利益。从目前的情况看,越是资源丰富的地区反而越贫困,这在资源越来越稀缺的今天,明显违背市场经济价值规律,说明我国自然资源并没以市场经济的原则进行管理。该学者建议,应当建立资源商品化的机制,用经济的手段去解决资源问题,并确立统一的国有资产管理体制,打破现在条块分割的状态。①

我们认为,资源性国有资产具有稀缺性、范围的相对性、有价性、资产性等特点,因此在立法时,既要考虑国家对资源的有效和充分利用,又要注意从现代民法、物权法、经济法、财税法的角度出发,合理界定资源性国有资产的所有权、使用权和收益权以及产权交易制度,通过不同的使用税费制度来调整资源性国有资产的经营管理,建立适应社会主义市场经济体制的资源性国有资产管理法律制度。

2. 建立科学合理的资源性国有资产管理体制

我国目前对资源性国有资产,并没有一个统一的调配,各个部门多头管理,管理体制不完善。目前我国涉及国有自然资源管理和开发的部门包括水利、煤炭、有色金属、石油化工、国土资源、农业、海洋、旅游、林业、环保、城市规划等十几个相关的部委、局、公司,可以说是各管一摊,没有统一规划和协调,很少从总体上作经济核算,国家财政也并不掌握各项资源的使用、消耗以及收益等情况。各部门对资源的管理仅仅是从专业的角度来分工,谁也不对资源的价值管理负责任,只管使用,不管保护和再生,只顾眼前不管持续,只管部门利益不顾整体。这样的管理模式必然要造成资源的乱采滥伐和不合理开发,国有自然资源价值的流失也就在所难免。②

对于如何确立资源性国有资产的管理模式,学者多有探讨。例如,有学者建议,建立一个权威的统一的资源性国有资产管理机构,加强对资源性国有资产开发、利用、保护过程中的管理。可以考虑在国家资产管理局内部设立统一的、权威的资源性国有资产管理机构,且与经营性国有资产的管理机构分立,各司其职,各担其责。与此同时,建立纵横交错、分工明确的资源性国有资产监督体制:由国务院财政部负责资源性国有资产的总预算、决算和拨款,地方各级财政部门负责本辖区的资源性国有资产的预算、决算和拨款。国务院国有资产管理部门负责国有资产投资公司管理人员的任命,并对其任命后果承担责任。国有投资公司对其资源性国有资产的投资负责并承担责任。资源性资产管理各部门要在法

---

① 孙亦军:《建立国有自然资源性资产管理体制的思考》,载《中央财经大学学报》2004年第5期。
② 同上。

律规定的职责内负责对本行业的国有资源资产的具体经营的过程进行专业性、合法性、环保性、公平性的监管并承担责任。全国人大应设立专门机构对国有资产管理部门、财政部门的资源性国有资产的监管的合法性进行监督,全国人大除了享有通常意义的立法权,还享有一定的高级人事建议与审核权、财务审查与知晓权、国有资产预算统筹管理和审核权,以及根据特殊环境而采取的特别调查权。①

我们主张,资源性国有资产管理应当实行国家统一所有、地方分级管理的体制,在监管方面上,应当确立纵横交错、分工明确的监督体制,并重点解决现行管理中部门分割、条块分割的局面,建立生态补偿机制,解决资源性国有资产开发使用过程中导致的地区经济发展不均衡问题。

3. 完善资源性国有资产管理的法律体系

我国目前对资源性国有资产的监管分别规定在《宪法》、《矿产资源法》、《森林资源法》、《水法》、《草原法》、《海洋法》、《文物保护法》及相关条例中,没有单一的资源性国有资产的监管条例,对资源这种特殊的资产的稀缺性、环保性、开发的危险性等特殊价值规定模糊;对产权的确认和保护滞后;管理者往往又是所有者和经营者;众多的监管机关实施多头管理或乱施行政权;地方保护主义更是监管中的阻力。迫切需要建立完善的法律体系。

资源性国有资产管理的法律体系应当包括三个主要的方面:

首先,资源性国有资产作为国家所有的不动产,应直接适用物权法关于不动产的规定以及有关自然资源保护和合理开发利用的法律规定。

其次,如果国家以土地使用权或者探矿权、采矿权、海域使用权等自然资源的使用权作价出资,因该项出资形成的经营性国有资产,应当适用企业国有资产法的有关规定。

最后,对于资源性国有资产的监督管理体制及其相关问题,应当制定专门的法律规范来调整。这是我国目前十分缺乏的立法。

第二节 国库管理法

国家财政国库管理制度的改革,既是部门预算制度改革的基础,也是整个国家预算制度改革的重要环节,与国家的财政收支体制改革密切相关。遗憾的是,我国目前的国库管理法律制度极为匮乏。在理论界,"关于国库改革的理论探讨一直显得相对薄弱,而且国内学界尚未从理论上为未来进一步的国库改革勾

---

① 胡建:《资源性国有资产之管理模式再探讨》,载《中国发展》2009 年 2 月(第 9 卷第 1 期);滕晓慧、姜言文:《资源性国有资产保护的法的价值取向》,载《法学杂志》2006 年第 6 期。

画出一个清晰的宏观框架"。① 更重要的是,"有关国库的性质、地位、管理体制等,法学研究几乎处于空白状态。即便偶有所得,其结论也大都来自财政学,缺乏自己独创性的贡献",因此,关于国库管理的研究文献,主要来自财政学界,法学的视野和立场还难以成为重点。② 本节从公共财政法的背景下,用法学的视角来分析国库管理的基本理论问题,并为国库管理法律制度的改革与完善提出一些立法建议。

一、国库的界定

国库管理制度的改革,基本上是在公共财政体制和国家预算的整体背景下围绕国库而展开的,因此,恰当地揭示国库的含义,是一个最具基础性的问题。

目前,学者在论述国库及其相关问题时,较多的表述都是"国库,即国家金库的简称"。这种表述可能源自《中华人民共和国国家金库条例》(以下简称《国家金库条例》)第2条的影响。③实际上这是对国库的一种误解。通俗的含义是,国库,即国家存放具体实物、货币和黄金的库房。换言之,国库的库房不仅仅只存放现金货币,更有实物、票据、证券等具体的财物表现形式。正是因为如此,我国台湾地区的"公库法"第2条规定:"为政府经管现金、票据、证券及其他财物之机关称公库",而国家金库,只是指国家的现金库房而已。《国家金库条例》之所以会将"国家金库"简称为"国库",是因为在这部条例中,主要是规范国库的现金管理。因此,有必要在此明确彼此之间的区别。或许,从另外一层含义上理解,实物、票据等价值表现形式也是可以用现金货币来衡量的,但如果将国库简单理解为国家的金库,则会忽略对国库中的实物、票据等价值形式的认识,进而影响对其的管理、监督与利用。再者,将"国库"等同于"国家金库"是不符合各国国库管理的实际内涵的。

拓展阅读

外国国库存些什么?

1. 各国国库存什么?

国库分为财政国库和财产国库两大类。在俄罗斯,所有的财政国库资金收

---

① 王雍君:《中国国库体系的改革:从分散化到集中化》,载《财贸经济》2003年第5期。
② 刘剑文主编:《财税法学研究述评》,高等教育出版社2004年版,第133页。
③ 《中华人民共和国国家金库条例》(1985)第2条:"国家金库(以下简称国库)负责办理国家预算资金的收入和支出。在执行任务中,必须认真贯彻国家的方针、政策和财经制度,发挥国库的促进和监督作用。"

支都是通过财政部在俄中央银行及其分支机构中设立的国库账户进行的。财产国库则是所有国有资产的总和。从这个意义上说,财产国库所存放的不仅仅是黄金、白银这些贵重金属,还包括了形形色色的固定资产。但因为国有土地、政府办公大楼、军舰、飞机等不需要收藏,所以国库里真正需要收藏保管的还是体积小、价值大的黄金、美元和各种债券等。

现在各国的货币发行量,早已不与它们国库的黄金存量挂钩,但瑞士除外。瑞士至今仍然保持着金本位制。因此,瑞士国库里始终储备着足够的黄金。除了黄金、白银等贵重金属和美元资产外,也存有一定数量的欧元、英镑等主要硬通货和外国政府的债券;此外,瑞士国库不仅管理着巨额的不动资产,而且凭着力求盘活富余资金的原则,还在千方百计地进行着各种金融投资。

在日本,国库储存的主要是外汇、外国债券、黄金等贵重金属以及国际货币基金组织的特别提款权和世界银行的票据等。俄罗斯国库中既存有货币黄金,也有外汇等其他储备,还有一部分黄金、外汇储备存在国外。上个世纪50年代,苏联为了避免石油收益的美元存放在美国被美国政府冻结的危险,将大量外汇收入存到欧洲,形成了脱离美国政府控制的大量"离岸美元"。

2. 国库财宝怎么存?

瑞士国库里的黄金,部分存放在伯尔尼瑞士联邦政府大楼和联邦议会大厦前面的广场地下深处。它处在地下百米处的防核弹掩体内。除了这座从未对外开放的地下金库外,瑞士还有不少储备黄金的国库是对公众开放的,目的在于炫耀储备之安全,吸引更多的国外托管客户。瑞士国库的安全程度可称得上世界之最。国库的每个过道和入口处都设有先进的红外线电子检测系统,任何异样的动静和异物都无法逃脱它们的监控。每进一道门都得由分别掌管三把不同钥匙的三个人同时将钥匙伸进锁槽,并经过对持钥匙人身份证、指纹、眼球的红外扫描检测合格后,再输入由数字和字母混合组成的一连串密码,只有上述程序正确无误,厚重的国库第一道门才能开启。然后是只能容纳单人进出的狭小的电子遥控旋转门,若身上带有稍大的物件根本无法进出。对所有参观者和工作人员都实行全天候摄录监控,并拍摄成带子备查。

日本的现金以及黄金储备大部分都存放在日本中央银行的地下金库中。但在部分黄金交易中,只是账面上的来往。

美国联邦储备委员会具有黄金储备功能,英国伦敦塔专门收藏珠宝首饰,俄罗斯的国家金库则是两种功能兼具。美国储藏本国黄金的有两个地方:一个在肯塔基州的诺克斯堡,一个在纽约州的西点。两地都是军事基地,都是地下金库。至于纽约联邦储备银行的地下金库,主要是存放外国的黄金。

(摘自何洪泽、赵剑英、常喆、张莉霞:《外国国库存些什么》,载《环球时报》2005年1月31日第7版。)

"国库"这一概念如果被赋予过多的含义,实际上是不利于正确认识国库的制度体系的。因此,有必要在"国库"、"地方国库"等概念的基础上抽象出来一个统一的概念。著名财政学者马寅初先生就曾就对这一问题进行了专门论述:"所谓'公库',是一个概括的名称,亦是一个抽象的名词。我们日常所见者,乃是国库、省库、市库、县库等具体的机构,并不见有公库。犹如我们日常所见之马,乃是黄马、白马、黑马;至于马,未曾见过。故所谓国库、省库、市库、县库等可统称之为公库,而各种国、省、市、县诸库均可包含于公库一个范畴之中。立法者制法,不能为各种库制定个别的单行法,而称之为国库法、省库法等等,只能制定一种普通法来适应各种各样的公库。"① 我们深知,要在现实中国做到用"公库"取代"国库"的概念实非易事,因为立法传统和理论研究的惯性影响实在太大。但我们还是希望,对这二者的区别能帮助我们更为准确地理解国库。②

二、国库的职能

从理论上讲,国库是一种政府职能,是政府利用计划行政手段调节和分配资源产生的一种特殊的财政制度安排,在经济社会中自然有其存在的合理性。在此分析国库的职能,主要就是将国库作为财政资金管理的机构来对待,重点探讨国库的以下三项重要职能:

(一)国库确保库款足额、安全和有效率使用的职能

作为国家财政收入的管理机构,国库的首要职责就是确保库款足额、安全和有效率的使用。足额就是要准确及时地收纳国家一切财政收入,并按照中央和地方不同的预算级次和国家规定的预算科目进行划分。安全就是要制定相关的库款收纳、支出程序和相关的管理制度,明确每一工作岗位的具体责任及其权限,以免给不法分子可乘之机。有效使用则主要包括两个方面:一是指在办理预算资金的拨付中,国库应严格按支出权限和支出程序认真审查,对于违反国家财政制度的,国库应当予以拒付,以切实保证国库资金的合理使用;二是在预算资金使用后,国库应运用科学的评价指标体系进行资金使用的效率审计,以切实保证国库资金的使用效果。③ 也正是在此意义上,国库制度与国家的审计制度的关系显得非常密切。

(二)国库及时提供国家预算收支执行情况的准确数据的职能

在确保国库资金足额、安全和有效使用的基础上,国库还有责任提供有关国

---

① 马寅初:《财政学与中国财政——理论与现实(上册)》,商务印书馆2001年版,第95页。
② 需要补充的是,现实中,我们也常常看到"金库"这个名词,并容易与"国库"、"公库"等概念相混淆。实际上,彼此之间同样存在区别。按照马寅初先生的表述:大概金库专为政府掌理现金的收入、支出和保管;而公库所掌理的,不止现金一种,其他财物亦包括在内。所以金库是公库的一种,可称为狭义的公库。参见马寅初:《财政学与中国财政——理论与现实》(上册),商务印书馆2001年版,第96页。
③ 刘剑文主编:《财税法学》,高等教育出版社2004年版,第228—229页。

家预算收支执行情况的准确及时的信息资料。这既是检查分析预算执行情况的依据,又是国家宏观决策的重要依据。目前,我国对这方面并未给予足够重视,而且,实践中由于财政收支信息反馈迟缓,难以及时为预算编制、执行分析和宏观调控提供准确数据。①

(三) 国库参与国家宏观调控的职能

对于国库参与宏观调控的职能,并没有得到重视。长期以来,我国没有把国库当作一种政府资源或政策手段,而且由于体制的因素,使国库发展受到了很大的限制,其直接后果就是国库职能弱化,创新能力弱,财政政策的传递机制作用和理财功能无从谈起。这是对我国财政国库职责较为准确的描述,反映了国库职能定位的偏差。国库参与宏观调控的表现形式多样,一方面可以通过提供准确及时的预算执行数据供宏观调控部门决策使用;另一方面,国库还应当通过对财政资金的合理分配和使用来调控国家经济。在后者运用较为成熟的国家是美国。美国作为世界上最大的交易者,每日的联邦收入和支出额平均接近200亿美元。为了合理、高效使用这些国库资金,美国国库管理机构和美联储联合推出了一个有效的国库现金管理策略,即"国库税收与贷款计划项目"。其基本目标是:使国库在联储银行账户的现金余额保持动态的平衡,将剩余的现金存放到私有存款金融机构直至需要资金为止,通过保持国库在联储银行存款余额平衡的方式,稳定银行体系的资金储备,抑制整个银行储备的波动。该项目既是美国政府财务管理体系的一个重要组成部分,也是美国财政政策与货币政策实现有机协调的一个成功典范。②

反观我国,财政国库资金的使用尚未与宏观调控结合起来,国库工作服务的深度还不够,范围仍较窄,其协助政府理财、开展分析预测和帮助宏观决策的功能尚未得到充分发挥。而且,国库作为宏观调控参与主体的地位也未得到法律确认,国库基本上还停留在"财政出纳"的角色。因此,我们迫切需要更新国库工作的理念,从战略高度着眼国库业务发展的整体性、平衡性和安全性,进一步认识到国库在协调货币政策与财政政策、发挥中央银行作为政府银行职能的重要作用,对国库工作重新"定位",注重统筹兼顾国库各项业务发展与国库管理制度改革、传统业务巩固与新业务开拓、国库与社会经济等各方关系。③

三、我国国库管理法律制度改革的进程

国库法律制度,是国库工作的准则和依据。新中国成立以来,为适应不同时

---

① 霍开元、曹振克:《财政国库管理制度改革探索与实践(之一)》,载《黑龙江财会》2001年第11期。

② 朱苏荣:《美国国库现金管理经验借鉴与中国改革路径分析》,载《金融研究》2006年第7期。

③ 参见:《落实科学发展观 更好地履行国库职能》,网址:http://www.365u.com.cn/WenZhang/Detail/Article_76198.html,2007年5月29日访问。

期预算管理工作的需要,我国国库法律制度不断发展和变化,逐步建立了一套比较系统的国库制度体系。特别是改革开放以来,为适应经济体制改革特别是财政预算管理体制和税制改革的需要,财政部和中国人民银行多次修订了《中华人民共和国金库条例》,先后制定了《国家金库条例实施细则》、《专业银行办理国库经收业务的管理办法》、《国库会计核算操作规程》等一系列规范性文件。1994年分税制改革实施之后,对国库管理制度提出了更高的要求。1999年7月,财政部开始设计国库集中支付制度的改革方案。2000年6月,财政部机构调整,新国库司成立,并对改革方案做了进一步的研究。2001年3月16日正式发布了经国务院办公厅批准的《财政国库管理制度改革试点方案》(财库[2001]24号,以下简称《方案》),旨在建立以国库单一账户体系为基础、资金缴拨以国库集中收付为主要形式的财政国库管理制度,加强财政管理监督,提高资金使用效益。由此拉开了我国现代国库制度改革的序幕。

按照财政国库管理制度的基本发展要求,建立国库单一账户体系,所有财政性资金都纳入国库单一账户体系管理,收入直接缴入国库或财政专户,支出通过国库单一账户体系支付到商品和劳务供应者或用款单位。这就是《方案》规定的主要改革内容。具体包括以下几个方面:

(一)建立国库单一账户体系

《方案》设计的我国国库单一账户体系,既借鉴了国际经验,也考虑了现阶段具体国情。但考虑到当时各项改革还难以完全配套进行,很难立即做到将所有财政性资金都纳入国库单一账户管理,并直接支付到商品或劳务供应者,《方案》将我国国库单一账户体系设置为五类账户的集合:(1)由财政部门在中国人民银行开设国库单一账户,用于记录、核算和反映纳入预算管理的财政收入和支出。(2)财政部门在商业银行开设零余额账户,并同时为预算单位开设零余额账户,用于预算资金的日常支付和与国库单一账户清算。这类账户与财政部门在中国人民银行开设的国库单一账户相互配合,构成财政资金支付过程的基本账户。(3)财政部门在商业银行开设的预算外资金专户,用于记录、核算和反映预算外收入和支出,并对预算外资金的日常收支进行清算。这主要是考虑目前还有相当规模的财政性资金未纳入预算管理。随着财税改革的逐步深入,预算外资金的规模将逐步缩小,最终所有财政性资金都将纳入国库单一账户管理。(4)小额现金账户,用于记录、核算和反映预算单位的小额零星支出,并与国库单一账户进行清算。(5)经国务院批准或授权财政部批准开设的专户。主要用于政策性支出项目,如粮食风险基金等。上述五类账户的集合,构成了我国国库单一账户体系。它涵盖了目前所有财政性资金管理,又容纳了某些过渡性规定。这样既可以减小新旧体制转换过程中的震动,有助于顺利推进改革,又能够通过建立国库单一账户,实现所有预算收支都由国库单一账户核算的目标。

(二) 规范收入收缴程序

针对现行收入执行中的一些不规范做法,《方案》对收入收缴管理进行了两个方面的改革:(1) 扩大收入收缴管理范围。(2) 取消设立过渡性账户缴款方式。新的缴库方式包括以下两种:一是直接缴库方式,二是集中汇缴方式。

(三) 明确支出分类

财政支出按是否对资源和生产要素形成直接需求的标准,可以分为购买性支出和转移性支出两大类。《方案》在此基础上,根据支付管理的需要,将购买性支出和转移性支出具体分为工资支出、购买支出、零星支出和转移支出。

(四) 规范支付方式和支付程序

1. 关于支付方式。《方案》按发出支付令的不同主体,设计了两种支付方式。一种是由财政部门发出支付令的支付方式,称为财政直接支付方式;另一种是由预算单位经财政部门授权自行发出支付令的支付方式,称为财政授权支付方式。在此基础上,对不同的支付方式规定不同的支付程序。

2. 关于支付程序。根据不同的支付方式,《方案》重点设计了两类支付程序,一类是财政直接支付程序,另一类是财政授权支付程序。

四、我国国库管理体制的选择

国库管理体制是国库管理法律制度的核心内容。从世界各国的情况来看,国库管理体制可分为委托国库制、独立国库制和银行存款制等三种基本模式。各国根据自己的国情和管理的需要而作出选择。

拓展阅读

国库管理体制的三种基本模式

第一种模式:独立国库制。独立国库制是指国家专门设立相应的机构办理国家财政预算收支的保管、出纳工作。在独立国库制下,专门设立国库管理机构承担预算收入的收纳和拨付职能,银行仅承担吸收国库款项的功能,反映存款的增加和减少。这种模式可以不管银行的金融管理体制形式,只要有银行都可以办理,但要求国库与征收机关、支出部门或单位进行计算机联网,以保证预算收入与支出数据的完整,实现国库对财政资金的有效管理。[①] 著名财政学者马寅初先生曾经归纳过国家金库制的三种缺点:一是行政费用增加;二是现金死藏,

---

[①] 韩晓琴:《试论我国的国库管理体制》,载《扬州税务学院学报》2003 年第 4 期。

不予社会以融通之便利;三是不免受政治上有权势者之非法干预。①

第二种模式:委托国库制。委托国库制是指国家不单独设立机构,而是委托银行代理国库业务。通常是由中央统一确定一家银行经理国库,各级财政的国库业务都在中央指定的银行办理,实行统一管理。马寅初先生曾经分析过委托金库制的问题,认为:委托银行代理出纳保管,可以省却自己设立金库之耗费,而银行严守业务上之职责,不受任何外来之干涉,此其利也。但现金依然不能运用,社会仍不得享受使用之权利,因为政府之公款与银行之资金,必须截然划分。银行动用国库资金,须得财政部长之许可,银行对于公款仅有保管之义务,而无利用之权利,即足以妨碍金融的调剂,与演成资金的呆滞。②

第三种模式:银行存款制。银行存款制是指国家不专门设立金库机构,而是由财政部门在银行开户,将国家预算收入作为存款存入银行的管理体制。按照马寅初先生的解释,在银行存款制之下,政府之公款,交与银行经理(所指银行,大都是中央银行)。银行收受之后,一切手续,与收受普通存款无异,作为政府之存款,与银行之营业资金相混,归银行自由运用,但政府可收存息与一般往来户顾客无异。政府遇有支出时,可以由财政行政机关发布支付命令,由银行照付现款。如此,不仅一切建筑保管设备等费用可以节省,即资金亦不致陷于呆滞,银行且可运用政府存款,以调剂社会金融之紧缩。银行严守业务上的规则,亦不畏强权之挟持。如是,"(国家金库制的)上述三种缺点皆可一扫而空","国家财政与社会经济打成一片"。③ 不难看出,马寅初先生对银行存款制度非常青睐。事实上,在1949年之前的国民政府时期以及现在的我国台湾地区,其"公库法"皆采取此种体制。如我国台湾地区"公库法"(2002)第8条规定:"银行代理公库所收纳之现金及到期票据证券,均用存款方式,其与公库双方之权利义务,除受法令之特定限制外,以契约定之,其契约应经该公库主管机关之上级机关核准。"

我国目前正处于国库管理体制改革的关键时期,不少学者借鉴国外的立法经验提出了多种多样的立法建议。基本上可以分为两种类型的观点:一是主张实行独立金库制;二是主张坚持委托国库制。

(一) 实行独立国库制的主张及其设想

有学者认为,独立国库制是现代国库管理制度的必然要求,因此,我国国库体制应由多年来的委托代理制改为独立金库制。其提出的主要理由为:第一,人

---

① 马寅初:《财政学与中国财政——理论与现实》(上册),商务印书馆2001年版,第100页。
② 同上书,第100—101页。
③ 同上书,第101、102页。

民银行的组织机构已发生了很大变化,无法保证金库工作的顺利进行。第二,财政收支规模的迅速增长,使人民银行无力保障金库工作的顺利进行。第三,财政集中支付制度的实施,客观上为独立金库制度的实行创造了有利条件。第四,分税制预算管理体制的进一步改革和完善,政府间转移支付制度,政府机构财力规范化制度等,都为设置独立金库制度提供了制度保障。对于独立金库制度的设想,该学者的建议包括:第一,利用人民银行机构改革的时机,将人民银行原有的国库业务的这一块机构和人员独立出来。第二,按照财政管理体制改革的要求,适时实行独立金库制度。第三,金库直接受财政部门管理,对各级政府负责。第四,赋予国家金库一定的金融权力,直接经理国债业务。第五,加强和完善法制建设,修改《预算法》,明确各级政府都应该有自己独立的金库,各级国库库款所有权属于本级政府,支配权属于本级政府授权的财政部门,为独立金库制提供法律依据。第六,逐步建立独立的现代国库管理系统。实行独立金库制度后,应按现代管理系统要求,建立起完善的国库管理系统。① 还有学者亦持相似观点,主张改"委托金库制"为"独立金库制",其设想的模式是:将人民银行原有的国库业务和人员独立出来,成立专门的国库部门,按照"一级政府、一级财政、一级预算、一级金库"的原则,严格按照行政区划设立国库机构,业务工作上实行垂直领导,自成体系。同时,考虑到乡镇一级由于条件尚不成熟,建议借鉴巴西国库代理行的经验,设置国库经收处,由国库机构委托。② 再有学者更是在强调"独立金库制"的同时,进一步明确"独立"的确切含义,即成立国务院直接领导下的国库银行,其性质可定为政策性银行。国库银行的地位、级别与财政、国税、地税、海关等部门的设置相似。国库银行直接对国务院负责,实行垂直领导。③

另有学者则考虑到了我国现行体制改革的难度问题,既不建议将人民银行的机构和人员独立开来归入财政部门,也不主张设立国库银行,而是认为应当在现实制度背景下,建立以中央人民银行为依托的相对独立的国库模式,即按行政机构成立以人民银行为依托的国库管理局。具体设想是:人民银行总行设置国库总局,省会城市设分局,非省会城市设中心支局,县市设支局,同时各级国库实行垂直领导,编制、经费单列,对外挂牌;对于不设人民银行的县市区,国库业务由当地商业银行向上一级人民银行申请代理,其经费由上级国库下拨,并受上级国库部门的领导。④

(二)坚持委托国库制的主张及其理由

与上述学者的观点形成鲜明对比的是另外一种主张:我国必须坚持实行委

---

① 赵彩虹:《独立金库制:现代国库管理制度的必然要求》,载《财会研究》2001年第5期。
② 韩晓琴:《试论我国的国库管理体制》,载《扬州税务学院学报》2003年第4期。
③ 参见:《对国库管理体制改革的思考与设想》,http://www.wmjy.net.cn/Article/ktlw/czjr/200704/32898.shtml,2007年5月31日访问。
④ 刘剑文主编:《财税法学》,高等教育出版社2004年版,第255页。

托中央银行代理国库的制度。持该主张的马洪范先生认为：独立国库制不是国库制度的最优选择。原因是独立国库制存在着严重的缺点：一是行政费用增大；二是国库现金死藏，不予社会以融通之便利；三是干扰货币供应与信贷；四是滋长了银行对政府的依赖性。在政府出现较大财政盈余时，独立国库制度尚能发挥一定的积极作用。在财政盈余较小或财政赤字状态下，独立国库制度不但不能帮助银行缓解危机，稳定货币银行体系，反而成为银行的负担。此外，由于与政治周期的联系较深，不利于制定与执行稳定、可持续的货币政策。利弊权衡之后可知，独立国库制作为权宜之计未尝不可，但不宜作为永久性制度。这也正是绝大多数国家之所以选择委托国库制的客观原因。相比较而言，委托中央银行代理国库是国库的基本制度形式。该制度形式四大优越性：一是财政资金存放在中央银行体系中，有利于货币政策管理；二是不需要另设一套独立的国家金库系统，节省人力、物力和财力，有利于精简机构；三是银行机构遍及全国城乡，便于预算收入及时入库、缴纳单位和个人纳税与上缴利润、用款单位存取款项；四是通过银行划分、上解、下拨各项资金，迅速灵活，又便于审查监督。因此，委托中央银行代理国库逐渐成为国库的基本制度形式。[①]

需要注意的是，马洪范先生主张的委托国库制，是将委托国库制作广义上的理解的，因为在美国，委托国库制先后经历了纯粹代理制、银行存款制和现金管理制三种实现形式的变迁。因此，其主张的"委托国库制"与本文提到的第二种模式"委托国库制"实际上是有区别的。

（三）本书的选择：构建复合型的国库管理体制

上述种种观点和建议都具有一定的合理性，但都不是很全面和准确。我们主张，我国财政国库管理体制应当借鉴国外的立法经验，吸取其立法教训，确立一种复合型的国库管理体制，既不是纯粹的委托代理制，也不是独立金库制或简单的银行存款制，而是融多种体制于一体的管理体制，即以委托代理制与银行存款制相结合，并逐步走向现金管理制的国库管理体制模式。这样，既可以有效借鉴，又能够汲取国外的教训，站在一个长远的角度，构建起符合我国实际需要的国库管理体制。[②]

一方面，要将委托国库制与银行存款制融为一体。需要注意，此处所指之委托国库制并不是纯粹意义上的委托代理制，而是与银行存款制结合起来的一种管理体制。正如学者所言：银行存款制并不否定委托国库制度，而是在委托国库制的框架下修改与调整了财政委托中央银行或商业银行代理国库的具体内容，即在保证安全、便捷地实现政府收入收缴与支出拨付功能的前提下，中央银行或

---

① 马洪范：《国库管理制度变迁及经验教训——以美国为例》，载《西部财会》2007年第1期。
② 徐阳光：《我国国库管理立法研究》，载《当代法学》2008年第5期。

商业银行可以充分、自由地运用政府存款,由此形成了"财政存款计息、银行服务收费"制度,即银行存款制。[①] 同样,我们还可以通过台湾地区的"公库法"来予以说明。

在我国台湾地区的"公库法"中,明显地体现了"委托国库制"与"银行存款制"之间的结合。例如,在该法第2条中规定:政府经管现金、票据、证券及其他财物之机关称公库,"中央政府"之公库称"国库",以"财政部"为主管机关;"直辖市"之公库称"直辖市库",县(市)之公库称县(市)库,乡(镇、市)之公库称乡(镇、市)库,以各该直辖市政府、县(市)政府、乡(镇、市)公所为主管机关。第3条更是进一步明确:公库现金、票据、证券之出纳、保管、移转及财产之契据等之保管事务,除法律另有规定外,应指定银行代理。这两个条款明确了银行代理"国库"的制度。但是,在该法第8条又规定:银行代理公库所收纳之现金及到期票据证券,均用存款方式,其与公库双方之权利义务,除受法令之特定限制外,以契约定之,其契约应经该公库主管机关之上级机关核准。而这一条款实际上是表明了银行存款制之意蕴。由此观之,台湾地区的"公库法"确立的"国库管理体制"既不是纯粹的委托代理制,也不是单一的银行存款制,而是二者的巧妙结合。

另一方面,现金管理制是我国财政国库管理体制的发展方向。有学者认为,现金管理制也是委托国库制的一种实现形式。但严格来讲,现金管理制是在委托国库制与银行存款制有机结合的基础上进一步发展的产物。具体而言,所谓现金管理制,是指财政部通过存库现金和现金等价物(如银行存款、有价证券等)之间的转换,使国库现金保持一个相对稳定的数额,熨平现金流量波动和提高现金的使用效率。国库现金管理的出现意味着国库功能的极大扩展,它并不否定委托国库制及银行存款制,而是在以前的框架下调整了委托代理的职能范围,形成了"以财政管理为主,中央银行代理为辅"的具体实现形式。从此,银行存款制逐步过渡到更为高级的、覆盖面更广的、财政更具主动性的现金管理制。而现金管理制也正是国库管理现代化、高级化的主要标志。[②] 财政部和央行于2006年5月26日联合发布了《中央国库现金管理暂行办法》,明确了"财政存款付息"的制度,对传统国库体制做了很大的突破,符合现金管理制的发展方向。

五、我国国库集中收付制度的改革与完善

国库集中收付,是指政府将所有财政性资金集中在国库或在国库指定的代理银行开设的账户,所有的财政支出均通过这一账户进行拨付。作为政府预算

[①] 马洪范:《国库管理制度变迁及经验教训——以美国为例》,载《西部财会》2007年第1期。
[②] 同上。

执行的重要环节和关键性制度,国库集中收付包括三个方面内容:一是集中收入管理,即所有政府预算收入的缴付者将各项收入直接缴入国库或其授权的代理银行,再经过银行清算将款项划入国库;二是国库集中支付,即财政部门在中央银行设立一个统一的银行账户,原则上所有预算单位的一切财政性支出都只有在实际支付行为发生时,才能由专门的国库资金支付机构从国库单一账户中直接付给商品供应商或劳务提供者;三是集中账户管理,即设置与国库单一账户配套使用的国库分类账户,集中反映各预算单位的预算执行情况。

实行国库集中收付,必须建立单一账户制度,因此,国库集中收付制度又称为国库单一账户制度,是建立、规范国库集中收付活动的各项制度的总称,包括国库集中收入制度和国库集中支付制度两个基本层面。我国自2001年实施国库集中收付制度改革以来,总的来看,试点进展顺利,运行平稳,国库单一账户体系初步建立,资金收付方式日益规范,收付效率明显提高,财政监督明显加强,但离全面推行国库集中支付制度还有相当大的差距。我国国库集中收付制度的改革与完善,应当从以下几个方面入手:

第一,与其他的财政支出制度改革结合起来。国库集中收付制度改革仅是我国预算改革中的环节之一,欲达到改革的理想效果,必须将集中收付制度改革与部门预算、政府采购等制度结合起来。强化预算管理,大力推进部门预算改革;加快实行国库直接支付制度;大力推行规范化的政府采购制度,通过国库直接支付,使政府采购行为公开、公正、规范、透明。这三者是公共支出改革的核心内容,它们互为条件,相辅相成。其中,部门预算是基础,国库集中支付、政府采购要严格按财政批复的预算执行。政府采购制度是手段,政府采购制度既需要部门预算和国库集中支付制度改革加以配套,同时又促进和支持了部门预算和国库集中支付制度改革。国库集中支付是保证,实行国库集中支付以后,一方面确保了预算的顺利执行,提高了部门预算执行的准确度和效率;另一方面,凡是列入实行政府采购的项目或品目,由于实行了国库集中支付,使预算单位不能直接得到资金,也就不可能绕开政府采购的规定随意采购、违规采购,从而保证了政府采购的实施。

第二,应健全代理银行的筛选机制。充分利用现有商业银行的网络系统,选择具有资信的商业银行作为财政日常支付业务的代理银行。具体确定代理银行,原则上要按照市场经济原则,引入竞争机制,通过招投标进行。

第三,紧紧围绕财政国库管理制度改革,建立以财政资金收付实时监测为中心,以现代信息网络技术为支撑,以国库集中收付系统和动态监测系统为手段、以内控管理和外部监管制度为基础,综合运用多种监管方式、强化财政事前事中监管的现代财政资金收付监督管理模式,以完善国库集中支付监督机制。

第四,建立有效的激励机制。(1)在财政部门与预算单位、代理银行之间实行绩效合同制度。把预算单位、代理银行的薪酬和考评与贯彻国库集中支付政策的好坏紧密联系起来。(2) 提高预算单位、代理银行违规行为的成本。代理人之所以要作出违背委托人意志的行为,很大程度上在于它们能够获取额外的好处,而不被委托人发觉;或即使发现,损失也很小。因此,要提高代理人产生机会主义行为的成本,通过利益激励约束代理人的行为,以最大程度地符合委托人的利益取向。

最后,深化配套改革,完善各项规章制度。推进国库集中支付制度改革,必须进行配套改革,这些配套改革主要有以下几个方面:一是抓紧制定和完善改革的配套制度办法,以适应国库集中收付制度改革的需要。如及时修订《国家金库条例》及其实施细则;抓紧做好将相关资金清算等办法上升为法律或部门规章等工作;研究修订《财政总预算会计制度》和《行政单位会计制度》等制度;研究制定改革后的单位银行账户管理办法、国库支付凭证的使用和管理办法、代理银行代理财政业务手续费的支付标准和预算单位提取现金管理办法,等等。二是全面推进财政其他支出管理制度改革,充分发挥国库集中支付改革的作用。三是进一步优化业务流程,提高财政资金支付效率。

六、完善我国国库管理立法的建议

加快推进国库立法工作,是建立现代财政国库制度的必要条件。正如学者所言,"在设计并推出一套新的适应市场经济内在要求的国库制度后,如果没有一套体现在法律、政策规范上的制度规定作为新国库制度实施的保障和载体,即使新制度具有再高的科学性合理性,也难以在市场经济的客观现实中得以有效实施"[①]。我国目前国库立法进展缓慢,现有规范性文件的立法位阶过低,法律体系不完善,导致在履行国库职责,发挥国库监督管理作用时,国库监管手段不强,监管措施不力,严重削弱了国库在预算管理中的地位。因此,国库立法的重要性不亚于《预算法》的修订、《财政收支划分法》与《财政转移支付法》的制定,应当同步立法,完善国库法律制度。

(一) 国库立法的体例选择

公库与国库是两个不同的法律概念,涵盖了不同层级的财政司库。如我国台湾地区"公库法"(2002 年修正)第 2 条所言,"为政府经营现金、票据、证券及其他财物之机构称公库。中央政府之公库称国库,以财政部为主管机构;直辖市之公库称直辖市库,县(市)之公库称县(市)库,乡(镇、市)之公库称乡(镇、市)库,以各该直辖市政府、县(市)政府、乡(镇、市)公所为主管机关"。与此相对应的是,我国台湾地区与"公库法"同时颁布实施的还有"国库法"(2002 年修

---

① 翟钢:《现代国库制度研究》,中国宇航出版社 2006 年版,第 215 页。

正)。

我们认为,明确区分"公库"与"国库",并在制度层面采取《公库法》与《国库法》并行的立法体例,既可体现对中央国库进行专门调整的立法需要,也有助于从法治层面保障地方财政自主权。毕竟,任何一个地方政权如果没有国库资金的自主支配权,都难以真正实现"一级政府、一级预算"的立法要求。因此,我们建议,国库立法实行《公库法》与《国库法》并行的体例。具体而言,《中华人民共和国国库法》专门规范中央国库及其事务处理,包括中央政府的现金、票据、证券及其他财物,在法律关系主体方面,重点涉及国务院财政部、中央人民银行等机构;《中华人民共和国公库法》重点调整省级政府、设区的市级政府、县级和乡(镇)政府的公库,规范地方政府的公库事务处理。

(二) 国库立法的实质问题

无论是《国库法》还是《公库法》,都必须涵盖国库管理的全过程,明确划分国库和各部门、各单位的责任,对违法行为加大处罚力度等。只有以法律的形式确定国库的责、权、利,才能保证国库管理体制改革的顺利实施。因此,国库立法至少应当就以下重要问题作出规定:第一,我国国库管理体制的具体模式,究竟选择独立国库制还是选择代理国库制抑或银行存款制?还是选择复合型的管理模式?立法对此必须作出抉择。第二,正确界定国库的地位、职能和权限。第三,国家权力机关、财政部门、央行、商业银行在国库管理法律关系中的地位、权利、义务和职责的界定。第四,中央国库与地方公库的关系,包括地方公库与地方财政的关系问题。第五,明确实施国库单一账户体系和国库集中收付制度。第六,有效衔接国库管理制度与预算制度、政府采购制度的关系问题。第七,制定完善的监督机制,明确相关具体的法律责任以及法律救济措施。

第三节 预算会计法

预算会计法是财政管理法的重要内容。预算会计法律制度的改革是我国财政体制改革的重要方面。1997年,我国对预算会计制度进行了重大改革,发布了新的财政总预算会计制度、行政单位和事业单位的会计制度,这是中国预算会计制度向社会主义市场经济模式转变的重要标志。但是,我国的预算会计法律制度仍然存在很多问题,需要进一步完善。

一、预算会计的界定

预算会计是以预算管理为中心,以货币为计量单位,连续、系统、完整地核算和监督中央和地方各级政府预算,以及行政、事业单位预算收支执行情况的专业会计。预算会计与企业会计共同构成了我国的两大会计体系。①

预算会计包括以下几个方面的基本含义②：

1. 预算会计以预算管理为中心，为预算管理服务。无论是财政总预算，还是行政事业单位的预算，都是经过法定程序批准的政府财政及行政事业单位财务收支计划。一旦经过批准，就必须依法严格执行。预算会计作为会计学在预算中的运用，是以预算管理为中心，为预算管理服务的一门专业会计。正是因为如此，我们将预算会计制度改革作为财政体制改革的一个重要方面进行。

2. 预算会计的主体是各级政府、行政单位和各类事业单位。例如，我国的预算会计由财政总预算会计制度、行政单位会计制度和事业单位会计制度，涵盖了各级政府、行政单位和各类事业单位等主体。

3. 预算会计的对象，是财政资金、单位预算资金的运动过程及其结果。具体来说，财政总预算会计的核算对象主要是预算收入、预算支出和预算结余（或赤字）等多项财政性资金活动；行政单位会计的对象主要是预算资金的领拨、使用及其结果；事业单位会计的对象主要是单位预算资金及经营收支过程和结果。

4. 预算会计是以会计学原理为基础的一门专业会计，同其他会计一样，也以货币为主要计量单位，采用一系列专门的会计方法。

二、预算会计基础：收付实现制与权责发生制

目前不同国家的政府部门使用的具体会计基础主要包括收付实现制、修正的收付实现制、修正的权责发生制和权责发生制四种。其中，大多数国家都采用收付实现制，而使用权责发生制的政府相对较少，但是作为广泛的财务管理改革的一部分，权责发生制预算会计的使用呈增长趋势，国际会计师联合会、世界银行、国际货币基金组织也开始提倡改革公共财政领域，并将由收付实现制向权责发生制会计转变视为改革的重要内容。我国目前财政总预算会计和行政单位会计统一实行收付实现制，但中央财政总预算会计的个别事项实行权责发生制；事业单位则可根据实际情况选择实行收付实现制或权责发生制的会计基础。

（一）收付实现制

收付实现制，亦称为现金基础，是指以实收实付为标准确认本期收入和费用。凡是本期实际收进款项的收入和本期实际支出款项的费用，不论其是否体现本期的工作成果或劳动消耗，都作为本期的收入和费用；反之，凡本期未收到

---

① 国外依照会计主体的经营目的，一般地将会计划分为两大类：一类是营利组织会计，一类是非营利组织会计。前者相当于我国的企业会计，后者包括政府会计和政府补助单位以及社会上的私立事业单位会计，与我国的预算会计大体类似。在我国，已经习惯地将企业会计与预算会计并称为两大会计体系。参见贺蕊莉主编：《新编预算会计》，清华大学出版社、北京交通大学出版社 2008 年版，第 4 页。

② 陈华亭主编：《预算会计》，中国财政经济出版社 2007 年版，第 2 页。

的收入和未支付的费用,即使应归属本期,也不能作为本期的收入和费用。收付实现制账务处理同货币资金的收付密切相关,而与权利和责任的发生无关。实行收付实现制,不采用预收、预付科目,也很少使用应收、应付科目,只在某些情况下使用暂存、暂付科目。这一原则适用于总预算会计和行政单位会计,也适用于不实行经营性收支业务核算的事业单位会计。

采用收付实现制,提供了现金流量方面的信息,会计核算程序比较简便,便于安排预算拨款和预算支出的进度,如实反映预算收支结果。但也存在明显的缺陷:首先,所提供的会计信息不完整。收付实现制不记录非现金交易事项对政府资产和负债的影响,不区分资本性支出(如构建建筑物)和经常性支出(如人员工资、办公费用),所有非现金交易不作为收入、支出核算,相应的债权债务也不确认,导致资产负债表和收支结余表不完整,难以揭示政府及其所属单位财务状况和绩效的全貌,使得许多对决策者有较大影响的信息无法提供给信息使用者。其次,难以进行绩效评价。收付实现制不核算长期资产的损耗,不计提固定资产的折旧,因此不能充分反映政府公共服务的相关成本,不利于评价年终收支结余。第三,导致国有资产管理弱化。对固定资产购置等跨期资本性支出,收付实现制在付款当日即作为费用核销,一次性计入当期支出,不考虑该项资产的使用价值和服务年限等信息,无法全方位地把握固定资产、无形资产等影响政府行政能力的各种资源信息,容易造成国有资产管理和监督的失控。[1] 最后,收付实现制限制了选民要求政府对资源的使用作出解释的能力。只提供与现金流量有关的信息,这意味着政府可以对现金的使用作出解释,但却没有相应的有用信息,这会促使政府对其管理的资产和负债作出解释。[2]

(二) 权责发生制

权责发生制,亦称为应计基础。是指以应收应付为标准确定本期收入和费用的原则。凡能体现本期经营成果的收入和体现本期生产消耗的支出,不论款项是否实际收到或付出,都作为本期的收入或费用;反之,不应归属于本期的收入和费用,即使款项是在本期内收到或付出,也不可作为本期的收入或费用。按照权责发生制的要求,需要根据账簿记录对期末账项进行调整,即将本期应收未收的收入和应付未付的费用登记入账;同时,将本期已收取现金的预收收入和已付出现金的预付费用在本期及以后各期之间进行分摊和转账。需要设置"应收账款"、"应付账款"、"预收账款"、"预付账款"等账户科目。[3]

---

[1] 陈华亭主编:《预算会计》,中国财政经济出版社 2007 年版,第 12 页。
[2] 会计师国际联合会公立单位委员会编:《政府财务报告:公立单位委员会第 11 号研究报告》,财政部预算司、香港理工大学"中国政府预算与会计权责发生制研究"课题组译,中国财政经济出版社 2002 年版,第 34 页。
[3] 陈华亭主编:《预算会计》,中国财政经济出版社 2007 年版,第 13 页。

与收付实现制相比,权责发生制政府预算会计制度可以更加全面、准确地反映一些长期项目和或有债务的信息,增强预算信息的完整性、可信性和透明度,加强预算成本计量和政府部门业绩考核。权责发生制在提供信息方面的优越性主要体现在四个方面:一是权责发生制采用公认会计准则在资源耗用期间确认预算成本,方便比较支付部门之间、支付部门和私立单位之间的运作情况,有利于改进成本与业绩的配比关系。二是提供长期资产负债观,通过改进资产和负债的预算问题,以便评价某些政府行为的稳定性并鼓励政策和管理方面的长期行为。三是加强政府的经济管理责任,提高预算信息的透明度、可靠性和一致性。四是权责发生制会计支持更强调业绩的经管责任制度,为财政支出绩效评价奠定了基础。[①]

拓展阅读

权责发生制政府预算会计改革的背景与动因

20世纪80年代以前,各个国家的政府会计环境尽管体制不同、国情各异,但就政府会计采用的核算基础而言,都实行收付实现制。20世纪80年代末期,新西兰率先对政府会计进行改革,将权责发生制全面引入政府会计,从而成为世界上第一个在政府会计中实施权责发生制基础的国家。澳大利亚紧跟其后,于20世纪90年代初期也在政府会计中全面实施权责发生制。此后,一场政府会计改革的浪潮在全世界迅速掀起,经济合作与发展组织(OECD)的各成员国开始研究和探索政府会计权责发生制问题,到目前为止,包括新西兰、澳大利亚、英国、加拿大、美国、法国等超过半数的成员国已开始在政府会计中不同程度的引入权责发生制。许多发展中国家也开始对政府会计进行改革,逐步摒弃完全的收付实现制,一定程度上采用修正的收付实现制或修正的权责发生制。政府会计改革浪潮引起了有关国际组织的关注。国际会计师联合会专门成立国际公立单位委员会,研究制定公立单位会计准则。世界银行、国际货币基金组织也开始提倡改革公共财政领域,并将由收付实现制向权责发生制会计转变视为改革的重要内容。

虽然,由于收付实现制政府预算会计本身固有的缺陷,即提供的信息滞后、信息覆盖面狭窄等造成了预算会计信息无法满足信息使用者的需求,各国都先后开始对预算会计确认基础进行了不同程度的改革。但是,各国预算会计制度

---

① 王加林:《发达国家预算管理与我国预算管理改革的时间》,中国财政经济出版社2006年版,第75—76页。

和社会经济背景存在巨大的差异,造成了各国进行改革的背景和原因也千差万别,这些国家改革的背景和动因大致归为以下几类:

1. 控制赤字和公债规模的需要

英国和新西兰等国进行权责发生制预算会计改革,都以控制财政赤字为背景进行的。20世纪90年代,一些西方国家的社会福利成本增加,政府提供服务的范围与规模扩展,政府财政支出压力加大,同时由于经济的原因,税收增长受到限制,财政收支矛盾尖锐。在这种情况下社会各界都要求政府加强支出管理,要求政府会计和预算提供的信息不仅要反映当年预算执行情况,还要反映政府政策的预后效应,反映项目的长期费用和政府的长期负债情况,而以收付实现制为基础的预算会计无法提供这方面的信息。但是,传统的政府会计采用收付实现制为核算基础,所提供的会计信息不能完整地反映政府债务,会计信息缺乏透明度,导致社会公众对政府部门的信任度降低为了解决存在的突出问题,各国开始了研究、探索政府会计的改革思路。

2. 以绩效为导向的公共管理改革的需要

以绩效为导向的公共管理改革要求政府部门能够正确计算政府的产出成本。但是,收付实现制下,政府会计信息的相关性也不够,难以对政府部门及公立单位开展公务活动提供有关成本考核信息,不能够为政府改进行政管理、提高效率提供有用的决策依据。

澳大利亚和新西兰,都是把权责发生制和产出预算结合起来,以支持更分权的管理制度。20世纪90年代以来,西方各国财政管理改革的特点是:更加注重绩效,更加注重分权的同时构建激励机制,更加注重整个公共部门的管理改革相结合。这就需要在政府会计核算和预算编制方面能够计量政府各种活动的成本与产出。而传统的以收付实现制为基础的预算会计不能正确计算公共部门的产出和成本耗费。

3. 公共部门市场化改革的需要

公共部门的市场化改革,要求增强政府会计和预算信息的透明度和准确性。西方国家在公共部门管理的市场化改革中,政府从重新确定其在经济和社会中的职能和角色入手,开始对行政管理模式进行改革。有些国家对国有企业开始推行私有化政策,政府退出在竞争市场的商业活动;有些国家以提高决策质量和公共部门的效率为改革的主要目标,提出以"效绩管理"为框架,向"公共管理"迈进,在侧重结果和管理的同时,将责任和权力下放;有些国家对预算管理进行改革,细化部门预算,预算编制由过去的"投入法"改为"产出法",强调部门所提供服务的效果和效率。这种改革趋势,必然对政府部门会计信息的透明度和准确性提出更高的要求且要求政府部门有一个较好的平台来进行核算比较,要求在政府会计中不仅要全面、完整地反映政府拥有的经济资源和承担的债务,还应能够核算和反映公共资源的优化配置和合理使用情况,提供公共部门的绩效考核指标。而各国以收付实现制为基础的预算会计不能满足公众这方面的需求。

（摘自续慧泓、李洁:《预算会计确认基础改革的比较研究》,载《会计之友》2004年第11期;王加林:《发达国家预算管理与我国预算管理改革的时间》,中国财政经济出版社2006年版,第77—79页。）

三、我国的预算会计法律制度

（一）我国预算会计法律制度的改革

我国的预算会计,是以经济和社会事业发展为目标,以执行财政预算为核心,适用于各级政府、行政单位和各类事业单位,一般不进行完整成本核算的管理型会计。目前,预算会计具体分为财政总预算会计、行政单位会计和事业单位会计三大类以及参与预算执行的国库会计、收入征解会计等。

20世纪80年代以来,随着中国经济体制改革的不断深入,为适应社会主义市场经济体制下会计职能的发展要求,我国对预算会计制度进行了一系列的改革与完善:

（1）修订《财政总预算会计制度》。财政部于1984年和1988年对财政总预算会计制度进行了两次修订,完善了总预算会计的任务、组织管理职能、组织机构建设,拓宽了预算会计的核算对象,规范了财政机关在中央人民银行国库的开户等。同时一些地方还根据地区特点,修订了《地方总预算会计制度》,制定了《乡镇财政总会计制度》。

（2）改革了行政事业单位会计制度。在对1966年开始实施的《行政事业单位会计制度》的改革基础上,1988年财政部颁布了新的《事业行政单位预算会计制度》,并决定于1989年在全国统一执行。这次改革主要扩大了会计制度的适应范围,将原来完全按照全额预算管理、统收统支类型设计的单位会计制度,扩展为适用于全额、差额和自收自支三种预算管理方式的单位会计制度,并分别设计了三套既统一又自成体系的会计科目,增加了会计核算内容与管理要求。同时,国务院有关部门根据行业特点制定了一些行业性会计制度。

（3）修订了国库管理制度。在对1950年颁布的《中央金库条例》进行彻底修改的基础上,于1985年7月发布了新的《中华人民共和国国家金库条例》,对国库的性质、作用、职责权限和组织机构等重大原则问题做了全面系统的规定,为预算会计制度的实施提供了制度条件。

（4）对预算会计制度进行全面改革。进入20世纪90年代以后,根据我国会计制度改革的总体要求,财政部成立了预算会计改革领导小组及其相关专家组,对预算会计制度进行全面改革。1996年2月,财政部发布了《预算会计核算制度改革要点》,对预算会计改革的指导思想、改革目标、会计体系、核算方法和改革步骤等做了原则规定和说明。例如,《预算会计核算制度改革要点》明确,预算会计改革的总目标是逐步建立适应我国社会主义市场经济体制需要、具有中国特色、科学规范的管理型预算会计模式和运行机制,以利于加强财政预算管理和国家宏观经济管理,加强单位财务管理和促进建立自我发展、自我约束机制,提高资金使用效果,促进社会事业发展。改革后的预算会计体系由各级人民政府财政会计、行政单位会计、事业单位会计和参与预算执行的国库会计、收入征解会计共同构成。1997—1998年,财政部先后发布了《事业单位会计准则》、《事业单位会计制度》、《行政单位会计制度》、《财政总预算会计制度》等规范性文件,并决定于1998年在全国施行。这次改革,主要是根据我国国情和国际惯例,对预算会计的核算方法、会计科目等进行了全面修订,初步形成了财政总预算会计制度、行政单位会计制度、事业单位会计制度三位一体而又相互独立的政府预算会计法律制度体系。

经过一系列的改革之后,我国现行的预算会计法律制度呈现出以下特征:第一,拓展政府预算会计制度的适用级次。将财政总预算会计制度的适用范围扩大到乡镇政府财政,形成了五级总预算会计体系。第二,强化预算会计的管理职能。在资金的核算和管理上,取消了全额、差额、自收自支的三种预算管理形式,对财政部门管理的各项财政性资金实行统一管理、统一核算。第三,规定会计核算的一般原则。即真实性原则、适应性原则、可比性原则、统一性原则、一贯性原则、及时性原则、清晰性原则、收付实现制原则和专款专用原则,并在一定程度上吸收了权责发生制原则。第四,改变记账方式。即由资金收付记账法改为借贷记账法。第五,重新划分会计要素。取消了资金来源、资金运用和资金结存的划分方法,将会计要素分为五类:即资产、负债、净资产、收入和支出。第六,改变了会计核算平衡公示。第七,对会计报表的种类和内容做了相应的改进。[①]

我们认为,尽管预算会计制度进行了很多改革,但离法治化的要求还是相去甚远。我们一方面需要继续研究预算会计制度的重大问题,例如,权责发生制究竟是否应当全面引入财政总预算会计制度和行政单位会计制度中等问题。另一方面,我们需要总结经验教训,进一步修改现行规范性文件,最好能够按照韩国等国家的立法经验,制定一部统一的《预算会计法》。

---

① 楼继伟:《中国政府预算管理制度与会计改革——基本情况、存在问题以及下步改革的基本思路》,载陈小悦、陈立齐主编:《政府预算与会计改革——中国与西方国家模式》,中信出版社2002年版,第58—59页。

(二) 我国预算会计法律制度的基本内容

1. 财政总预算会计制度

根据《财政总预算会计制度》(1997年)和《〈财政总预算会计制度〉暂行补充规定》(财库【2001】63号)的规定,财政总预算会计是各级政府财政部门核算、反映、监督政府预算执行和财政周转金等各项财政性资金活动的专业会计。总预算会计的主要职责是进行会计核算,反映预算执行,实行会计监督,参与预算管理,合理调度资金。财政总预算会计制度适用于中央、省、自治区、直辖市、设区的市、自治州、县、自治县、不设区的市、市辖区、乡、民族乡、镇等各级财政部门的总预算会计。

财政总预算会计核算以收付实现制为主,但中央财政总预算会计的个别事项可以采用权责发生制。中央财政总预算会计采用权责发生制的事项有:

(1) 预算已经安排,由于政策性因素,当年未能实现的支出,即国债投资项目支出。年初中央财政预算总盘子中已经安排,执行中由于国家计委未能按预算足额下达投资计划等原因,需作结转处理。

(2) 预算已经安排,由于用款进度的原因,当年未能实现的支出。参加国库单一账户试点单位,由于用款进度的原因,年终有一部分资金留在财政总会计账上拨不出去,为了不虚增财政结余,需作结转处理。对于不实行国库单一账户试点的单位,财政总会计不得作结转处理。

(3) 动支中央预备费安排,因国务院审批较晚,当年未能及时拨付的支出。

(4) 为平衡预算需要,当年未能实现的支出,即补充偿债基金支出。为了平衡预算,需要根据当年赤字规模和债务收支情况,确定补充偿债基金的具体数额,作当年支出处理。

(5) 其他。主要是指除上述情况之外,根据国务院领导批示精神,需作结转处理的事项。

中央财政总预算会计采用权责发生制仅限于上述事项,除此之外其他事项均不得采用权责发生制,且仅适用于中央财政,地方各级财政不比照执行。

财政总预算会计采用权责发生制对上述事项进行会计核算时,平时不作账务处理。待年终结账,经确认当年确实无法实现财政拨款,需结转下一年度支出时,应借记"一般预算支出"等科目,贷记"暂存款"科目;下年度实际支付时,借记"暂存款"科目,贷记"国库存款"等科目。

2. 行政单位会计制度

根据《行政单位会计制度》(1998年)的规定,行政单位会计是预算会计的组成部分。行政单位预算会计制度适用于各级行政机关和实行行政财务管理的其他机关、政党组织(统称行政单位)。

行政单位的会计核算应当以行政单位实际发生的经济业务为依据,客观真实地记录、反映各项收支情况及结果。行政单位的各项资金和财产,均应纳入行政单位会计核算。会计记账采用借贷记账法。会计信息应当符合国家宏观经济管理的要求,适应预算管理和有关方面了解行政单位财务状况及收支结果的需要,有利于单位加强内部财务管理。会计核算以收付实现制为基础。

3. 事业单位会计制度

根据《事业单位会计制度》(1997年)的规定,事业单位会计制度适用于境内的国有事业单位。根据财政部规定适用特殊行业会计制度的事业单位,不执行本制度;事业单位有关基本建设投资的会计核算,按有关规定执行,不执行本制度;已经纳入企业会计核算体系的事业单位,按有关企业会计制度执行。

国有事业单位的会计组织系统分为主管会计单位、二级会计单位和基层会计单位三级。向同级财政部门领报经费,并发生预算管理关系,下面有所属会计单位的,为主管会计单位;向主管会计单位或上级单位领报经费,并发生预算管理关系,下面有所属会计单位的,为二级会计单位;向上级单位领报经费,并发生预算管理关系,下面没有所属会计单位的,为基层会计单位。三级会计单位实行独立会计核算,负责组织管理本部门、本单位的全部会计工作。不具备独立核算条件的,实行单据报账制度,作为"报销单位"管理。

事业单位可根据单位实际情况,分别实行收付实现制或权责发生制会计基础。

思考题

1. 结合《企业国有资产法》的规定,思考国有资产监督管理机构的法律定位。
2. 如何建立健全国有金融资产、非经营性资产和自然资源资产等的监管体制?
3. 中国应该选择何种类型的国库管理模式?
4. 如何完善中国的国库法律制度?
5. 如何理解权责发生制与政府预算会计制度的改革?

参考文献

1. 国务院国资委"非经营性国有资产监督管理研究"课题组:《非经营性国有资产监督管理研究》,载《经济研究参考》2005年第3期。
2. 申海平:《关于制定〈行政事业性国有资产法〉的若干问题》,载《山东社会科学》2009年第3期。
3. 史际春:《关注地方财产权——地方能够与中央平等地所有吗?》,载史际春等主编:《经济法学评论》(第4卷),中国法制出版社2004年版。
4. 王长梅:《浅析当前国库集中收付制度的利与弊》,载《财政监督》2006年第 10 期。

5. 徐晓松:《论国有资产监督管理机构在国有资本经营预算中的职责》,载《政治与法律》2009 年第 4 期。

6. 徐阳光:《我国国库管理立法研究》,载《当代法学》2008 年第 5 期。

7. 陈小悦、陈立齐主编:《政府预算与会计改革——中国与西方国家模式》,中信出版社 2002 年版。

8. 马寅初:《财政学与中国财政——理论与现实》,商务印书馆 2001 年版。

9. 王雍君主持:《政府预算会计问题研究》,经济科学出版社 2004 年版。

10. 翟钢:《现代国库制度研究》,中国宇航出版社 2006 年版。

第七章 财政监督法

在我国,财政监督有时是指国家财政机关对于其他国家机关及其他企事业单位等社会组织的监督。本章所探讨的财政监督,乃是立足于财政法作为公法的性质定位,故而专指国家权力机关、审计机关、行政监察机关、财政机关等法制监督部门对于财政预算执行单位所进行的财政监督。

在公共财政体制下,财政资金及其他财物应属人民所有,但是却由政府直接支配,在客观上具有被滥用的可能性,故而需要由人民选举代议机关通过财政预算等方式予以监督。人民代表大会及其常务委员会作为我国的代议机关,其财政监督的方式包括事先监督、事中监督与事后监督三种方式。

我国财政机关的财政监督乃是附属于财政管理职能之中的一项管理职能,故而与审计机关的财政监督有所差异。目前,财政机关的财政监督内容主要有预算执行情况、财经法纪的遵守及受理违反财政税收法令、政策和财务会计制度的举报事宜,办理对坚持执行财经纪律进行打击报复的重点案件等。

审计机关作为辅助代议机关及人民实施财政监督的重要机构,其审计方式主要可以分为合法性审计与绩效审计、账目审计与就地审计等。不过,目前中国的审计仍然只是政府内部审计,仅针对政府所管理的资金,没有覆盖全部的财政资金,审计机关的独立性也有待加强。

第一节 财政监督法概述

一、财政监督的概念内涵

(一)财政监督的法律实证考察

财政监督在我国财政法制实践中主要有两种不同的含义。

第一,财政监督是指财政部门对于国家机关、企事业单位及其他社会团体的财政监督,其意义为"财政部门的行政监督"。譬如:2006年江苏省人民政府颁发的《江苏省财政监督办法》,其第2条规定:"本办法所称财政监督,是指县级以上地方人民政府财政部门依法对国家机关、事业单位、社会团体、企业或者其他组织(以下统称被监督对象)涉及财政收支及其他有关财政、财务、会计管理事项进行的审查、稽核、检查、评价和处理等活动。"2002年安徽省人民政府通过的《安徽省财政监督暂行办法》、2002年江西省人民政府颁布的《江西省财政监督办法》、2006年河北省人民政府颁布的《河北省财政监督规定》、2006年辽宁省人大常委会通过的《辽宁省财政监督条例》、2007年徐州市人民政府颁布的《徐州市财政监督办法》等,均是在这种意义上使用"财政监督"概念,其范围不仅包括财政机关对于国家机关与国有企事业单位的财政监督,还包括对于会计师事务所等私立机构的行政监督。譬如:《河北省财政监督规定》第12条规定:"财政部门依法对下列事项进行财政监督:(1)预算的编制、执行、调整和决算;(2)预算收入的征收、解缴;(3)国库办理预算收入的收纳、划分、留解、退付和预算支出的拨付;(4)财政资金的使用;(5)预算外资金的征收、解缴、拨付和使用;(6)会计账户设立、会计信息质量和财务会计制度的执行;(7)注册会计师、会计师事务所和资产评估机构的执业质量;(8)政府采购制度的执行;(9)法律、法规、规章规定的其他事项。"

第二,财政监督特指国家权力机关、审计机关、行政监察机关、财政机关等法制监督部门对于财政预算执行单位所进行的财政监督,其意义为"财政监督机关对于财政收支事务的法制监督"。譬如:2005年福建省人大常委会所制定的《福建省财政监督条例》,其第2条到第4条规定:"县级以上地方人民代表大会及其常务委员会依照有关法律、法规实施财政监督。县级以上地方人民政府及其财政部门应当向同级人民代表大会及其常务委员会报告预算、决算和财政监督情况,并接受其监督。县级以上地方人民政府及其财政、审计、监察等部门依照有关法律、法规实施财政监督。县级以上地方人民政府财政部门依法对财政资金征收部门、国库,本级各预算部门、预算单位和其他受款人的下列有关事项实施财政监督:(1)预算编制、批复、执行、调整和决算情况;(2)预算资金征收、解缴、退库、收纳、划分、留解、退付、支出、拨付和使用效益情况;(3)预算外资金收支及其管理情况;(4)政府债务的管理及债务资金使用效益情况;(5)政府采购制度执行情况;(6)法律、法规规定的其他财政监督事项。"

(二)财政监督的概念界定

本书所探讨的"财政监督",主要是从第二种意义而言。财政部门对于非公共部门的企业及会计师事务所等机构所实施的财政监督,在性质上属于"行政监督"而非"行政法制监督"者,不属于本文所分析的财政监督范围。

第一,财政监督的主体。在现代财政法制实践中,代议机关、财政机关、审计机关是三大最为主要的财政监督机关,行政单位与事业单位等公共部门的会计机构与会计人员也负有一定的财政监督职能。不过,本书主要介绍代议机关、财政机关和审计机关的监督,对于内部会计监督没有涉及。

第二,财政监督的对象。本文所探讨的财政监督,主要是相关部门对于行政机关、事业单位等使用公共资金的公共部门或者公私混合部门执行财政预算及财经纪律情况的法制监督。

二、财政监督的宪政原理

(一) 现代公共财政实践中蕴含的矛盾与财政监督

正如美国学者爱伦·鲁宾所言:"公共预算的主要特征之一就是支付费用的人不是那些决定怎么花钱的人,因为民选官员有可能把钱花在与纳税人的愿望不同的地方。"①在现代市场经济国家,公共财政体制中蕴含着一个深刻的内在矛盾,即国家与社会的分离而导致的政府与人民之间的矛盾——国家的所有财产本为人民所有,政府仅仅是接受人民之委托而行使公共资财的处分权利,从此种意义而言政府仅仅是人民的"代理人"而已。这样,公共资财的最终所有者与"代理人"相分离,必然在客观上酿成某种风险,此即政府官员因为理性之盲目或自利之动机而产生滥用权力恣意处分公共资财的可能性。在政府与人民之间的矛盾关系中,人民之所失即政府之所得,其间所蕴含的经济、政治冲突,唯有在公共财政体制按照宪政制度的逻辑逐步建立完备的财政监督权力体系之后,才能趋于缓和,公共财政权力体制也才可能在整体上趋于理性化与民主化。因此,有效的权力监督乃是现代宪政制度的核心内容。

(二) 财政预算的性质与财政监督

财政监督最为重要的内容之一就是监督政府各部门执行财政预算的具体情况,故而财政预算的性质认定实际上也关系到财政监督行为之性质确定。关于财政预算的性质,域外法学中素有"形式法律说"、"预算行政说"、"政治性法律说"、"预算法规范说"、"措施性法律说"等,在我国法学界也存在有关财政预算审批权之"立法权说"与"决定权说"的理论争议。② 笔者认为,财政预算与一般法律之区别,不仅在于一般法律规范的社会性、抽象性、强行性、外部性,均与财政预算有所区别③;更在于一般法律的时空效力、监督主体均与财政预算有所差异——一般法律自生效之后非经法定的废止、撤销程序其效力持续有效,由司法机关通过具体案件的审判活动予以保障,而财政预算则往往仅具有年度法律效力,主要由审计机关、代议机关的监督机制予以保障。但是,财政预算与一般法律的共同性大于其差异性,因为财政预算乃由民意机关所审议和通过方具有正当性与合法性,其在执行过程中虽具有一定之弹性,却并非可以由行政机关随意改变,行政机关等执行单位擅自篡改财政预算者,必须追究其法律责任,以体现

---

① 〔美〕爱伦·鲁宾:《公共预算中的政治:收入与支出,借贷与平衡》,叶娟丽等译,中国人民大学出版社 2001 年版,第 17 页。
② 参见周刚志:《财政预算违法责任初探》,载《审计研究》2009 年第 2 期。
③ 蔡茂寅:《预算法之原理》,台湾元照出版公司 2008 年版,第 59 页。

财政预算的权威性。故而,因财政预算所具有的不同于一般法律规范的特征,我们可以将之认定为一种"特殊法律";违反财政预算的行为亦应该被认定为"违法行为",应该由相关部门予以监督,并追究其违法责任,财政监督行为在本质上也是一种认定和追究财政违法责任的公权力行为。

第二节 代议机关的财政监督权

一、代议机关的财政监督权概述

德国前联邦议会审计委员会主席伯恩哈德·弗里特曼曾言:"议会的财政监督权直接来源于议会的预算批准权。谁要求预算权,就不会也不能放弃监督的权利。否则它就有失去这两种权利的危险。"①政府拥有财政预算的编制权与执行权,虽然可以保证政府活动之有效运行,但是政府及其公职人员亦可能因此而违反财政预算及财经法规纪律,滥用其财政权力侵害公民的财产权,破坏经济繁荣与社会稳定的基础。故而,在确保民主选举产生的代议机关有财政预决算的审议权与批准权之同时,还必须使其拥有相应的监督权。否则,不仅财政预算徒为具文,代议机关的财政议决权亦将形同虚设。

我国封建历史时期并无代议民主制的政治传统,直至清末立宪运动中才开始拟议仿行西方诸国建立代议机关的监督制度。譬如:1911年"辛亥革命"之后,清廷迅即抛出《宪法重大信条十九条》,其第14条、第15条规定:"本年度预算,未经国会议决者,不得照前年度预算开支。又预算案内,不得有既定之岁出,预算案外,不得为非常财政之处分。""皇室经费之制定及增减,由国会议决。"中华民国时期,虽然历部宪法及宪法性文件都规定了议会的预算议决权与监督权,但是终因诸种原因而缺乏实效。著名经济学家马寅初先生曾经对当时的财政监督制度提出了尖锐的批评意见:"预算不切实际"、"岁出预算追加频仍"、"机关随设随裁,随扩随缩"、"分配预算改变频繁"、"机关长官任用之私人横加阻碍"、"公库之具外形"、"各种报告表册太多,浪费人力物力"、"书面审核,无补实际"、"总决算难编"、"主记之超然尽失"、"最高或上级决策机关的事务过于繁琐",等等;概括起来说就是:"制度驾理想王国之上,事实沦十八层地狱之下。"②

1949年新中国成立伊始,即非常重视财政监督问题。当年9月29日全国政协第一届全体会议通过的《中国人民政治协商会议共同纲领》第40条就明确

---

① 〔德〕伯恩哈德·弗里特曼:《从议会及其委员会的角度看联邦审计院工作的效率》,载〔德〕海因茨·君特·扎维尔伯格主编:《国家财政监督——历史与现状(1714—1989)》,刘京城、李玲等译,中国审计出版社1992年版,第143—144页。
② 马寅初:《财政学与中国财政》,商务印书馆2001年版,第153—162页。

规定:"关于财政:建立国家预算决算制度,划分中央和地方的财政范围,厉行精简节约,逐步平衡财政收支,积累国家生产资金。"但是,由人民代表大会作为代议机关行使财政监督权,则始于1954年宪法制定之后。此后,因为"左"倾思潮的发展与政治运动的冲击,代议机关在很长时间内形同虚设。譬如:在1965年1月4日三届全国人大一次会议闭幕之后到1975年1月13日四届全国人大召开,其间10年之久的时间内全国人大都没有召开会议。① 1975年宪法甚至将"地方各级革命委员会"规定为"地方各级人民代表大会的常设机关",它同时又是地方各级人民政府,更是严重削弱了地方代议机关的财政监督职能。我国现行宪法,即1982年宪法规定:全国人大审查和批准国家的预算和预算执行情况的报告(第62条第10项),全国人大常委会在全国人大闭会期间,审查和批准国民经济和社会发展计划、国家预算在执行过程中所必须做的部分调整方案(第67条第5项)。

我国宪法的上述规定,基本上确立了人大及其常委会作为我国的代议机关在财政预算监督中的地位与作用,也初步奠定了建立宪政国家的法律基础。1998年12月19日,九届全国人大常委会决定设立全国人大常委会预算工作委员会,并于1999年12月25日通过了《关于加强中央预算审查监督的决定》。据统计,截至2008年3月18日,我国现辖的31个省级单位(22个省、4个直辖市和5个自治区)中,除新疆维吾尔自治区之外,其人大常委会都制定了有关预算监督的地方性法规;31个省级单位的人大全部设有财经委员会或财经工作委员会,17个省级单位除设有财经委员会之外还仿照全国人大设立了预算工作委员会或者财经预算工作委员会、财经工作委员会。② 这说明,我国代议机关的财政监督制度正在逐步发展完善的过程之中。

二、代议机关财政监督的基本形式

提供公共服务(公共产品)是政府的法定职责,但是生产公共产品的成本及资金却由民众通过税收的方式提供,因而提供何种公共产品、如何提供公共产品则应该由民意机关决定,这是宪政国家的内在原理。从广义上讲,代议机关审批财政预算的行为也属于财政监督的一部分(代议机关对于政府执行财政预算的事先监督),但是鉴于本书已有相关章节专门介绍财政预算制度的内容,故而我们对此不再赘述。目前,我国代议机关实施财政监督的主要工作机构是在人大

---

① 参见许崇德:《中华人民共和国宪法史》,福建人民出版社2003年版,第420页。
② 福建省人大财政经济委员会、福建省人大常委会财经工作委员会编:《预算审查监督手册》(2008年),第330—335页。

或人大常委会之下设立的预算工作委员会或财经工作委员会。① 2006年通过的《各级人民代表大会常务委员会监督法》(以后简称《监督法》)则对代议机关的监督方式作了更为具体的规定。

(一) 事先监督

依据我国《预算法》第37条,各级政府财政部门应该在人大会议举行的一个月之前,将预算草案的主要内容提交给本级人大财政经济委员会或其他人大常委会等专门机构审查。一般而言,人大常委会或者相关专门机构在初步审查之后,也可能会提出修改意见。2009年3月,承德市政府预算报告经过两度修改,大量增加民生投入、削减政府采购资金之后才获得人大批准通过,这一消息被全国众多媒体广为传播,也引起了民众对于人大预算监督制度的热烈讨论。其实,承德市人大常委会对市政府所提出的财政预算草案的监督,主要就是通过事先监督的方式进行的。从性质上说,人大实行事先监督的行为主体主要是财经委员会或人大常委会等专门机构而非人民代表大会的全体代表。此种监督方式主要针对财政预算的编制行为,它虽然不能完全代替人民代表大会的预算审查行为,但也有利于人大专门机构与政府财政部门之间进行沟通协调。当然,在我国现行预算法制的框架之内,财政预算编制权毕竟属于政府及其财政部门,人大财经委等专门机构如果在财政预算编制阶段介入过深,不仅会对政府及其财政部门的财政预算编制权构成实质性影响,而且会混淆预算草案编制机构与预算审议监督机构的职能。因此,人大的事先监督要适度,介入的范围与程度不宜过宽、过深。

(二) 事中监督

马寅初先生曾经指出:"预算是事前估计的数字……欲使预算数字与实际数字不差毫厘,实不可能。况预算的编制和预算的执行,其间有若干时日的隔离,而政界风云,又瞬息万变,性质上每每不易预测,且不能听其自然。"②因此,在财政预算的执行过程中,常常会有财政预算资金的合理调剂,这与财政预算违法行为有性质上的差异,应当予以区别。一般而言,财政预算执行过程中的资金调剂通常表现为如下几种情形:(1) 动用预备金或者周转金。根据《预算法》及

---

① 以中央代议机关为例,依据1999年全国人大常委会《关于加强中央预算审查监督的决定》,预算工作委员会是全国人大常委会的工作机构,协助财政经济委员会承担全国人大及其常委会审查预决算、审查预算调整方案和监督预算执行方面的具体工作,受常委会委员长会议委托承担有关法律草案的起草工作,协助财政经济委员会承担有关法律草案审议方面的具体工作,以及有关常委会、委员长会议、财政经济委员会等需要协助办理的具体事项。经过委员长会议专项同意,预算工作委员会可以要求政府有关部门和单位提供预算情况,并获取相关信息及说明,可以对各部门、各预算单位、重大建设项目的预算资金使用和专项资金使用进行调查,政府有关部门和单位应该积极协助、配合。可见,代议机关进行财政监督的组织形式主要有人大及其常委会、人大的财政经济委员会,而预算工作委员会则作为其工作机构承办调查等具体事务。

② 马寅初:《财政学与中国财政》,商务印书馆2001年版,第56—57页。

《预算法实施条例》的规定,各级政府预算应当按照本级政府预算支出额的百分之一至百分之三设置预备费,用于当年预算执行中的自然灾害救灾开支及其他难以预见的特殊开支。此外,政府为了调剂预算年度内的季节性收支差额,保证及时用款而可以设置周转金,周转金从本级政府预算结余中设置和补充,其额度应该逐步达到本级政府预算支出总额的百分之四。预备金或周转金的使用,一般适用于"原定计划费用不足"、"原定计划修改导致费用增加"及"阶段性资金短缺"等情形。预备金需要由财政部门提出,同级政府批准,而周转金的管理则由财政部门负责。(2)追加或裁减预算。在我国的预算法制中,预算资金的追加或裁减属于"预算调整"的范畴,需要由政府编制预算调整方案,并报本级人大常委会批准。一般而言,追加预算资金主要适用于国家或者本级行政区域内的重大经济变故、重大灾难及其他重大事件,而裁减预算资金则适用于原定计划被撤销、修改而导致相关费用缩减等情形。(3)经费流用。经费流用,主要是指预算支出的各个项目在实际执行的过程中同时存在剩余与不足,执行单位以"盈余"补"不足"进行资金调剂的行为。我国台湾地区"预算法"第63条规定:"各机关之岁出分配预算,其计划或业务科目之各用途别科目中有一科目之经费不足,而其他科目有胜余时,应按'中央主计机关'之规定流用之。但不得流用为用人经费。"

如何看待"资金调剂"或者"经费流用",这个问题对于代议机关正确行使财政监督权非常重要。通常而言,不同的机关之间、不同的政府基金类别之间不得进行经费流用,在同一个机关之内的不同支出细目可以进行适当的资金调剂,但是不得违反财经纪律。譬如,将水利专项资金用于购置办公楼、宿舍甚至炒股,这是非常严重的财政预算违法行为。我国《监督法》第16条、第17条规定:"国务院和县级以上地方各级人民政府应当在每年六月至九月期间,向本级人民代表大会常务委员会报告本年度上一阶段国民经济和社会发展计划、预算的执行情况。""国民经济和社会发展计划、预算经人民代表大会批准后,在执行过程中需要作部分调整的,国务院和县级以上地方各级人民政府应当将调整方案提请本级人民代表大会常务委员会审查和批准。严格控制不同预算科目之间的资金调整。预算安排的农业、教育、科技、文化、卫生、社会保障等资金需要调减的,国务院和县级以上地方各级人民政府应当提请本级人民代表大会常务委员会审查和批准。国务院和县级以上地方各级人民政府有关主管部门应当在本级人民代表大会常务委员会举行会议审查和批准预算调整方案的一个月前,将预算调整初步方案送交本级人民代表大会财政经济委员会进行初步审查,或者送交常务委员会有关工作机构征求意见。"因此,在财政预算执行过程中,人大常委会可以通过听取政府的预算执行报告、审议与批准预算调整方案等方式进行财政监督,以严格控制"资金调剂"或"经费流用"。

（三）事后监督

人大及其常委会作为代议机关拥有宪法和法律所规定的预决算审批权,行政机关等预算执行单位违反财预算擅自处理财政资金的行为,从性质上看构成违反人民代表大会制度的违宪行为。其中需要注意的是,宪法作为国家的根本大法,因其涉及公民的基本权利及国家的基本权力体制,其实施并不唯一依赖于专门违宪审查机构的司宪活动。故而有学者提出,违宪责任兼具法律性与政治性;违宪的政治责任以民意代表机关免除责任主体之公职为主要内容。[1] 事实上,在我国人民代表大会制度的权力体制之下,追究行政机关的政治责任主要是由其同级人大及其常委会承担。依据《宪法》第104条、第110条之规定:"县级以上的地方各级人民代表大会常务委员会讨论、决定本行政区域内各方面工作的重大事项;监督本级人民政府、人民法院和人民检察院的工作;撤销本级人民政府的不适当的决定和命令;撤销下一级人民代表大会的不适当的决议;依照法律规定的权限决定国家机关工作人员的任免。""地方各级人民政府对本级人民代表大会负责并报告工作。县级以上的地方各级人民政府在本级人民代表大会闭会期间,对本级人民代表大会常务委员会负责并报告工作。"据此,预算执行单位无视财政预算恣意处分公共资财的行为,达到较为严重的程度,构成违反人民代表大会制度的违宪行为,应该承担相应的政治责任。

我国《监督法》专设第三章《审查和批准决算,听取和审议国民经济和社会发展计划的执行情况报告,听取和审议审计工作报告》,其中明确规定:常务委员会对决算草案和预算执行情况报告,重点审查下列内容:预算收支平衡情况、重点支出的安排和资金到位情况、预算超收收入的安排和使用情况、部门预算制度建立和执行情况、向下级财政转移支付情况、本级人民代表大会关于批准预算的决议的执行情况。常务委员会组成人员对预算执行情况报告和审计工作报告的审议意见交由本级人民政府研究处理,政府应当将研究处理情况向常务委员会提出书面报告。常务委员会认为必要时,可以对审计工作报告作出决议;本级人民政府应当在决议规定的期限内,将执行决议的情况向常务委员会报告。

此外,依据我国《宪法》、《监督法》及相关组织法的规定,对于严重违反财政预算的行为,县级以上地方各级人民代表大会常务委员会主任会议,可以向常务委员会提出有关国家机关工作人员的撤职案;县级以上地方各级人民代表大会常务委员会五分之一以上的组成人员书面联名,可以向常务委员会提出国家机关工作人员的撤职案,由主任会议决定是否提请常务委员会会议审议;或者由主任会议提议,经全体会议决定,组织调查委员会,由以后的常务委员会会议根据调查委员会的报告审议决定。因此,与刑事责任及行政责任及其追究方式不同,

---

[1] 姚国建:《违宪责任论》,知识产权出版社2006年版,第352、388页。

政治责任主要是由人大及其常委会通过撤职案、罢免案等形式予以追究。

三、中国人大财政监督的制度改革

正如蔡茂寅教授所言:"国家固然透过预算的执行以达成所予追求的政策目的,国民以及其代表所组成的议会亦透过预算的审议,对整体国政进行监督。"①预算不仅是国家的财政收支计划,更是人民通过其代表授权政府从事公务活动的法律文件,它必须预先制定、适时监督,才能具有现实的宪政意义。但是不可否认的是,我国代议机关的财政监督制度至今仍然存在诸多问题,严重影响了财政监督的实效性。1999 年,全国人大财经委员会副主任、全国人大常委会预算工作委员会主任郭振乾曾明确表示:"目前,全国人大及其常委会对中央预算的审查监督基本上是程序性的,难以发挥实质性作用。""编制部门预算、细化预算和及时编制预算,是改革预算体制的重要内容,也是加强和改善预算审查监督工作的重要基础。"②

(一) 中国人大及其常委会财政监督制度中存在的问题

第一,预算外资金、制度外资金大量存在。预算外资金的合法存在始于新中国建立初期,在计划经济体制时期对于突破上级政府的经济统制、增强地方政府的灵活性、主动性具有一定的积极意义。但是,自从改革开放以来,政府的预算外资金极度膨胀,不仅会侵害公平的经济秩序,而且业已成为滋生行政滥权腐败的"温床"。③ 而实际上,我国除了"预算外资金"之外还存在"制度外资金",即所谓"自筹经费"。在乡镇政府一级,它包括乡镇企业上缴的利润和管理费、乡镇统筹资金、行政和事业性收费、集资、捐款及各种罚没收入等。④ 俗语云:"千里堤防,溃于蚁穴。"数额如此巨大的"预算外资金"与"制度外资金""合法"存在,财政预算作为体现政府施政活动之张本已被"扭曲",其作为遏制权力滥用、保障公民财产权利的"堤防"将难以存续。面对此种现实问题,财政部、人民银行于 2002 年 6 月 28 日颁布《中央单位预算外资金收入收缴管理改革试点办法》,规定对于预算外资金的收入与支出实行严格的"收支两条线"管理,以遏制行政部门的"自利"冲动。但是,如果要规范预算外资金与制度外资金的使用,

---

① 蔡茂寅:《预算法之原理》,台湾元照出版公司 2008 年版,第 2 页。
② 郭振乾:《〈全国人民代表大会常务委员会关于加强中央预算审查监督的决定(草案)〉的说明》,载全国人大常委会预算工作委员会办公室编:《预算审查监督》,中国民主法制出版社 2000 年版,第 5—9 页。
③ 参见马海涛等:《收支两条线管理制度》,中国财政经济出版社 2003 年版,第 31—34 页。此外,据统计,从 1978 年到 1991 年,预算外资金快速增长,年均增长速度超过了 10%,某些年份如 1983 年、1984 年甚至超过了 20%;这些年均下来,预算外资金相当于预算收入的 83.2%,1991 年则达到了 94.5%。以上数据转引自赵梦涵:《新中国财政税收史》,经济科学出版社 2002 年版,第 588—589 页。
④ 参加方宁:《中部地区乡镇财政研究》,清华大学出版社 2004 年版,第 26 页;朱钢等:《乡村债务》,社会科学文献出版社 2006 年版,第 78 页。

则需要提高预算编制技术并将其全部纳入人大及其常委会的财政监督范围,方可实现提高监督实效之目的。

第二,经营性国有资产数额巨大,难以进行有效的财政监督。作为社会主义国家,我国与西方国家不同者在于,依据宪法的规定,矿藏、水流、森林、山岭、草原、荒地、滩涂及城市土地等自然资源都属于国家所有。这些资源性国有资产之外中,政府可以通过资源使用费、土地出让金等方式获取收益,它们与数量众多的国有企业共同构成了所谓之"经营性国有资产"。1995年国务院颁布的《预算法实施条例》第20条第1款规定:"各级政府预算按照复式预算编制,分为政府公共预算、国有资产经营预算、社会保障预算和其他预算。复式预算的编制办法和实施步骤,由国务院另行规定。"此中"国有资产经营预算"是否涵括了土地等资源性国有资产的经济收益,笔者并未查到国务院"另行规定"的法律文件,而地方政府所颁发的文件却似乎各所差异。《甘肃省企业国有资产收益管理暂行办法》第2条明确规定:"本办法适用于占有、使用国有资产以及设置国有股权的省内各类地方企业或公司、各级政府授权的投资部门或机构(以下简称'企业')。"由此而言,其所言之"国有资产收益"主要是指各类公司企业国有资本的经济收益。而1994年吉林省人民政府转发的、由省财政厅、国有资产管理局制定的《关于加强国有资产管理工作的意见》则明确指出:"为了加强国有资产收益管理,规范国家与企业分配关系,确保国有资产的再投入,今后凡属国有资产的经营性收益,如国有独资企业的税后应交利润、股份制企业的国家股红利、中外合资合作经营企业的中方国有资产投资收益、集体企业占用国有资产收取的占用费等,都应由国有资产产权经营机构统一监缴,纳入国有资产经营预算。"由此而言,"凡属国有资产的经营性收益"都需纳入国有资产预算进行管理,"国有土地"收益等似应包括其内。《宪法》第7条中明确规定:"国有经济,即社会主义全民所有制经济。"既然"国家所有即为全民所有",人民当然有权对于国有企业等经营性国有资产的经营规划、经济效益进行审查,而最好的审查方式则莫过于通过人大及其常委会进行财政监督。否则,不仅所谓"国有资产之全民所有"徒为"画饼",还可能会因其"与民争利"而背离社会主义制度的基本精神。近年来某些城市政府热衷于"经营城市",利用"农地征收"与城市土地出让获取巨额收入,即为明证。

第三,违反财政预算及财经纪律的行为人应当承担何种法律责任,当前我国人大及其常委会的财政监督实践中缺乏具体责任追究措施。2004年6月23日,审计长李金华在十届全国人大常委会上的审计报告中提供了一份"触目惊心"的清单。而此次被称为"风暴"的审计监督行动,还引起了人大常委与媒体对于财政违法违规行为处理结果的持久追问,也引发了社会各界对于财政预算违法责任的关注与思考。① 实际上,财政预算违法行为之责任追究,事关民主法制体制的发展完善,甚至关系到区域经济的繁荣与稳定。譬如:据国内多家媒体报道,安徽省原副省长王怀忠在阜阳市任职期间,为制造所谓"政绩工程"耗费了大量公共资金。王怀忠的主要"政绩工程"有"阜阳市飞机场"、"阜阳大电厂"、"龙潭虎穴"等等。这些"政绩工程"使阜阳市财政负债达20多亿元,至少相当于当时财政可支配收入的5倍。② 但是,王怀忠当时为何没有承担任何责任,反而职务屡屡晋升?这一案件暴露出我国代议机关财政监督缺乏时效与实效的问题,值得国人深刻反省。

(二)中国人大及其常委会财政监督制度的改革与完善

第一,依据"预算完全性原则",将预算外资金与制度外资金全部纳入人大及其常委会财政监督的范围。所谓"预算完全性原则",即将所有政府财政收支经费纳入预算管理。譬如,我国台湾地区"预算法"第24条、第25条明确规定:"政府征收赋税、规费及因实施管制所发生之收入,或其他强制性之收入,应先经本法所定预算程序。但法律另有规定者,不在此限。""政府不得于预算所定外,动用公款、处分公有财物或为投资之行为。"此即"预算完全性原则"之立法体现。在大陆地区的财政实践中,大量存在的预算外资金与制度外资金主要可以分为两类:其一是为社会提供公共产品的行政性收费,主要是指国家机关、事业单位和社会团体为履行或代行政府职能,依据国家法律、法规和具有法律效力的规章而收取、提取和安排使用的未纳入国家预算管理的各种财政性资金。其范围主要包括:法律、法规规定的行政事业性收费、基金和附加收入等;国务院或省级人民政府及其财政、计划(物价)部门审批的行政事业性收费;国务院以及财政部审批建立的基金、附加收入等;主管部门从所属单位集中的上缴资金;用于乡镇政府开支的乡自筹和乡统筹资金;其他未纳入预算管理的财政性资金。对于这部分资金应该通过税费改革逐步全部纳入预算管理。其二是国有企事业单位通过市场机制所取得的经营、服务性收入。这一部分收入主要可以纳入"国有资产经营预算"当中进行监督管理。2007年9月8日,国务院颁布《关于试行国有资本经营预算的意见》,其中规定:国有资本经营预算单独编制,预算支出按照当年预算收入规模安排,不列赤字;各级财政部门为国有资本经营预算的主管部门;各级国有资产监管机构以及其他有国有企业监管职能的部门和单位,为国有资本经营预算单位;中央本级国有资本经营预算从2008年开始实施,2008年收取实施范围内企业2007年实现的国有资本收益,等等。要保障中国

---

① 张立勤:《"审计风暴"再追问:大案要案结果将如何?》,载《南方周末》2004年7月1日。
② 参见石红彦:《王怀忠的部分政绩工程》,载《江淮晨报》2004年2月14日;王巧丽:《王怀忠"政绩论"造"神话""政绩工程"今昔》,载《新民晚报》2003年10月31日。

国有企事业单位的持续经营，虽不能任由政府对国有企事业单位经营之利润"竭泽而渔"，亦不能任其管理层随意处理国有资产而致其大量流失，更不能听任政府或相关企事业单位无视民众利益诉求而肆意追求市场利润最大化的目标。要兼顾与协调民众利益与国有资产运营效益之间的关系，我国可以建构以营业基金等特种基金为基础的国有企业预算管理制度及有效的国有企业绩效评估制度，并强化人大及其常委会的财政监督职能。

第二，完善预算报告及预算列支制度，以便于人大及其常委会进行全面的财政监督。详尽的政府财务报告是代议机关了解政府财务状况、控制政府财政的必要条件。目前，我国人大了解政府财务信息的途径主要是政府工作报告以及财政部门所作的政府预算执行情况及下年度预算草案的报告。根据我国《预算法》第19条的规定，预算支出包括：(1) 经济建设支出；(2) 教育、科学、文化、卫生、体育等事业发展支出；(3) 国家管理费用支出；(4) 国防支出；(5) 各项补贴支出；(6) 其他支出。因而，在财政报告实践中，政府财政报告的内容主要是概略地罗列各项财政收入、财政支出项目以及财政结余或者财政赤字。以上财政报告构成了政府财务报告的一部分，但是还不能完整的体现政府的财务状况。"从形式上看，政府财务报告内容的分散性是我国现行政府财务报告的主要缺陷。没有一份能够集中、全面、系统的反映政府财务受托责任的政府财务报告，人民代表大会等政府财务报告使用者就难以集中、全面、完整、系统的考核和评价政府财务受托责任的履行情况，与此同时，政府也难以向人民代表大会等政府财务报告的主要使用者全面解除受托责任。从内容上说，我国现行政府财务报告的主要缺陷，是没有以政府财务受托责任为视点，全面完整地反映政府的各种财务受托责任及其履行情况。"[①] 政府财务报告的缺陷也给某些政府部门及其公职人员滥用财政权力提供了可乘之机，使得公款消费的趋势愈演愈烈，成为挤占与浪费公共资金的主要途径。为强化人大的政府监督职能，有必要在我国推进政府预算报告制度改革，深化部门预算改革，建立完整的政府财务报告制度。

第三，确立预算法律主义原则，明确财政预算的违法责任。前述审计长李金华的审计报告彰显出审计制度的宪政价值。而在近年的审计立法中，尤为引人注目的是，2006年2月28日十届全国人大常委会通过了《全国人民代表大会常务委员会关于修改〈中华人民共和国审计法〉的决定》，原来仅有51个条款的《审计法》竟有34条被大幅修改，对于审计机关的职权作了比较大的扩张。关于违法之后果，虽然新《审计法》赋予审计机关、人民政府或者有关主管部门"责令相关部门限期缴纳、退还相关款项或者国有资产"的权限，但是这并非最终的

---

① 赵建勇：《政府财务报告问题研究》，上海财经大学出版社2002年版，第22—23页。

法律责任承担方式。从财政法治的视角而言,凡违反财政预算者,除了依据刑法应当承担刑事责任、依据行政法应当承担行政责任者外,还需要借助于人大的任免权机制追究相关官员的政治责任,以维护财政预算的法定性与权威性。我们认为,为此目的,我国各级人大及其常委会可以考虑通过立法等方式明确规定严重违反财政预算的具体责任追究方式,如罢免、撤职等。

拓展阅读

西方国家代议机关财政监督简史

因为其悠久的历史和成熟的制度,英国议会被称为"世界议会之母"。我们要了解现代国家代议机关财政监督制度的历史,可以从英国代议制度发展史作一番简要回顾。1066年,法国诺曼底公爵威廉征服英格兰,成为英国国王,史称"威廉一世"。随后,威廉取消了原盎格鲁—萨克森王国时期的六个伯爵领,推行法兰克的骑士占有制,分封了170多个直属封臣。这样,威廉凭借征服者的余威建立了一种类似于中央集权的土地制度与政治制度,并利用多次分封成功地削弱贵族的政治势力,确立了英王的政治权威。诺曼征服使英国实质上成为一个地跨英吉利海峡两岸的国家,英国国王同时又是诺曼底的公爵、法国国王的封臣。所以,自威廉以后的历代英国君王,如亨利一世、亨利二世、狮心王理查德等,都热衷于欧洲大陆事务,有些国王甚至长期滞留在欧洲大陆不归。这样,由英国贵族组成的"大会议"在英国政治生活中逐步确立了其重要的作用与地位,形成了一种固有的政治传统。

而英国的跨海而治也为英国与法国长达数百年之久的领土之争埋下了祸根,历代英国国王都自认为对于法国诺曼底甚至整个法国都拥有领地要求的封建权力,他们为了干预欧洲大陆事务以及与法王争夺诺曼底常年征战而不得不向领主们征收赋税,由此引起英国贵族们的反抗。为此,英国贵族们迫使英王约翰在1215年签署了著名的英国《大宪章》,正式明确了国王未经"全国一致同意"不得擅自征税的原则,还规定"未经法律审判,国王及其行政官吏不得剥夺自由人的人身自由与财产"等。后来,英王在内对威尔士、苏格兰、爱尔兰的征战,在外对法王的征战都消耗了大量的资金,王室原来的收入远不能满足战争开支的需要,英王在财政上越来越依赖于税收。"在12世纪初,亨利一世收入的85%来自领地、封建领主和司法活动,到13世纪末14世纪初,爱德华进行国务活动和维持王室活动的绝大多数收入则来自于税收,这种税收不仅是与分封土地相关的封建赋税,而且是一种全民税,主要由全英格兰的自由民而不仅由各类封臣承担,其中最重要的是对全体自由民按收入和动产征收的'非常税补助金'。"①国家财政负担的转移导致了平民与地方代表政治地位的提高。到 13 世纪末,骑士与市民阶层加入议会已经成为英国的一种宪制惯例。

1337 年,为争夺加斯科尼、佛兰德尔及法国国王王位等因素而引发了英法战争。这场战争中英国一度取得胜利,但是最终还是于 1453 年被迫撤离加斯科尼,自此结束了长达一百多年的战争。战争强化了英国的民族意识,但是战争带来的巨额开支也迫使英王财政问题上越来越依赖于议会,这样就导致了议会在政治生活中地位与权力的上升。在 14 世纪末、15 世纪初,英国已经明确形成了两院制的宪法制度。由于国家财政收入重心的转移,由平民代表、骑士代表组成的下院在税收与财政监督方面已经取得了优势权力。由于议会在财税方面的控制权,以及政府对财政的物质依赖性,不可避免地产生了政府对议会的依赖性。斯图亚特王朝时期,詹姆士一世曾经于 1610 年与 1614 年两次解散议会,而不得不通过出售专利权、借贷以及强制征税等方式获得收入。1625 年查理一世继位之后,随即使英国转入了与西班牙、法国的战争冲突之中,其征税的要求被议会拒绝之后就于 1626 年、1629 年两度解散了议会,并在此后的 11 年间未召开议会。直至 1640 年 4 月,查理一世因为与苏格兰的战争需要大量费用而不得不再次召开议会,但是受到议会的猛烈抨击而再次解散了议会。1649 年 10 月,查理一世被迫再次重新召开英国议会,议会立即通过一系列法令取消国王的权力,由此而引发了国王与议会的激烈冲突,最终引发了英国内战。内战的结果是国王战败,并于 1649 年被处死,英国成立了共和国,但随即出现了克伦威尔的独裁统治。克伦威尔死后,斯图亚特王朝于 1688 年复辟,复辟王朝的查理二世再次与议会产生矛盾冲突,英国资产阶级于是在 1689 年发动"光荣革命",将荷兰执政威廉奉为英国国王,由此完成了向"君主立宪制"宪政体制的政治转型。

英国宪政体制中素有"议会至上"的政治传统,代议机关拥有至高无上的财政监督权。但是,1919 年英国财政大臣奥斯汀·张伯伦曾言:"下院对于控制支出不是一个有效的组织,它并不能帮助在位的财政大臣——不管他是谁——去行使对于支出的监督权:我说这种话,并没有不尊敬下院的意思。这是十分真实的:这里有一部分议员要求节约,那里也有一部分议员要求节约,乃至于整个领域内都在要求节约;可是临到任何具体问题上,大多数人总是赞成多花,而不是

---

① 钱乘旦、许洁明:《英国通史》,上海社会科学出版社 2002 年版,第 70 页。

少花。"①张伯伦的话真实展现了代议机关之财政监督的现实困境——由于现代国家的执政党一般也是议会的多数党,其政党领袖兼任政府首脑,故而"议会监督政府"在实际生活中可能会演变为"政府领导议会",加之议员为回报选民而增加财政开支的政治心理,代议机关在实质上很难真正有效地进行财政监督。

但是,我们亦须看到,代议机关毕竟是财政预算的权威议决机构,也是最能履行财政监督职能、直至追究政府违法责任的政治权威机构,唯有它才能对于政府的财政收支行为组织最有效能的监督。而在人类社会宪政制度的发展历史过程中,对政府预算法案的审议及控制权,曾经是代议机关所取得的第一项最为重要的权力。正是凭借于这项权力,民选的代议机关才逐步取得了对于政府的全面控制与支配地位,公共财政才得以成为名副其实的民主财政,政府才得以成为名副其实的责任制政府。因此,即使在现代社会,代议机关的财政监督依然是最富有权威性、实效性的监督方式。

第三节 财政机关的财政监督权

财政是政府的物质基础。现代国家生活中的诸多财政活动,如确保财政收入的征缴税费活动、预算决算等财政管理行为,以及在政府系统内部进行财政审核等财政监督活动,等等,这些财政活动都具有很强的技术性与专门性。在现代国家生活中,绝大多数财政活动都是由政府机关各部门所完成,这既是由公共财政活动的技术性、专门性所决定的一个客观现实,也是建立一个有效能的政府的必要条件。

一、财政机关之财政监督的性质与对象

(一)财政机关的监督性质

在我国,财政行政部门不仅是财政管理机关,也是政府内部的财政监督机关。根据财政部1995年3月颁布的《财政监督机构工作暂行条例》,我国政府内部的财政监督制度具有如下特点:

第一,财政监督与财政管理的关系。有人提出:"在公共财政框架下,构建财政部门的财政监督体系,首先应弄清其财政监督的基本定位。在计划经济体制下,财政监督在理论上一直被视为国家财政的一项基本职能。其实,这是认识上的一个误区。财政的基本职能主要包括三个方面:资源配置、收入分配、经济调控。而财政监督却和这三项基本职能不同:首先,在作用的对象上,三项职能是直接对整个社会经济的发展产生影响,而财政监督则是围绕三项职能的顺利

---

① 转引自〔英〕埃弗尔·詹宁斯:《英国议会》,蓬勃译,商务印书馆1959年版,第351页。

实现来发挥作用的;其次,在发挥作用所运用的手段上,三项职能都是运用的财政分配手段,而财政监督所运用的则不是财政分配手段。财政监督在性质上和三项职能根本不同,不应作为财政的一项职能。"① 其实,财政部门在性质上属于政府内部的财政管理机关而非专门的财政监督机关,它所实施的财政监督正是财政管理的一部分,其目的在于确保财政资金依照财政预算与财经法规、财经纪律发放到位并被合法使用。从这种意义上说,财政机关的财政监督确实并非财政的一项独立职能,它是附属于"财政管理职能"之中的一项管理职能。

第二,财政机关与审计机关之间的关系。财政机关的监督与审计机关的监督如何协调,向来是财政法制实践中的一个突出问题。有人认为:"自主监督机构职能界定不清,分工监督领域划分不明,'缺位'、'越位'普遍,多头监督效率低下。一方面,财政、税务与审计机关都把工作重点放在事后的检查审计,造成了事前与事中监督的'缺位';另一方面,审计机关的审计属于事后审计,财政监督作为业务监督则是与财政活动同步,其范围涵盖了事前、事中与事后,两者之间经常发生互相越位现象。由于多头监管格局的存在,各监管部门存在争夺部门利益的倾向,在检查计划上不能相互衔接,工作信息上不能共享,检查结论上不能相互利用,造成不必要的人力、财力和时间的浪费,使得监督成本提高,效率低下,最后只能采取'秋后算账'式的事后监督。"② 还有人提出:"在立法机关监督、财政监督和审计监督这三种国家机关自身的监督中,应当有着明确的专业分工和协调互补关系,即立法机关侧重于宏观监督、财政部门侧重于日常监督、审计部门侧重于事后监督。但从我国目前的情况来看,由于对各财政监督主体的权力边界划分不清,因此在'多龙治水'式的监督实践中经常发生'撞车事故',各监督主体往往'一窝蜂'地去'建功立业',毫无秩序可言。多头检查、重复检查,浪费了监督资源,降低了监督效率,使监督效能大打折扣。"③

财政机关和审计机关都属于行政职能部门,各自的监督职能本应有所差异。问题在于,由于财政机关的监督职能没有得到法律的明确规定,故而二者之间确实存在职能交叉。国务院 2004 年制定的《财政违法行为处罚处分条例》第 2 条规定:"县级以上人民政府财政部门及审计机关在各自职权范围内,依法对财政违法行为作出处理、处罚决定。省级以上人民政府财政部门的派出机构,应当在规定职权范围内,依法对财政违法行为作出处理、处罚决定;审计机关的派出机

---

① 钱红一:《试论我国财政部门财政监督体系的构建》,载贺靖邦主编:《财政监督文集》,中国财政经济出版社 2007 年版,第 12 页。
② 湖南省财政厅课题组:《公共财政框架下新时期财政监督及其体系研究》,载贺靖邦主编:《财政监督文集》,中国财政经济出版社 2007 年版,第 8 页。
③ 大连专员办、姜平、姜以杰、叶龙、李鑫:《完善我国财政监督运行机制研究》,载贺靖邦主编:《财政监督文集》,中国财政经济出版社 2007 年版,第 31 页。

构,应当根据审计机关的授权,依法对财政违法行为作出处理、处罚决定。根据需要,国务院可以依法调整财政部门及其派出机构(以下统称财政部门)、审计机关及其派出机构(以下统称审计机关)的职权范围。有财政违法行为的单位,其直接负责的主管人员和其他直接责任人员,以及有财政违法行为的个人,属于国家公务员的,由监察机关及其派出机构(以下统称监察机关)或者任免机关依照人事管理权限,依法给予行政处分。"这一法规文件同样也未能明确界分财政机关与审计机关在财政监督上的职能分工。

从性质上讲,审计机关才是专门的财政监督部门,而财政机关主要是财政管理部门;从长远计,我国可以通过构建"一级政府、一个国库、一个总银行账户与资金核算中心"的制度构建,发挥政府财务制度的"自动监督"功能;如此,则财政机关、审计机关不必通过频繁的检查调查进行监督,而可以在平时共享一个财务管理信息系统,在发现问题后由审计机关予以专门调查,并分别作出处理决定。

(二) 财政机关的监督客体

马寅初先生曾经对于中华民国时期国民政府在财政预算编制过程中的陋习提出尖锐的批评意见:"中国的通病,是往往因入不敷出,虚列收支,以求形式上的平衡。至日后发现经费不足,再来办理追加预算。此种恶习,亟应加以纠正,理应按照实际需要作一个估计,始能达到实质上的平衡。须知预算并非欺骗人民或粉饰太平的工具,乃是国家施政方针的表示。严格地说,与其编造欺骗人民的预算,还不如没有预算的好。""我国编造预算,向有'虚收实支'、'实收虚支'及'虚列收支'三种弊端,以虚伪之平衡,掩饰实际之不平衡,以自欺欺人。"①当然,政府各部门的财政违法违纪行为,并非仅仅局限于财政预算编造领域。财政机关作为专门的财政管理部门,其财政监督的对象包括各财政收入与财政支出的执行单位及其工作人员,也包括实施财政管理的财政部门、国库机构及其工作人员;其监督客体主要是各种财政违法行为。依据《财政违法行为处罚处分条例》之规定,财政违法行为主要有"财政收入行为违法"、"财政支出行为违法"、"财政管理行为违法"以及其他的财政违法违纪行为。

第一,财政收入行为的违法形态。财政收入执行单位及其工作人员的违法行为形态主要有:违反规定设立财政收入项目;违反规定擅自改变财政收入项目的范围、标准、对象和期限;对已明令取消、暂停执行或者降低标准的财政收入项目,仍然依照原定项目、标准征收或者变换名称征收;缓收、不收财政收入;擅自将预算收入转为预算外收入;隐瞒应当上缴的财政收入;滞留、截留、挪用应当上缴的财政收入;坐支应当上缴的财政收入;不依照规定的财政收入预算级次、预

---

① 马寅初:《财政学与中国财政》,商务印书馆2001年版,第50页。

算科目入库;违反规定退付国库库款或者财政专户资金;其他违反国家财政收入上缴规定的行为。

第二,财政支出行为的违法形态。国家机关及其工作人员在财政支出过程中可能存在违反规定使用、骗取财政资金的违法行为,其行为形态主要有:以虚报、冒领等手段骗取财政资金;截留、挪用财政资金;滞留应当下拨的财政资金;违反规定扩大开支范围,提高开支标准。此外,单位和个人违反国家有关投资建设项目规定的违法行为形态还有:截留、挪用国家建设资金;以虚报、冒领、关联交易等手段骗取国家建设资金;违反规定超概算投资;虚列投资完成额;其他违反国家投资建设项目有关规定的行为。

第三,财政管理行为的违法形态。财政部门、国库机构等财政管理部门及其工作人员的财政违法行为形态主要有:延解、占压应当上解的财政收入;不依照预算或者用款计划核拨财政资金;违反规定收纳、划分、留解、退付国库库款或者财政专户资金;将应当纳入国库核算的财政收入放在财政专户核算;擅自动用国库库款或者财政专户资金;其他违反国家有关上解、下拨财政资金规定的行为。此外,财政预决算的编制部门和预算执行部门及其工作人员违反国家有关预算管理规定的违法行为形态:虚增、虚减财政收入或者财政支出;违反规定编制、批复预算或者决算;违反规定调整预算;违反规定调整预算级次或者预算收支种类;违反规定动用预算预备费或者挪用预算周转金;违反国家关于转移支付管理规定的行为;其他违反国家有关预算管理规定的行为,譬如:国家机关及其工作人员违反国家有关账户管理规定,擅自在金融机构开立、使用账户等。

第四,其他违反财经法律、纪律的违法行为形态。国家机关及其工作人员违反《担保法》及国家有关规定,擅自提供担保的,责令改正,没收违法所得。以虚报、冒领等手段骗取政府承贷或者担保的外国政府贷款、国际金融组织贷款,滞留政府承贷或者担保的外国政府贷款、国际金融组织贷款,截留、挪用政府承贷或者担保的外国政府贷款、国际金融组织贷款,其他违反规定使用、骗取政府承贷或者担保的外国政府贷款、国际金融组织贷款的行为,等等,财政机关及有关部门可以责令改正,补收应当收取的财政收入,限期退还违法所得或者没收违法所得,调整有关会计账目,追回有关财政资金或有关款项,依法撤销擅自开立的账户。对单位给予警告或者通报批评。对直接负责的主管人员和其他直接责任人员给予降级处分;情节严重的,给予撤职或者开除处分。

二、财政机关之财政监督的内容与方式

(一)财政机关实施财政监督的内容

目前,各级财政部门内设的财政监督(检查)职能机构(譬如:财政部内设财

政监督检查局)和财政部派驻各地的财政监察专员办事机构是政府内部专门的财政监督机构。1997年之前,我国还存在各级财政、税收、物价大检查办事机构,但是国务院已经取消了这一措施。

一般而言,财政机关的财政监督主要包括如下几项内容:其一,监督预算执行情况。代表本级财政部门监督本级和下级政府及其所属各部门、各单位的预算执行情况,并对预算违法违纪行为提出处理意见。其二,监督财经法纪的遵守。监督检查各政府部门的财务收支,以及执行财政税收法令、政策和财务会计制度的情况,并对其违反财经法纪的行为和案件进行处理。其三,受理违反财政税收法令、政策和财务会计制度的举报事宜,办理对坚持执行财经纪律进行打击报复的重点案件。此外,财政部财政监督检查局还负有组织、指导全国财政监督检查工作,研究拟定财政监督的政策、法规和制度,管理财政部派驻各地的财政监察专员办事机构等职责任务。2005年财政部《中央预算内固定资产投资补助资金财政财务管理暂行办法》第15条、第18条规定:"国务院有关主管部门和省级财政主管部门要加强对投资补助安排使用的监督和检查,每年要不定期组成检查组或委托财政部驻当地财政监察专员办事处等机构抽查使用投资补助的项目单位,确保投资补助按规定安排使用。使用投资补助的项目单位,应在每年年底前向同级财政部门报告投资补助的使用情况,并抄送财政部驻当地财政监察专员办事处。""凡违反规定,弄虚作假,骗取、截留、挪用投资补助或项目未按规定实施的,除将已拨付资金全额收缴国库外,各级财政部门要立即停止对项目单位所在主管部门或省、自治区、直辖市及计划单列市投资补助拨付,并进行全面核查,直至纠正。对有关人员根据《财政违法行为处罚处分条例》(国务院令第427号)及国家有关规定追究责任,触犯法律的要追究相应的法律责任。"

(二)财政机关实施财政监督的方式

第一,财政监督的实施主体是财政机关内设的财政监督机构,如我国财政部内设的财政监督检查局,在各省、自治区、直辖市与单列城市派驻的财政监察专员办事处(简称"专员办"),等等。依据1999年财政部《关于进一步转变财政监察专员办事处工作职能和工作方式问题的通知》,专员办的主要职能是根据财政部的授权,就地做好经常性检查和监督工作,譬如:对国税机关退付中央预算收入的审查审批,国有商业银行、国有保险公司以及政策性银行核销呆账准备金的审查和核销坏账准备金的审查审批,监缴中央非税性预算收入、海关缉私罚没收入解缴入库的日常监管和必要检查,国储粮、棉费用利息补贴和粮食风险基金管理使用情况的审查,对当地管理使用国债专项资金情况进行监督,对国有商业银行和其他商业银行代收罚款手续费的审核、支付,以及国库券销毁的监督等。

依据《财政监察专员办事处实施中央财政非税收入监督管理暂行办法》之规定,财政专员还可以对中央非税收入(包括行政事业性收费、政府性基金、国有资源有偿使用收入、国有资产有偿使用收入、国有资本经营收益、彩票公益金、罚没收入、以政府名义接受的捐赠收入、主管部门集中收入以及政府财政资金产生的利息收入等)实施就地监督管理,实施监督管理的方式主要是:就地征收、就地监缴、专项检查。此外,专员办还可以对中央税收收入实施监督管理,其坚持日常监督与专项检查相结合的原则,通过对中央税收收入征收、入库、划分、留解、退付等信息的监测和分析,建立对中央税收收入的全过程监控机制。

财政专员办有时也承担了监督财政支出行为的重要职能。如在2008年四川赈灾过程中,《财政部关于进一步做好抗震救灾资金监管工作的通知》中要求:"专员办和财政厅(局)要进一步加强对抗震救灾相关政策落实情况和资金管理使用情况的监督检查,督促抗震救灾资金有关政策及规章制度落到实处,确保抗震救灾资金不出问题、少出问题,发挥抗震救灾资金效益。要高度关注抗震救灾资金政策的执行情况,注意发现和反映制度执行中不规范、政策不完善的问题,督促和指导有关地区和部门特别是基层单位,从实际出发制定具体管理办法。要强化财政监督检查,对抗震救灾资金管理使用及政策执行中存在的违法违规问题,一经发现,依法严肃处理。"

2008年金融危机爆发之后,中央政府决定新增1000亿元中央投资,主要用于民生工程、重大基础设施、生态环境、自主创新和产业结构调整等方面建设。为了控制资金流向,按照党中央、国务院部署要求,财政部成立了"扩大内需促进经济增长政策落实监督检查工作领导小组",领导小组办公室设在监督检查局,负责日常工作。[①] 2008年财政部在《关于加强地方财政监督工作的若干意见》中提出:"各级财政部门要适应财政管理的需要,借鉴部分省市的先进做法,逐步增加专职监督机构人员编制,规范监督机构名称。各级财政部门要在干部培养、办公条件、工作经费等方面给予必需的保障。机构建设相对薄弱地区的省级财政部门必须要加强机构队伍建设,各省(区、市)财政部门要加大对各地市和县级财政监督机构队伍建设的指导支持力度。要重视加强财政监督干部的学习和培训,逐步建立一支知识结构合理、业务熟练、政治坚定、政策把握能力较强的财政监督队伍。"

第二,财政监督主要采取事中与事后检查的监督方式。依据我国《会计法》、《财政违法行为处罚处分条例》及其他有关法律、行政法规之规定,须经注册会计师进行审计的单位,应当向受委托的会计师事务所如实提供会计凭证、会计账簿、财务会计报告和其他会计资料以及有关情况。任何单位或者个人不得以任何方式要求或者示意注册会计师及其所在的会计师事务所出具不实或者不当的审计报告。财政部门有权对会计师事务所出具审计报告的程序和内容进行

---

① 《财政部关于做好扩大内需促进经济增长政策落实和资金监管工作的通知》,财监[2008]59号。

监督。财政部门对各单位的下列情况实施监督:(1)是否依法设置会计账簿;(2)会计凭证、会计账簿、财务会计报告和其他会计资料是否真实、完整;(3)会计核算是否符合本法和国家统一的会计制度的规定;(4)从事会计工作的人员是否具备从业资格。在对前款第(2)项所列事项实施监督,发现重大违法嫌疑时,国务院财政部门及其派出机构可以向与被监督单位有经济业务往来的单位和被监督单位开立账户的金融机构查询有关情况,有关单位和金融机构应当给予支持。

财政部门等财政监督机构依照有关法律、行政法规规定的职责,在对有关单位的会计资料依法实施监督检查后,应当出具检查结论。有关监督检查部门已经作出的检查结论能够满足其他监督检查部门履行本部门职责需要的,其他监督检查部门应当加以利用,避免重复查账。依法对有关单位的会计资料实施监督检查的部门及其工作人员对在监督检查中知悉的国家秘密和商业秘密负有保密义务。

各单位必须依照有关法律、行政法规的规定,接受有关监督检查部门依法实施的监督检查,如实提供会计凭证、会计账簿、财务会计报告和其他会计资料以及有关情况,不得拒绝、隐匿、谎报。否则,财政部门等财政监督机构有权责令限期改正;逾期不改正的,对属于国家公务员的直接负责的主管人员和其他直接责任人员,给予警告、记过或者记大过处分;情节严重的,给予降级或者撤职处分。对被调查、检查单位或者个人正在进行的财政违法行为,财政部门、审计机关应当责令停止。拒不执行的,财政部门可以暂停财政拨款或者停止拨付与财政违法行为直接有关的款项,已经拨付的,责令其暂停使用;审计机关可以通知财政部门或者其他有关主管部门暂停财政拨款或者停止拨付与财政违法行为直接有关的款项,已经拨付的,责令其暂停使用,财政部门和其他有关主管部门应当将结果书面告知审计机关。

如前文所言,我国财政机关的监督目前主要是一种事后监督方式,在监督效果上具有滞后性与局限性。为了进一步强化监督效能,财政部在2008年《关于加强地方财政监督工作的若干意见》中提出:"各级财政部门要充分重视预算编制和执行情况的监督,积极探索构建财政运行全过程动态监管机制。要推进监督关口前移,认真开展部门预算编制审核、重大支出项目审核以及政策调研等工作,强化事前监督。要充分利用财政管理信息系统,实现监督检查信息与业务管理信息共享,做到预算编制、执行和监督各业务主体间信息沟通便捷,逐步实现对部门预算执行情况开展实时分析监控,及时发现并纠正预算执行中存在的问题,强化事中监控。要重视组织开展预算执行情况的监督检查,通过事后检查,研究分析预算执行中存在的问题,以进一步修正完善预算编制和执行工作。"但是,如何在强化事先监督、事中监督的同时兼顾行政效率的提高,则还需要进一步的调查研究。

在域外财政监督法制中,法国与埃及的财政监督制度颇有特色,值得我国借鉴。譬如:法国财政部对中央政府的所有其他部门都派驻了有 5—10 名财务监督官组成的监督小组,对各省政府则由省出纳代表财政部长代行财务监督官的职责;各部部长使用预算拨款的命令必须经财务监督官签字才能执行,省长决定某项开支也必须先征求省出纳的意见。① 在埃及,依据《政府会计法》的规定,财政部向各个部门派驻财政监督员,对各个部门的预算和支出进行审核审批。财政监督员由财政部政府会计局统一管理。地方财政部门同样设立财政监督员,全国共有 18000 多名财政监督员,编制都是财政编制。为了对财政监督员进行再监督,财政部门还设立了财政巡视员,专门负责对财政监督员进行定期巡视,确保财政监督员依法履行职责。②

当然,财政监督制度归根究底乃是国家权力体制的一部分,每个国家的权力体制互有差异,故而国外的财政监督模式并不能完全移植。

三、财政机关之财政监督的问题与改革

(一)财政机关之财政监督法制实践中存在的问题

从目前的财政监督实施情况来看,我国财政机关的财政监督制度仍然存在一些不足之处,其中最主要的问题在于:我国政府部门的财权过于分散,政府财务未能做到统一开支,而财政机关的监督方式是行政机关系统内部的外部检查方式;为了逃避责任,被监督检查单位可以采取各种会计手段转移、隐匿违法取得的资产的行为以规避财政监督,使财政监督难以收到理想的效果。西方诸国一般采用"国库单一账户"的财政管理制度,每一级政府均拥有独立的财政权和财务管理权,亦由此而设立一个独立的国库账户,而每一个职能机关作为财政支出机构,其所有的财务开支都必须经由本级政府的单一国库账户予以办理。相反,在我国及独联体国家,并没有建立这样一个统一管理政府各职能机关之财务支出行为的国库单一账户,而是由各职能部门作为支出单位自行在商业银行开设预付款账户,并直接办理对外的支出业务。③

从历史上看,我国现行分散而独立的财务会计管理体制源于 20 世纪 50 年代初期的计划经济体制——在这种体制下,地方政府及其职能部门在法律上均为中央政府的下属机构,甚至可以将之视为中央政府在地方的"代表",地方权力为中

---

① 参见财政部财政制度国际比较课题组:《法国财政制度》,中国财政经济出版社 1998 年版,第 27 页。

② 财政部赴埃及、肯尼亚考察团:《埃及、肯尼亚财政管理与监督考察报告》,http://www.mof.gov.cn/jiandujianchaju/zhengwuxinxi/guojijiejian/200806/t20080625_53438.html,2009 年 8 月 1 日访问。

③ 王雍君:《国库改革与政府现金管理》,中国财政经济出版社 2006 年版,第 40 页。

央政府权力的自然延伸。于是，在某种意义上说，地方政府的权力被上级政府及本级政府的不同职能部门所"肢解"，难以形成建立在同一级政府基础之上、相对统一而集中的"行政主体"。① 在计划经济体制下，会计人员由政府直接管理，代表政府行使会计核算和会计监督职能。1963 年，国务院发布试行并于 1978 年修订的《会计人员职权条例》规定，一般会计人员的任免，必须征得上级机关财政部门的同意；各单位的会计主管人员，一律由上级部门直接任免。也就是说，单位会计工作由政府管理为主，会计主管人员由政府部门委派，代表政府行使会计监督权，这就是会计委派制。1978 年以后，随着经济体制改革的不断深入，企事业单位成为独立的经济主体，是企业、事业法人，其会计人员逐步回归单位。会计人员由单位直接管理为主，政府和行业组织只是对资格准入、继续教育等进行间接管理。

在计划经济向市场经济过渡的转型期间，单位内部治理、法律环境及法律救济尚未健全，《会计法》赋予会计人员监督本单位经济活动的法职定职责难以履行，单位资金支出混乱，私设"小金库"，"厂长成本"、"经理利润"有增无减。为了解决会计信息普遍失真的问题，人们的目光又转向会计人员，希望通过改革会计人员管理体制，使会计人员从单位中独立出来，解决会计人员在坚持准则、与违法会计行为作斗争时的后顾之忧，会计委派制又应运而生。2000 年 1 月，中纪委四次全会提出了在党政机关、财政拨款的事业单位以及有政府授权收费或罚没职能的事业单位，继续试行会计委派制度，并把试行会计委派制度作为从源头上预防和治理腐败的一项重要措施。此后，行政机关与事业单位的会计委派制、会计集中核算制蓬勃发展。

统计资料显示：截止 2001 年底，全国 100 多个地市、1000 多个县（区、旗）及县级市、13000 多个乡镇行政事业单位实行了会计集中核算或"零户统管"，其中陕西省、湖北省所属地（市）、县全部实行了会计集中核算制度或"零户统管"制度。会计集中核算在保持行政事业单位资金所有权、资金使用权和财务自主权不变的前提下，由专门的会计核算机构和专业的会计人员，按照"集中管理、统一账户、分户核算"的原则，集中办理行政事业单位资金收付和会计核算，并代单位编制财务会计报告。这种制度的实质是会计核算中心与行政、事业单位之间形成了委托代理记账关系，行政事业单位的会计主体、预算主体仍在各单位，没有发生变化。②

从改革的效果来看，虽然会计委派制度有助于保障行政各部门财务会计的独立性，在一定程度上避免行政事业单位支出混乱和会计信息失真等突出问题，因而有利于强化财政机关的财政监督效能。但是，每一个国家机关及事业单位

---

① 周刚志：《试析我国"大部委制"的改革思路》，载《法治论坛》总第 11 辑，中国法制出版社 2008 年版，第 116 页。
② 冯卫东：《行政事业单位会计集中核算问题研究——兼谈财政国库集中支付制度改革》，http://www.mof.gov.cn/jiandujianchaju/，2009 年 4 月 28 日访问。

都拥有独立的财产支配权,在财政支出方面仍然保有很强的独立自主性。这样不仅不利于提高财政资金的集中使用效率,淡化了财政资金的所有权归属性质,而且不利于财政机关、审计机关和代议机关实行有效的监控。更何况,由于每一个机关或单位都有编制与执行财政预算的繁重任务,其会计机构与会计人员无法完全实行财政部门委派制。所以,这一改革措施依然存在很大的局限性。对此,有学者指出:"我国的现行预算会计在分散(机构层)和集中(国库层)两个层面上进行记录和报告,这与许多国家相似,但仍然存在着重大差异。我国的总预算会计只是记录拨款交易,公共资金进入各个组织后的运作过程(从承诺阶段到付款阶段)无法进行追踪和记录,这使得高层管理者和决策者(如财政部门)无法在集中的层面上追踪机构层发生的财政交易,进而使全面有效的支出控制和实施预算成为一个极大的难题。"[①]

(二) 财政机关之财政监督法制机制的改革

财政部于2001年颁布了《财政国库管理制度改革试点方案》,决定开始逐步推行"单一账户,集中收付"及政府采购等方面的制度改革,其具体做法包括三个方面:

其一,银行账户的设置。财政部门在中国人民银行开设国库单一账户,用于记录、核算和反映纳入预算管理的财政收入和支出活动。建立国库单一账户体系后,相应取消各类收入过渡性账户。预算单位的财政性资金逐步全部纳入国库单一账户管理。上述账户和专户要与财政部门及其支付执行机构、中国人民银行国库部门和预算单位的会计核算保持一致性,相互核对有关账务记录。在建立健全现代化银行支付系统和财政管理信息系统的基础上,逐步实现由国库单一账户核算所有财政性资金的收入和支出,并通过各部门在商业银行的零余额账户处理日常支付和清算业务。

其二,财政收入方式的改革。为了适应财政国库管理制度的改革要求,将财政收入的收缴分为直接缴库和集中汇缴。直接缴库的税收收入,由纳税人或税务代理人提出纳税申报,经征收机关审核无误后,由纳税人通过开户银行将税款缴入国库单一账户;直接缴库的其他收入,比照上述程序缴入国库单一账户或预算外资金财政专户。集中汇缴程序是指小额零散税收和法律另有规定的应缴收入,由征收机关于收缴收入的当日汇总缴入国库单一账户。非税收入中的现金缴款,比照前述程序缴入国库单一账户或预算外资金财政专户。

其三,财政支出方式的改革。财政支出总体上分为购买性支出和转移性支出。按照不同的支付主体,对不同类型的支出分别实行财政直接支付和财政授权支付。前者包括工资支出、购买支出以及中央对地方的专项转移支付,拨付企

---

① 王雍君主持:《政府预算会计问题研究》,经济科学出版社2004年版,第118页。

业大型工程项目或大型设备采购的资金,以及转移支出,譬如:中央对地方的一般性转移支付中的税收返还、原体制补助、过渡期转移支付、结算补助等支出,对企业的补贴和未指明购买内容的某些专项支出等。后者包括未实行财政直接支付的购买支出和零星支出。无论是直接支付还是授权支付,都可以通过国库单一账户进行监控。这样,预算单位对资金的支配权才能大大降低。

相对于传统的"会计委派制"与"会计集中核算制"改革措施而言,国库集中支付制度有效地提高了财政资金的运营效率,也强化了财政机关的监督效能,从目前的情况来看,这一改革措施已经取得了较为明显的成效。据财政部介绍,国库集中支付改革大大推进了中央部门财务管理工作,部门预算执行管理水平明显提高。从财政监督的视角来看,"国库集中支付制度对账户管理、资金申请、审核拨付、对账、会计核算等方面均进行明确规定,规范了部门财务管理和资金使用。""国库集中支付制度设计形成了有效制约机制,使得预算单位资金申请、支用全过程处在不同部门、单位监控之下,从机制上减少了违规现象的发生。"[①]

第四节 审计机关的财政监督权

一、审计机关的监督地位

(一) 域外审计机关的监督地位

马寅初先生曾经指出:"财政之监督,在他国有行政之监督、立法监督与司法监督之分。……但在此三种监督之外,尚有审计监督,而审计监督,是一种独立行使的职权,不受任何机关或任何系统之干涉。不过行使起来,往往渗透立法、行政、司法三种职权之内层。"[②]《利马宣言》中也指出:"公共资金的管理意味着一种委托关系,因此,有公共财务管理就一定要有审计。审计本身不是目的,而是控制体系不可缺少的组成部分。这种控制系统的目的是要及早地揭露背离公认标准、违反原则和法令制度及违背资源管理的效率、效果和经济原则的现象,以便在各种情况下尽可能及早采取改正措施,使当事人承担责任、赔偿经济损失或采取措施防止重犯,至少也要使今后更难发生。"[③]独立、主动的审计监督不仅是代议机关掌握、控制政府财政的重要手段,也是民众了解政府财务信息的重要途径,其宪政意义可见一斑。

德国的审计院始于1714年普鲁士国王弗里德里希·威廉一世所创立的普

---

① 财政部:《中央部门国库集中支付改革取得显著成效》,http://www.mof.gov.cn/jiandujianchaju/,2009年4月28日访问。
② 马寅初:《财政学与中国财政》,商务印书馆2001年版,第120页。
③ The International Organization of Supreme Audit Institutions (INTOSAI): *The Lima Declaration of Guidelines on Auditing precepts*, http://www.intosai.org/2_LIMADe.html.

鲁士会计总署。依据德国前联邦审计院院长海因茨·君特·扎维尔伯格博士在 1989 年所作的总结,德国国家审计大体上可以分为五个时期:第一,1714 年到 1824 年为争取独立性的时期,国王于 1824 年 12 月 28 日建立高等审计厅,审计机构对行政部门的独立性得到了保障。第二,1848 年到 1850 年为财政预算监督的辅助机构。1848 年普鲁士众议院建立之后,审计由原来作为国王的监督工具,转变为同时也为议会服务,高等审计厅的报告也要提交给议会。但是直到魏玛共和国时期,审计院的代表才得以参加帝国议会审计委员会的会议,帝国财政预算法也允许议会直接得到审计院关于财政预算问题所发表的意见。第三, 1922 年 12 月 31 日帝国财政预算法通过之后,财政预算法律以及财政监督基本上实现了现代化;特别是经济效益作为新增加的审计标准,实施抽样审计和就地审计的原则,德国在国家审计立法方面处于世界领先地位。第四,1969 年预算法改革为审计制度带来了新的推动力。从此之后,除了财务账表上证明的开支之外,审计机关还可以对有关财政的所有重大决策和措施进行审查,审计那些不属于财政预算的各种名目和项目,比如组织机构和人员使用的经济效益调查以及成效监督;联邦审计院可以在审计经验的基础上向议会和政府提供咨询,其大量的审计报告都送交德国联邦议院预算委员会和审计委员会,有时也作为咨询意见送给主管的专门委员会。第五,1985 年《联邦审计院法》实施以后,联邦审计院与联邦议院、联邦参议院、联邦政府处于同等地位,联邦审计院的院长与副院长之任命取决于联邦政府、联邦议会、联邦参议院的合作,即根据政府提名,由联邦议院和联邦参议院选举产生。由此,联邦审计院的独立性得到了进一步的体现。①

美国 1921 年设立了联邦审计署(或称总会计局或者总审计署),尤其是在 20 世纪 60 年代以后,国会对审计署的依赖性逐步增强,审计署对国会直接负责并报告工作,其主要职责是监督有关收入、支出及公众资金使用情况,并对政府计划的执行进行审查评价,其考察范围包括:(1)政府的计划是否按照法律的规定执行,行政机关对国会提供的资料是否正确;(2)计划是否达到预期的效果,或是否必须对政府的政策或管理作必要的修改才能取得更大的效果;(3)是否存在更好的、更经济的方法达到某项计划的目的;(4)有些什么关键性问题或意外问题国会必须考虑;(5)执行计划的经费是否存在浪费。②

法国的审计法院成立于 1807 年,其职责是协助议会和政府监督财政法规的执行,其基本任务是依据财政审判机构法典的规定行使职权,审计核查国家机

---

① 〔德〕海因茨·君特·扎维尔伯格主编:《国家财政监督——历史与现状(1714—1989)》,刘京城、李玲等译,中国审计出版社 1992 年版,第 33—52 页。
② 王名扬:《美国行政法》,中国法制出版社 1995 年版,第 941—942 页。

关、国家公共组织机构和国有企业的财务与管理。

　　日本的公共支出审计由日本会计检察院负责,该机构依据宪法设立,实行会计检察官负责制。会计检察官由内阁总理提名、国会批准,对财政支出实行全面审计,包括预算草案和决算的审计。其中,对预算草案的审计主要是对财政支出的方向和效率进行审计,审查其支出结构是否符合中央政府的产业和社会政策,以及各项目预算是否经济、合理;对其他方面的审计主要是看其是否符合法定的支出标准。①

　　由此可见,在当今世界各国,审计机关的职能不仅涵盖了合法性审计与绩效审计,还广泛地涉及预算编制与决策咨询。当然,审计机关最为主要的职能仍然是、也应该是通过审计实行财政监督。

　　(二)我国审计机关的监督地位

　　审计独立是有效、公正审计的前提条件。《利马宣言》中提出,审计独立包括三层含义:

　　其一,审计组织的独立性。审计组织必须独立于受审单位之外并不受外来影响才能客观而有效地完成其工作任务。虽然审计组织不可能绝对地独立,但它必须具备完成其任务所需的职能上和组织上的独立性。

　　其二,审计组织成员的独立性。所谓"成员",是指负责为最高审计组织作出决策的人员以及对这些决策向第三方负责的人员,通常是决策机构的成员或组织上集权的最高审计组织的领导。审计组织成员的独立性也应由宪法予以保障,尤其是罢免其成员的程序应列入宪法,以保证其独立性不受损害;审计组织的审计人员在任职期间应独立于受审单位之外,不受该单位的影响。

　　其三,审计组织财政上的独立性。国家应向审计组织提供经费以保证其完成任务。如果需要,审计组织有权直接向制定国家预算的公共机关申请必要的经费,审计组织在自己职责范围内有权安排使用预算拨给的专项资金。由此而言,只有建立独立的审计机构,才能为人民了解政府财政预算法案的执行情况提供可信的资讯,为人大监督政府财政提供翔实的参考,也为政府系统内部的财政监督提供可靠的资料。

　　根据我国《宪法》第91条的规定,国务院设立审计机关,对国务院各部门和地方各级政府的财政收支,对国家的财政金融机构和企业事业组织的财务收支,进行审计监督。审计机关在国务院总理领导下,依照法律规定独立行使审计监督权,不受其他行政机关、社会团体和个人的干涉。2006年2月28日,第十届全国人大常委会通过的《审计法修正案》,对我国的审计监督制度作了更为详细的规定。

---

　　① 财政部监督检查局课题组:《公共支出治理研究》,载贺靖邦主编:《财政监督文集》,中国财政经济出版社2007年版,第44—46页。

从《宪法》与法律规定的情形来看,我国建立的是隶属于行政首脑的审计监督制度。我国《宪法》第86条规定,审计长属于国务院的组成成员。而根据《审计法》的相关规定,审计署在国务院总理领导下,对中央预算执行情况进行审计监督,向国务院总理提出审计结果报告,地方各级审计机关分别在省长、自治区主席、市长、州长、县长、区长和上一级审计机关的领导下,对本级预算执行情况进行审计监督,向本级人民政府和上一级审计机关提出审计结果报告。

显然,虽然我国的审计制度也强调了审计机关的独立性,但是这种制度模式仍然带有计划经济体制模式下审计监督的痕迹。其缺陷有二:其一,这种监督模式没有反映政府在财政上受托于代议机关、最终受托于人民的财政宪法关系。其二,这种监督模式仍然是强调行政机关内部的自上而下的监督,缺乏外部监督的强制性效力,有悖于我国人民代表大会制度的民主精神,也无益于各级人大及时、准确、完整地掌握政府财政状况。

二、审计机关的监督方式

(一)合法性审计与绩效审计

《利马宣言》中指出:"最高审计组织的审计目标——财务管理的合法性、合规性、效率、效果和经济性——基本上是同等重要的。"德国学者汉斯·赫伯特·冯·阿宁姆也认为:"经济效益的规定不仅包含着一种不受政治性质的或道德性质约束力的呼吁,它不单纯是一句纲领性的话,而且是一项在法律上承担义务的准则。不符合经济效益原则,原则上是违法的。目前这种观念完全占统治地位。"[①]审计机关的传统工作任务是审计政府相关部门的财务管理与会计账目、会计工作是否符合法律法规、规章等制度,此即"合法性审计"。但是,对公共当局的绩效、效果、经济性和效率进行审计也已经成为现代西方发达国家审计组织的重要任务。

我国《审计法》第1条、第2条规定:"为了加强国家的审计监督,维护国家财政经济秩序,提高财政资金使用效益,促进廉政建设,保障国民经济和社会健康发展,根据宪法,制定本法。""国家实行审计监督制度。国务院和县级以上地方人民政府设立审计机关。国务院各部门和地方各级人民政府及其各部门的财政收支,国有的金融机构和企业事业组织的财务收支,以及其他依照本法规定应当接受审计的财政收支、财务收支,依照本法规定接受审计监督。审计机关对前款所列财政收支或者财务收支的真实、合法和效益,依法进行审计监督。"由此

[①] 〔德〕汉斯·赫伯特·冯·阿宁姆:《作为审计院监督标准的经济效益性——兼论审计院的民主合法性问题》,载〔德〕海因茨·君特·扎维尔伯格主编:《国家财政监督——历史与现状(1714—1989)》,刘京城、李玲等译,中国审计出版社1992年版,第245页。

而言,2006年《审计法》修改之后,我国已经基本确立了"合法性审计"与"绩效审计"并重的审计监督模式。

由于绩效评估标准本身的模糊性,绩效审计确实面临诸多困境。譬如:德国学者尼克拉斯·鲁曼认为:"行政管理根本不可能有经济行为","优选法往往不能提出明确解决办法。"对此,汉斯·赫伯特·冯·阿宁姆指出:"经济效益性的规定要在三方面把握度的界限:适用性、必要性、适应性——国家的措施,如果对于其要达到的目的来说不适用,不必要,或者不相适应,那就是不合理的,因而也是不经济的。因此,经济效益性规定的要求包括过度的禁戒:凡是过度的,也就是不经济的。但是经济效益性规定的要求远不是仅此而已。""经济行为被理解为最佳行为,它是建立在不确定的事实的基础以及建立在(也许会受到反驳的)价值判断之上的……毋宁说,经济效益性要求获得可用的判断,而剔除那些显然无用的判断,即很明显比别的逊色的判断。"①

要做到非常精确的绩效审计确实是非常困难的,但是审计机关基于自身的专业水准,应当有能力对于政府绩效进行较为客观的评估。2007年6月12日深圳市人大常委会颁布的《深圳经济特区审计监督条例》第14条规定:"审计机关进行绩效审计应当根据效率、效益、效能、环境和成本,采取纵向和横向方法进行定量和定性的比较分析,并作出审计判断。"我们固然不能奢望审计机关对所有的财务收支及其经济活动都能作出非常精确的绩效评估,但是他们在长期审计的经验基础上,"采取纵向和横向方法进行定量和定性的比较分析",应当能够逐步形成许多绩效改进的合理化观点,并基于相对独立而超然的地位作出相应的审计判断。

(二)账目审计与就地审计

正如德国学者克劳斯·施特恩所说:"每个经济单位都必须重视,所雇用的人员不得浪费、贪污或者违反规定地使用所提供的财政资金。这尤其适用于像国家这样的大型机构。一个古老的并且行之有效的方法是'内部审核':有权审查或者受他人委托的审核人员监督检查,是否准确地核算和记账,出纳的账面金额与实际金额是否一致,必要的票据是否齐备。为达此目的,可以建立一些或多或少具有独立性的机构,建立一个审计部门,一个审计局,或者也可以建一个审计院。"②账目审计,一般又称送达审计,亦即由审计机关检查被审计单位的会计

---

① 〔德〕汉斯·赫伯特·冯·阿宁姆:《作为审计院监督标准的经济效益性——兼论审计院的民主合法性问题》,载〔德〕海因茨·君特·扎维尔伯格主编:《国家财政监督——历史与现状(1714—1989)》,刘京城、李玲等译,中国审计出版社1992年版,第252、253页。

② 〔德〕克劳斯·施特恩:《联邦审计院在国家法中的地位及其在财政监督体系中的意义》,载〔德〕海因茨·君特·扎维尔伯格主编:《国家财政监督——历史与现状(1714—1989)》,刘京城、李玲等译,中国审计出版社1992年版,第7页。

凭证、会计账簿、财务会计报告等，并考察其是否符合财政预算与财经法纪，这是最为传统的审计方法。

德国在第一次世界大战期间，为了减少书面文件往来和减轻行政当局的负担，审计院开始加强就地审计，即在行政当局所在地而非审计院所在地予以审计，甚至在被审计的账目公布之前就地直接查看资料。这种措施后来被德国财政预算法所确认。"审计院越来越多地利用就地审计的可能性。就地审计逐渐扩大，最后超过送达审计。外出进行审计不一定都能达到理想的效果。有时审计院院长必须亲自出马干预，制止错误的行为。第二次世界大战时建设西部防线和改造国防军的审计时，就地审计明显发挥了很大的作用。现在，就地审计已经变成了审计院不言而喻的工作。"①

无独有偶，美国1921年设立了联邦审计署（或称总会计局或者总审计署）之后，在最初的20多年期间主要适用项目审计（item audits）与集中审计（centralized audits）的方式，前者是指审计署对于行政机关的每项账目、单据、合同、票据逐项审查，以确定每项支出是否正确、是否符合法律规定；后者则是指全国各地及海外的联邦机构的账目和单据，都集中在华盛顿审核。显然，这样的审计方式会引起审计迟延，降低行政机关的效率。所以，从20世纪40年代起，审计署的工作方式和重点逐渐改变，尤其是第二次世界大战对审计方式的改变更是起到了很大的促进作用。由于战争的需要，国防部签订了大量的供应合同，无法集中到华盛顿审计，所以在战争期间首先在军需方面建立了就地审计制度（site audits），后来这一审计方式逐渐推广到其他方面。② 可见，因为顺利实施"账目审计"的前提是存在良好的会计记录，加之提高审计效率与审计精确性的考虑，"就地审计"方法的适用范围越来越多。

依据我国《审计法》第31条、第32条与第33条之规定，审计机关有权要求被审计单位按照审计机关的规定提供预算或者财务收支计划、预算执行情况、决算报告、财务会计报告，运用电子计算机储存、处理的财政收支、财务收支电子数据和必要的电子计算机技术文档，在金融机构开立账户的情况，社会审计机构出具的审计报告，以及其他与财政收支或者财务收支有关的资料，被审计单位不得拒绝、拖延、谎报。被审计单位负责人对本单位提供的财务会计资料的真实性和完整性负责。审计机关进行审计时，还有权检查被审计单位的会计凭证、会计账簿、财务会计报告和运用电子计算机管理财政收支、财务收支电子数据的系统，以及其他与财政收支、财务收支有关的资料和资产，被审计单位不得拒绝；有权

---

① 〔德〕赫尔曼·A.多马赫：《塞米施院长任职期间的帝国审计院（1922年—1938年）》，载〔德〕海因茨·君特·扎维尔伯格主编：《国家财政监督——历史与现状（1714—1989）》，刘京城、李玲等译，中国审计出版社1992年版，第63页。

② 王名扬：《美国行政法》，中国法制出版社1995年版，第930—944页。

就审计事项的有关问题向有关单位和个人进行调查,并取得有关证明材料。有关单位和个人应当支持、协助审计机关工作,如实向审计机关反映情况,提供有关证明材料。审计机关经县级以上人民政府审计机关负责人批准,有权查询被审计单位在金融机构的账户。审计机关有证据证明被审计单位以个人名义存储公款的,经县级以上人民政府审计机关主要负责人批准,有权查询被审计单位以个人名义在金融机构的存款。

可见,我国审计机关同样也适用"账目审计"与"就地审计"两种方法。尤其是在2008年四川赈灾的过程中,审计机关对于赈灾物资全程监控,更是生动展现了"就地审计"方法的便利性与权威性。

三、我国的审计监督改革

正如国际最高审计组织第九届代表大会所通过的《利马宣言》所称:"鉴于恰当有效地使用公共资金是适当管理公共财政事务和保证主管当局决策有效性的先决条件之一","鉴于各国已将其活动扩展到社会和经济的各个部门,其业务已大大超出了传统的财务工作范围","每个国家都必须设置一个其独立性受法律保障的最高审计组织";"要保持各国的稳定和发展,达到联合国的目标,就必须实现审计工作的特定目标,如恰当有效地使用公共资金、建立健全财务管理、有条不紊地开展政府的各项活动、通过客观性报告的公布向公共当局和公众传播信息等"。现代政府财务活动的极其复杂性,愈来愈使得代议机构的预决算监督独力难支,更何况是普通民众?审计机关作为专业性的财政监督机构,在现代财政监督体系中具有至关重要的作用。

而在近年的审计立法中,尤为引人注目的是,2006年2月28日十届全国人大常委会通过了《全国人民代表大会常务委员会关于修改〈中华人民共和国审计法〉的决定》,原来仅有五十一个条款的《审计法》竟有三十四条被大幅修改。本次立法修改虽然囿于宪法文本等局限而未能完全确立审计机关的独立地位,却对于审计机关的职权有比较大的扩张,譬如:增加了"财政资金的使用效益"审计;规定审计机关可以根据工作需要设立派出机构,"地方各级审计机关负责人的任免,应当事先征求上一级审计机关的意见";增加了对金融机构的审计监督,规定审计机关有权查询被审计单位以个人名义在金融机构的存款,有权封存有关资料和违反国家规定取得的资产;规定"上级审计机关可以责成下级审计机关予以变更或者撤销,必要时也可以直接作出变更或者撤销的决定",等等。

(一)审计监督中的财政违法责任追究

当然,社会各界最为关注的问题是行政机关或其他单位违反财政预算及其他财政法规范应当承担何种法律责任的问题。对此,2006年《审计法修正案》也试图作出一些规定——"对本级各部门(含直属单位)和下级政府违反预算的行为或者其他违反国家规定的财政收支行为,审计机关、人民政府或者有关主管部门在法定职权范围内,依照法律、行政法规的规定,区别情况采取下列处理措施:(1)责令限期缴纳应当上缴的款项;(2)责令限期退还被侵占的国有资产;(3)责令限期退还违法所得;(4)责令按照国家统一的会计制度的有关规定进行处理;(5)其他处理措施。"

事实上,由于预算在实质上与一般法律规范有所差异,在域外素有"预算行政说"与"预算法律说"、"预算法规范说"的理论争议,我国台湾地区"大法官会议"第520号解释则引用学术名词称之为"措施性法律"。蔡茂寅先生认为:"岁出预算虽不具有强制执行机关须为全额支出之义务,但却具有限定支出之最高数额的效力。亦即,支出系以法定预算各岁出预算机关(含主管机关与单位预算机关、分预算机关等)各科目所定之金额为最高限度。逾越各科目金额的支出,原则上固然构成违法,但不足额之支出则不当然构成违法;再者,各单位预算机关除有例外情形外,逾越该机关预算金额之支出即构成违法。""法定预算之效力主要表现在支出部分,并且其授权性远大于限制性,后者则表现在支出目的、金额及时期之限制上。"①

据此,超过预算支出金额、超越预算支出目的、逾越预算支出时间等,均属于违反财政预算法案的违法行为。至于违法之后果,虽然新《审计法》赋予审计机关"责令相关部门限期缴纳、退还相关款项或者国有资产"的权限,但是这并非最终的法律责任承担方式。按照笔者的理解,凡违反财政预算法案者,除了依据刑法应当承担刑事责任、依据行政法应当承担行政责任者外,还需要借助于人大的任免权机制追究相关官员的政治责任,以维护财政预算法案的法定性与权威性。

(二) 审计独立与审计监督制度改革

如前所述,审计独立是提高审计监督效能的前提条件。但是,目前我国审计机关仍然隶属于行政系统,这在一定程度上影响了审计的独立性与权威性。为推进我国的宪政制度建设,笔者曾经提出我国《宪法》文本的修改方案:(1)在《宪法》第3章第1节第62条第10项增加一目作为第2目:"国家费用的一切收支计划都必须纳入财政预算,并根据人民代表大会的决议执行。"(2)废止《宪法》第3章第3节第86条中有关"审计长"的款项。(3)废止《宪法》第3章第3节第91条:"国务院设立审计机关,对国务院各部门和地方各级政府的财政收支,对国家的财政金融机构和企业事业组织的财务收支,进行审计监督。审计机关在国务院总理领导下,依照法律规定独立行使审计监督权,不受其他行政机关、社会团体和个人的干涉。"(4)在《宪法》第3章第1节第71条之后增加一

---

① 蔡茂寅:《预算法之原理》,台湾元照出版公司2008年版,第83、273页。岁出即年度财政支出,相应地,岁入即为年度财政收入。这是我国台湾地区"预算法"中的专用术语。

条作为第72条:"全国人民代表大会设立审计机关,对国务院、国务院各部门和地方各级政府的财政收支,对国家的财政金融机构和企业事业组织的财务收支,进行审计监督。审计机关在审计长的领导下,依照法律规定独立行使审计监督权,不受其他行政机关、社会团体和个人的干涉。审计机关应该在全国人民代表大会每次开会时或者在全国人民代表大会闭会期间应全国人大常委会的要求,向全国人民代表大会或全国人大常委会提交审计报告。"①

从目前的情况来看,我国2006年《审计法》第15条规定:"审计人员依法执行职务,受法律保护。任何组织和个人不得拒绝、阻碍审计人员依法执行职务,不得打击报复审计人员。审计机关负责人依照法定程序任免。审计机关负责人没有违法失职或者其他不符合任职条件的情况的,不得随意撤换。地方各级审计机关负责人的任免,应当事先征求上一级审计机关的意见。"这一条款对于保障审计机关的独立性具有一定的现实意义。但是,如要强化审计监督的权威性,则前文所述的宪法修改方案仍然有成立的必要。

(三) 内部审计与审计监督的强化

《利马宣言》指出:"内部审计机构建于各组织机构内部,外部审计机构则不是受审单位组织机构的组成部分。内部审计机构应当从属于所在单位的领导,但应尽可能在组织机构方面保持它在职能上和组织上的独立性。作为外部审计机构的最高审计组织,其任务是审查内部审计机构的工作效果。如果认为内部审计机构的工作是有效的,应在不损害最高审计组织权力的情况下开展全面审计工作,并在审计组织和内部审计机构之间实行最佳的分工协作。""在行政管理或财务活动发生之前进行审计叫事前审计,反之,叫事后审计。要对受托的资金进行妥善的公共财务管理,就必须有效的事前审计。事前审计的优点是可以防患于未然,缺点是需要的工作量过多并会模糊法律责任。事后审计着重于追究当事人的责任,可以补偿已造成的损失并防止再犯。"②从域外审计法制的情况来看,有些国家实行了一定程度上事先审计制度。

以美国为例,在1921年之前,美国联邦政府各部门的会计监督主要由财政部负责。财政部设有审计员,有权确定各行政部门的账目是否正当,对不正当的账目可以提出抗议,拒绝承认。如果会计人员不能修改账目并得到审计员的同意,则会计人员必须追回已经付出的款项,或者赔偿政府受到的损失。会计人员如果不同意审计员的决定,可以上诉于财政部的主计官,主计官的决定是最后的决定。会计人员对某项开支是否合法存在疑问时,可以事先请示主计官予以确

---

① 周刚志:《论公共财政与宪政国家——作为财政宪法学的一种理论前言》,北京大学出版社2005年版,第210—211页。

② The International Organization of Supreme Audit Institutions (INTOSAI): *The Lima Declaration of Guidelines on Auditing precepts*, http://www.intosai.org/2_LIMADe.html.

定,称为事前审计。尽管这种制度有利于财政部对于行政各部的会计监督,但是审计员并未对行政部门完全独立,因而在一定程度上可能会影响会计监督的效果。故而,1921年美国国会通过预算和会计法设立了总审计署。总审计署的负责人即为主计长,它由总统提名并经参议院同意而任命,任期十五年,除参众两院联合决议以外不能免职。主计长具有原来财政部审计员和主计长的全部权力,包括审核行政机关的账目、解释法律,对疑难开支进行事先审计,对行政机关账目的正确性有确认权和拒绝承认权,还有权规定行政机关的会计制度(20世纪90年代以后有所改变),代表国会审核全部政府机构的财政收支账目,并向国会提出审核报告和节约公共财政的建议。[①] 可见,美国在设立审计署之后,虽然行政各部门的内部审计仍然由各部门的会计人员实施,但是主计长有权对疑难开支进行事先审计,以遏制违反财政预算等财政违法行为的发生。

从现实形态上看,我国政府的内部审计目前主要由机关或者事业单位的会计机构及会计人员实施。依据我国《会计法》之规定,各单位应当建立、健全本单位内部会计监督制度。单位内部会计监督制度应当符合下列要求:(1)记账人员与经济业务事项和会计事项的审批人员、经办人员、财物保管人员的职责权限应当明确,并相互分离、相互制约;(2)重大对外投资、资产处置、资金调度和其他重要经济业务事项的决策和执行的相互监督、相互制约程序应当明确;(3)财产清查的范围、期限和组织程序应当明确;(4)对会计资料定期进行内部审计的办法和程序应当明确。单位负责人应当保证会计机构、会计人员依法履行职责,不得授意、指使、强令会计机构、会计人员违法办理会计事项。会计机构、会计人员对违反本法和国家统一的会计制度规定的会计事项,有权拒绝办理或者按照职权予以纠正。会计机构、会计人员发现会计账簿记录与实物、款项及有关资料不相符的,按照国家统一的会计制度的规定有权自行处理的,应当及时处理;无权处理的,应当立即向单位负责人报告,请求查明原因,作出处理。

可见,我国所设立的政府会计制度,目前仍然是以各单位为主体的内部审核监督制度,审计机关与财政机关的会计监督主要是一种事后监督、外部监督。这种分散管理的政府会计制度与域外较为成熟的政府会计制度还存在诸多差异。如本章第三节所述,我国过于分散的政府财务管理体制源于计划经济时代,至今为止仍然具有现实的法律基础。具体而言,1986年《民法通则》第36条规定:"法人是具有民事权利能力和民事行为能力,依法独立享有民事权利和承担民事义务的组织。法人的民事权利能力和民事行为能力,从法人成立时产生,到法人终止时消灭。"第37条规定:"法人应当具备下列条件:(1)依法成立;(2)有必要的财产或者经费;(3)有自己的名称、组织机构和场所;(4)能够独立承担

---

① 王名扬:《美国行政法》,中国法制出版社1995年版,第932—933页。

民事责任。"在该法第三节《机关、事业单位和社会团体法人》中,第50条规定:"有独立经费的机关从成立之日起,具有法人资格。具备法人条件的事业单位、社会团体,依法不需要办理法人登记的,从成立之日起,具有法人资格;依法需要办理法人登记的,经核准登记,取得法人资格。"

在域外行政法中,"机关无自存之目的,不过为他人手足之动作。行政机关虽得发命令、行处分,不过为委任之动作,非自己动作也。故无人格。"[①]西方国家的行政机关无法律上的独立人格,因而政府的财务管理一般是以地方自治制度为基础进行规范化、法治化的分权,由国家与地方公共团体集中行使政府财务的管理控制权。与此不同的是,我国的"行政机关"及"事业单位"均属于"法人",自成立之日起就具有独立的财政账户和独立的经费,甚至还拥有相对独立的人事管理权。

虽然我国《会计法》也规定,任何单位和个人对违反本法和国家统一的会计制度规定的行为,有权检举;收到检举的部门有权处理的,应当依法按照职责分工及时处理;无权处理的,应当及时移送有权处理的部门处理;收到检举的部门、负责处理的部门应当为检举人保密,不得将检举人姓名和检举材料转给被检举单位和被检举人个人。但是实际上,由于机关与事业单位在会计管理上拥有过强的独立自主权,行政各部门的财务会计很容易与单位负责人形成"共谋"关系,我们很难奢望各单位的会计机构、会计人员完全摆脱单位利益的影响,通过检举等方式严格实施内部审计。唯有在推进国库集中支付等政府财务管理制度改革的基础上,内部审计的效能才能充分发挥,审计机关的外部监督也才能得以强化。

拓展阅读

"审计风暴"席卷全国

2003年6月25日,一批违规大案在审计署的审计报告中曝光,"审计风暴"随即席卷全国。2004年6月23日,在十届全国人大常委会第十次会议上,李金华再次提交了一份让人触目惊心的审计"清单"。

审计报告指出,中央某些部委在中央预算管理、中央基本建设预算管理和中央其他部门预算执行中存在的主要问题有:(1)1994年,原国家计委批复同意所属宏观经济研究院等7个单位联建科研办公楼,办公楼建成后,原国家计委将

---

① 〔日〕铃木义男等:《行政法学方法论之变迁》,陈汝德等译,中国政法大学出版社2004年版,第163页。

其中部分面积用于出租,2001年至2003年共收取租金3285万元,用于机关离退休干部医疗费超支等。发展改革委应对出租房产进行清理,报国管局研究处理。(2)国家林业局调查规划设计院等4个单位编造、变造7份"林业治沙项目"贷款合同,套取财政贴息资金415万元。(3)1999年以来,国家体育总局动用中国奥委会专项资金1.31亿元,其中用于建设职工住宅小区1.09亿元,用于发放总局机关工作人员职务补贴和借给下属单位投资办企业2204万元。(4)2003年,国防科工委共分配预算资金162.1亿元,年初预留62.91亿元,预留比例达38.8%;科技部在年初分配预算资金时,将科技三项费用17.01亿元全部预留,直到当年8月至11月份,才采取追加的方式批复到有关地方和部门。李金华指出,中央预算管理中存在的主要问题有:预算外资金清理不彻底;部分资金使用脱离地方政府、人大的管理和监督;一些做法影响部门预算的真实完整;部分专项转移支付管理仍不够规范。中央基本建设预算管理中也存在部分中央预算内基本建设投资按基数法分配,不够合理等问题。此外,部分中央部门和单位存在挤占挪用财政专项拨款和其他有专项用途的资金等问题。

此外,还有一些地方政府被审计出严重的违法违纪行为,其典型事例有:(1)湖北省黄冈市政府及有关部门弄虚作假,挪用明珠大道项目国债资金1167万元,侵占安居工程用地110亩,兴建"形象工程"东方广场,严重影响明珠大道的建设。武汉市洪山区927亩集体山林地,先后4次被非法买卖,有关单位和个人从中牟利4000多万元。(2)淮河流域安徽、河南、江苏14个灾区县中,有9个县采取重报、多报移民迁建户数等手法,套取灾区群众建房补助资金1.36亿元。安徽省霍邱县降低上级补助标准,克扣1804户灾区群众的建房资金360万元。2003年云南大姚地震救灾资金管理使用中,截止到2004年3月,中央财政下拨的1.2亿元特大自然灾害救济补助费,仍有5174万元滞留在县级财政;有关部门挤占挪用救灾资金4111万元,主要用于平衡预算、兴建楼堂馆所及招待费开支等。李金华指出,当前中央补助地方支出已占中央财政总支出的一半以上,但财政部在每年编制和报告中央财政总预算时,未将其细化到地区和项目,使资金分配缺乏透明度。而且近年来,政府基础设施投资规模不断扩大,但在项目规划、决策、审批和管理中仍存在一些不容忽视的问题。

"审计风暴"之后,有媒体对民众的相关评价作了调查,结果有76%的人担心审计长李金华可能会遭到打击报复,另有15%的公众认为这种担心是多余的,他们认为中国的政治制度正在一天天地向好的方向发展。① 由于现代经济生活异常复杂,由审计机关提交的审计报告已经成为人民及其代议机关监督政

---

① 方奕晗:《调查显示76%的人担心审计长李金华遭打击报复》,载《中国青年报》2004年7月19日。

府的重要依据。中国近年来所兴起的"审计风暴"已经引起了中国社会各界的广泛关注,这不仅体现了中国高层决策者反击贪腐的决心,也折射出民众对财政法治的热切期待。

(摘自新华社北京 6 月 24 日电:《审计长开出触目惊心"清单"》,载《中国青年报》2004 年 6 月 24 日。)

思考题

1. 财政监督对实现财政目的有何意义?
2. 中国人大及其常委会如何才能充分地发挥其财政监督职能?
3. 从宪政的视角分析财政机关与审计机关的相互关系。

参考文献

1. 〔美〕罗伊·T. 梅耶斯等:《公共预算经典——面向绩效的新发展》,苟燕楠、董静译,上海财经大学出版社 2005 年版。
2. 〔德〕海因茨·君特·扎维尔伯格主编:《国家财政监督——历史与现状(1714—1989)》,刘京城、李玲等译,中国审计出版社 1992 年版。
3. 〔英〕埃弗尔·詹宁斯:《英国议会》,蓬勃译,商务印书馆 1959 年版。
4. 王名扬:《美国行政法》,中国法制出版社 1995 年版。
5. 全国人大常委会预算工作委员会办公室编:《预算审查监督》,中国民主法制出版社 2000 年版。
6. 马海涛等:《收支两条线管理制度》,中国财政经济出版社 2003 年版。
7. 赵建勇:《政府财务报告问题研究》,上海财经大学出版社 2002 年版。
8. 贺靖邦主编:《财政监督文集》,中国财政经济出版社 2007 年版。
9. 财政部财政制度国际比较课题组:《法国财政制度》,中国财政经济出版社 1998 年版。
10. The International Organization of Supreme Audit Institutions (INTOSAI): The Lima Declaration of Guidelines on Auditing precepts, http://www.intosai.org/2_LIMADe.html。